LES

MERVEILLES DE L'ANCIEN MONDE

—

2ᵉ SÉRIE IN-4°.

LES MERVEILLES

DE

L'ANCIEN MONDE

ET DU

NOUVEAU MONDE

Descriptions scientifiques, historiques et pittoresques de
l'Asie, de l'Afrique et de l'Amérique

PAR A. BARON

TROISIÈME ÉDITION.

LIMOGES

Eugène ARDANT ET Cⁱᵉ, ÉDITEURS.

LES CURIOSITÉS

DE

L'ANCIEN MONDE

ASIE.

ASPECT GÉNÉRAL DE L'ASIE.

L'Asie est une des cinq grandes parties du monde, et la portion la plus considérable de l'ancien continent.

Cette immense contrée doit nous intéresser d'autant plus qu'elle fut le berceau de l'homme, le théâtre de ses premières actions, le point de départ des peuples, le lieu où se fondèrent les plus grands empires, et le centre de toute civilisation.

Les principaux faits de l'histoire et de la nature se développèrent en Asie, et de là gagnèrent les confins du monde.

Toute l'histoire ancienne n'est, en effet, que celle des races et des différents peuples de l'Asie. Le langage, les sciences, les arts, le commerce, en un mot tous les moyens d'accélérer la civilisation, ont pris naissance dans cette partie du monde, qui passe pour la plus belle, la plus riche et la plus intéressante de toutes.

Elle touche aux autres parties de l'ancien monde par deux points principaux :

A l'Europe, par le Volga et la chaîne des monts Ourals ;

A l'Afrique, par l'isthme de Péluse, maintenant de Suez.

Le golfe Persique et la mer Rouge forment ses limites au sud-ouest,

Au sud, elle est bornée par la mer des Indes, le golfe de Siam et les îles asiatiques, qui la séparent de l'Australie. Au nord, elle a pour barrière le détroit de Behring, large de vingt lieues, qui la sépare de l'Amérique. Enfin, à l'est, elle a pour point d'arrêt l'océan Pacifique, la mer du Japon et le détroit de Corée.

Cet immense continent, dont la superficie est évaluée à 1,200,000 lieues carrées, et qui est par là même quatre fois plus grand que l'Europe, s'étend en longitude du 23e au 187e degré oriental, et en latitude du 10e méridional au 78e septentrional.

CONTRÉES.

L'Asie septentrionale comprend la Sibérie, avec les anciens royaumes de Kasan et d'Astrakhan, et les îles de la mer Glaciale arctique.

L'Asie centrale se compose des pays du Caucase, de la Mantchourie et de la Mongolie chinoise, des royaumes du Thibet et de Cachemire.

L'Asie méridionale renferme les deux presqu'îles en-deçà et au-delà du Gange, à savoir l'Hindoustan et l'Indo-Chine, les îles de la Sonde, les Moluques et les Philippines.

L'Asie orientale a pour domaines la Chine, le Japon, la Corée et les îles voisines des côtes, îles Formose, îles Haïnam, etc. Le Gange et son embouchure, dans le golfe de Bengale, forment la limite naturelle de cette circonscription.

Enfin, l'Asie occidentale compte les pays situés sur la mer Noire et sur la Méditerranée; et en outre, le Turkestan, la Syrie, la Perse et l'Arabie.

On peut appeler Haute-Asie les contrées qui, dans l'Asie centrale, occupent l'espace compris entre le 30e et le 50e degré, c'est-à-dire celles qui s'étendent le long du Caucase, du Taurus, de l'Altaï et de l'Imaüs, et depuis les côtes de la Chine et du Japon, jusqu'au détroit des Tongouses, car elles forment une suite de plateaux élevés.

Le terrain, dans sa plus grande élévation vers l'orient, est escarpé, aride, nu, et sur les côtes de la mer de Chine coupé à pic d'une manière effrayante.

En se dirigeant vers l'occident, le sol s'abaisse graduellement en terrasses et finit par s'aplanir entièrement vers le nord-ouest, où il se termine en d'incommensurables steppes.

MONTAGNES.

C'est dans l'Asie que s'élèvent les plus belles et les plus hautes montagnes du globe.

On remarque parmi elles, au nord, le mont Altaï, dont le point central est appelé Bogdo-Oola, hauteur majestueuse qui se divise en une multitude de ramifications.

Une des principales sont les monts Célestes ou Bolor, à l'ouest. Ces montagnes projettent elles-mêmes des rameaux jusque dans l'Asie-Mineure, et ces rameaux sont :

Le Taurus et l'Ararat ; le Liban et l'Anti-Liban ; le Sinaï et l'Horeb, qui occupent le sud-ouest de la petite Asie ; et enfin le Caucase, placé entre la mer Noire et la mer Caspienne.

De là mer Caspienne à l'océan Glacial arctique, remonte aussi la chaîne des monts Ourals, qui conservent presque constamment la même hauteur. Seulement vers leur milieu, les Ourals prennent le nom de Crête de Werkhotourii.

Au nord-est, s'élève le Grand-Altaï, qui touche au mont Royal-Kangaï, en Chine, montagne sacrée des Mantchous, chantée par un empereur chinois du nom de Kien-Lon, et se prolonge jusqu'en Corée et dans le Japon.

Au sud-est, on distingue encore les monts Kouen-Lun.

Enfin, dans l'Inde, au sud-est du plateau central de l'Asie, se montrent sous une forme majestueuse indescriptible, les plus hautes montagnes de la terre. C'est l'imposant et formidable Hymalaya, en langue sanskrite montagne de neige, et le Mostag, l'antique Imaüs, d'où se détachent, pour courir vers le nord-est, les montagnes de la Tartarie, Hinkan, Tablonoï ou Stavonoï.

Dans le sud de l'Inde ou Hindoustan, on signale encore deux dernières chaînes, les Ghattes orientales, à l'est de la péninsule, et les Ghattes occidentales, à l'ouest.

Il n'est rien au monde qui égale la magnificence du colossal Hymalaya.

Une de ses principales ramifications est le Dsawala-Giri, roi des montagnes, haut, d'après Webb, de 26,872 pieds, et selon Blacke, de 28,015. Ce Dsawala-Giri et les vallons qui l'entourent sont ombragés de cèdres et de sapins. C'est le lieu où, depuis des millions d'années les Indous vont en pèlerinage adorer leurs dieux.

Ce sanctuaire de la nature est, en effet, d'une physionomie grandiose inimaginable.

C'est dans cette partie de l'Asie que les plus beaux fleuves du monde prennent leur source. Sortis des flancs des hautes montagnes qui composent l'Himalaya, ils se fraient un lit sur d'innombrables bancs de rochers, à travers les gouffres et les ravins, portent la richesse et l'abondance dans les immenses plaines qu'ils arrosent, et vont de là se jeter dans la mer, en suivant toutes sortes de directions.

Or, le Gange, le plus sacré des fleuves de l'Inde, descend des sommets inaccessibles du Dsawala-Giri, et se perd dans les entonnoirs de ses crêtes aiguës ; puis il reparaît à l'endroit où les Indous ont trouvé un sanctuaire merveilleux formé par la nature, après s'être dérobé jusque-là sous des montagnes de neige et des masses de rochers, ce qui donne à ce lieu un aspect de terreur religieuse, et environne d'une crainte mystérieuse les approches du trône de leur Mohaden, placé, ainsi que les autres autels des Indous, au pied du Dsawala-Giri.

Parmi les montagnes qui sont les ramifications de la chaîne principale et qui forment une succession de plateaux, de vallées, de steppes, etc., se terminant à la mer, en forme de langue de terre, on distingue le Caucase, dont la nature et la composition sont particulières à l'Asie occidentale, et dont les versants se prolongent dans les contrées situées entre la Méditerranée, la mer Noire et la mer Caspienne. Les sommets les plus élevés du Caucase ne dépassent pas 10,000 pieds d'altitude.

En promenant le regard sur ces différentes montagnes de l'Asie, on reconnaît qu'elles ne sont pas, comme en Europe, disposées de manière à former un bassin à leur centre, mais qu'au contraire elles forment un plateau extrêmement élevé, d'où se détachent une multitude de branches qui, tantôt vont en s'abaissant graduellement, tantôt font, avec les plaines ou les mers, des saillies escarpées.

PLAINES ET DÉSERTS.

Les plaines de l'Asie sont proportionnées à son étendue considérable et à l'importance de ses montagnes. Nous citerons :

Les steppes des Kirguis, mêlées de dunes de sel fossile, qui s'étendent de l'Oural au Volga, et de la mer Caspienne jusqu'au Samara, dont plusieurs parties sont très fertiles ;

Les plaines de l'Irkisch ;

Les vallées du mont Oural, connues sous le nom de steppes d'Isettis ;

Les plaines arctiques, qui s'étendent depuis les bords de la mer Glaciale jusque dans l'intérieur des terres ;

Et enfin la plus considérable de toutes, qui s'étend depuis l'Urgan-Daga jusqu'au Thibet, l'espace d'environ 800 lieues, de l'ouest à l'est. Les Mongols la nomment Kobi, c'est-à-dire désert, et les Chinois Schamo, mer de sable. Elle est en beaucoup d'endroits élevée de 400 pieds au-dessus du niveau de la mer. Sa partie orientale, au sud du fleuve Tula, entre Kiatcha et Pékin, à laquelle les Russes donnent le nom de Gabeiskaïa-Steppe, est très élevée et entièrement couverte de cailloux. On y trouve quelques lacs d'eau salée et l'on y rencontre, çà et là, pour toute végétation, de rares buissons desséchés et quelques arbres rabougris. Sa partie occidentale, entre Kaschghar et Tangut, offre des masses considérables de sable qui coulent comme un fleuve, lorsque le vent souffle. Il y a là des distances considérables où le voyageur ne trouve d'autres indices de vie que des ossements d'hommes ou d'animaux, et des matières fécales de chameau. Ce désert a plus de 100 lieues de large. Le voyageur qui se rend de Selenginsk à Pékin est obligé de longer sa lisière dangereuse l'espace de 225 milles géographiques, ou de le traverser à l'endroit où il n'a que 32 milles de large.

Les déserts de l'Arabie et de la Syrie, qui forment l'Arabie déserte, sont assez semblables au désert de Kobi, mais moins dangereux que ceux d'Irac et de Dschesire, en Mésopotamie.

Il est encore d'autres déserts plus considérables. Ce sont le grand désert salé appelé Naubendan, dans la partie orientale de la grande Médie, les déserts de Karak et de Gasnok, dans le Mawaramah, et enfin le grand désert de sables nommé Bursouk, en-deçà de l'Iaxartes, dans la partie orientale du Turkestan, et celui qui est situé dans la partie orientale du Sind.

MERS.

L'Asie, parmi ses mers intérieures, renferme la plus considérable du globe, la mer Caspienne.

Elle a environ 300 lieues du nord au sud, en longueur, et 100 à 160 lieues en largeur. Ses eaux sont salées comme celles de l'Océan, avec lequel elle n'a pourtant pas de communication visible. Plusieurs savants, entre autres le major Rennell, pensent que le lac d'Aral, situé à quelque distance vers l'Orient, communique avec elle. Le célèbre voyageur Pallas a conjecturé que les steppes qui séparent la mer Caspienne de la mer d'Azoff furent autrefois couvertes d'eau et ne formaient qu'un vaste océan.

La mer Caspienne est appelée de nos jours, par les Turcs, Cozgoun-Denghisi, mer des Corbeaux ou cormorans, à cause du grand nombre de ces oiseaux que l'on rencontre sur ses rives. Elle est du reste fort peu fréquentée et n'offre qu'un petit nombre de ports commodes.

Cette mer a pris son nom des Caspiens, ancien petit peuple de la Midre, au sud-ouest de son rivage. Les anciens l'appelaient aussi mer Hyrcanienne ou des Hyrcaniens, qui habitaient à l'est et au sud.

Jusqu'au siècle d'Hérodote, les Grecs ont ignoré les dimensions du Pont-Euxin, et à plus forte raison de la mer Caspienne. A défaut de documents positifs, on avait prodigué les suppositions et les conjectures, et, comme depuis Homère, on se figurait que la terre habitée était une sorte de disque environné du fleuve Océan, les anciens géographes, manquant de notions sur ces contrées reculées, pensaient et affirmaient que les eaux de l'Océan extérieur se jetaient dans la mer Caspienne, comme dans un golfe. Hérodote, cet historien vrai parce qu'il est exempt de système, dit bien positivement que cette mer n'a pas d'issue, que sa longueur est de quinze journées de navigation et sa largeur de huit. Chose surprenante! l'erreur et l'ignorance prévalurent encore après Hérodote, et l'on vit Strabon, Pomponius-Mela, Pline, Denys le périgète, géographes classiques, affirmer encore que la mer Caspienne communique avec l'océan septentrional.

Les contrées qui avoisinent cette mer furent toujours tellement en-dehors du mouvement du commerce et de la civilisation, les peuples qui la bordent furent tellement ignorants et ignorés, que c'est à une carte de la mer Caspienne, dressée par l'ordre du czar Pierre Iᵉʳ, que l'on doit la connaissance positive de sa forme et de sa dimension.

L'Asie renferme, en outre de la mer Caspienne, un nombre considérable de grands lacs, parmi lesquels il faut placer :

Le lac d'Aral, appelé aussi la mer d'Aral ou mer des Aigles, car, après la mer Caspienne, il est le plus grand de cette partie du monde. Il est situé dans les steppes des Turcomans, des Kirguis, etc. Il est long de 50 lieues, et large de 24. Sa superficie est de 1124 milles, et son eau est salée, comme celle de tous les lacs qui n'ont pas d'écoulement. Le lac Aral reçoit l'Amu, l'Oxus des anciens, ainsi, que l'Iaxartes, actuellement le Sir. Les Tatars le nomment Aral-Denguils, à cause de la quantité d'îles situées dans sa partie méridionale. Il nourrit une grande quantité de poissons, surtout des esturgeons et des veaux marins. Ses rives sont sablonneuses et n'ont pas de ports. Ses eaux, n'ayant pas d'issue, ne diminuent que par l'évaporation. Le niveau du lac est très bas ; tout à l'entour se trouvent un grand nombre de petits lacs et de sources. La distance qui le sépare de la mer Caspienne est de 20 milles environ.

Vient ensuite le lac Asphaltite ou mer Morte, en Palestine.

La seconde catastrophe physique dont la Bible fasse mention, et qu'elle nous montre encore comme le résultat d'une punition de Dieu contre la perversité de l'homme, c'est l'engloutissement de Sodome, Amora, Adama et Séboïm, villes perverses qui ne renfermaient pas même dix justes. Elles s'élevaient somptueuses et riches dans la magnifique vallée de Sédime, où les eaux du Jourdain répandaient, sous un ciel brillant, tous les dons d'une nature prodigue. Mais c'était la mort sous les fleuves, suivant l'expression d'un écrivain spirituel, car ce sol si brillamment paré ne devait sa fertilité qu'au feu qui le minait. Sous cette terre si belle, le soufre, le bitume, toutes les matières volcaniques bouillonnaient en attendant le moment de plonger dans un éternel oubli les créatures impies qui osaient méconnaître la puissance de leur créateur. Alors, un jour, lorsque la miséricorde infinie de Dieu se fut lassée, lorsque le cri vengeur fut devenu trop grand, elles furent jugées et la sentence fut exécutée d'une manière terrible. Ecoutez la Bible : « L'Eternel fit pleuvoir sur Sodome et Amora du soufre et du feu qui venaient du ciel : il bouleversa ces villes et tout le circuit, tous les habitants de ces villes, ainsi que la végétation de la terre. Le feu du ciel alluma donc les feux de la terre, toutes les substances ignifères qui couraient dans son sein, et elles roulèrent en torrents enflammés, à la suite d'un épouvantable craquement. Ensuite, les eaux du Jourdain qui coulaient jusqu'à ce moment vers le golfe d'Arabie où elles s'épanchaient, s'arrêtèrent pour engloutir ce théâtre d'iniquités : elles s'engouffrèrent dans le vide immense qui venait de s'ouvrir au milieu du plateau de Kenaan. A la place de la fertile vallée, on ne vit plus qu'une nappe sans fin, lourde comme du métal liquide, au travers de laquelle on distinguait quelquefois, d'après l'historien Josèphe, l'ombre des cités impies. »

Ce lac reçut le nom pompeux de mer de l'Orient, mer de la Plaine, mer de Sel. Les géographes grecs et romains en parlent sous celui de lac Asphaltite, ou lac de bitume ; c'est celui qui lui est resté.

Le voyageur qui s'égare sur ses rivages désolés ne voit autour de lui que tristesse et désolation, et la parole de la Bible s'y produit avec une énergique et effrayante vérité. Les montagnes qui l'enveloppent de toutes parts sont arides et pelées : le sel transsude le sol ; on n'y voit que de maigres arbustes qui semblent lutter contre la rebelle nature ; de misérables arbres qui languissent en attendant en vain quelque peu d'humidité, mais auxquels le vent du désert n'envoie que la poussière sèche et brûlante de la plaine. En même temps, les eaux du lac qui, avant de s'arrêter immobiles, sont douces et bonnes comme celles des fontaines, deviennent mauvaises du moment qu'elles cessent d'être au Jourdain pour devenir le lac. Elles sont plus salées que toutes les eaux connues, et cependant elles sont limpides comme le cristal et bleues comme la mer lointaine. Aussi ne peut-on pas être étonné que cette mer soit appelée Morte, car tout est bien mort autour d'elle.

Lorsqu'on vient à étudier et à connaître cette nature si étrange, cette vie si excentrique, on s'explique facilement pourquoi les phénomènes ont pris dans la bouche des peuples des formes merveilleuses, comment on a pu ajouter quelques circonstances fabuleuses à celles déjà si extraordinaires que l'observation y fait connaître. Ainsi, on a dit pendant longtemps que d'épaisses colonnes de fumée s'élevaient des eaux du lac, témoignant ainsi de l'embrasement continu des villes punies ; que les vapeurs qui en sortaient donnaient la mort aux oiseaux qui la traversaient ; que les eaux elles-mêmes avaient un résultat fatal pour celui qui osait s'y plonger, ou qu'elles refusaient de recevoir le corps des victimes que l'on précipitait dans ses abîmes.

Il n'est rien de tout cela. Ainsi, par exemple, récemment Pocoke, les frères Robinson, et la plupart des voyageurs anglais qui ont visité ces bords inhospitaliers, s'y sont baignés, et le seul effet qu'il en aient éprouvé est celui qui résulte de la grande pesanteur spécifique de l'eau, qui les empêchait de s'y enfoncer, et permet par cela même à **ceux** qui ne savent pas nager d'y flotter et d'y prendre toutes les positions sans danger.

Vespasien, voulant jouir de ce spectacle singulier, y fit jeter plusieurs criminels qui ne savaient pas nager, et auxquels on avait attaché les mains : mais peu à peu ils s'enfoncèrent et disparurent dans la profondeur des eaux. Van-Egmont raconte qu'ayant voulu s'y tenir perpendiculairement, il fut obligé d'employer tout ce qu'il avait de forces, et qu'il put alors s'y promener comme sur un terrain solide, sans être obligé de faire les mouvements auxquels on est tenu dans l'eau douce.

Quant à l'influence des vapeurs sur les oiseaux, elle est tout aussi peu maligne que celle des eaux sur la constitution humaine. MM. Irby et Mangle virent passer au-dessus de la mer Morte deux oies d'Egypte et une troupe de pigeons. Le R. P. Laorty-Hadji aperçut un nombre d'hirondelles qui jouaient à la surface des eaux. Marondrelle vit également d'autres volatiles voler au-dessus du lac sans que leur rapidité fût amoindrie le moins du monde par aucune souffrance.

Pour la fumée, elle existe en effet : mais ce n'est autre chose que la vapeur épaisse résultant de l'évaporation prodigieuse sollicitée par la chaleur brûlante du soleil de ces régions, et qui est telle qu'on la porte à près de 9,000,000 de tonnes d'eau par jour. Plus de 6 de ces millions lui sont fournis par le Jourdain, et le reste par le lac lui-même, et par les torrents qu'il reçoit à droite et à gauche.

Le savant docteur Marcet a reconnu qu'une quantité quelconque des eaux du lac contenait plus d'un quart de sel. Cette matière y est tellement abondante que tout, sur ces rivages, en est pour ainsi dire incrusté, qu'elle forme des rochers entiers, et que l'assertion de Strabon ne doit pas paraître dénuée de vérité, lorsqu'il avance qu'on voyait de son temps, sur les bords du lac, des villes dont les maisons étaient bâties en sel.

Le bitume, cause première de la formation de la mer Morte, s'y présente avec la même abondance, et on en voit surgir à la surface des eaux des masses tellement considérables qu'elles ressemblent à des îles. Pline avait déjà fait cette observation.

La mer Morte a 22 lieues de longueur sur 10 de largeur. Il résulte de la comparaison ou des opinions tout-à-fait contradictoires émises à ce sujet, qu'elle peut avoir 140,000 hectares de superficie. Elle est encaissée entre deux montagnes qui ne se rejoignent pas aux deux extrémités. Les rampes de ces montagnes sont rocheuses ou boisées, et ne manquent pas de pittoresque. En errant à l'aventure autour d'elles, on court souvent le risque d'être arrêté et rançonné par les Arabes, ou celui de se trouver face à face avec des bêtes fauves peu agréables. Jusque dans ces derniers temps, peu de personnes avaient essayé de parcourir les bords de cette mer célèbre entre toutes. Pour un pareil voyage, il fallait une érudition et un courage rarement réunis. Mais enfin ces deux qualités se sont trouvées chez un savant Français, M. de Saulcy, et un religieux, le R. P. Laorty-Hadji. Le premier a exploré le lac Asphaltite du mois de décembre 1850 à la fin de janvier 1851. Il a reconnu et parfaitement vu, sous les eaux, les ruines de Sodome, Armora, Ségor, Séboïm, etc. Il a fait le tour des eaux, à l'exception des dernières lieues, à cause des rochers qui l'ont arrêté. Le second voulait même naviguer sur la mer Morte, muni qu'il était d'un bateau construit tout exprès; mais son projet n'a pu se réaliser.

Tels sont les lieux où la puissance de Dieu est empreinte du même caractère de grandeur que là où elle se déploie dans toute sa richesse splendide.

LACS ET FLEUVES.

Dans la même Palestine, on voit aussi le lac de Génésareth ou mer de Tibériade.

Puis un lac d'eau douce, Erivan, occupe le nord de l'Arménie.

Près de l'antique Babylone, on trouve aussi le lac Bermidchef;

Et celui du Bachtégau signale le voisinage des ruines de l'opulente et ancienne Persépolis.

Dans l'Asie orientale, on rencontre le lac Balkasch, sur la frontière du Turkestan, et que les Chinois nomment mer Blanche.

Enfin, dans la partie est et sud-est de la même région, se trouvent le lacs Baïkal, Terkivi, Tong-ting-Hou, etc.

L'Asie surpasse les autres parties de l'ancien monde par la richesse de ses eaux. Le côté occidental, et spécialement l'Arabie, est moins abondant en fleuves : mais les contrées du nord et du sud sont remarquable par la quantité de fleuves, de rivières et de ruisseaux sans nombre qu' les arrosent.

La mer Noire et la Méditerranée reçoivent en effet : le Kéfil-Irmak, l'ancien Halys, qui descend du Taurus, court à l'ouest, puis au nord, et traverse l'antique Galatie, près de laquelle il séparait la

Paphlagonie d'avec le Pont. Ce fut sur ses bords qu'Alyatte et Cyaxare se livrèrent une bataille indécise, en 601 avant J.-C. Elle fut interrompue par une éclipse de soleil, celle qui, la première, fut prédite par Thalès de Milet. La paix se rétablit bientôt entre les Mèdes et les Lydiens, par suite des concessions d'Alyatte.

Le Sékan, autrefois le Saras, qui, sortant du même mont Taurus, dans l'ancienne Cilicie dite des Plaines, au lieu où cette montagne du Taurus forme un fameux défilé, connu sous le nom de Pyles Ciciliennes. Ce fleuve se jette dans la Méditerranée.

Le Méandre, Méander, chez les Grecs. Ce cours d'eau naît dans la Phrygie, coule vers l'est et l'ouest, puis il se perd dans la mer Egée, entre l'antique Hérodée et Priène. Ses sinuosités l'ont rendu célèbre, et font que l'on nomme Méandre un fleuve très contourné dans sa marche. On voyait autrefois sur ses bords les villes d'Apamée, de Colosses, d'Antioche, de Pyrrha, de Milet, maintenant ou à l'état de ruines, ou complètement effacées de la surface du sol.

Le Fasch, autrefois l'Oronte, qui, sortant du Liban, traverse la Syrie, et, après avoir arrosé Antioche, tombe dans la Méditerranée, non loin de Séleucie.

La mer Caspienne reçoit à son tour :

Le Kur et l'Arras, ce dernier ancien Arraxes, dans la Parthiène.

Le Golfe Persique reçoit de même deux fleuves illustres entre tous :

Le Tigre d'abord, qui, sortant du versant méridional du Taurus, près de Diarbeck, traverse une partie du pachalick de ce nom, puis tout le pachalick de Bagdad, l'Arménie, la Babylonie et la Chaldée du vieux monde, arrose Mossoul, Bagdad, les ruines des antiques cités de Ninive, Ctésiphon et Séleucie, s'unit avec l'Euphrate par sa rive droite, et forme avec lui le Chat-el-Arab, qui va se perdre dans le golfe Persique, après un cours de 1240 kilomètres.

La contrée comprise entre le Tigre et l'Euphrate portait, chez les anciens, le nom de Mésopotamie, mot qui signifie Entre les deux fleuves.

Puis l'Euphrate, le Phérat des Hébreux et le Frat des Turcs. Ce fleuve renommé sort de terre dans les montagnes de l'Arménie méridionale, près de Diadin, sous le nom de Mourad. Il se grossit bientôt d'un autre bras qui vient du nord-est d'Erzeroum, arrose le pachalick de ce nom, sépare celui de Diarbékir de ceux de Siras et de Maruck, et traverse les pachalicks de Bagdad et de Bassora, baigne les villes de Semisat, Bir, Beles, Rakka, Kerkisich, Anna, Hil, Hilla, Davanich, Samara, etc; passe au milieu des grandes ruines de Babylone, de Samosate, de Nicéphore, de Cirasium, de Cunaxa, et après avoir reçu le tribut de quelques rivières, reçoit le Tigre, à Corna, où il prend le nom de

Chat-el-Arab, pour aller se jeter dans le golfe Persique par cinq embouchures.

De nos jours, ce fleuve commence à être parcouru par des bateaux à vapeur. Il offre ainsi à l'Europe, et notamment à l'Angleterre, des moyens de communication prompts et faciles avec les Grandes Indes.

Un peu à l'ouest, dans la Palestine, s'échappe de l'Anti-Liban, ou de Djebel-el-Cheik, le Jourdain (Jordanes), aujourd'hui Narh-el-Arden, ou El-Charia, en arabe. Ce nom de Jourdain vient de Jor et de Dan, deux petites branches qui concourent à l'origine de ce fleuve. Sa source apparente sort de derrière un souterrain, au fond d'un précipice, dans les côtés duquel on a creusé plusieurs niches où se lisent diverses inscriptions en langue grecque. Pendant quelques heures, son cours offre l'aspect d'un petit ruisseau fort insignifiant. Après avoir traversé les marais et les fondrières du lac Mérou, et parcouru environ quinze milles, il passe sous la ville de Julia, anciennement Bethsaïda. Là, il se déploie en une belle et large nappe d'eau et prend le nom de lac de Tibérias, autrefois Génésareth, et, après un cours sinueux d'environ soixante milles à travers une vallée profonde, appelée El-Ghor, il se jette dans la mer Morte ou lac Asphaltite, avec une énorme impétuosité, et y porte chaque jour six millions de tonnes d'eau, d'après le calcul du docteur Shaw. On ignore par où disparaît cette afférence d'eau colossale; ce doit être en partie par l'évaporation.

Selon la tradition, le lieu où N. S. J.-C. reçut le baptême est sur la rive droite du Jourdain, à un coude du fleuve, et à environ une heure de marche de la mer Morte.

Le Jourdain passe à Jéricho, dont on voit encore les ruines, près d'une fontaine appelée la fontaine d'Elisée, et du pauvre village de Richa, qui remplace la ville détruite par Josué. C'est un peu au-dessus de ces ruines que l'on place l'endroit où les Israélites passèrent le Jourdain, et de savants voyageurs pensent que l'on pourrait y retrouver les douze pierres déposées comme autels, au lieu même de leur passage, par les douze tribus issues des douze fils de Jacob.

Dans l'Asie méridionale, les autres grands fleuves sont :

L'Indus ou Sind, le plus à l'ouest. Il naît dans le sud-est du petit Thibet, en des lieux inconnus, forme une courbe, remonte vers le nord-ouest, puis redescendant au sud-ouest, continue sa course en laissant à sa droite le Kaboul et le Béloutchistan, à sa gauche le Penjab, le Moultan, etc., et enfin tombe dans la mer des Indes. Les principales villes qu'il arrose sont Astoch, Dera-Ismaïl-Khan, Dera-Ghari-Khan, Tchikarpour, Haïdérabab, Tatta, etc. Le delta qu'il forme à son embouchure n'est bien marqué que dans la saison des pluies. Vers son embouchure est un grand marais que l'on nomme Ringha. Le cours de l'Indus est de deux mille cinq cent cinquante kilomètres.

Les anciens ne connaissaient pas les régions d'où s'échappe l'Indus et qui se trouvaient au nord des monts Emodes. Il traversait alors le royaume d'Abissare, passait entre le royaume de Taxile, à l'est, les Assacéniens et les Hyséens, à l'ouest, et après avoir reçu l'Acésine, grossi de l'Hydaspe, de l'Hydracte et de l'Hyphase, il baignait le pays des Sogdes, la Prasiane, la Patalène, et tombait dans la mer Erythrée ou mer de l'Inde, par plusieurs bouches composant un delta.

Alexandre-le-Grand, après s'être embarqué sur l'Hyphase, fut porté jusqu'à l'Indus et descendit ce fleuve jusqu'à la mer.

On ne sait si c'est l'Inde qui a donné son nom à l'Indus, ou si c'est l'Indus qui a donné le sien à l'Inde.

Après l'Indus, vient le Djihoun, l'Oxus de l'histoire ancienne, qui commence son cours dans les hautes montagnes du Belor, sous le nom de Dourab, se divise en deux bras et une foule de canaux dans le khanat de Kira, et se perd dans le lac d'Aral, après un cours de mille six cents kilomètres. On présume que son cours a changé et qu'il se jetait autrefois dans la mer Caspienne.

Le Syrt, l'Iaxarte des anciens, le cours d'eau le plus septentrional qu'ils connussent en Asie. Il sortait du mont Imaüs, coulait de l'est à l'ouest, rasait la Sogdiane au nord, et allait tomber dans le lac Chorasmique ou mer d'Aral. Alexandre franchit ce fleuve en 328 : il éleva sur ses bords des autels à Bacchus, à Hercule, à Sémiramis, à Cyrus et à lui-même, en se faisant honorer comme un dieu. Ses compagnons appelèrent ce fleuve Silis.

D'après des recherches récentes, on a trouvé que le Syrt prend sa source dans les hautes montagnes du Turkestan, ainsi que l'Oschan, avec lequel, après avoir traversé la grande Boukharie, il vient se jeter dans le lac d'Aral.

Dans l'Asie méridionale, les fleuves principaux sont :

Le Brahmapoutra, c'est-à-dire fils de Brahma, qui naît dans le pays de Borkhamli, au pied des monts Langsan, traverse la contrée de Mismi, le royaume d'Assam, le Bengale oriental, et après avoir reçu une branche du Gange et quelques-unes des branches du Tistah, prend le nom de Megna, baigne Lakipour, joint ses eaux à celles du bras oriental du Gange, et se jette avec lui dans le golfe du Bengale, après un cours d'environ deux mille sept cents kilomètres.

L'Irawaddy, dont la source s'échappe des montagnes du Thibet occidental. Ce beau fleuve traverse le Thibet de l'ouest à l'est, franchit l'Himalaya par le défilé de Singghian-Kial, parcourt dans toute sa longueur l'empire Birman du nord au sud, arrose en passant la province chinoise d'Yon-nan, et aboutit, par un cours majestueux que bordent des rochers gigantesques et que recouvrent des arbres admirables dont les ramures n'empêchent pas les navires de naviguer sous leur ombrage, au golfe de Martaban, par plusieurs embouchures. Son cours est de trois cent vingt kilomètres.

La ville de Rangoun, capitale du Birman, et l'une des belles cités des Indes, est assise sur l'une de ses branches.

Enfin, pour ne pas citer une infinité de fleuves et de rivières de moindre intérêt, parlons en dernier lieu du Gange, le fleuve sacré des Indiens, le fleuve par excellence.

Le Gange, en hindoustan Ganga, est le fleuve principal de l'Inde. Nous avons dit qu'il s'échappe des sommets inaccessibles du Dsawala-Giri, dans l'Himalaya, mais qu'il se perd ensuite dans les entonnoirs de ses crètes aiguës, sous des montagnes de neige et des masses de rochers, pour reparaître plus bas au pied de ces monts gigantesques.

Alors, dans le Gherwal, la branche qu'il forme, et qui ne s'appelle encore que le Bhâgiraty, se réunit à une autre branche nommée l'Alak-Nandâ. Ce Bhâgiraty et cet Alak-Nandâ se reposent à Devaprayaga, tout près d'un temple célèbre parmi les Indiens. Leurs eaux réunies sous le nom de Gange traversent bientôt Hardwar, entrent dans la vaste plaine de l'Hindoustan, et arrosent les villes de Farrakhâbâd, Allahâbâd, Mirzapour, Bénarès, Ghazipour, Patna, Râdjâmaha, et les provinces de Delhi, Agra, Doudh, Allahâbâd, Behan et Bengale.

C'est dans le Bengale que le Gange forme un immense delta, aux nombreux canaux, sur lesquels s'élèvent Mourchidâbâd, Kaslim-Bazar, Dakka et d'autres grandes villes.

De ces branches, les principales sont :

L'Hougly, qui passe par Calcutta et Chandernagor, toujours navigable et couvert de vaisseaux faisant le commerce avec la capitale de l'Inde anglaise, roulant des eaux que le brahmine vénère comme sacrées, jurant par elles devant les cours de justice au Bengale, comme le Turc sur le Coran ;

L'Houringoltà, qui est également toujours navigable ;

Le Gange proprement dit, le plus occidental des canaux, confondant ses eaux avec celles du Megna ou Brahmapoutra, au-dessous de Lakipour.

L'étendue du Gange, prise de la source de Bhâgiraty jusqu'à l'embouchure de la branche la plus considérable, est de quatre cent seixante-dix lieues, en ne tenant compte que des grands contours. En évaluant les sinuosités, elle est d'un quart plus considérable.

Le bassin du fleuve a quatre cents lieues de longueur en ligne droite, et deux cent trente de large. Il est borné au nord par la chaîne de l'Himalaya, couverte de neiges éternelles ; à l'ouest par les montagnes peu élevées de Moggra-Par ; au sud par les monts Vindhia et ceux du Gandouana ; à l'est, il se confond avec le bassin du Brahmapoutra.

Curiosités de l'Ancien Monde.

Le Gange, depuis Hardwar, où il sort des montagnes, jusqu'au confluent de la Djemnah, a ordinairement un tiers de lieue de largeur. Au-dessous de Gondock, cette largeur est d'une lieue, quand le fleuve n'a pas d'îles. Au-dessous de la Djemnah, il est guéable en quelques endroits, quoique la navigation ne soit pas interrompue. Aux deux tiers de son cours, il a trente pieds de profondeur dans les basses eaux. Il conserve cette profondeur jusqu'à la mer, mais son extension, lui enlevant la force nécessaire pour emporter les barres de sable qu'y accumulent les vents du sud, l'empêche d'être navigable pour de gros navires. L'Hougly seul reçoit des vaisseaux, et même ceux qui jaugent plus de cinq cents tonneaux s'arrêtent à treize lieues au-dessous de Calcutta.

La pente générale du Gange est de vingt-sept pouces par lieue; ses sinuosités la réduisent partiellement à douze. Dans la saison sèche, sa vitesse, terme moyen, est de moins d'une lieue par heure. Dans la saison pluvieuse elle est de deux lieues et même de deux et demie.

On comprendra le volume des eaux du Gange quand on saura que ce fleuve a pour affluents quatorze autres fleuves ou rivières : le Cally-Neddy, la Djemnah, la Tonsâ, la Sone, le Foulgo, le Dommondâh, sur la rive droite; et sur la rive gauche, la Ramganga, le Goumty, le Gogra, ou le Sordjou, le Goudock, le Rogmotty, le Kosd, le Mahanada et le Tystâh.

Comme le Nil, le Gange est soumis à des débordements périodiques qui fertilisent les pays qu'il arrose. La somme totale de sa crue est de trente pieds. Cette crue, dans son origine, vers la fin d'avril, est d'un pouce par jour; puis de trois pouces avant que la pluie ne soit tombée autre part que dans les montagnes; enfin, quand les pluies sont générales, de cinq, terme moyen. A la fin de juillet, toutes les parties inférieures du Bengale, voisines du Gange et du Bramahpoutra, sont inondées et forment une nappe d'eau de plus de trente lieues. L'inondation est ascendante jusqu'au quinze août. Elle décroît ensuite de trois à quatre pouces, puis de trois à cinq de septembre en novembre, et de un demi-pouce par jour, terme moyen, de novembre au commencement de mai. Pendant la sécheresse, le Gange verse dans l'Océan quatre-vingt mille pieds cubes anglais par seconde; quatre cent cinq mille durant la crue; terme moyen de l'année cent quatre-vingt mille. Quand l'inondation décroît, la masse de sable et de terre roulée par les eaux du fleuve est telle que, en 1794, une des branches, large de presque une lieue, fut obstruée et fermée en une semaine.

L'aspect des bords du Gange est très varié. Là où le courant est rapide et le sol mou, la grève s'élève perpendiculaire et s'éboule aisément. Entre Colgony et Souty, le fleuve a emporté dix mille trois cent soixante hectares de terrain en peu d'années. Il se retire au contraire de la rive opposée, et a laissé à sec l'île Souty, avec deux mille cinq cent quatre-vingt dix hectares.

Les bords généralement sont bien cultivés. Des forêts de palmiers les ombragent. Le chacal, chaque nuit, y fait entendre son cri funèbre, lorsqu'il vient s'y rafraîchir et s'y repaître des corps que la superstition a jetés dans le fleuve, et qui corrompraient l'air s'ils n'étaient dévorés par cet animal et par des nuées de vautours, de marabouts et de corbeaux.

Les crocodiles y sont aussi fort nombreux.

Le Gange, avons-nous dit, le Gange, comme le Nil, est sacré aux yeux des habitants. Une seule branche, nommée Poudah, n'a pas ce caractère. Puis il y a des points plus sacrés les uns que les autres, où les pèlerins font de préférence leurs ablutions et viennent de fort loin puiser de l'eau pour leurs cérémonies. Ce sont communément les prayagas ou confluents de rivières. Nous avons signalé, au début de cette introduction, le lieu du Dsawala-Giri, dans l'Himalaya, l'un de ces endroits sacrés du Gange, où les Hindous ont placé l'approche du trône de leur dieu Mohaden, et où ils lui ont dressé des autels très fréquentés par de fervents pèlerins.

A part leur sainteté, les eaux du Gange sont aussi vantées pour leurs propriétés médicinales, et beaucoup de mahométans en font usage.

Plusieurs mythologues hindous représentent le Gange, Ganga, nom originaire de tous les fleuves, comme la fille de la grande montagne Himalaya. On l'appelle aussi Djahnari, du nom d'un santon hindou, dont il interrompit la prière en se rendant à la mer. Le santon furieux l'avala d'un trait ; mais, à la prière du demi-dieu, il consentit à le rendre par les oreilles.

Ce fleuve fut la dernière limite des conquêtes d'Alexandre-le-Grand.

Il est enfin dans l'orient de l'Asie d'autres fleuves de grande importance, par exemple le Miup ou grand fleuve Pégu, le Lakiang ou Thaluan, le Tanasserim, qui se jette dans la mer à Malacca, le Ménam ou Maigne, le Mékou ou Maikang, dans le Cambodje, et le Hué ou Han-Ise-Kiang.

Les eaux de l'Amour, fleuve qui sépare le nord de la Chine du sud de la Sibérie russe, étendent leur cours majestueux à travers le Da-Urien, le pays des Mantchous et des Tongouses.

On ne peut considérer le fleuve Anadyr qui, au nord, se jette dans le golfe du même nom, comme un bras dépendant du premier.

Indépendamment des deux fleuves gigantesques de la Chine, le Yan-Tshe-Kiang ou fleuve Bleu, et le Hoang-Ho ou fleuve Jaune, les cours d'eau suivants, qui prennent leur source sur les hauteurs septentrionales du mont Altaï et sur les versants qui s'étendent vers la frontière septentrionale de l'Asie centrale, méritent également d'être cités.

Ce sont la Léna, l'Indigioka, le Kolyma, le Iénisséï qui, après un cours de quinze cent milles géographiques, se jette dans la baie des soixante-douze îles, l'Obi et l'Irtish. Tous ces fleuves se déchargent dans l'Océan glacial Arctique.

ILES ET DÉTROITS.

Sur toute l'étendue des côtes du continent asiatique, la mer s'est frayé un passage dans toutes les directions, et a donné naissance à une multitude d'îles, qui sont liées à d'autres plus grandes ou plus petites, et à des distances plus ou moins rapprochées.

Ainsi, le détroit de Vaigatz sépare la Nouvelle-Zemble de la Sibérie ;

Le détroit de Behring, l'Asie de l'Amérique ;

Celui de Malacca, l'Asie de Sumatra ;

Le détroit de Ceylan, l'île de ce nom, la Taprobane des anciens, de l'Inde en-deçà du Gange ;

Le détroit de Babel-Mandeb conduit de la mer Rouge au golfe d'Arabie ;

Celui d'Ormutz communique du golfe Persique à celui d'Arabie ;

Celui de Caffa, de la mer Noire à la mer d'Azoff ;

Le canal de Constantinople joint la mer de Marmara à la mer Noire ;

Enfin, les Dardanelles communiquent de cette dernière avec l'Archipel, l'antique mer Egée.

La plupart des îles asiatiques sont situées sur les côtés sud et est de l'Asie. Les principales sont Ceylan, les Maldives, les Lakedives, Adaman, Nicobar, Mergui, les centaines d'îles découvertes par Magellan, en 1521, et appelées l'Archipel des Philippines, les Mariannes, les Moluques, les îles de la Sonde, c'est-à-dire Bornéo, Sumatra, Java, les Célèbes, etc.

Les îles situées sur la côte orientale sont Haïnan, Formose, Lieou-Kicou, les îles Japonaises, les Koutiliennes, Niphon, Jesso, les îles des Etats du Renard, Aléoutiennes, et une infinité d'autres moins importantes.

Au nord, signalons aussi la Nouvelle-Zemble, les îles de Lena et Lachaf ;

Et à l'occident, Rhodes, Chypre, Chio, Mytilène et les nombreuses îles de l'Archipel grec.

ETHNOLOGIE.

Les particularités et les variétés de climat ne se font sentir dans aucune partie du monde autant qu'en Asie.

Son immense étendue embrasse toutes les zônes.

Cette circonstance imprime un cachet de variété aux habitants, qui, sous le rapport des formes physiques, du langage, de l'industrie, des mœurs et de la religion, se divisent en un grand nombre de classes.

La couleur de leur peau passe du blanc au noir, par une variété infinie de nuances. La couleur des anciennes races du Caucase se montre plus ou moins chez les peuples qui habitent actuellement les contrées qui l'avoisinent, tels que les Arméniens, les Tatars, les Perses et les Afghans, qui sont tous remarquables par la régularité des formes. Ils ont de beaux traits, le front élevé, l'œil grand, le nez long et tant soit peu courbé, les joues rouges et les cheveux noirs ou d'un brun clair.

Ceux dont la peau est d'une teinte jaunâtre sont les Sibériens, les Mongols, les Tongouses, les Chinois, les Thibétains, les Japonais, les Indiens occidentaux, les Birmans et les Siamois.

Le brun clair, avec quelques variétés, est la couleur des peuples qui habitent l'Inde orientale.

Ceux de Malacca ont les cheveux noirs et bouclés, le nez plat et la bouche saillante.

Les habitants de l'île de Ceylan, les insulaires de Sumatra, Bornéo, des Célèbes, des Moluques et des Philippines, ont des cheveux noirs laineux, le nez épaté et les pommettes saillantes.

Les Mongols, dont les cheveux sont d'un brun clair et d'une raideur remarquable, ont l'habitude de se les arracher, ainsi que la barbe. Leurs traits sont fortement prononcés : ils ont le visage aplati, les yeux excessivement petits et les joues saillantes. Cette race comprend presque tous les peuples asiatiques, à l'exception des Malais et des habitants du Caucase, les tribus finnoises du nord de l'Europe, et les Esquimaux d'Amérique.

Les habitants des contrées polaires, tels que les Samoïèdes, les Téchukts, les Yakouts et les Kamtchadales dépassent rarement la taille de quatre pieds.

La plupart des insulaires appartiennent soit à la race malaise, soit à l'éthiopienne.

La même variété qui existe dans les rapports physiques des peuples qui habitent actuellement l'Asie, se fait remarquer dans les formes de la vie sociale, depuis la rudesse des peuples nomades jusqu'au luxe et à la sensualité des occidentaux, dans la Turquie, la Perse et l'Hindoustan : il y manque seulement les formes régulières de la liberté légale, et la haute perfection de la vie civile.

On peut diviser les peuples de l'Asie, tant les habitants aborigènes que ceux qui sont venus s'y établir, en deux classes principales : les nomades et les civilisés. L'histoire montre que les premiers, pour la plupart chasseurs et bergers, composent la population primitive. Ils habitent encore les grandes plaines de l'Asie centrale. Dans l'Asie occidentale et méridionale, l'étincelle de la civilisation s'étant communiquée de toutes parts, a fait naître le besoin de grandes associations politiques, d'où sont sortis de vastes empires et les habitudes de la vie civile. Les castes sacerdotales et les conquérants ont établi des formes qui, jusqu'à nos jours, ont façonné les hommes à l'obéissance aveugle, et en ont fait les instruments du despotisme et de l'arbitraire. De là vient que la forme du gouvernement qui domine en Asie est le despotisme. Le subalterne est l'esclave de son supérieur, et la femme est absolument soumise aux lois et aux caprices de l'homme. Il y a fort peu de hordes où les formes du gouvernement patriarcal se soient conservées.

LANGUES.

Des cinq cent quatre-vingt millions d'hommes qui habitent l'Asie, vingt-neuf souches aborigènes principales sont connues. Ce sont les Samoïèdes, les Yakouts, les Votiaks, les Mordvines, les Tchouavaches, les Tschérémissses, les Lesghès, les Vogoules, les Koudisiakouts, les Slaves, les Tcherkesses, les Kisti, les Géorgiens, les Afghans, les Grecs, les Tatars, les Kalmoucks, les Mongols, les Tongouses, les Korjakats, les Tekuchs, les Kamtchadales, les Kurites du nord, les Kurites du sud ou Aïnos, les Japonais, les Coréançais, les Arméniens, les Syriens, les Arabes, les Perses, les Indous, les Thibétains, les Malais, les Siamois, les Anamites, les Chinois et la race des Nègres qui habitent les îles du sud-est.

M. Balbi divise ainsi qu'il suit les différents langages des peuples de l'Asie :

Dans la partie occidentale, les langues Hébraïque, avec le Phénicien et le Punique, le Syriaque, avec le Chaldéen ; le Mède, le Pehlwi et l'Arabe.

Les langues du Caucase sont la Géorgienne et l'Arménienne.

que Bopp et Newmann font dériver du sanskrit, la Circassienne et l'A-bascienne.

La langue persane, ainsi que les dialectes qui en dérivent, et qu'on parle dans les différents provinces de la Perse et les pays voisins.

La langue hindoue, qui a pour racine principale l'ancien sanskrit, et les différents dialectes qu'on parle maintenant, tels que le Pali, le Prakrit, le Devangaric, l'Hindou-Chinois, l'Hindou-Birman, le Pégusien, le Siamois, le Chinois, le Japonais et le Coréen.

La langue tatare, d'où dérivent les dialectes du Tongou, de la Mantchourie, de la Mongolie, du Kalmouck et de la langue turque, y compris les idiômes des Yakouts et des Tchouavaches.

Enfin, les langues sibériennes, telles que celles des Samoïèdes, de Koria, du Sénisséï, du Kamtchatka et du Kouïle.

Il y a dans toute l'Asie plus de cent quatre-vingts idiômes différents.

La langue de l'ancien peuple civilisé de la Haute-Asie, les Ouigours, s'est conservée dans le Thibet, ainsi que le sanskrit, antique langage des Bramines, dans une partie de l'Inde montagneuse.

L'antique Pehlwi est encore en usage dans quelques provinces fron-tières de la Perse et du Kaboulistan.

Les langues qu'on ne parle plus sont l'Hébreu, le Zend, le Chaldéen, le Phénicien et le Phrygien.

On ne voit plus aucune trace de l'ancien langage en usage autrefois sur le bord du Cyrus, actuellement le Kour.

PRODUCTIONS.

La nature, qui, dans cette intéressante partie du monde, a doué l'homme d'une variété infinie sous le rapport de la forme extérieure et des mœurs, n'a pas été moins généreuse à l'égard du règne végétal et du règne animal. Dans les régions tout-à-fait septentrionales, où sévit un hiver perpétuel, on voit à peine quelques touffes d'herbe et de mousse. Ou n'y trouve que des cavernes, refuge des chiens marins et des ours blancs. Dans l'Asie centrale, les steppes salées et les déserts de sable succèdent alternativement aux plus belles plaines du monde. Dans l'Asie méridionale, on rencontre la plus grande abondance de fruits à épices, ainsi que des troupeaux d'éléphants et d'autres animaux que l'ardeur du climat rend féroces. Indépendamment de l'arbre à café et de la canne à sucre, dont l'Asie a enrichi l'Amérique, la chaleur du soleil dans la zône torride rend la terre féconde en plantes à épices, balsamiques, odorantes et médicinales. Aucun pays du monde n'offre un choix semblable d'arbres fruitiers de toutes les dimensions : presque

tous les arbres à fruits que l'on possède en Europe sont originaires de
la Perse et de la Syrie. Dans l'Hindoustan, le palmier-cocotier s'élève à
une hauteur de soixante à quatre-vingts pieds, et ne produit pas seulement le vin de palmier et l'excellent arack, mais encore une espèce de
choux, de l'huile et des noix d'un goût délicieux. Le bois de cet arbre
sert à toutes sortes d'usages. On fait d'excellents câbles avec son écorce
filamenteuse, et des tasses avec l'enveloppe de ses noix. A côté de cet
arbre croissent les palmiers à vin, l'arbre de sagou, l'areka, le dattier à
éventail, ainsi que le ficus bengalensis, vénéré des Hindous. Ses vastes
branches s'inclinent vers la terre en décrivant un angle droit, et se
relèvent en poussant un nouveau tronc, de telle sorte qu'avec le temps
un arbre peut devenir une forêt entière.

Les productions particulières de l'Asie sont l'indigo, la garance, le
jasmin grandiflore, l'arbre à soie de Syrie, le thé, le cajeput, le lentisque,
l'arbre à poivre, le baumier, le pin aromatique, le myrthe, le camphrier,
la bourdaine, la canelle, la muscade, le bétel, et toutes sortes de plantes
à épices.

Les animaux sont la chèvre angora, le zébu, le musc, la zibeline, le
gerbo, la marmotte, l'alouette de Tonquin, dont on mange les nids,
la musareigne du Sénisséï, le plus petit des mammifères, le grand
bénitier. Nous omettons le lion, le tigre, le guépard, l'éléphant,
le rhinocéros, le léopard, la panthère, et une foule d'autres animaux.

Les productions particulières de l'Asie sont l'asphalte, le naphte,
l'aimant, dont il y a des montagnes entières dans l'Oural, les plus beaux
diamants, le rubis, le saphir, l'émeraude, l'aigue-marine

RELIGIONS.

La vie politique, l'industrie, ainsi que les trois principales religions
de l'Europe, ont eu leur berceau en Asie, où les connaissances, les arts
et l'industrie étaient déjà très avancés quand l'Europe n'était encore qu'un
désert presque inhabitable.

Disons d'abord que les chrétiens de l'Asie, au nombre de dix-sept
millions, appartiennent en grande partie aux Eglises catholique romaine,
grecque et arménienne. Cependant on y trouve aussi des sectateurs de
la loi mahométane, au nombre de soixante-dix millions. Quant aux
païens, au chiffre énorme de trois cent quatre-vingt six millions, la plus
grande partie est adonnée à l'idolâtrie.

Nous ajouterons ensuite quelques détails sur la religion de Brahma
et sur celle de Bouddah ou de Fo, qui, avec l'islamisme, sont les trois
cultes dominants de l'Asie.

Enfin, nous parlerons quelque peu de la religion de Sinto et des Esprits, et de celle des Guèbres ou du sabéisme, le culte du soleil, en Japon et en Perse.

ISLAMISME.

L'Asie, le berceau du monde, de la civilisation, de toute lumière, a vu naître les deux seules religions divines et véritables, la religion de Moïse et la religion de Jésus-Christ, si toutefois on peut dire qu'elles ne font pas une seule et même religion.

De longs siècles les ont vus régner et fleurir dans cette belle et riche région.

Maintenant, hélas ! elles n'y existent plus qu'à titre d'étrangères !

Fondateur de la religion musulmane, appelée aussi islamisme, du mot arabe islam, signifiant soumission à Dieu, Mahomet, en arabe Mohammed, naquit à la Mecque vers l'an 570 de Jésus-Christ. Il appartenait à la puissante tribu des Koraichites. Il perdit à cinq ans son père Abdallah, et fut élevé auprès de son oncle Abou-Taleb, prince de la Mecque, jusqu'à l'âge de quatorze ans ; puis alors il s'engagea, en qualité de chamelier ou conducteur de chameaux, dans les caravanes qui faisaient le trajet de la Mecque à Damas. De retour à la Mecque, la riche veuve d'un marchand, nommée Kadichah, l'ayant pris pour diriger ses affaires, Mahomet l'épousa trois ans après, alors qu'il avait vingt-cinq ans

Déjà Mahomet s'était fait remarquer par son esprit et la régularité de sa conduite : mais, depuis son mariage jusqu'à l'âge de quarante ans, il mena une vie toute de retraite et d'étude, pendant laquelle il conçut le projet de réformer la religion de son pays, d'y faire adorer un seul Dieu, et de réunir en un seul culte les diverses religions qui divisaient alors l'Arabie, savoir : l'idolâtrie, le sabéisme et le judaïsme. Il feignit des révélations, parla en inspiré, et, comme il était sujet à des attaques d'épilepsie, il fit passer l'état violent dans lequel ces attaques le mettaient pour le résultat des vives impressions que lui causaient l'apparition, rayonnante de gloire, de l'ange Gabriel venant, par l'ordre de Dieu, lui dicter les vérités qu'il devait révéler aux hommes.

Il convertit d'abord sa femme Kadichah, huit membres de sa famille, et quelques amis puissants, parmi lesquels on compte Ali, Abou-Bekr et Othman, qui furent tous trois califes, c'est-à-dire vicaires ou représentants du nouveau prophète.

Sa mission commençait en 610. Dès-lors il prêcha publiquement, se déclarant lui-même prophète et envoyé du ciel.

Cependant il se forma une conspiration contre Mahomet, qui fut conlraint de quitter la Mecque, en 622, et de se retirer à Médine. Mais cette retraite fut l'époque de sa gloire et de l'établissement de son empire et de sa religion.

C'est ce que l'on nomma hégire, ce qui signifie fuite ou persécution, dont le premier jour répond au 16 juillet 622.

Mahomet ainsi persécuté donna l'ordre à ses sectateurs d'employer les armes à la propagation de la nouvelle religion. Il parvint lui-même à soumettre plusieurs tribus de l'Arabie, et, en 630, il s'empara de la Mecque, dont il renversa les idoles. Il allait étendre au loin ses conquêtes, lorsqu'il mourut, à Médine, en 632, laissant ce soin à ses généraux, dont les plus fameux sont Abou-Bekr, Kaled, Omar, Amrou. Mahomet fut enterré dans la chambre d'une de ses femmes et sous le lit où il était mort, des suites du poison donné par une juive qui voulut s'assurer s'il était vraiment prophète.

Mais c'est une erreur populaire de croire qu'il est suspendu dans un cercueil de fer, qu'une ou plusieurs pierres d'aimant tiennent élevé à la voûte de la grande mosquée de Médine. Son tombeau se voit encore aujourd'hui à l'un des angles de ce temple. C'est un cône de pierre placé dans une chapelle dont l'entrée est défendue aux profanes par d'énormes barreaux de fer.

Les dogmes et les préceptes de la religion de Mahomet sont consignés dans un livre appelé le Coran.

Coran ou Alcoran est un mot qui, en arabe, signifie le Livre!

Il fut écrit par Mahomet. Ce prétendu prophète y déclare que ce livre est l'œuvre de Dieu lui-même, et qu'il lui a été transmis par l'archange Gabriel. Mais il est facile de reconnaître que ce livre est un mélange confus des doctrines chrétiennes et juives, unies aux traditions orientales. Les principaux dogmes sont l'unité de Dieu, l'immortalité de l'âme, un paradis avec des joies matérielles, le jugement dernier et la prédestination. Le fatalisme, qui ne saurait s'accorder avec la justice de Dieu, fut adapté par Mahomet à sa doctrine pour en faire un auxiliaire de l'esprit de conquête, en inspirant le mépris de la mort. Quant aux préceptes, ce sont la circoncision, la prière, l'aumône, les ablutions, le jeûne, surtout pendant le Ramadan, carême des Turcs, qui a lieu le neuvième mois de leur calendrier, les sacrifices et l'abstinence du vin et de toute liqueur fermentée.

Le Coran fut mis en ordre et publié par Abou-Bekr, successeur de Mahomet, l'an treizième de l'hégire, 634 de J.-C., deux ans après la mort de Mahomet.

A peine Mahomet avait-il rendu le dernier soupir, que différents schismes éclatèrent dans l'islamisme. Chacun des califes qui prirent sa place simultanément interpréta le Coran à sa manière. Il s'en suivit de longues et terribles guerres.

De nos jours, il n'y a plus de califes, c'est-à-dire de vicaires revêtus du pouvoir spirituel et temporel. Le sultan, qui règne à Constantinople, n'est investi que de l'autorité temporelle, et c'est un muphti qui, de concert avec les oulémas, ou docteurs, juge les questions de doctrine. Vient ensuite le prédicateur ou khatib; l'iman, qui fait la prière dans la mosquée, puis de nombreux religieux appelés santons et kalenders.

Nous passons maintenant à la religion qui, de très haute antiquité, règne dans tout l'Hindoustan, à savoir :

LE BRAHMANISME.

Cette religion reconnaît un être suprême, Para-Brahma, qui reste éternellement immobile, n'agissant que par l'intermédiaire de Brahma, Vischnou et Shiva, triple manifestation de l'être suprême, espèce de trinité — trimourti — qui ne forme elle-même qu'un seul Dieu.

Selon les védas, livres sacrés des Hindous, Brahma est la puissance, le créateur, la matière. Il représente le passé, et a pour emblême le soleil.

Vischnou est la sagesse, le conservateur, l'espace. C'est le présent; l'eau est son emblême.

Shiva, ou le feu. Il représente l'avenir, et est le dieu de la justice.

Ces trois dieux exercent leur pouvoir sur le monde par le secours d'une infinité de dieux subalternes.

Les sectateurs de Brahma croient à la métempsycose, à l'immortalité de l'âme. Ils doivent se purifier par des abstinences et une foule de pratiques religieuses. Ils sont partagés en quatre castes principales :

Les brahmanes, qui sont les savants et les prêtres, et d'où sont tirés tous les fonctionnaires publics;

Les chattryas ou guerriers, d'où sont issus les radjas et les naïres du Décan;

Les waïskias, commerçants, agriculteurs, appelés aussi banians;

Et enfin les soudras, qui sont les artisans ou ouvriers.

Les traditions hindoues expliquent ainsi l'origine de ces castes :

Para-Bhrahma, disent-elles, eut quatre fils,

Brahma, qui fut créé de sa bouche, Chattryas, Waïskia et Soudra, qui sortirent de ses bras, de ses cuisses et de ses pieds. Chacun de ces fils donna naissance à une caste hindoue.

Au-dessous d'elles sont les parias, infortunés dont les Hindous fuient le contact comme celui d'un animal immonde. Cette classe se compose de tous ceux qui, par un motif quelconque, ont mérité d'être exclus de leurs castes. Ils habitent les lieux solitaires et sont forcés de se livrer aux fonction les plus dégoûtantes.

Le culte brahmanique est rempli de superstitions, les unes ridicules, les autres révoltantes. Ainsi, à la fête de Djaggernàth, tandis que le char du dieu écrase sous ses roues pesantes une foule de victimes qui se précipitent au-devant de cette mort dont ils attendent une éternelle félicité, d'autres fanatiques se réunissent dans les pagodes pour se soumettre à des tortures volontaires.

Une coutume hindoue fort barbare oblige les femmes à se brûler sur le cadavre de leurs maris.

Les ablutions et les lustrations dans les fleuves sacrés, mais spécialement dans le Gange, font encore une partie principale du culte brahmanique.

La ville de Bénarès est un des lieux sacrés où se fait le plus de pèlerinages.

Les Anglais, devenus injustement les maîtres des Indes orientales, cherchent chaque jour à empêcher la pratique de quelques-unes des plus révoltantes superstitions de la religion brahmanique, mais ils n'en viennent que très difficilement à bout.

BOUDDHISME.

Le brahmanisme donna naissance au bouddhisme, l'une des plus fausses religions. En effet le bouddhisme se forma dans l'Inde mille ans environ avant notre ère, on le suppose du moins. Longtemps avant J.-C. cette religion régnait parmi les hordes nombreuses de l'Asie centrale.

Introduite en Chine dans le Ier siècle, la Corée, le Japon, le Thibet la reçurent successivement. Les Mongols enfin l'embrassèrent sous les premiers successeurs de Gengis-Khan, et aujourd'hui elle couvre une immense partie de l'Asie, où elle compte plus de deux millions de sectateurs.

Le bouddhisme prétend que notre existence actuelle est imparfaite et sans réalité. Il dit que ce monde de la matière est une illusion de nos sens. Il enseigne la nécessité de dégager notre âme de ce monde périssable, pour lui donner entrée dans ce monde immatériel et vrai, où réside Bouddha, l'intelligence suprême et la raison parfaite, qui habite au-dessus de l'espace lumineux, dans une région éternelle et indestructible. C'est là que résident les âmes déjà parvenues à l'état de Bouddha, assistant à la création et à la destruction des mondes, car le boud-

dhisme admet une série perpétuelle de créations et de destructions du
monde.

Les plus parfaites de ces âmes, les Bouddhas accomplis, peuvent s'in-
carner et descendre sur la terre afin de dégager les âmes enchaînées dans
ce monde matériel, sur lequel elles ont un empire souverain.

Chakyamouni, le quatrième des Bouddhas, déjà paru, est mort
l'an 542 avant notre ère, et Maitreya, le cinquième Bouddha, doit paraître cinq mille ans après lui.

Après la mort d'un Bouddha incarné, sa représentation reste sur la
terre jusqu'à la venue d'un autre Bouddha, et elle est animée par les
incarnations successives de Bouddhas moins parfaits. Ainsi les bouddhistes adorent aujourd'hui Padmapani, ou la représentation de Chakyamouni, qu'ils croient toujours visibles du dalaï-lama, du Thibet, leur
grand pontife, dont nous allons dire quelques mots.

Du reste, la religion bouddhique est assez pure dans les dogmes moraux; elle tend à l'adoucissement des mœurs et au perfectionnement de
l'individu. Elle a brisé l'inflexible barrière des castes hindoues.

Les sectateurs de Bouddha pensent qu'il suffit, pour que les prières
adressées à la divinité soient efficaces, qu'elles soient mises en mouvement, soit récitées par la bouche de l'homme, soit écrites et agitées
par un moyen quelconque. Aussi voit-on dans les temples bouddhiques
un grand nombre de cylindres qui tournent continuellement par le
mécanisme d'un moulin à eau. Ils renferment les livres religieux, dont
le contenu, ainsi agité, doit être d'une influence très heureuse sur le
bien du genre humain. Dans les grandes solennités on allume aussi un
guéridon garni de cent huit lampes qui représentant les volumes sacrés et
que l'on fait tourner dans le même sens que les cylindres. Les chapelets
des prêtres bouddhistes se composent également du même nombre de
grains, cent huit.

LE GRAND-LAMA.

Nous avons dit qu'à la tête de la hiérarchie sacrée des Bouddhistes,
est placé un souverain, le dalaï-lama, le grand-lama, ou le lama
immaculé, immortel, qui est présent partout et qui sait tout. C'est lui
qui est le substitut d'un seul Dieu, et le médiateur entre les mortels et
l'Être suprême. Ses sectateurs ne le considèrent que sous le jour le plus
favorable, comme perpétuellement absorbé dans ses devoirs religieux,
et ne détournant son attention sur les hommes que pour les consoler et
les encourager par sa bénédiction, pour exercer enfin le plus doux des
attributs, la miséricorde et le pardon.

Il réside à Hlassa, dans le Thibet, sur la frontière de la Chine, au
monastère de Potala.

Il a sous lui un second lama, demeurant à Teschiklambo, mais qui le reconnaît comme son supérieur.

Les environs de Potala sont en outre peuplés d'une multitude de moindres lamas, dont le nombre s'élève à vingt mille. Aussi les pagodes ou temples sont en telle quantité dans la contrée, qu'on en trouve à chaque pas. Les cloîtres ou monastères ne sont pas moins de trente mille dans la seule ville de Hlassa. Jugez de ce que les provinces peuvent en contenir ! Le plus grand nombre de ces couvents est réservé aux femmes.

PAGODES.

Le nom de pagodes dont je me suis servi plus haut, du mot persan pont, qui veut dire idole, et de gheda, temple, dont on a fait pontgheda, puis pokhoda, que nous avons converti en pagode.

Ces pagodes sont en général magnifiquement bâties et richement décorées.

Il y en a une à Golconde, dont la niche où l'on fait la prière est un monolithe si volumineux qu'on a été cinq ans à l'extraire de sa carrière, en employant cinq à six cents hommes à ce travail. Du reste, ces pagodes ne sont pas très vastes et ne forment à proprement parler que de grandes chapelles.

Dans ce paysage magnifique de l'Inde, et au milieu des sites ravissants d'une contrée dont l'exubérante végétation est des plus admirables, les caprices d'architecture de ces innombrables pagodes sont du plus bel effet.

On nomme aussi pagode, par extension, l'idole qui est adorée dans le temple de ce nom, et, par suite, de petites figures grotesques, ordinairement de porcelaine, dont les premières nous sont venues de Aime.

Nous n'insisterons pas ici sur les autres détails ayant trait au dalaï-lama, sur la crosse, les rosaires des bouddhistes, les cloches de leurs pagodes, etc

RELIGION DE SINTO OU DES ESPRITS.

La religion primitive du Japon partage, avec le bouddhisme, les habitants de ce pays. Elle rend un culte à la vertu, reconnaît en même temps le dieu Tien, qui n'est autre que le ciel ou le soleil, et une foule d'esprits ou de dieux infernaux.

Cette même religion divinise aussi de grands hommes.

Elle prescrit l'usage des viandes.

Ses doctrines sont fondées sur un ouvrage de Confucius intitulé **Sinto,** d'où ce nom a été donné au culte.

RELIGION DE CONFUCIUS.

Trois cultes différents règnent en Chine :

1° Celui de Confucius ou des lettrés, qui est la religion de l'Etat et des classes élevées. Ce culte reconnaît un être suprême. Il a des temples, mais pas de prêtres. L'empereur seul remplit les devoirs religieux au nom de tout ce peuple. Ce culte recommande surtout la piété filiale, le respect pour les morts, et il honore la vieillesse d'une manière particulière.

2° Le culte de Tao-Tsé ou de la raison primitive, culte de la raison établi six cents ans avant notre ère, par le philosophe Tao-Tsé. Cette religion a dégénéré en une sorte de polythéisme.

3° Enfin, celui de Bouddha, ainsi que nous l'avons dit.

BONZES ET BONZIES.

Bonzes, tel est le nom que l'on donne aux prêtres de ces cultes divers, mais notamment aux ministres inférieurs du bouddhisme, sans distinction dés sectes nombreuses dans lesquelles ils se partagent.

On les dit fort austères. Ainsi se lèvent-ils à minuit pour chanter les louanges de leur Dieu et pour méditer sur quelque point de morale. La plupart ne fréquentent que les bois, les déserts et les campagnes. Les uns font profession de magie, les autres se livrent à une vie de pénitence et de contemplation. Enfin, un grand nombre forment une sorte d'ordre de mendiants qui se tiennent sur les routes et rançonnent les passants au moyen de quelques lignes de prières qu'ils récitent à haute voix et qu'on ne manque d'écouter avec reconnaissance et respect.

Les bonzes ont toujours de bonnes et dignes paroles à la bouche. Ils ont les cheveux et la barbe rasés, et, quelque temps qu'il fasse, ne se couvrent jamais la tête. Ils donnent la plus grande partie du jour à la prière, gardent au public le plus profond silence, et paraissent toujours dans le plus profond recueillement. Mais ce qui les caractérise tous, c'est leur insatiable cupidité. Ils exploitent les croyants en leur vendant fort cher une foule de bagatelles, entre autres des robes de papier, dont il se fait un débit prodigieux, et dont chacun veut mourir revêtu.

Il y a aussi des monastères de filles que l'on nomme bonzies. Elles sont chargées de l'éducation des jeunes personnes de leur sexe.

CULTE DU FEU, SABÉISME

GUÈBRES ET ZOROASTRE.

Zoroastre naquit en Médie, sous le règne d'Hystaspe, père de
Darius Ier.

La religion des Mèdes étant chargée par les mages de pratiques
superstitieuses, Zoroastre entreprit de la réformer. Il prescrivit le culte
du feu, qui n'est autre que l'adoration du soleil, pratiquée déjà chez les
Assyriens et les Chaldéens.

Le culte imposé par Zoroastre réglait la vie publique comme la vie
privée ; il annonçait des peines et des récompenses après la mort.
Ormuzd et Mithras étaient ses dieux, et les mages ses prêtres.

De nos jours on donne le nom de sabéisme au culte du feu, qui est
encore pratiqué dans certaines contrées, et on appelle Guèbres les
sectateurs de ce culte.

Guèbre, du mot persan ghebr, de même que giaour en turc, signifie
infidèle. C'est le nom que les musulmans donnent aux peuples qui
adorent le feu. On les nomme aussi Parsis, parce qu'ils sont originaires
de Pars, et Mandjous, de l'appellation antique de mages, ministres de la
religion de Zoroastre.

Les Guèbres, comme les Arabes de l'Yémen, connus sous le nom de
Sabéens, du mot sabéisme expliqué plus haut, adorent le soleil comme
l'image de la divinité et le type du feu le plus pur. Jamais ils n'éteignent le feu volontairement, mais ils le laissent mourir faute d'aliment.
Si leur maison brûle, ils ne cherchent pas à éteindre l'incendie. Ils ont
en outre un attachement superstitieux pour leur ceinture, et ne la quit-
tent jamais.

Ils conservent religieusement les livres de Zoroastre.

Les Guèbres, qui se trouvent plus particulièrement en Perse, sont
doux, bienfaisants, fidèles, et ne méritent nullement le mépris auquel ils
sont condamnés chez les musulmans.

Dans les Indes, ils sont fort nombreux : ils y habitent les bords de
l'Indus et le Guzarate ; mais leur véritable patrie est Bombay.

C'est sur les hauteurs que, d'ordinaire, ils adorent le soleil, et allument de petits feux de branches sèches devant lesquels ils se proster-
nent et prient avec une ferveur digne d'une autre divinité.

RUINES ILLUSTRES DE L'ASIE.

TROIE, ÉPHÈSE, SARDES, ETC.

L'une des grandes curiosités de l'Asie, c'est le semis de ruines dont elle est parsemée.

Berceau des premiers et des plus grands empires, elle porte sur mille points des traces indélébiles de sa grandeur primitive et des puissantes et magnifiques cités dont les noms glorieux émeuvent encore le monde.

A peine touche-t-on au rivage de l'Asie-Mineure que le regard est aussitôt frappé de débris qui évoquent devant vous la grande image du passé.

Près de Koutaïch, l'antique Kotyœum, c'est d'abord un monument phrygien remarquable sur les faces duquel on lit : Au roi Midas.... et qui apprend que ce sépulcre, taillé dans ce roc vif et couvert de sépultures analogues à celles de Mycènes, peut être attribué à des princes de la dynastie de Midas, 600 ans avant J.-C.

A quelque distance d'Azani, non loin de là, c'est le squelette grandiose d'un vaste théâtre et d'un temple de Jupiter, ouvrage grec des plus remarquables parmi ceux qui subsistent encore.

A Smyrne, c'est l'Homérion ou temple consacré au grand poète Homère, et retrouvé naguère dans les fouilles nécessitées par les travaux d'un chemin de fer.

Dans le voisinage, c'est Ephèse, célèbre par son temple de Diane, dont on voit encore les immenses voûtes souterraines qui soutenaient ce colossal et merveilleux édifice.

C'est Sardes, la capitale de la Lydie, la ville du riche Crésus, qui présente à l'admiration de l'archéologue étonné les ruines gigantesques d'un temple et le tombeau non moins gigantesque d'Alyatte, père du même Crésus. Ce tombeau, ayant l'aspect d'une colline, est un cône en terre de deux cents pieds d'altitude et de six stades de circonférence à sa base, construit en énormes pierres de taille, à moitié caché par l'exhaussement du sol.

Voici venir à son tour Halycarnasse, qui occupe encore le site le plus gracieux. Boutroun est son nom moderne, et fait voir sur les murs de sa citadelle de fines sculptures, des bustes de personnages nus ou habillés, des processions funéraires, toutes choses qui ont appartenu certainement au fameux mausolée élevé par la désolée Artémise à son cher époux Mausole, roi du pays.

Curiosités de l'Ancien Monde.

Plus loin, apparaît la ville d'Esculape, la belle Gnide, où Vénus avait
plusieurs temples fameux dont on retrouve les ruines.

Puis, vient la grande ville de la Cilicie, Tarse, dont le sol est couvert
de demeures modernes entremêlées de débris d'autrefois.

Enfin, dans la Troade, au nord-ouest de cette même Asie-Mineure,
revit, dans les ruines qui en rappellent le souvenir, le plus poétique et
le plus durable des drames de l'antiquité, celui dont Priam, Hector,
Pâris, Hécube et Andromaque, Achille et Agamemnon, Ulysse et Ménélas ont été les acteurs, et qu'Homère a chantés dans ses poèmes immortels. Quelle cité eut une splendeur plus grande que Troie, Ilion, Pergame, la même ville sous trois noms.

De cette Troie si célèbre, que reste-t-il aujourd'hui ? Le petit et misérable village de Bournar-Bachi, quelques ruines d'une citadelle sur un
rocher voisin, composée de polygones irréguliers, d'une citerne taillée
dans ce rocher et de trois tombeaux, des tronçons de colonnes en marbre
blanc, d'énormes blocs de murailles, un aqueduc et un palais éventré
que l'on signale comme ayant été celui de Priam.

« Le 21 septembre, à six heures du matin, raconte M. de Châteaubriand, on vint me dire que nous allions doubler le détroit des Dardanelles. La fièvre qui me possédait alors fut chassée par les souvenirs de
Troie. Je me traînai sur le pont. Mes premiers regards tombèrent sur
un haut promontoire couronné par neuf moulins : c'était le cap Sigée.
Au pied du cap je distinguais deux tumulus, les tombeaux d'Achille et
de Patrocle. L'embouchure du Simoïs était à gauche ; plus loin, en remontant vers l'Hellespont, paraissaient le cap Rhétée et le tombeau
d'Ajax. Dans l'enfoncement s'élevait la chaîne du mont Ida, dont les
pentes, vues du point où j'étais, paraissaient douces et d'une couleur
harmonieuse. Ténédos était devant la proue du vaisseau. Je promenais
mes yeux sur ce tableau et les ramenais malgré moi à la tombe d'Achille.
Les pyramides des rois égyptiens sont peu de chose comparées à la
gloire de cette tombe de gazon que chanta Homère et autour de laquelle
courut Alexandre-le-Grand. Pour moi, s'il ne m'a pas été permis de visiter cette terre sacrée, heureux encore j'ai pu la saluer, j'ai pu voir les
flots qui la baignent et le soleil qui l'éclaire. »

RUINES DE NINIVE ET BABYLONE.

Avançons encore à travers les débris de villes grecques, romaines,
persanes et arabes dont est jonché le pachalick de Bagdad, et arrivons à
cette terre illustre entre toutes qu'arrosent le Tigre et l'Euphrate, et qui

porta jadis les rayonnantes cités de la reine de l'Orient, Babylone, et de sa rivale, Ninive.

A ce sujet, M. Heeren s'exprime ainsi :

« Au rapport d'Hérodote, seul témoin oculaire qui eût laissé une description de l'antique Babylone, la ville formait un carré dont chaque côté avait cent vingt stades de longueur. Elle était située sur les deux rives de l'Euphrate, qui la divise en deux parties réunies par un pont de pierres, couvert d'un plancher de bois qu'on pouvait enlever à volonté. Les bords du fleuve étaient revêtus de briques. D'un côté de 'a ville s'élevait le palais du roi ; dans l'autre était le temple de Bel, dont l'enceinte avait deux stades de circonférence. Au milieu de cette enceinte, on voyait une tour à huit étages ou terrasses, dont la plus basse avait un stade de longueur et autant de largeur, et en-dehors de laquelle étaient pratiqués tout autour des escaliers avec des paliers. Sur la dernière et plus haute terrasse était le sanctuaire de Bélus avec une table et un siége d'or, mais sans statue, qui se trouvait dans une chapelle attenante, également toute d'or. La ville était entourée d'un fossé large et profond, rempli d'eau et revêtu de briques, derrière lequel s'élevait une digue ou muraille d'une hauteur considérable, construite avec les terres du fossé qu'on avait converties en briques, et munies de portes vers le haut. Une autre muraille, presque aussi forte, traçait une seconde enceinte au-dedans de la ville, et le palais du roi était fortifié. Les rues tirées au cordeau, les portes d'airain du côté du fleuve, et les maisons à quatre étages faisaient de Babylone la plus belle cité que l'historien grec ait jamais vue, et pourtant il avait visité l'Egypte. »

Voici maintenant ce que nous dit de Babylone, dans son état actuel, M. Alfred Driou, dans son *Histoire des Voyages* :

« L'antique Babylone, si fidèlement décrite par Hérodote, montre ses ruines éparses sur les bords de l'Euphrate, non loin de la petite ville moderne d'Hilla. Porter, l'un des derniers voyageurs qui les ont visitées, s'y rendit de Bagdad, située à environ deux lieues au nord, et près du Tigre. Tout le pays qu'il traversa n'est qu'une plaine inculte ; mais on peut juger qu'il n'en fut pas ainsi autrefois, d'après les nombreux canaux qui le coupent de toutes parts, et qui sont à sec, aussi bien que par les fragments de briques et de tuiles dont il est parsemé. Quelques caravensérails isolés marquent seuls les stations des voyageurs, auxquels ils n'offrent que de faibles ressources. C'est au dernier de ces caravensérails, près du village de Mohavil, et à quatre lieues de Hilla, que commencent les ruines de Babylone proprement dites.

» Le sol alors est entièrement couvert de débris et de décombres, qui sont, à n'en pouvoir douter, les restes d'une vaste capitale. Des monticules sont épars sur les deux rives de l'Euphrate. Le plus considéràble est placé sur ra rive occidentale du fleuve, mais à quelques milles, et porte le nom de Bourdj-Nemrod, du nom de Nemrod, ce violent chasseur dont parle l'Ecriture. Ce gigantesque débris n'a pas moins de deux mille pieds de circonférence et de deux cents d'élévation. Il est surmonté d'une tour tronquée qui compte trente-cinq pieds d'élévation. On voit encore trois des huit terrasses en retraite qui semblent avoir composé jadis cette colline, évidemment faite de main d'homme, puisqu'elle est formée de briques crues et cuites, de pierres noires, de marbres, etc. Alexandre-le-Grand tenta de déblayer cette ruine grandiose, mais ce travail fut interrompu.

» Serait-ce donc la fameuse tour de Babel, le premier édifice dont les hommes aient conservé le souvenir, et que les Babyloniens convertirent en un temple de Jupiter Bélus?

» Tout s'accorde pour l'affirmer.

» Sur la rive orientale de l'Euphrate, les ondulations du sol et les monticules sont plus nombreux. La plus vaste éminence, qui se rapproche de Hilla, offre un immense plateau rectangulaire, également en briques, et que les Arabes nomment Babel ou Mudgélibeh, mot qui signifie : « ruiné de fond en comble. »

» Ce serait, en effet, paraît-il, ce qui reste du palais de Nabuchodonosor, dans lequel mourut Alexandre-le-Grand.

» Au sud-est, sur un autre mamelon, on voit aussi une autre ruine d'une circonférence de huit cents mètres, qu'une tradition constante donne comme les débris majestueux des célèbres jardins suspendus du même Nabuchodonosor, faussement attribués à Sémiramis. Ce sont de massifs murs, d'une inébranlable solidité, qui devaient, selon toutes les apparences, supporter ces jardins uniques au monde. Au sommet de l'un de ces vieux murs s'épanouit encore le vigoureux rameau vert d'un tronc vénérable incliné par les vents, qui semble raconter les âges écoulés. Sous les voûtes de ces antiques murailles s'ouvrent de longs corridors et de ténébreuses galeries souterraines inexplorées, car nul voyageur n'ose pénétrer dans leurs abîmes béants, qui inspirent un effroi dont le plus brave n'ose se défendre. A ces ruines on donne le nom d'Alcasr ou Kasr, c'est-à-dire château ou palais. Elles sont entièrement composées de briques cuites, parfaitement moulées, et offrant sur une face une infinité de petits caractères graphiques cunéiformes, ou à têtes de clous, inscription assyrienne tout-à-fait indéchiffrable.

» Hélas ! maintenant, la désolation habite ces ruines colossales, éventrées au profit de nos musées, et ces immenses débris de splendeurs à jamais éteintes servent de tanières redoutables aux bêtes féroces du désert. Ainsi, la terrible prophétie d'Isaïe n'est, depuis longtemps, que trop fidèlement accomplie. »

Le même M. Alfred Driou ajoute, à propos de Ninive :.

« Ninive fut la capitale politique de l'antique Assyrie. Jamais ville au monde n'égala les splendeurs de cette cité, l'une des plus anciennes du vieux monde. Fondée par Assur en 2640 avant J.-C., puis agrandie vers 1968, par Ninus, qui lui donna son nom, elle dut ses magnificences à l'épouse de Ninus, la grande Sémiramis.

» Cette ville fut prise deux fois : la première par Arbacès et Bélésis, en 759, après la chute de Sardanapale ; la seconde, par Nabopolassar Ier, roi de Babylone, en 625.

» La corruption de Ninive égala sa puissance et sa richesse. Les prophètes juifs reviennent souvent sur son luxe effréné. On connaît la fameuse mission donnée par Dieu à Jonas, et la crainte qu'elle lui inspirait. Ce prophète finit cependant par la remplir, en criant dans toutes les rues de la ville : Encore quarante jours et Ninive sera détruite! Mais Dieu, touché de la pénitence des Ninivites, leur pardonna. D'après Jonas, Ninive avait une immense étendue.

» Hérodote ne parle pas de Ninive dans son voyage en Assyrie, parce qu'elle venait d'être détruite, en 626 avant J.-C., par Cyaxare, roi de Médie. A l'époque de son voyage, deux cents ans après sa chute, ses admirables bâtiments couvraient la rive orientale du Tigre, frère de l'Euphrate, de leurs ruines colossales, et déjà le sable, poussé par le vent du désert, les ensevelissait sous des ondulations que les siècles devaient changer en collines. Il advint alors que, après un nombre d'années, les explorateurs ne trouvèrent plus de vestiges de cette brillante et voluptueuse cité. Mais il advint aussi qu'une ville moderne, Mossoul, s'étant formée au nord-ouest et dans le pachalick de Badgad, assez près du Tigre, la France envoya des consuls dans cette ville, domaine des Turcs. Or, en 1843, M. Botta remplissait cet emploi, lorsque, poussant ses excursions sur le bord oriental du fleuve, il avisa des éminences circulaires qui ne lui parurent pas l'œuvre de la nature, car elles n'étaient répétées nulle part ailleurs.

» Comme il cherchait depuis longtemps le gisement de Ninive, M. Botta augura que ces renflements du sol pouvaient bien cacher les ruines de cette ville fameuse. Il se mit donc à l'œuvre, réunit un nombre d'ouvriers, et, au nord du petit village de Niniouah, fouilla le sol, qui ne lui donna d'abord que des objets insignifiants. Il passa le Tigre alors, et fit éventrer les éminences de l'autre rive. Aussitôt des pans de murs en briques, et, peu après, un palais tout entier, sortirent de terre. Avec ce palais, revirent le jour de gigantesques sculptures, montrant une véritable danse macabre de prêtres, de rois, de soldats, de gens de toutes conditions. Le Khorsabad, demeure des rois de Ninive, et Ninive, étaient retrouvés désormais. Nombre de ces précieuses reliques furent expédiées en France par le Tigre et l'Euphrate, qui, jaloux de ces trésors, en engloutirent une partie qu'on sut leur reprendre. Maintenant le

Khorsabad n'est plus à Ninive, il est à notre musée du Louvre, grâce à M. Botta et aux hommes intelligents qui ont continué son œuvre... »

RUINES DE TYR ET DE SIDON.

C'est Fénelon qui prend maintenant la parole pour faire dire à Télémaque, à l'occasion de Tyr, assise sur le rivage de la Méditerranée ·

« J'admirais l'heureuse situation de Tyr, qui est au milieu de la mer, dans une île. La côte voisine est délicieuse par sa fertilité, par les fruits exquis qu'elle porte, par le nombre de villes et de villages qui se touchent presque, enfin par la douceur de son climat ; car ces montagnes mettent cette côte à l'abri des vents brûlants du midi, et elle est rafraîchie par le vent du nord, qui souffle du côté de la mer. Ce pays est au pied du Liban, dont le sommet fend les nues et va toucher les astres ; une glace éternelle couvre son front ; des fleuves pleins de neige tombent, comme des torrents, des pointes du rocher qui environnent sa tête. Au-dessous on voit une vaste forêt de cèdres antiques, qui paraissent aussi vieux que la terre où ils sont plantés, et qui portent leurs branches épaisses jusque vers ces nues... C'est auprès de cette belle côte que s'élève dans la mer l'île où est bâtie Tyr. Cette grande ville semble nager au-dessus des eaux et être la reine de toute la mer. Les marchands y abordent de toutes les parties du monde, et ses habitants sont eux-mêmes les plus fameux marchands qu'il y ait dans l'univers. Quand on entre dans cette ville, on croit d'abord que ce n'est point une ville qui appartient à un peuple particulier, mais qu'elle est la ville commune de tous ces peuples et le centre du commerce. Elle a deux grands môles, semblables à deux bras, qui s'avancent dans la mer, et qui embrassent un vaste port, où les vents ne peuvent entrer. Dans ce port on voit comme une forêt de mâts de navires, et ces navires sont si nombreux, qu'à peine peut-on découvrir la mer qui les porte.

» Je ne pouvais rassasier mes yeux du spectacle de cette grande ville où tout était en mouvement. Je n'y voyais point, comme dans les villes de la Grèce, des hommes oisifs et curieux, qui vont chercher des nouvelles dans la place publique, ou regarder les étrangers qui arrivent sur le port. Les hommes y sont occupés à décharger leurs vaisseaux, à transporter leurs marchandises ou à les vendre, à ranger leurs magasins, et à tenir un compte exact de ce qui leur est dû par les négociants étrangers. Les femmes ne cessent jamais de filer les laines, ou de faire des dessins de broderie, ou de plier de riches étoffes.

» On voit de tout côté, dans la ville, le fin lin d'Egypte, et la pourpre tyrienne, deux fois teinte, d'un éclat merveilleux : cette double teinture est si vive que le temps ne peut l'effacer ; on s'en sert pour des laines fines qu'on rehausse d'une broderie d'or et d'argent. Les Phéniciens font le commerce de tous les peuples, jusqu'au détroit de Gadès, et ils ont même pénétré dans le vaste océan qui environne la terre. Ils font aussi de longues navigations sur la mer Rouge, et c'est par ce chemin qu'ils vont chercher dans des îles inconnues de l'or, des parfums et divers animaux qu'on ne voit point ailleurs. »

Telle était Tyr jadis ; la voici maintenant telle que la peint un pèlerin de la Terre-Sainte, qui la visita naguère en se rendant à Jérusalem, le R. P. Laorty-Hadji :

« Sour — Tyr — est un village ; Sour n'a plus ni monuments, ni port, ni marchandises, ni population.

» Les colères du prophète contre cette ville impie ont eu raison ; les oracles n'ont pas menti : Sour est tombée...

» L'emplacement actuel de Sour est une presqu'île qui saille sur le rivage et va vers la mer sous la forme d'un marteau à tête ovale. Cette tête, dont le fond est de roc et le dessus une terre brune cultivable, forme une petite plaine de huit cents pas de long sur quatre cents de large. L'isthme qui lie cette plaine au continent est au contraire de pur sable de mer ; c'est la jetée d'Alexandre-le-Grand élargie par des attérissements successifs. Le village de Sour est assis sur le point d'attache de l'isthme à l'ancienne île, dont il couvre à peine le tiers. Un bassin, qui fut un port creusé de main d'homme, règne vers la pointe nord : deux tours correspondantes en défendent l'accès, et de ces tours part une enceinte en ruines qui jadis bordait l'île entière. La partie du terrain libre autour du village est occupée par des jardins à peine cultivés. Parmi ces décombres gisent deux magnifiques colonnes en granit rouge d'une espèce inconnue en Syrie, si massives et si pesantes que Djezzar essaya vainement de les faire transporter à Acre pour en décorer la mosquée..... »

Seyde, l'antique Sidon, la reine des cités phéniciennes, aussi fameuse que Tyr, est encore debout, mais on n'y trouve que des débris de peu de valeur, à savoir des tombeaux taillés dans le roc, et quelques colonnes de granit à demi brisées, qu'on remarque sur le port. On voit aussi, vers le nord de la ville, au bord de la mer, un beau pavé de mosaïque en marbre de diverses couleurs, représentant un cheval entouré de festons.

RUINES DE PALMYRE ET DE BALBECK.

De Balbeck ou Héliopolis, voici ce que dit M. de Lamartine :

« J'avais traversé les sommets du Sannin, couvert de neiges éternelles, et j'étais descendu du Liban, couronné de son désert de cèdres, dans le désert nu et stérile d'Héliopolis, à la fin d'une journée pénible et longue. A l'horizon encore éloigné devant nous, sur les derniers degrés des montagnes noires de l'Anti-Liban, un groupe immense de ruines jaunes, dorées par ce soleil couchant, se détachait de l'ombre des montagnes. Nos guides nous les montraient du doigt et s'écriaient : Balbeck ! Balbeck !... C'était en effet la merveille du désert, la fabuleuse Balbeck, qui sortait tout éclatante de son sépulcre inconnu pour nous raconter des âges dont l'histoire a perdu le souvenir. Nous avancions lentement au pas de nos chevaux fatigués, les yeux attachés sur ces murs gigantesques, sur ces colonnes éblouissantes et colossales qui semblaient s'étendre, grandir, s'allonger, à mesure que nous approchions. Enfin nous touchâmes aux premiers tronçons de colonnes, aux premiers blocs de marbre que les tremblements de terre ont secoués jusqu'à plus d'un mille des monuments mêmes, comme les feuilles sèches jetées au vent et roulées loin de l'arbre après l'ouragan. Les profondes et larges carrières qui fendent, comme des gorges de vallées, les flancs noirs de l'Anti-Liban, ouvraient déjà leurs abîmes sous les pas de nos chevaux ; les vastes bassins de pierre, dont les parois gardent les traces profondes du ciseau qui les a creusés pour en tirer d'autres colonnes de pierre, montraient encore quelques blocs gigantesques à demi détachés de leurs bases, et d'autres taillés sur leurs quatre faces et qui semblent n'attendre que les chevaux ou les bras des générations de géants pour les mouvoir. Un seul de ces moellons de Balbeck avait soixante-deux pieds de long sur vingt-quatre de largeur et seize d'épaisseur.

» Nous suivîmes notre route entre le désert à gauche et les ondulations de l'Anti-Liban à droite, en longeant quelques petits champs cultivés par les Arabes pasteurs, et le lit d'un large torrent qui serpente entre les ruines, et au bord duquel s'élèvent quelques beaux noyers. L'Acropolis ou la colline artificielle qui porte tous les grands monuments d'Héliopolis, nous apparaissait çà et là entre les rameaux et au-dessus de la tête des grands arbres ; enfin nous la découvrîmes tout entière, et toute la caravane s'arrêta par un instinct électrique. Aucune plume, aucun pinceau ne pourrait décrire l'impression que ce seul regard donne à l'œil et à l'âme : sous nos pas, dans le lit du torrent, au milieu d'

champ, autour de tous ces troncs d'arbres, des blocs immenses du granit
rouge ou gris, de porphyre sanguin, de marbre blanc, de pierre jaune
aussi éclatante que le marbre de Paros, tronçons de colonnes, chapiteaux
ciselés, architraves, volutes, corniches, entablements, piédestaux, membres épars et qui semblent palpitants des statues tombées la face contre
terre ; tout cela confus, groupé en monceaux, disséminé en mille fragments, et ruisselant de toute part comme les laves d'un volcan qui vo-
mirait les débris d'un grand empire ! A peine un sentier pour se glisser
à travers les balayures des arts qui couvrent toute la terre ; et le fer de
nos chevaux glissait et se brisait à chaque pas sur l'acanthe polie des
corniches. L'eau seule de la rivière de Balbeck se faisait jour parmi ces
lits de fragments, et lavait de son écume murmurante les brisures de
ces marbres qui font obstacle à son cours.

» Au-delà de ces écumes de débris qui forment de véritables dunes
de marbre, la colline de Balbeck, plate-forme de mille pas de long,
de sept cents pieds de large, toute bâtie de main d'homme, en pierres de
taille, dont quelques-unes ont cinquante à soixante pieds de longueur
sur vingt à vingt-deux d'élévation, mais la plupart de quinze à trente ;
cette colline de granit taillé se présentait à nous par son extrémité
orientale, avec ses bases profondes et ses revêtements énormes, où trois
morceaux de granit forment cent quatre-vingt pieds de développement,
et près de quatre mille pieds de surface ; avec les larges embouchures
de ses voûtes souterraines où l'eau de la rivière s'engouffrait en bondis-
sant, où le vent jetait avec l'eau des murmures semblables aux volées
lointaines des grandes cloches de nos cathédrales.

» Sur cette immense plate-forme, l'extrémité des grands temples se
montrait à nous, détachée de l'horizon bleu et rose, en couleur d'or.
Quelques-uns de ces monuments déserts semblaient intacts et sortir
d'hier des mains de l'ouvrier ; d'autres ne présentaient plus que des
restes encore debout, des colonnes isolées, des pans de murailles inclinés
et des frontons démantelés. L'œil se perdait dans les avenues étincelantes des colonnades de ces divers temples, et l'horizon trop élevé nous
empêchait de voir où finissait ce peuple de pierres. Les sept colonnes
gigantesques du grand temple, portant encore avec majesté leur
riche et colossal entablement, dominaient toute cette scène et se per-
daient dans le ciel bleu du désert, comme un autel aérien pour les sacrifices des géants.

» Nous ne nous arrêtâmes que quelques minutes pour reconnaître
seulement ce que nous venions visiter à travers tant de périls et tant de
distance ; et, sûrs enfin de posséder pour le lendemain ce spectacle
que les rives mêmes ne pourraient nous rendre, nous nous remîmes en
marche. Nous laissâmes à gauche la montagne de ruines et une vaste
plage toute blanche de débris ; et traversant quelques champs de gazon

brouté par les chèvres et les chameaux, nous nous dirigeâmes vers une
fumée qui s'élevait, à quelques cent pas de nous, d'un groupe de ruines
entrelacées de masures arabes. Comme le jour était tombé, les ruines
s'étendaient sur la plaine, et nous nous retournâmes pour jeter un second regard sur les monuments qui nous environnaient. Les grands
temples étaient devant nous comme des statues sur leur piédestal; le
soleil les frappait d'un dernier rayon qui se retirait lentement d'une
colline à l'autre, comme les lueurs d'une lampe que le prêtre emporte
au fond du sanctuaire ; les mille ombres des portiques, des piliers, des
colonnades, des autels, se répandaient mourantes sous la vaste forêt de
pierres, et remplaçaient peu à peu sur l'Acropolis les éclatantes lueurs
du marbre et du travertin. Plus loin, dans la plaine, c'était un océan
de ruines qui ne se perdait qu'à l'horizon ; on eût dit des vagues de
pierres brisées contre un écueil, et couvrant une immense plage de leur
blancheur et de leur écume. Rien ne s'élevait au-dessus de cette
mer de débris, et la nuit qui tombait des hauteurs déjà grises
d'une chaîne de montagnes les ensevelissait successivement dans son
ombre... »

Le R. P. Laorty-Hadji ajoute à son tour :

« Quelque imposantes que soient les ruines de Balbeck, elles ne sau-
raient guère être regardées, quand on les compare à celles de Palmyre,
que comme une sorte de magnifiques propylées. Pour arriver à la
célèbre capitale de l'empire de Zénobie, aujourd'hui perdue au sein des
déserts, il faut, après avoir quitté Homs, traverser des steppes incultes,
habités seulement par des troupeaux de gazelles. Au-delà, on s'engage
dans une longue gorge resserrée par deux rangs de montagnes. De hauts
édifices de forme quadrangulaire s'élèvent dans le milieu de cette
étroite vallée, ainsi que sur les collines qui la bordent. Ce sont de superbes et spacieux mausolées dont la date remonte au temps de la pros-
périté de Palmyre. A l'extérieur, ces tombeaux ressemblent plus à
des ouvrages de fortifications qu'à de pieux monuments consacrés à la
sépulture.

» C'est au débouché de l'étroite vallée dont nous venons de parler
que se présente la Thadmor, élevée par Salomon, la brillante Palmyre,
sous la forme d'une île jetée sur l'Océan sablonneux. On ne saurait
se faire une idée du spectacle magnifique qui se déroule alors devant
l'œil du voyageur. Ce sont de tous les côtés de longues enfilades de
colonnes au travers desquelles la vue se joue sans qu'aucun massif vienne
l'arrêter ; ce sont des fûts immenses qui semblent aller chercher leur
entablement vers le ciel ; c'est une forêt de piliers debout, que rien ne
lie plus entre eux, et cela dans une étendue de plus de mille trois
cents toises. Au-delà de ce point, se révèlent pourtant des édifices plus
complets. Ici, c'est un palais dont on ne reconnaît plus que les cours

et les murailles ; là, c'est un temple dont le péristyle est à moitié renversé ; puis un portique, une galerie, un arc de triomphe. Sur un poin\
les lignes de la colonnade sont troublées par la chute de plusieurs tronçons ; ailleurs, au contraire, semblable à une allée d'arbres, la colonnade se prolonge de manière à fuir et à se masser dans le lointain, à un
et deux milles de distance. A chaque pas, dans cette vaste enceinte, on
heurte d'énormes pierres à demi enterrées, presque couvertes par le
sable, ou tapissées de plantes grimpantes ; chapiteaux écornés, frises
mutilées, sculptures effacées, tombeaux violés, autels profanés, pêle-
mêle de ruine actuelle et de grandeur aérienne, telle est Palmyre. »

Avant de quitter ces ruines, jetons un rapide regard sur la ville par
excellence, la gloire de l'Asie, et pourtant la désolée Sion. Est-il quelque
ruine qui l'emporte sur le simple nom de Jardin des Oliviers, de Gol-
gotha, de Jérusalem?

SITE DE JÉRUSALEM.

C'est encore M. de Châteaubriand qui va nous servir de guide dans
cette excursion à la ville sainte de David et au Calvaire où le Sauveur des
hommes opéra leur rédemption.

« Après avoir chevauché une heure sur un terrain inégal, venant de
Jaffa, nous dit l'illustre poète, dans son *Itinéraire*, et après avoir traversé la plaine de Saron et la charmante ville de Rama, nous arrivâmes
à quelques masures placées au sommet d'une éminence rocailleuse ; au
bout d'une autre heure de marche, nous parvînmes à la première ondu-
lation des montagnes de Judée. Nous tournâmes par un ravin raboteux
autour d'un monticule isolé et aride ; en haut de ce tertre, on entrevoyait un village en ruine et les pierres éparses d'un cimetière abandonné. Ce village porte le nom du Larron ; c'est la patrie du criminel
qui se repentit sur la croix et fit faire au Christ son dernier acte de
miséricorde. Trois milles plus loin, nous entrâmes dans les montagnes.
Nous suivions le lit desséché d'un torrent. La lune, diminuée de moitié,
éclairait à peine nos pas dans ces profondeurs ; les sangliers faisaient
entendre leurs cris sauvages autour de nous.

» Quand le jour fut venu, nous nous trouvâmes au milieu d'un labyrinthe de montagnes de forme conique, à peu près semblables entre elles
et enchaînées l'une à l'autre par la base. Parvenus au plus haut point
de cette chaîne, nous découvrîmes derrière nous, au midi et à l'occident,
la plaine de Saron jusqu'à Jaffa, et l'horizon de la mer jusqu'à Gaza ;
devant nous, au nord et au levant, s'élevait le vallon de Saint-Jérémie,
et, dans la même direction, sur le haut d'un rocher, on aperçoit de loin

une vieille forteresse appelée le château des Machabées. On croit que l'auteur des Lamentations vint au monde dans ce village, qui a retenu son nom au milieu de ces montagnes. Il est certain que la tristesse de ces lieux semble respirer dans les cantiques du prophète des douleurs.

» Cependant, en approchant de Saint-Jérémie, je fus un peu consolé par un spectacle inattendu. Des troupeaux de chiens à oreilles tombantes, des moutons à large queue, des ânes qui rappelaient par leur beauté l'onagre des Ecritures, sortaient du village au lever de l'aurore. Des femmes arabes faisaient sécher des raisins dans les vignes ; quelques-unes avaient le visage couvert d'un voile et portaient sur leur tête un vase plein d'eau, comme les filles de Madian. La fumée du hameau montait en vapeur blanche. Aux premiers rayons du jour, on entendait des voix confuses, des chants, des cris de joie ; cette scène formait un agréable contraste avec la désolation du lieu et les souvenirs de la nuit.

» De la vallée de Jérémie nous descendîmes dans celle du Térébinthe. Elle est plus profonde et plus étroite que la première. On y voit des vignes et quelques roseaux. Nous arrivâmes au torrent où David enfant prit les cinq pierres dont il frappa le géant Goliath. Le torrent conservait encore un peu d'eau stagnante. Nous le passâmes sur un pont de pierre, le seul qu'on rencontre dans ces lieux déserts.

» Nous continuâmes à nous enfoncer dans un désert où des figuiers sauvages clair-semés étalaient aux vents du midi leurs feuilles noircies. La terre, qui jusqu'alors avait conservé quelque verdure, se dépouilla ; les flancs des montagnes s'élargirent, et prirent à la fois un air plus grand et plus stérile. Bientôt toute végétation cessa, les mousses mêmes disparurent. L'amphithéâtre des montagnes se teignit d'une couleur rouge et ardente. Nous gravîmes pendant une heure ces régions attristées pour atteindre un col élevé que nous voyions devant nous. Parvenus à ce passage, nous cheminâmes pendant une autre heure sur un plateau nu, semé de pierres roulantes. Tout-à-coup, à l'extrémité du plateau, j'aperçus une ligne de murs gothiques flanqués de tours carrées, derrière lesquelles s'élevaient quelques points d'édifices. Au pied de ces murs, paraissait un corps de cavalerie turque, dans toute la pompe orientale. Le guide s'écria : « El Cods ! » la Sainte ! et il s'enfuit au galop. C'était Jérusalem.....

» Je restai les yeux fixés sur Jérusalem, mesurant la hauteur de ses murs, recevant à la fois tous les souvenirs de l'histoire, depuis Abraham jusqu'à Godefroy de Bouillon, pensant au monde entier changé par la mission du Fils de l'Homme, et cherchant vainement ce temple dont il ne reste pas pierre sur pierre. Quand je vivrais mille ans, jamais je n'oublierai ce désert qui semble respirer encore la grandeur de Jovchah...»

« Lorsqu'on arrive à Jérusalem, continuent MM. Michaud et Poujoulat, on est d'abord surpris de trouver une ville debout ; car dès notre enfance, nous sommes accoutumés à entendre parler de la capitale de la Judée comme d'un amas de pierres. Il reste peu de chose, il est vrai, de la ville de David et de Salomon ; mais Jérusalem est encore une grande cité, avec des remparts et des tours, avec des églises, des mosquées, des synagogues, des kans et des bazars ; sa population, qui appartient à plusieurs peuples, s'élève à dix-huit ou vingt mille âmes, et dans les temps de pèlerinage, cette population est augmentée d'un cinquième... »

SUSE, ECBATANE ET PERSÉPOLIS.

Nous aurions à peindre beaucoup d'autres sites, et à décrire bien d'autres ruines dans Jérusalem et la Judée ; mais l'espace nous fait défaut, et nous devons visiter d'autres points de l'Asie, avant de la quitter. Suse, Ecbatane et Persépolis nous attendent, allons à elles.

Lève-toi, m'a-t-il dit, prends ton chemin vers Suse...

(RACINE. *Athalie.*)

Suse était une magnifique cité de l'ancien empire des Perses, quoiqu'elle fût seulement en briques, comme Babylone. Les murailles de son enceinte ne comptaient pas moins de cent vingt stades de circonférence. Mais de tant de richesses et de tant de grandeur, il ne reste plus rien qu'un immense emplacement où règne la solitude. A peine rencontre-t-on des vestiges de terrasses d'un développement de un ou deux milles.

Toutefois il est dans la plaine voisine un monument étrange, qui attire un grand nombre de curieux, surtout des juifs qui y viennent honorer la cendre du prophète Daniel, dont, paraît-il, cet édifice est le tombeau vénéré.

Nous savons, d'après les anciens historiens, que Déjocès, premier roi des Mèdes, fit bâtir sa capitale, qu'il nomma Ecbatane, dans le nord de la contrée. Hérodote nous apprend que, pour frapper l'imagination de son peuple, ce prince donna à son palais, placé sur le sommet d'une colline, sept enceintes de murailles, disposées de telle sorte que la première en-dehors n'empêchait pas qu'on ne vît le parapet de la seconde, et la seconde n'enlevait pas la vue de la troisième, et ainsi pour toutes. Dans la plus élevée des enceintes était la demeure du roi avec tous ses trésors. L'aspect de cette ville était admirable, car outre que la disposition de ses murs produisait une sorte d'amphithéâtre, les diverses couleurs dont on avait peint les parapets formaient une très agréable diversité.

D'après Polybe, le palais du roi couronnait cette sorte de citadelle, qui avait sept stades de circuit. La toiture de cette riche habitation était faite de tuiles d'argent. On y voyait régner partout, à l'intérieur, une boiserie de bois de cèdre et de cyprès : et les solives et toutes les parties de parois qui en étaient susceptibles, étaient garnies de plaques d'or et d'argent. On le voit, l'opulence et le luxe oriental étaient arrivés déjà à leur suprême degré.

Mais, ô vanité des vanités ! de nos jours, Ecbatane, que l'on sait avoir été construite au pied du mont Oronte, a laissé si peu de vestiges, qu'on l'a cherchée longtemps sans retrouver la place qu'elle occupait. Heureusement, deux voyageurs modernes, anglais l'un et l'autre, doués d'une patience que l'amour de la science peut seul donner, à force d'investigations, ont fini par rencontrer quelques traces de l'antique Ecbatane : ils ont même reconnu distinctement la plate-forme qui portait cette ville. Porter, l'un de ces voyageurs, a découvert dans le rocher les trous où tournaient les pivots des grandes portes qui en fermaient l'entrée, ainsi que la base et le fût d'une colonne portant son chapiteau en feuilles de lotus, et revêtu de tout le caractère persépolitain.

Dans une vaste plaine fertilisée par l'Araxe des anciens, aujourd'hui le Bend-Emir, qui reçoit le Kur, l'antique Cyrus, non loin de Schiras, en Perse, s'élevait jadis au temps du grand Cyrus, un campement des Perses, Pasargade, qui peu à peu devint une ville, qui reçut ce dernier nom. Ce fut dans cette plaine et près de ce campement transformé en une cité, que Cyrus fut inhumé dans un tombeau que se fit ouvrir Alexandre-le-Grand.

Mais à deux lieues de cette ville de Pasargade, Cyrus fit élever une nouvelle capitale qu'il nomma Persépolis, et dont la principale destination, malgré sa magnificence, fut de servir de tombeau royal aux princes des Perses. Le conquérant macédonien Alexandre, voulant satisfaire la haine qu'il portait aux Perses, détruisit cette admirable ville, la métropole de l'empire, la ville par excellence, et il y mit le feu, à la sortie d'un festin où les fumées des vins égarèrent sa raison. Quelques ruines splendides de Persépolis sont heureusement restées debout et attestent toute sa richesse et sa beauté.

« Les monuments de Persépolis, nous raconte M. Balbi, sont situés à quelque distance au nord-est de Schiras, et s'étendent jusqu'à plus de vingt milles vers le nord. Sur leur emplacement se trouvent des campagnes fertiles et plusieurs villages.

» Près de Merdacht, l'un de ces villages, et au pied d'une haute montagne de marbre gris, on remarque une espèce de plate-forme taillée dans le roc et dont les quatre côtés répondent aux quatre points cardinaux. Ce plateau est nommé Tchil-Minar ou les quarante colonnes, et paraît répondre au palais qui, en partie, fut incendié par Alexandre-le-Grand. L'ensemble présente la forme d'un amphithéâtre et de plusieurs terrasses élevées les unes au-dessus des autres. On monte d'une terrasse à l'autre par des escaliers si spacieux, que dix cavaliers pourraient y passer de front. Au bout de chaque terrasse sont des restes de portiques et des débris d'édifices, avec des chambres qui paraissent avoir été habitées. Enfin, vers le fond, contre le rocher auquel cet immense édifice était adossé, se trouvent deux tombeaux taillés dans le roc, dont il a été impossible jusqu'ici de découvrir l'entrée. Les escaliers, les portiques et les appartements sont construits en marbre, sans chaux ni mortier, et cependant les pierres sont si bien liées, que l'on ne peut en distinguer la jointure sans une extrême attention.

» Ce qui ajoute un immense intérêt à ces constructions, ce sont les bas-reliefs et inscriptions qui en couvrent les murs. Ces bas-reliefs représentent le roi de Perse donnant audience aux grands de sa cour ou s'acquittant de quelque cérémonie envers la divinité. Plus loin, on voit des processions; ailleurs, des combats d'animaux, soit entre eux, soit entre des hommes. Ces animaux sont en général fabuleux, un composé de divers animaux réels. Les inscriptions sont cunéiformes, c'est-à-dire que les lettres sont composées de clous à tête disposés de mille façons différentes. Les figures d'animaux, ainsi que les cérémonies du culte, rappellent la doctrine de Zoroastre, qui avait pris naissance depuis longtemps dans ces contrées..... »

L'Hindoustan, lui aussi, a des ruines, ruines de villes, ruines de pagodes, etc. Voici la description de l'une d'elles, qui se trouve dans le Camboge; elle n'est pas sans intérêt.

RUINES DU CAMBOGE.

La ruine dont il est question appartient à la ville de Nakon-Hluang, l'ancienne capitale du Camboge.

Un mur très élevé, de huit kilomètres de longueur, en détermine l'enceinte. Une ouverture en pierres de taille, de trente-cinq mètres de hauteur, y est pratiquée pour former l'entrée principale de la ville. L'effet en est très pittoresque. Cette entrée regarde l'orient, et on découvre tout d'abord le palais du roi, assez bien conservé encore.

La **partie** extérieure de ce palais est un labyrinthe inextricable de **corridors** et de passages. La partie centrale, qui contenait les appartements du roi et où l'on montait par un escalier, consiste en un assemblage de tours octogones peu élevées, richement sculptées, et ornées sur chaque face d'une tête colossale représentant soit un dieu, soit un homme. Des galeries couvertes relient ces tours entre elles. Les côtés extérieurs de ces galeries, ainsi que ceux des nombreux corridors qui forment les dehors du palais, sont décorés de ciselures innombrables et délicieuses, qui représentent surtout des femmes splendidement vêtues et parées de joyaux. Le voisinage de ce monument offre dans toutes les directions un amas confus de débris, d'autres palais et d'autres temples.

Çà et là, cependant, se montre un espace vide, au milieu duquel s'élève quelque statue de Bouddha ou d'une autre divinité. Ces statues, dont plusieurs en bronze revêtu d'or, sont d'un grand prix et ont été apportées par les soins de riches dévots de Bangkok, d'Ondong ou d'autres grandes villes, dévots qui ont pensé expier ainsi quelque grande faute ou se faire une renommée de piété aux yeux de leurs coreligionnaires.

Mais, de toutes les antiquités de Nakon-Hluang, la plus intéressante peut-être est la statue du roi Phra-Pathim-Sourivong, qui s'élève dans une des jungles les plus solitaires et les plus sauvages de ces ruines. Ce prince est représenté prenant un breuvage destiné à le guérir de la lèpre.

Voici une legende qui le concerne

Le roi, affecté d'une lèpre horrible, voulut se rendre propice à la déesse de la santé et fit à cette intention bâtir le temple de Nakoun-Ouat. Mais n'ayant pas été guéri par la vertu de ces constructions cependant si magnifiques, il eut recours aux secours humains : il promit une grande récompense à l'homme qui lui rendrait la santé. Un célèbre brahmine, venu de loin, promit la guérison du monarque, si celui-ci se plongeait dans un liquide corrosif en ébullition, dont ce prêtre avait le secret. Le roi hésita devant ce moyen extrême ; il demanda qu'une personne de bonne volonté en fît l'essai avant lui. Nul ne se présenta pour cette dangereuse épreuve.

— Mais vous-même, ô brahmine, dit le roi, puisque vous répondez de l'efficacité du remède, jetez-vous dans cette chaudière, vous n'avez rien à en redouter.

— J'y consens volontiers, dit ce savant guérisseur, si votre majesté me jure de répandre, après moi, dans le vase, la poudre que voici.

Le roi promit ; mais c'était une perfidie. Il craignait déjà les pouvoirs surnaturels et l'influence d'un personnage si habile ; aussi conçoit-il l'affreux projet de s'en débarrasser, et à peine le brahmine s'est-il élancé, plein de confiance, dans la chaudière, que ce cruel monarque, sans verser dans la cuve la poudre mystérieuse, ordonne qu'on jette dans ce fleuve et l'homme et le liquide bouillant. Dès-lors la malédiction du ciel atteignit ce prince et sa capitale. La ruine de cette ville en fut la conséquence.

Les inscriptions très nombreuses qu'on trouve dans les ruines de Nakon-Hluang, offrent deux sortes de caractères : les unes sont en caractères palis, employés ordinairement par les Cambogiens, et cependant le sens des mots est inintelligible pour les habitants actuels ; les autres sont en caractères très rarement usités aujourd'hui, et nul non plus n'en comprend la signification.

CURIOSITÉS DE MŒURS.

LE DAÏRI, SOUVERAIN SPIRITUEL DU JAPON.

Tout récemment avait lieu, dans l'Asie, un événement inconnu en Europe, mais qui produisait un immense retentissement parmi les adeptes de la religion de Sinto, dont nous avons entretenu plus haut nos lecteurs, religion qui réunit dans sa croyance plus de quarante millions d'âmes.

Le vaste empire du Japon est gouverné par un prince héréditaire et absolu auquel on donne le nom de keubo, séogoun ou empereur. Il habite la ville de Yédo, dans l'île de Niphon, qui est la capitale du pays tout entier.

Indépendamment de l'empereur, un autre personnage attire dans ces contrées toute l'attention publique : c'est le daïri ou souverain pontife du Japon, chef suprême de la religion de Sinto. Il est regardé comme un dieu sur la terre ; tout ce qu'il touche est sacré ; il ne meurt pas, mais de temps à autre il renouvelle son âme. Sa famille est impérissable.

Le daïri habite la ville de Kio ou Miyako, située, comme Yédo, dans l'île de Niphon. Il y possède un palais magnifique. Sa cour se compose de vingt-deux mille prêtres, chargés de desservir les quatre mille temples de cette immense cité. Son costume se compose d'une longue tunique, sur laquelle il porte une grande robe rouge ; un voile blanc et transparent, orné de franges d'or, lui couvre la tête ; il descend jusqu'au milieu du corps, et jamais le peuple ne voit sa figure.

Donc naguère, le daïri tomba malade. Aussitôt le grand-prêtre fut appelé au palais avec le collège sacerdotal, composé de deux cents prêtres du premier degré chargés de l'administration religieuse de l'em-

Curiosités de l'Ancien Monde.

pire. L'état du malade devenant très grave, on reconnut que sa mort était certaine et qu'elle ne tarderait pas à arriver. Les prêtres alors se répandirent dans les temples et annoncèrent au peuple que le daïri s'était mis en communication avec les sept grands dieux du ciel et qu'il allait renouveler son âme dans le sein de Ten-Sio-Daï-Tsin, le premier de ces dieux. Cette divinité japonaise, d'après la croyance du pays, a créé le monde et le Japon. Elle a eu un règne de vingt-cinq mille ans, et c'est d'elle que sont descendues toutes les dynasties qui ont régné sur le Japon. L'empire entier l'adore et l'invoque comme sa patronne. Lorsque les prières furent terminées, les prêtres déclarèrent qu'à compter de ce moment le peuple serait admis au palais et qu'il pourrait jouir de la vue du pontife vénéré. On accourut en foule au palais.

Le daïri reposait sur un lit de parade. Il était vêtu d'une tunique blanche, et une enveloppe de gaze, adhérente à la peau, dessinait ses traits, qui paraissaient recouverts d'un masque très léger. Les prêtres priaient à haute voix et brûlaient des parfums autour de lui. En effet, le lendemain, à neuf heures du matin, le daïri mourut, et aussitôt qu'il eut rendu le dernier soupir, le grand-prêtre lui soulevant les bras pour faire voir qu'il était sans vie, annonça que son âme était partie au séjour des dieux spirituels, mais qu'elle allait bientôt revenir. Alors le plus grand silence s'établit.

Au bout de dix minutes, le grand-prêtre, entouré des membres du collége sacerdotal, jeta sur le corps du daïri un grand voile blanc, qu'il retira aussitôt ; et, à la place même qu'occupait le cadavre à peine refroidi, on vit un être entièrement semblable au premier, plein de vie et de santé, qui se leva sur son séant, puis descendit, monta sur un autel placé près du lit, et bénit le peuple qui poussa des cris d'allégresse. Ainsi, par un stratagème très adroitement pratiqué, ces prêtres avaient substitué au corps du daïri la personne de son fils, qui est en même temps son héritier. La manœuvre qu'ils emploient toujours en pareille circonstance est d'autant plus facile à exécuter, que le lit de parade est placé sur une estrade recouverte de voiles, qui permettent de manœuvrer une trappe cylindrique, sans que le peuple, dont la crédulité est inépuisable, puisse s'en apercevoir.

Le corps du daïri fut enlevé du palais pendant la nuit et porté au temple d'Ycié par les membres du collége sacerdotal. Il fut mis sur un bûcher et brûlé par eux. Lorsque cet acte s'accomplit, les portes du temple sont fermées, personne ne peut y pénétrer. Celui qui enfreindrait la consigne serait déclaré sacrilége et brûlé vif.

Le temple d'Ycié, le plus beau de la ville, renferme plusieurs rangées de statues en bronze du dieu Ten-Sio-Daï-Tsin. Ces statues ont environ un mètre de hauteur. Elles sont creuses, et ont derrière la tête une ouverture assez grande. Les cendres de chaque daïri sont déposées dans une de ces urnes comme dans une urne funéraire. Le peuple n'est pas admis à visiter la partie du temple qu'occupent ces diverses figures.

Le lendemain du jour où la cérémonie funèbre s'accomplit, une solennité d'un tout autre genre a lieu. C'est l'exaltation du nouveau pontife qui, pour les Japonais, a renouvelé son âme au séjour des sept grands dieux spirituels.

Ce jour-là, le nouveau daïri quitta son palais, entouré de tous les prêtres, et parcourut les différents quartiers de la ville de Miyako, sur un char traîné par cent chevaux blancs. Partout sur son passage le peuple se prosternait et lui adressait des prières comme à la divinité elle-même. Tous les travaux étaient suspendus, tous les prisonniers mis en liberté et les procédures criminelles annulées.

A la nuit tout rentra dans le calme; mais au retour du soleil, le cortége se remit en marche dans le même ordre et se rendit à Nara, située à une faible distance de Miyako, et qui est regardée comme une des villes saintes de l'empire. Elle renferme un grand nombre de temples, dont le principal a des dimensions colossales. Il est environné d'un portique carré, soutenu sur chaque face par cent colonnes ayant un mètre de diamètre. La statue du dieu auquel cet édifice religieux est consacré se trouve placée au centre, et elle a quarante-cinq mètres de largeur, à la hauteur des épaules.

Le lendemain, le daïri, revenant de Nara, fit son entrée solennelle dans sa capitale. Aussitôt qu'il fut de retour, le collége sacerdotal ordonna des prières publiques dans tous les temples de l'empire, pour célébrer l'événement important qui venait de s'accomplir.

Pendant ces cérémonies bizarres, celui qui donnerait les marques les plus légères d'incrédulité ou même d'indifférence, serait massacré à l'instant même. Il y a dans la ville de Miyako, comme dans le reste du Japon, un assez grand nombre de bouddhistes qui, lorsque ces faits se passent, restent enfermés dans leurs demeures et montrent pour la religion de leurs adversaires la plus profonde indifférence.

Autrefois, le daïri réunissait au Japon la puissance temporelle au pouvoir spirituel ; mais, vers l'an 1200, ayant appelé à son secours le séogoun ou commandant supérieur de l'armée, celui-ci demanda à partager avec lui son autorité, qui alla en s'affaiblissant jusque vers l'an 1590, époque à laquelle le séogoun s'empara du pouvoir, se déclara indépendant, et laissa au daïri la puissance spirituelle, qu'il a conservée dans toute sa plénitude. Depuis ce temps, les successeurs du séogoun n'ont cessé de régner, et l'empereur actuel du Japon est son descendant direct. Il n'a jamais eu de lutte avec le daïri, et il y a peu d'exemples dans l'histoire d'une séparation aussi complète et aussi bien observée du pouvoir spirituel et du pouvoir temporel.

Les adeptes de la religion de Sinto ou des esprits pensent que les âmes des hommes vertueux habitent les régions lumineuses au seuil desquelles le Japon est placé, et qui sont le séjour habituel des sept dieux spirituels. Selon eux, les âmes des méchants sont destinées à errer éternellement dans les vagues de l'air, repoussées par les dieux du ciel et par ceux de la terre.

Les prêtres de Sinto, qui sont au nombre de soixante mille dans toute l'étendue de l'empire, se soumettent à une pratique qui rappelle la métempsycose. Ils s'abstiennent de toute nourriture animale et ne mangent que des légumes, des fruits et du froment. Ils appellent leurs dieux Sin ou Kami, et leurs temples miya. Indépendamment des autres objets allégoriques, au centre de chaque temple se trouve placé un grand miroir de métal dont le poli est soigneusement entretenu, et qui signifie que, si les taches du corps sont fidèlement reproduites par cette glace, de même les taches de l'âme ne peuvent échapper aux regards des immortels.

L'autre religion pratiquée au Japon est celle de Boutsdo, qui est à peu près la même que celle de Bouddha, à part quelques maximes étrangères qu'elle y a ajoutées. Elle admet le dogme de la transmigration des âmes ; elle menace les méchants des tortures et des supplices de l'enfer, et dans la description qu'elle fait de ce lieu terrible, on retrouve le pont des âmes, les abîmes d'eau et de feu, et d'autres images appartenant aux cultes thibétains. Elle croit à l'existence d'un paradis, véritable lieu de bonheur, appelé Gokurak, qui est gouverné par le dieu Amida. Du reste, boutsdoïsme et bouddhisme sont tellement mêlés, dans les pratiques et les croyances, avec le sintoïsme, qu'à un moment donné ces diverses religions n'en feront plus qu'une.

CURIOSITÉS DE NATURE.

PHYSIONOMIE DE QUELQUES VILLES DE L'INDE.

M. de la Place, capitaine de frégate, faisait un voyage autour du monde, en 1830, 31 et 32. Il séjourna quelque temps dans l'Indoustan, et voici ce qu'il nous raconte de l'aspect général du pays :

« A peine débarqué à Pondichéry, une foule de daubachis se présentèrent devant moi. Le daubachi d'un Européen est son intendant ; il lui est aussi nécessaire pour vivre que l'air pour respirer. Ce personnage exerce sur toutes vos dépenses une inspection à laquelle il faut absolument se soumettre. Le marchand ne vendra qu'en présence de l'intendant, qui dès ce moment devient garant, ou à peu près, de la qualité et du juste prix de l'objet acheté. Il est chargé de fournir votre maison de tout ce qui est nécessaire; il choisit et commande tous les domestiques, ne quitte jamais son maître, le sert à table et couche à la porte de sa chambre la nuit. Pour tant de services, il reçoit une faible somme par mois; mais en veillant à vos intérêts avec une fidélité à laquelle tous les étrangers rendent justice, le daubachi soigne aussi les siens : il a sur tous les marchés une commission dont le taux, fixé par l'usage, lui est toujours payé par le marchand.

» Dans le nombre des castes comprises entre les brahmes et les abjects et méprisés parias, celle des daubachis tient un rang élevé. Son influence est grande, et pas un Indien, fût-il brahme, ne voudrait y porter atteinte par son intervention. Tous s'entendent contre l'Européen, et lui font sentir que, malgré sa force et leur apparente humilité, il n'est que campé dans leur pays.

» Les nombreux emplois d'une maison sont confiés à autant d'individus différents. Cette répartition n'est pas seulement établie par le luxe, mais bien encore par la coutume, qui a fixé, dès les temps reculés, à chaque famille, l'emploi ou les seules fonctions que ces membres pourront exercer. La religion de Brahma défend à une partie de ses sectateurs de toucher à ce qui a eu vie, et ordonne à tous de regarder le bœuf et la vache comme des animaux sacrés. Les parias seuls sont dispensés de cette loi par leur infamie; aussi est-ce parmi eux que sont pris les cuisiniers, les cordonniers, et les hommes qui remplissent les dernières fonctions de la domesticité. Ils sont en général débauchés, voleurs, et méritent la réprobation sous laquelle ils gémissent toute leur vie.

» L'habillement des Indiens m'a paru uniforme : à l'exception de quelques brahmes et individus riches, il vont nu-pieds : ils portent un pantalon en toile blanche serré par le bas, bleu pour les castes inférieures, mais large pour les musulmans. Une pièce de coton ou de mousseline de la même couleur enveloppe la partie supérieure du corps, couverte ordinairement d'une chemise dans les classes élevées. Les Indiens portent sur le milieu du front, comme emblème de leur religion, deux raies blanches, séparées par une troisième qui est jaune. Ces marques, renouvelées avec soin chaque matin, sont faites avec de la bouse de vache séchée et réduite en poussière. Les bonzes ou fakirs, qui se condamnent à d'affreux supplices, se barbouillent de la tête aux pieds avec cette poudre blanchâtre.

« Les castes inférieures, qui composent la plus grande partie de la population, sont bien misérables : elles vivent sans secours, et séparées des autres par la réprobation. Dans les temps d'épidémies, ces malheureux semblent des insectes succombant sous les froids de l'hiver.

» L'occupation de ces pauvres Indiens, c'est le service des palanquins. A chaque extrémité de cette voiture portative, et fort près de son sommet, sort un morceau de bois très orné et assez long pour que trois hommes puissent le porter sur leurs épaules. Outre ces six porteurs, qui vont aussi rapidement qu'un cheval au trot, il en est deux autres qui, en attendant leur tour de porter, courent devant et donnent pour ainsi dire le pas. Ces Indiens, appelés talingas, sont d'une race particulière qui habite la presqu'île, et, comme les Auvergnats en France, ils viennent se louer dans les villes pour ce travail, auquel leur caste est spécialement destinée. Ils sont en outre chargés de l'entretien des bains, dont l'eau est chauffée et préparée avec une célérité extraordinaire. Le luxe du maître se déploie dans l'habillement des porteurs de son palanquin. Il est composé ordinairement d'une chemise blanche retombant sur un pantalon également blanc, et toujours d'une propreté parfaite ; le turban rouge et la ceinture de même couleur achèvent de leur donner un air singulier et agréable à la fois.

» C'est en palanquin que les voyageurs se transportent d'une extrémité de l'Inde à l'autre, qu'ils franchissent les montagnes par des chemins que les mulets oseraient à peine tenter. Les porteurs sont changés de distance en distance, suivant la position des villages, qui toujours contiennent des individus de la caste destinée à trouver son existence uniquement dans ce genre de travail ; et telle est la loyale probité de ces Indiens, que l'Européen abandonné à leur merci, au milieu des contrées presque désertes, n'a jamais rien à redouter de leur part. En partant, il montre au chef des douze talingas ce que contient sa bourse ; celui-ci en répond jusqu'au relai suivant.

» Les cases indiennes sont toutes semblables et construites en paille ; l'extérieur des habitations ne m'a paru ni bien orné ni d'une grande propreté. Une natte, étendue sur le sable fin qui couvre le sol, lui sert de lit ; quelques pièces d'étoffe grossière le défendent contre la fraîcheur et l'humidité des nuits. Un coffre en bois contient ses humbles vêtements, ceux de sa femme et le peu de bijoux d'or qui composent sa fortune. Un hangar séparé sert aux usages domestiques, et la main des femmes y prépare les aliments.

» Un brahme est toujours facile à reconnaître. Son habillement très blanc est bien drapé sur ses épaules. Son corps, chargé d'embonpoint, respire l'indolence et la santé. Sa démarche n'est pas sans dignité ; ses traits sont distingués, mais à travers l'air grave, hautain et dédaigneux répandu sur sa physionomie, on découvre sans peine l'air faux et méchant. L'influence des brahmes est sans bornes, même sur les castes les

plus élevées. Les dernières fuient devant eux ou cachent leur front dans
la poussière.

» Les habitations des brahmes se distinguent toujours par leur étendue et un air d'aisance. Elles contiennent ordinairement un grand nombre de domestiques tirés des hautes classes. Les appartements sont meu-
blés avec luxe ; ceux des femmes forment une partie séparée de la
maison, où les plus proches parents peuvent à peine pénétrer. C'est
dans ces lieux retirés, d'où elles sortent rarement, que vivent les Indiennes dans une espèce d'esclavage. Ni les richesses, ni le rang élevé
de leur famille ou de leur mari, ne rendent leur sort plus heureux.
L'autorité du maître est absolue ; elles ne sont que ses premières esclaves, et ne peuvent paraître devant lui que dans une posture humble et les
yeux constamment baissés. La femme, considérée comme un être d'une
espèce inférieure, ne mange jamais avec son mari ou son fils, qu'elle
doit servir. Elle est même bannie de toutes les cérémonies religieuses.
Soigner l'intérieur de sa maison, souffrir avec une inaltérable douceur
les caprices du maître, tâcher de lui plaire, quels que soient son cara-
tère et son humeur, tel est le sort d'un brahmine, dès qu'elle tombe sous
le joug d'un mari.

» Les Indiennes aiment la parure et s'en servent avec beaucoup de
goût ; des anneaux d'or massif ornent le bas de leurs jambes et l'extrémité des bras ; des chaînes du même métal tournent autour de leur cou,
couvrent le front et s'enlacent dans leurs cheveux, relevés sur le sommet de la tête toujours découverte. Un large pantalon descendant jusqu'aux pieds et recouvert de la chemise ou tunique longue et sans manches ; enfin une pièce de toile de coton entourant le cou et la partie
supérieure du corps, forment leur habillement, de la plus élégante sim-
plicité. Un anneau d'or est passé dans le côté gauche de leur nez, disgra-
cieux ornement qui descend jusque sur leurs lèvres ! »

VUE DE PATNA, SUR LE GANGE.

Patna, dans la province de Béhar, est la première cité riche et importante que les voyageurs dans l'Inde trouvent sur leur route, lorsqu'ils
traversent le Gange pour gagner les hautes terres.

Elle est située sur la rive droite de ce fleuve.

Quoiqu'elle ne renferme aucun édifice bien remarquable, on y distingue des restes considérables de la grandeur musulmane, et, prise du
fleuve, la vue en est très pittoresque. Les nombreuses habitations de la
classe riche sont à toits plats et entourées de balustrades sculptées ; elles

offrent une belle apparence. Des arbres gigantesques d'une verdure sombre, des fragments de grands portiques d'un caractère gothique et d'un grand rouge foncé, entremêlés de temples hindous et musulmans, ajoutent à la magnificence de ce tableau. Et, quand le fleuve coule à pleins bords, les belvédères, les minarets, les dômes, que réfléchit l'immense miroir de ses eaux, fournissent une vue pleine de grandeur.

Si on ne redoute ni la boue ni la chaleur, il faut parcourir Patna après le coucher du soleil. Les rues sont alors pleines de monde ; toute la population s'agite comme une fourmilière, on se réunit sous les vérandas pour fumer le houka et assister commodément au spectacle du dehors. Les palkis des naturels, leurs rheuts, leurs taudnojohns se fraient, à force ouverte, un passage à travers la foule, les valets n'hésitent jamais à culbuter les gens pour faire place à leurs maîtres. Rien ne se fait sans bruit dans l'Inde, et au tapage des passants et des promeneurs, se joignent les cris redoutables des tchokeydars et les hurlements continuels des faquirs stationnés à l'angle des rues. Toutes les boutiques sont resplendissantes de lumière, et à mesure que la nuit s'avance, de vastes et sombres édifices qui voilent quelques parties d'un ciel indigo et parsemé d'innombrables étoiles, présentent un aspect imposant et solennel ; tout ce qui est mesquin et peu élevé reste enseveli au sein de l'obscurité, et l'on ne distingue que les objets proéminents.

Patna est alors dans toute sa beauté, et présente aux regards une suite de temples et de palais, ouvrages somptueux des Mongols.

Il se fait à Patna un très grand commerce d'opium, de riz, de sucre, que produisent les environs en abondance. Aussi cette ville est-elle regardée comme un des plus florissants comptoirs des Anglais dans l'Inde, qui y ont établi une des six cours supérieures des présidences du Bengale et d'Agra, une très forte citadelle, un collége et un dépôt militaire.

UN VOYAGE EN CHINE.

Un missionnaire apostolique, le vénérable M. Huc, étant en Chine, dut la traverser dans toute sa longueur. Nous extrayons de son journal de voyage quelques pages du plus haut intérêt, et qui jettent un grand jour sur cette contrée si peu connue.

Voici de quelle manière voyageait notre apôtre :

« La route que nous suivions depuis Ta-Tsien-lon allant toujours en pente, nous nous trouvâmes bientôt dans une profonde et étroite vallée, arrosée par un limpide ruisseau aux rives om-

bragées de saules et de touffes de bambous. Des deux côtés s'élevaient
perpendiculairement de hautes et majestueuses montagnes ornées de
grands arbres, de lianes et d'une inépuisable variété de plantes et de
fleurs. Nos yeux s'enivraient de cette belle verdure émaillée des plus
vives couleurs, et toutes les puissances de notre âme étaient dans le ravissement. Notre être tout entier se dilatait au milieu de ces riches épa-
nouissements de la nature...

» Le chemin suivait ordinairement le cours de l'eau. Souvent nous
passions d'une rive à l'autre, tantôt sur de petits ponts de bois recouverts de gazon, et tantôt sur de grosses pierres jetées au milieu du
ruisseau. Mais rien n'était capable de ralentir la marche de nos porteurs ; ils allaient toujours avec la même rapidité, franchissant, pleins de
courage et d'agilité, tous les obstacles qui se rencontraient sur leur
passage. Quelquefois ils faisaient une petite halte pour se délasser un
peu, essuyer leur sueur et fumer la pipe ; puis ils reprenaient leur marche avec une ardeur nouvelle. L'étroite vallée que nous suivions était
peu fréquentée. Nous rencontrions seulement, de temps en temps, quelques bandes de voyageurs, parmi lesquels il nous était facile de distinguer le vigoureux et énergique barbare thibétain du civilisé Chinois à
la face blême et rasée. De toute part, on voyait des troupes de chèvres et
de bœufs à long poil brouter les pâturages de la montagne, pendant
que de nombreux oiseaux chantaient et folâtraient parmi les branches des
arbres.

» Le lendemain, la route devint plus sauvage et plus périlleuse à mesure que nous avancions. La vallée se rétrécissait de plus en plus, et
nous rencontrions fréquemment devant nous d'énormes rochers et de
grands arbres tombés de la crête des montagnes. Bientôt le ruisseau,
qui la veille n'avait cessé de nous accompagner comme un ami fidèle,
s'éloigna de nous insensiblement, et finit par disparaître dans une gorge
profonde. Un torrent, que nous entendions gronder depuis longtemps
et par intervalle, avec un bruit sourd semblable aux lointains roulement du tonnerre, déboucha brusquement de derrière une montagne,
et s'en alla tout furieux à travers les rochers. Nous le suivîmes longtemps dans sa course vagabonde. On le voyait descendre en bruyantes
cascades le long du granit, ou, semblable à un gigantesque serpent,
traîner ses eaux verdâtres dans de sombres enfoncements. Cette seconde
journée de marche ne nous offrit pas, comme la précédente, les attraits
paisibles et gracieux de montagnes recouvertes d'arbres et de fleurs.
Cependant ces âpres et sauvages grandeurs de la nature n'étaient pas
non plus sans charmes. Nous quittâmes enfin ces défilés scabreux ; et,
après avoir traversé une large vallée nommée Plaine aux herbes jaunes,
Hoang-Tsao-ping, où l'on remarque une grande variété de culture et de

végétation, nous arrivâmes au célèbre pont Lon-ting-Khiao, que nous dûmes traverser à pied à pas lents.

» Ce pont fut construit en 1701. Sa longueur est de trente-deux toises et sa largeur de dix pieds seulement. Il se compose de neuf énormes chaînes de fer, fortement tendues d'une rive à l'autre, sur lesquelles sont posées des planches transversales mobiles, mais assez bien ajustées. La rivière Lon, sur laquelle est suspendu le Lon-ting-Khiao, coule avec une si grande rapidité qu'il a toujours été impossible d'y construire un pont d'un autre genre. Les deux rives sont extrêmement élevées; aussi, quand on est au milieu du pont, si on regarde de cette hauteur les eaux du fleuve qui fuient avec la vitesse d'une flèche, il est prudent de se tenir fortement cramponné aux garde-fous, de peur d'être saisi par le vertige et de se précipiter dans l'abîme. On a soin de marcher toujours très lentement, parce que, le pont étant d'une grande élasticité, on risquerait de faire la culbute.

» Le jour suivant nous escaladâmes le Fey-yué-ling, montagne gigantesque, dont les rochers monstrueux s'élèvent presque perpendiculairement. Leurs pointes blessent la vue du voyageur. Pendant l'année entière, tout est couvert de neige et entouré de nuages jusqu'au pied de la montagne. Le chemin est affreux et passe par des rochers et des crevasses; c'est une des routes les plus difficiles de toute la Chine. Nous trouvâmes donc de la neige sur cette fameuse montagne, et en la trouvant, il nous sembla voir réunies et amoncelées toutes les horreurs et les misères des routes du Thibet et de la Tartarie. Nous étions comme des malheureux qui, après s'être arrachés du fond d'un abîme par des efforts de tout genre, y sont tout-à-coup précipités de nouveau. Les porteurs de nos palanquins firent des prodiges d'adresse, de force et de courage. Dans les endroits les plus difficiles, nous voulions descendre pour leur procurer un peu de soulagement; mais ils ne le permettaient que rarement, car ils mettaient une sorte d'amour-propre à gravir comme des thamois les rochers les plus escarpés, et à franchir d'affreux précipices, toujours portant sur leurs épaules ce lourd palanquin, qu'on voyait se balancer au-dessus des abîmes. Que de fois le frisson est venu parcourir nos membres ! Il n'eût fallu qu'un faux pas pour nous faire rouler au fond de quelque gouffre et nous broyer contre les rochers. Mais rien n'est comparable à la solidité et à l'agilité de ces infatigables porteurs de palanquins. Ce n'est que parmi ces étonnants Chinois qu'*il* est possible de trouver des gens de cette trempe. Ils exercent leur épouvantable métier avec une prestesse et une jovialité dont on est stupéfait. Pendant qu'ils courent sur ces affreux chemins, haletants, le corps ruisselant de sueur, et perpétuellement exposés à se casser quelque membre, on les entend rire, plaisanter, quolibeter, comme s'ils étaient tranquillement assis dans une taverne à thé. La taxe de leur salaire est fixée à un sapèque par li, ce qui revient à peu près à un sou par lieue. Ainsi ils peuvent tout au plus gagner la valeur de dix sous dans une journée. Avec cela ils doivent se nourrir, se vêtir, se loger et trouver encore du superflu pour passer la majeure partie des nuits à jouer et à fumer de l'opium.

» Sur le sommet de la montagne, nos porteurs prirent un peu de repos ; ils dévorèrent avec avidité quelques galettes de maïs et fumèrent plusieurs pipes de tabac. Pendant ce temps, nous contemplions en silence de gros nuages roux et gris qui tantôt se balançaient ou se traînaient pesamment sur les flancs de la montagne, et tantôt demeuraient immobiles, se dilatant, se gonflant peu à peu et semblant vouloir s'élever jusqu'à nous. Au-dessous des montagnes on voyait se dessiner en miniature des groupes de rochers avec de profonds ravins, des torrents écumeux, des cascades et des vallons cultivés avec soin, ou de grands arbres au noir et épais feuillage tranchaient vivement sur la tendre verdure des rizières. Le tableau se complétait par quelques habitations à moitié cachées dans des touffes de bambou, d'où s'échappent par intervalle de légers tourbillons de fumée... »

AVENTURES SUR LE FLEUVE BLEU.

Sur un point du voyage, le mandarin Ting fut chargé de s'occuper de notre voyageur et reçut la mission de l'autorité supérieure de veiller à son bien-être. Afin de plaire à M. Hue, Ting commença par lui montrer d'excellents palanquins que le pérégrinateur accepta. Ting reçut donc l'argent nécessaire pour les acheter, mais il succomba à la tentation d'en garder la moitié pour lui, et, avec le reste, de faire raccommoder et vernisser à neuf deux vieux palanquins étroits, disloqués et si incommodes, que ceux qui devaient s'en servir seraient exposés à une affreuse gêne.

Pour déjouer les ruses du mandarin, le père Hue avisa.

« Sur le soir, dit-il, comme nous prenions le thé en commun, nous dîmes à notre conducteur que nous avions arrêté un projet pour le lendemain.

— » Oh ! je comprends, je devine, dit-il avec l'air satisfait d'un homme qui se croit une grande sagacité, vous n'aimez pas la chaleur, et vous désirez partir demain de bonne heure, afin de jouir de la fraîcheur du matin ; n'est-ce pas que c'est cela ?

— » Pas le moins du monde. Demain tu partiras seul et tu retourneras à Tching-ton-fou ; tu iras trouver le vice-roi et tu lui annonceras que nous ne voulons plus de toi...

» Nous prononçâmes ces mots d'une manière si sérieuse, que maître Ting ne pouvait assurément avoir la pensée de la prendre pour une plaisanterie. Il se leva brusquement et se mit à nous contempler bouche béante, et d'un air stupéfait. Nous continuâmes :

— » Tu diras donc au vice-roi que nous ne voulons plus de toi et que nous le prions de nous envoyer un autre conducteur ; et si le vice-roi te demande pourquoi nous ne voulons plus de toi, tu pourras lui répondre, si cela te fait plaisir, que c'est parce que tu nous as trompés en nous faisant partir avec de mauvais palanquins que nous n'avions pas choisis, et en supprimant deux porteurs.

— » C'est vrai ! c'est vrai ! s'écria maître Ting, chez qui les esprits vitaux s'étaient un peu remis en circulation, je me suis bien aperçu, en chemin, que ces palanquins n'étaient pas faits pour des gens de votre qualité. Ce qu'il vous faut, à vous, ce sont de beaux et bons palanquins à quatre porteurs ; qui pourrait en douter ?...

— » Seigneur Ting, dîmes-nous, nous savons à quoi nous en tenir au sujet de cette fraude ; du reste, peu nous importe de connaître celui qui a volé l'argent des palanquins : en aurons-nous d'autres ? Voilà la question.

— » Oui, certainement : est-ce que des personnages comme vous pourraient aller de cette façon ?

— » Quand les aurons-nous ?

— » Tout de suite... Demain...

— » Fais bien attention à ce que tu dis ; ne dilate pas ton cœur et tes paroles outre mesure.

— » Demain, sans retard, vous aurez de meilleurs palanquins...

— » Puisqu'il en est ainsi, nous partirons ensemble.

» Le lendemain, dès que l'aube parut, on nous annonça que tout était prêt pour le départ ; nous entrâmes dans nos étroites prisons cellulaires, et après mille circuits à travers les rues de la ville, le cortége arriva à un grand port, sur les bords du fameux Yang-tze-Kiang, fleuve Fils de la Mer, que les Européens nomment fleuve Bleu. Maître Ting s'approcha de nous, et nous dit le plus gravement du monde que la route par terre devant être longue, difficile, montueuse, semée de précipices et de gouffres, il avait eu la bonne pensée de louer une barque, afin de nous rendre le trajet plus commode, plus agréable et plus rapide. Au fond, cela nous allait, nous arpentions la terre ferme depuis si longtemps, qu'une petite navigation devait nécessairement nous sourire ; le ciel pur et serein nous présageait une délicieuse journée, et nous savourions déjà par avance le bonheur de nous sentir emportés par le courant majestueux du plus beau fleuve du monde, pendant que nous contemplerions à loisir les splendeurs et les magnificences de ses rives. Nous montâmes donc aussitôt sur le pont de la jonque, et nos palanquins furent logés à fond de cale.

» Ceux qui n'ont pas une bonne dose de patience, et qui ne se sentent aucune disposition pour en acquérir, ne doivent pas songer à aller dans le Céleste-Empire pour goûter les charmes de la navigation à bord des jonques chinoises; ils risqueraient de devenir fous ou enragés avant même qu'on fît mine de lever l'ancre. A peine le cortége fut-il parvenu au port que tout le monde s'empressa de monter à bord, et là chacun chercha à s'installer de la manière la plus conforme à ses goûts. Les Chinois, corps et âme, sont d'une nature qui nous a semblé beaucoup tenir de celle du caoutchouc. La souplesse de leur esprit ne peut être comparée qu'à l'élasticité de leur corps. Aussi faut-il voir comment ils savent trouver un bon coin, puis s'y faire un nid, s'y blottir et s'y arrondir comme dans un moule. La position une fois prise, en voilà pour toute la journée. A peine arrivés à bord, nos nombreux compagnons de voyage se trouvèrent casés. Les porteurs de palanquins, car ils étaient aussi de la navigation, s'étaient arrangés les uns sur les autres dans la cuisine, où l'air et le jour n'arrivaient que par une petite lucarne. Cette sorte de gens est accoutumée à respirer sans air et à voir sans lumière. Aussitôt qu'ils furent accroupis ils se livrèrent avec ardeur au jeu de cartes. Les soldats, nos domestiques et ceux des mandarins, avaient formé plusieurs groupes dans l'entrepont en adoptant des postures impossibles et inimaginables. Ils se régalaient de thé, de fumée de tabac et de causeries bruyantes. Nos deux conducteurs, le civil et le militaire, maître Ting et l'officier Leang, s'étaient réfugiés dans une espèce d'alcôve fermée par des rideaux qui laissaient passer à travers leurs nombreuses déchirures quelques blanches vapeurs et les pâles rayons d'une petite lampe. L'odeur fétide qui s'exhalait de ce sordide réduit indiquait assez que les chefs de l'escorte en étaient à s'enivrer d'opium. Quant à nous, seuls et tranquilles sur le pont de la jonque, nous nous promenions d'un bout à l'autre, humant de tous nos poumons l'air frais du matin et nous récréant à considérer le mouvement du port et les figures réjouies d'une foule de badauds, pour lesquelles nous étions le spectacle le plus étonnant qu'ils eussent jamais vu. Du reste, pas un matelot, pas un marin, ni sur ni dans la barque. Il n'y avait qu'un vieux Chinois pelotonné à côté de la barre du gouvernail, et qui paraissait se préoccuper fort peu des choses d'ici-bas et probablement encore moins de celles de l'autre monde. Il avait le menton appuyé sur les genoux, qu'il tenait embrassés de ses deux mains. Depuis que nous étions arrivés, il n'avait pas quitté un seul instant cette belle et confortable attitude. Nous lui demandâmes si nous ne partirions pas bientôt. Alors il se leva, et nous dit en regardant le ciel :

— » Qui est-ce qui sait cela? moi, je ne suis pas le patron, je suis le cuisinier.

» — Où donc est le patron? Où sont donc les matelots?

— » Le patron est chez lui et les mariniers sont au marché.

» Sur ces informations, nous reprîmes, nous, notre promenade, et le vieux cuisinier sa posture favorite. Un Européen encore novice dans le Céleste-Empire n'eût pas manqué de s'impatienter beaucoup et de faire un peu de mauvais sang ; l'occasion était assurément favorable.

» Enfin, après deux longues heures d'attente, les mariniers, s'étant sans doute souvenus qu'ils avaient une jonque dans le port, arrivèrent tranquillement les uns après les autres. Le patron fit l'appel, et l'équipage s'étant trouvé au complet, on amena la planche qui allait du pont au rivage. C'était déjà quelque chose ; mais il s'en fallait bien que nous fussions encore prêts à partir. Nos deux mandarins étant sortis de leur tanière à opium, vinrent trouver le patron, et alors commencèrent des disputes interminables, car on n'était pas encore d'accord sur le prix. Il n'était pas loin de midi quand toutes les difficultés furent aplanies. Les matelots entonnèrent leur chanson nazillarde pour virer au cabestan, on déploya les larges voiles en nattes de jonc ; la grosse ancre en bois de fer fut bientôt à flot, et la brise et le courant nous poussèrent avec rapidité loin du port, pendant qu'un matelot frappait à coups redoublés sur un sonore tam-tam pour saluer la terre.

» Nous nous étions promis une agréable et magnifique journée. La matinée, comme on l'a vu, avait laissé beaucoup à désirer ; mais ce fut bien pis après midi. Le ciel se couvrit peu à peu de nuages, et à peine avions-nous fait un quart d'heure de navigation, qu'une pluie battante nous força de quitter le pont et d'aller nous réfugier dans l'intérieur de la jonque, au milieu d'un air étouffant et d'une cohue étourdissante. A peine descendus des montagnes glacées du Thibet, nous eûmes beaucoup à souffrir dans cette espèce d'étuve où nous n'avions à respirer que les vapeurs brûlantes et nauséabondes du tabac et de l'opium. Après avoir été exposés si longtemps à mourir de froid, nous étions menacés d'être asphyxiés par la chaleur. Telles sont les vicissitudes de l'existence du missionnaire ; mais Dieu ne l'abandonne pas ; il soutient toujours son courage et sait lui faire trouver un bonheur ineffable sous les ardeurs du tropique comme au milieu des neiges de la Tartarie.

» Pendant que nous étions à nous calciner dans un coin de cette grande tabagie, nos Chinois paraissaient vivre parfaitement à l'aise. Ils soufflaient bien un peu de temps en temps, mais on voyait bien qu'en somme ils étaient heureux. Maître Ting, surtout, avait l'air extrêmement satisfait de lui-même. Après avoir abondamment fumé du tabac et de l'opium et avoir avalé un nombre considérable de tasses de thé, il se mit à fredonner ses longues litanies, sans doute pour remercier son patron Kao-Wang de l'avoir si bien protégé dans son entreprise.....

» Si la navigation eût été supportable, nous eussions été heureux de pouvoir fournir à notre conducteur l'occasion de réaliser une petite fortune ; mais elle fut détestable et plus d'une fois dangereuse. La pluie ne discontinuait pas un seul instant ; et comme nous étions partis fort tard, la nuit vint nous surprendre que nous avions à peine parcouru la moitié de notre course. La navigation sur le fleuve Bleu, si sûre et si facile dans l'intérieur de la Chine, alors qu'il a acquis tout son développement et qu'il roule avec majesté ses eaux profondes à travers de vastes plaines, présente de graves difficultés dans la province montueuse de Sse-tchouen. Son cours a souvent la rapidité d'un torrent, et son lit tortueux et semé d'écueils exige, de la part du navigateur, une grande prudence et beaucoup d'expérience. Aussi, le vice-roi avait-il prescrit que nous ferions la route par terre ; mais il avait compté en-dehors des calculs de maître Ting, qui n'avait pu résister à la tentation de spéculer sur notre vie et sur la sienne.....

» Il était minuit passé quand nous arrivâmes au port de Kien-tcheou, ville de troisième ordre. La nuit était d'une obscurité profonde, et la pluie continuait toujours. Nous allâmes jeter l'ancre le plus près possible du rivage..... »

UNE CHASSE DANS L'INDE.

Le récit de chasse que nous mettons sous les yeux du lecteur a été publié par notre tueur de lions, le fameux Jules Gérard, et le héros de cette expédition cynégétique est le major L..., surnommé le vieux chasseur. Jules Gérard s'exprime ainsi :

« On vint nous avertir qu'on avait vu rôder autour du vieux fort un gros guépard.

» Après le déjeuner, nous gravîmes la colline ; mon ami B... et le percepteur à pied, armés de carabines, et moi, monté sur mon petit cheval favori Gooty. Nous arrivâmes bientôt à l'entrée d'une caverne qui avait environ quatre pieds de diamètre, et, après avoir vainement examiné les empreintes et les pistes, quelques-uns des villageois qui étaient avec nous renversèrent les pierres accumulées à l'entrée de la caverne.

» William et le percepteur, précédés d'un domestique armé d'une torche, pénétrèrent à l'intérieur ; mais ils furent presque aussitôt après obligés de revenir sur leurs pas, à cause de l'air vicié et de l'odeur insupportable qui remplissaient la caverne. Nous plaçâmes alors une botte de paille en-dedans, et nous y mîmes le feu, espérant chasser ainsi la bête par la fumée.

» Nous lançâmes ensuite plusieurs fusées et des pétards, qui eurent pour effet de déloger des centaines de petites chauves-souris très curieuses à quatre oreilles.

» Voyant qu'aucun de ces moyens ne pouvait faire sortir le guépard, j'envoyai mes deux chiens forcer la bête, et immédiatement je reconnus que le gibier était sur pied, car Ali donna de la voix dès l'entrée, et peu après nous entendîmes des hurlements lugubres et d'étranges bruits sourds dans les entrailles de la terre. Je commençais à être inquiet pour mes chiens, quand tout-à-coup retentit un grand vacarme, et je vis mon pauvre ami D... qui, malgré mes avis, persistait à rester debout juste en face de l'entrée de la caverne, renversé sur le dos par une énorme hyène mâle; en un clin d'œil, la femelle, deux petits et mes deux chiens passèrent sur lui.

» Ils dégringolèrent à toute vitesse la colline et traversèrent quelques champs cultivés. William tira deux coups au passage, et doubla la femelle; je descendis la colline le mieux que je pus, et après une course de quelques minutes, Gooty m'amena près du mâle, qui luttait vainement pour se débarrasser de mes chiens, dont l'un l'avait saisi par l'oreille, et le second le tenait de l'autre côté à la gorge. Comme je ne voulais point courir la chance de voir l'un ou l'autre blessé ou mordu, je plantai mon épieu entre les épaules de la bête, et je finis ainsi la partie; après quoi j'allai rejoindre le pauvre D..., que je trouvai tout brisé de sa chute, le menton et le cou considérablement endommagés par les griffes des animaux quand ils avaient passé en courant sur lui.

PÊCHE AUX ALLIGATORS.

» Nous revînmes au bungalow, convaincus que les villageois avaient pris l'hyène pour un guépard; et, après que mon ami se fut lavé et pansé, nous montâmes tous les trois dans mon char à bœufs et nous arrivâmes à Bowani peu après le coucher du soleil.

» Le lendemain matin, nous allâmes faire une promenade avec nos carabines le long des bords de la rivière, où l'on avait vu la veille plusieurs alligators se chauffer au soleil sur un banc de sable. Mais bien que nous vîmes un grand nombre d'empreintes de leurs griffes énormes creusées dans le sable près du bord de l'eau, nous n'aperçûmes aucun d'eux.

» Alors je résolus d'employer un nouveau genre de pêche à la ligne.

Je retournai au village, et je commandai au forgeron de me forger deux larges hameçons barbelés au bout d'une couple de fortes chaînes pour flotteurs : j'y attachai des blocs de bois de manguier, très léger sur l'eau. Je me fis ensuite accompagner d'un savetier de village, paria le la dernière classe, avec une paire de jeunes cochons, et mon domestique apportait en même temps une certaine quantité de mouton cru pour servir d'appât.

» Tous mes arrangements pris, je revins à l'endroit où j'avais laissé mes amis couchés derrière des buissons. Je leur expliquai mes intentions. Je passai les cordes par-dessous les fourches des arbres ; j'appâtai mes hameçons et je les lançai dans la rivière. Le savetier saisit bientôt mon idée, et, en mordant le bout de la queue des cochons, il provoqua une musique mélodieuse qui eut promptement l'effet désiré en attirant les alligators vers cette partie de la rivière. Je jetai plusieurs morceaux de mouton dans le courant, et très peu de temps après plus d'une douzaine de ces bêtes énormes pataugeaient aux environs et se disputaient les uns aux autres la viande.

» Enfin l'un de mes flotteurs reçut une secousse et disparut sous l'eau. Mes chasseurs et les villageois saisirent la corde, et à grand'peine nous hissâmes l'animal sur le bord de la rivière, où il commença à se rouler dans le sable, en essayant de vomir l'appât et en donnant de tous côtés des coups de queue tels que je craignais de le voir couper la corde et s'échapper. Je le renversai à l'aide de ma carabine, et je fis avec difficulté glisser sur sa tête un nœud coulant. Quelques minutes après, mes gens lui avaient attaché la gueule avec une forte corde et replié les pattes sur le dos, ce qui permit de le traîner plus loin en triomphe.

» En moins de deux heures, nous parvînmes à en prendre quatre autres, dont le plus grand avait un peu plus de onze pieds de long. Nous les laissâmes ensuite en liberté dans la plaine, et, montant à cheval, nous les tuâmes avec nos épieux, qui entraient assez facilement dans la gorge, derrière les épaules et sous le corps. Nous trouvâmes qu'une balle de carabine forcée perçait sans difficulté toutes les parties du dos ou de la tête, que certains écrivains prétendent être à l'épreuve des balles..... »

CHASSE AUX ANTILOPES.

« Nous étions sur la route d'Andior. Le soleil nous lançait des rayons d'une ardeur intolérable, et nos batteurs commençaient à montrer des signes non équivoques d'épuisement. Nous nous rendîmes sous l'ombre

Curiosités de l'Ancien Monde. 5

d'un large pupul, et nous étions en train d'y goûter le kieff à l'orientale, mot turc signifiant un état d'existence rêveuse, quand le corps est
immobile, les sens en repos et l'esprit endormi. Alors que nous savourions des cigares et des grogs, un villageois qui passait nous dit qu'il
venait de voir un grand troupeau d'antilopes dans une plaine à deux
milles environ plus loin.

» Nous chargeâmes nos carabines, et, après quelques minutes d'une
course au galop, nous arrivâmes à l'endroit indiqué, où nous vîmes un
troupeau se composant d'environ soixante femelles, et sept ou huit
mâles qui se distinguaient aisément par leurs longues cornes en spirales,
et leur couleur beaucoup plus foncée. Ils nous aperçurent presque immédiatement, et notre apparition soudaine parut leur causer une sorte
de consternation; les femelles se réunirent en corps derrière les mâles,
qui se tenaient comme en sentinelle et surveillaient nos mouvements
avec soin, bien que nous fussions au moins à soixante mètres de distance. Je vis au premier coup d'œil qu'ils étaient très sauvages,
et que la plus grande précaution serait nécessaire pour les approcher à portée. Nous revînmes donc lentement sur nos pas, jusqu'à
ce que j'usse vu, au moyen de ma lorgnette, qu'ils avaient cessé de s'occuper de nous.

» J'indiquai à mes amis un endroit où ils pouvaient se poster sous le
couvert de quelques buissons, tandis que j'essaierais d'arriver jusqu'au
chef de la troupe, un beau mâle noir avec un bois superbe, et de rabat-
tre, si c'était possible, les autres vers l'embuscade de mes amis. Je re-
tirai ma casquette de chasse blanche, et j'y substituai une coiffure composée de plantes grimpantes. Je coupai un certain nombre de baguettes
pliantes, que j'entrelaçai de manière à en former une espèce d'écran
dans lequel j'enfonçai des branches vertes pour le faire ressembler autant que possible à un buisson, et en y laissant une ouverture où pourrait passer ma carabine. Cela fait, je m'avançai en me tenant sous le
vent, jusqu'à ce que je fusse arrivé à cinq cents mètres du troupeau, qui
broutait insoucieux du danger.

» Je me couchai là quelque temps, de tout mon long, sur la terre,
derrière mon écran, et braquant ma lunette de campagne, j'examinai
'e troupeau pendant un moment avant de pouvoir distinguer le chef,
que j'aperçus enfin étendu et occupé à ruminer à quelque distance des
autres. Je me glissai doucement en avant, parfois courbé en deux, parfois rampant sur les mains et les genoux, ce qui ne laisse pas d'être
extrêmement pénible, et j'arrivai ainsi à deux cents mètres de lui ; mais,
me sentant hors d'haleine, je dus m'arrêter quelques instants. Dès que
j'eus repris mon souffle, je continuai à m'avancer lentement jusqu'à cent
vingt mètres de distance. Là, je m'aperçus, à un mouvement du

troupeau, que mon buisson ambulant avait excité quelques soup-
çons.

» Les antilopes commencèrent à se réunir et à tendre le cou dans
ma direction : cette manœuvre fut immédiatement aperçue et comprise
par le chef, qui bondit sur ses pieds, piétina, puis s'avança de cinq ou
six pas vers moi en aspirant l'air. Cette position m'offrait un beau coup
à tirer : je levai ma carabine et pressai la détente juste au moment où
il poussait un aboiement grave, signal d'alarme pour le troupeau. Ce
fut son dernier cri d'appel, car mon canon rayé fut fidèle : la balle
siffla et lui entra dans le cœur ; il fit un saut énorme et tomba mort. Je
tirai mon second coup dans le troupeau, qui était en pleine retraite,
et je jetai à bas une femelle, dont ma balle brisa les fausses côtes, près
de l'épine dorsale. Sautant ensuite sur Gooty, que m'avait amené mon
groom, je suivis le troupeau en le chassant vers l'endroit où mes amis
se tenaient cachés. Tous deux tirèrent : William tua un jeune mâle à
longue portée, et le percepteur eut pour sa part une femelle, après avoir
manqué deux coups superbes... »

HISTOIRE DE SINGES.

« Nous revînmes à Andior, où nous trouvâmes nos tentes dressées à
l'ombre d'un magnifique manguier, et non loin d'une vieille pagode
ruinée, sur les murs de laquelle se tenaient quelques vingtaines de singes
de l'espèce commune, qui nous montraient les dents, jacassaient et faisaient mille grimaces sur notre passage.

» On raconte une curieuse histoire d'un détachement d'infanterie indigène qui fit venger par une colonie de ces singes l'insulte que lui
avaient faite les habitants de Trippasore, dont la plus grande partie se
compose de brahmines.

» Les soldats étaient en route pour la présidence, où ils escortaient
les trésors, et les banians ou marchands de grains avaient haussé considérablement le prix du riz la veille du jour où ils avaient traversé la
ville. Nos cipayes étaient furieux, mais ils dissimulèrent leur colère
jusqu'à leur retour de Madras, où chaque homme avait rempli son sac
de riz et de fèves douces. Quand ils repassèrent par la ville, ils jetèrent
ces légumes sur les toits des maisons, où vivaient des centaines de
singes. Il en résulta une scène des plus drôles : immédiatement les tuiles
tombèrent comme grêle dans les rues, et le jeu ne cessa que lorsque la
plus grande partie des maisons eut été découverte. En effet, les singes
qui trouvaient les grains glissés sous les tuiles, soulevaient celles-ci et
les jetaient en bas ; le grain descendait sous la tuile inférieure, qu'ils

enlevaient encore, et ainsi de suite, jusqu'à ce que le toit eût été démoli. Les brahmines étaient consternés, mais ils n'osaient se plaindre, car le singe est considéré comme un animal sacré, à cause de l'incarnation du dieu Haminan... »

CHASSE AUX FLAMBEAUX.

« La poursuite des antilopes m'avait mis sur les dents, je me sentais un peu raide à mon lever; mais, après le breuvage du matin, un plongeon dans le réservoir de la pagode et quelques bouffées d'un excellent cigare, la lassitude disparut et nous montâmes à cheval pour nous rendre à Combey, village éloigné de quatorze milles d'Audior.

» Comme nous chevauchions, le percepteur aperçut une ourse qui montait sur la pente d'une colline rocheuse ; nous lâchâmes les deux chiens poligars, Ali et Assan, et nous lui donnâmes la chasse avec nos épieux. Mais la vieille mégère se trouvait près de sa tanière, et elle nous faussa compagnie, à notre grand déplaisir.

» A notre arrivée, nous trouvâmes Combey abandonné ses habitants à cause de la fièvre, et occupé par quelques familles de la caste des Mulchers, tribu des jungles. Malgré cela, nous établîmes notre camp sous un large pupul, près d'un ruisseau limpide rempli de poissons.

» Ces dispositions prises, nous nous dispersâmes dans différentes directions pour découvrir les bisons. Mes amis rencontrèrent des pistes fraîches. De mon côté, je tuai un jeune cerf moucheté, et je découvris une saline où se voyaient des traces innombrables de cerfs, d'élans, de moutons des jungles, et quelques vieilles pistes de bisons. Ces animaux viennent de plusieurs milles pour manger la terre imprégnée de sel, dont ils sont extrêmement friands.

» Au dîner, je parlai de ma découverte, et comme la saline n'était pas à plus d'un demi-mille de distance, nous résolûmes d'essayer du procédé des Birmans, pour tuer le cerf à l'aide d'une lumière artificielle. En conséquence, mon groom fit une torche avec des morceaux de chiffons, de la graisse, de l'huile et du goudron, et il l'attacha à l'extrémité d'une perche en bambou d'environ quinze pieds de hauteur. Nous nous pourvûmes de plusieurs fusils, de tapis, de grogs, et nous nous rendîmes à la saline un peu avant la tombée de la nuit. Nous y élevâmes une manière de paravent composé de broussailles et de branches, et nous nous installâmes commodément en face et sous le vent d'un espace de terrain découvert qui portait les empreintes de différentes espèces de cerfs. Notre perche était plantée en terre à une demi-douzaine de pas devant nous. Quand il fit sombre, la torche fut allumée, et nous plaçames derrière une plaque de fer blanc, pour servir de réflecteur et empêcher en même temps la lumière de révéler notre présence.

» Nous attendîmes pendant près d'une heure sans rien voir ni rien entendre, lorsque tout-à-coup je crus distinguer une paire d'yeux étincelants comme des étoiles, dans le fourré. Un moment après, un aboiement grave m'apprit que mon plan avait réussi, et qu'un élan mâle était près de nous. Je murmurai aux autres de ne pas faire feu avant que j'eusse donné le signal, car j'avais reconnu au cri de l'animal que le troupeau n'était pas loin. Quelques instants après, l'élan marcha en avant, jeta son cri, piétina en marquant ses empreintes dans le sol, se gratta le dos avec ses andouillers, et resta les yeux éblouis à regarder la lumière. Presque aussitôt après il fut suivi du reste du troupeau, qui devait se composer d'une vingtaine de têtes environ. La flamme absorbait toute leur attention, et ils s'avancèrent à douze pas de la perche, avant que je donnasse le signal de tirer, en disant tout bas : Coo !

» Nos coups de feu partirent ; la décharge parmi les animaux causa une confusion telle que quelques-uns d'entre nous eurent le temps de faire usage des fusils de réserve avant que le troupeau se fût disposé.

» La fumée dissipée, nous trouvâmes cinq morts et quatre blessés. »

AFRIQUE.

ASPECT GÉNÉRAL DE L'AFRIQUE.

L'Afrique, si fertile en prodiges, si célèbre depuis tant de siècles, et dont les sables brûlants ont servi de tombeau à tant de glorieuses victimes de l'amour de la science, l'Afrique a toujours fixé l'attention du monde civilisé et excité l'esprit de recherche des hommes les plus sages et le courage des plus braves.

Quoique un petit bras de mer seulement la sépare de l'Europe, nous n'en connaissons bien que les côtes. Un voile épais couvre encore l'intérieur de cette vaste contrée. Peu d'hommes ont tenté de le soulever, et de ce petit nombre, peu, très peu, ont eu le bonheur de revenir pour nous faire part de leurs découvertes. La plupart des voyageurs intrépides qui poussèrent assez loin le courage et l'oubli d'eux-mêmes pour tenter cette téméraire entreprise périrent victimes de la férocité des habitants ou de son climat meurtrier.

Toutefois, depuis quelques années, les épaisses ténèbres qui nous cachent les contrées intérieures de l'Afrique s'éclaircissent peu à peu. Bientôt les nuages qui en couvrent les curiosités se dissiperont, et les bienfaits des sciences et du catholicisme éclaireront un pays que naguère encore on regardait comme condamné à rester plongé dans une éternelle obscurité.

Disons d'abord que le divin Homère croyait que les colonnes d'Hercule, c'est-à-dire le détroit de Gibraltar, étaient les colonnes du monde, et que les piliers, qu'il supposait soutenir le ciel et la terre, étaient gardés par Atlas dans une région où l'on ne pouvait pénétrer.

Plus récemment, le moine égyptien Cosmas Indicoplastès voyait dans l'Afrique une immense plaine carrée, deux fois aussi longue que large, entourée de tous côtés par l'Océan, et autour de laquelle s'élevait un grand mur qui supportait la voûte du firmament, sous lequel le soleil et la lune tournaient autour d'une montagne en forme de quille.

Strabon avait cependant déjà donné à l'Afrique la forme d'un rectangle, dont les côtes septentrionales formaient la base, le Nil et les côtes de la mer d'Éthiopie l'angle droit, et la côte occidentale l'hypothémuse.

En effet, la configuration de cette partie du globe est assez semblable à celle d'un triangle régulier, dont le côté septentrional, depuis le golfe de Sédra jusqu'au grand désert, est un pays montagneux et fertile. La pente des montagnes de cette partie de l'Afrique est beaucoup plus escarpée vers la mer que du côté des terres intérieures. A l'ouest, les montagnes se prolongent jusqu'à l'océan Atlantique, où elles se terminent brusquement en rochers inaccessibles. A l'est, elles s'abaissent insensiblement depuis les monts Habesch jusqu'au Delta ; et, au sud, elles descendent en plateaux successifs jusqu'à la mer. De même que les chaînes de la Haute-Asie suivent la forme allongée de cette partie du monde, s'étendent de l'est à l'ouest, et se terminent aux mers d'Aral et Caspienne, ainsi que dans les steppes qui les entourent, de même les montagnes de l'Afrique viennent s'arrêter, au nord, dans les plaines de Darkulla, Melli, Wangara et Bergheim, de sorte que l'Afrique septentrionale présente un aspect tout différent de l'Afrique méridionale, et ne forme qu'une immense plaine.

Le pied de ces monts est entouré de sables, dont quelques parties sont habitées et cultivées, tandis que d'autres ne présentent que des déserts arides. Cette différence résulte du petit nombre de fleuves qui arrosent la base de ces montagnes. Il paraît même que la source des principaux fleuves est placée sur le versant septentrional, et que les fleuves de second et troisième ordre prennent leur origine sur les versants de l'est et de l'ouest.

MONTAGNES ET FLEUVES.

Les chaînes de montagnes connues sont :

Le grand et le petit Atlas, le premier se dirigeant vers le sud, et le second vers la côte occidentale ;

La chaîne libyque à l'ouest de l'Égypte,

Et la chaîne arabique ou Makattan, à l'est, qui enferment le pays des Pharaons et vont, vers le sud, se joindre :

Au Giebb-el-Heik-el-Masur — montagne du Temple peint;

Gebb-el-Addeheb, — mont d'Or,

Et Giebb-el-Komr — montagne de la Lune, dont on place le pic principal sous le 50ᵉ degré de longitude.

Viennent ensuite les chaînes de Lupata et Spina-Mundi, qui s'étendent du nord au sud en suivant la côte orientale.

Tout-à-fait au sud se trouvent les montagnes de Neige, de Magacega ou de Glace, du Chariot, de Nieuweveld, de Koper, indiquées pour la première fois par Patterson et Gordon; et de Zawarte, qui, toutes, s'étendent plus ou moins vers le cap de Bonne-Espérance, où l'on remarque surtout le pic de Gardafui.

Le Nil, ce roi des fleuves, si célèbre dans l'histoire ancienne et la moderne, doit le premier fixer l'attention. Le bras occidental, nommé Bahr-el-Abiad, — fleuve Blanc, formé de plusieurs sources sorties des montagnes de la Lune, se réunit à Golfeïa, au nord de Schillouch, au Bahr-el-Azreck, fleuve Bleu, qui sort du pays des Agous. Ces deux bras réunis coulent ensuite, en formant plusieurs cataractes, depuis le 16ᵉ degré de longitude jusqu'au 30ᵉ à Battou-el-Bakara, où ils se séparent de nouveau en deux bras, dont l'un se dirige vers le nord-ouest, et se jette dans la Méditerranée, près de Rosette, tandis que le second, beaucoup plus considérable, va rejoindre la mer à Damiette.

Sur la route qu'il parcourt, le Nil traverse la Nubie, et entre ensuite dans l'Egypte, qu'il féconde.

Le Sénégal prend sa source dans le plateau élevé de Madingo, reçoit le Bafing, fleuve Noir, le Kokora, fleuve du Danger, et le Falémé, fleuve d'Or, se dirige vers le nord-ouest à travers de nombreux torrents, et se sépare en plusieurs bras, dont le plus considérable circule vers l'ouest jusqu'à Sérimpate, où il tourne brusquement vers le sud, et va se jeter dans l'Océan, près de Saint-Louis.

La Gambie, dont Mungo-Park place la source à vingt milles de celle du Sénégal, à Pincoi, ce qui fut confirmé à Afezlius par les habitants de la côte de Sierra-Leone, traverse Médina et plusieurs autres villes, au milieu des collines peu élevées couronnées de hautes forêts, puis descend dans une immense et fertile plaine, au milieu de laquelle est élevée la factorerie anglaise Pisania, et va se jeter dans l'océan Atlantique au-dessous du fort Saint-James, où elle acquiert une largeur de six lieues.

Le Rio-Grande prend sa source sur le plateau de Fallan, dans le royaume de Trembo, et se précipite, sous le nom de Dungo, ou Donso, Donzo d'après Golberry, en bruyantes cascades, à travers les montagnes des frontières de Sierra-Leone, dans le même océan Atlantique.

Le Niger, ou Djoliba, c'est-à-dire le grand Fleuve, que les Nègres nomment aussi Quora, qu'Hérodote, il y a deux mille ans, signalait déjà comme coulant de l'ouest à l'est, et dont on a plus tard nié l'existence, prend sa-source, d'après Mungo-Park, dans les environs de Sankari, au sud du plateau de Madingo, sous le 11e degré de latitude nord, à peu près à la même hauteur que le Nil.

La source et l'embouchure de ce fleuve étaient restées inconnues, même après que l'infortuné Mungo-Park, le premier qui ait découvert le Niger, eût, pour la seconde fois, en 1805, reconnu une partie de son cours. Ce fut aussi en 1830 seulement, que les deux frères John et Richard Lander, dont le second avait été au service de Clapperton dans son voyage en Afrique de 1825 à 1828, réussirent à descendre ce fleuve jusqu'à son embouchure dans le golfe de Benin. Déjà, en 1802, Richard Lander avait soupçonné cette embouchure du Niger, et Denham et Clapperton, d'après leurs renseignements et les rapports unanimes des habitants de ces contrées, avaient pensé que le fleuve qui passait à Tombouctou, le Djoliba, coulait ensuite au sud-est de cette ville, vers Niffe, puis vers le sud et le sud-ouest, et venait enfin se jeter dans le golfe de Benin.

On présume que le Zaïre sort du lac Aquilunda, au sud de l'Equateur, sous le nom de Barbola, et que se réunissant ensuite au Bambré et au Bancaor, il forme la cataracte de Sundi, et va, sous le nom de Congo, se jeter dans la mer d'Ethiopie.

En descendant vers le sud, on trouve le Coanza, qui vient aussi, de l'intérieur des terres, se perdre dans la même mer d'Ethiopie.

Le plus grand des fleuves de l'Afrique méridionale est le majestueux Orange, à peine connu depuis cinquante ans. Gordon le découvrit le premier en 1777. Plus tard, Patterson, Truter, Sommerville, Lichtenstein, Campbelle et Thompson ont successivement exploré son cours. Il prend sa source à l'extrémité orientale de la haute chaîne de Bosjesmans, sur le sommet encore inconnu du plateau élevé, au nord des montagnes de Neige, qui sépare la Cafrerie des monts Bosjesmans, et qui renferme sans doute de nombreux pics. Quatre bras, sortant de quatre sources différentes et coulant de l'est à l'ouest, se réunissent au-dessous de l'Algoabai pour former l'Orange, qui est, dès cet endroit-là, aussi large que la Tamise, à Londres. Après avoir traversé de nombreuses gorges de rochers, qui apparaissent çà et là comme d'immenses gouffres, il passe à Pella, et, se dirigeant vers le sud, il finit par se perdre dans les sables avant d'atteindre la côte. Il est des voyageurs qui prétendent qu'il va jusqu'au cap Volta, où il se jette dans l'Océan.

Sur la côte orientale, les grands fleuves sont encore moins nombreux; le plus considérable est le Zambosa ou Guama, dont la source, inexplorée jusqu'à présent, est située dans les monts Lupata et dont les quatre embouchures déchargent ses eaux dans le canal de Mozambique.

Plus au nord, on trouve le Coavo et le Guilimana.

CLIMAT, CHALEURS ET VENTS.

Le principal caractère du climat est une chaleur extraordinaire, surtout dans les contrées situées entre l'Atlas et le pays des Hottentots.

L'Afrique, située presque tout entière sous la zône torride, ne connaît que deux saisons : la saison de la sécheresse ou l'été, et la saison des pluies ou l'hiver. Au nord de l'Equateur, la saison des pluies commence un peu après l'équinoxe du printemps, et le temps de la sécheresse après l'équinoxe d'automne.

Les époques sont en sens inverse, au sud de l'Equateur.

C'est de l'intérieur de l'Afrique que sort ce vent qui, après avoir traversé les immenses déserts qu'elle renferme, apporte avec lui ces vapeurs brûlantes et quelquefois mortelles qui l'ont fait nommer selon les pays qu'il parcourt :

Samoun ou Simoun, en arabe, ce qui signifie poison ;

Chamsin, en égyptien, et Harmatan et Tornados.

Quoique très affaibli, il pénètre en Espagne sous le nom de Solano, et en Italie sous celui de Sirocco.

Nous le nommons Mistral, en France.

Quand il arrive en Suisse, on l'appelle Fohn ; mais il est alors bien rafraîchi par les montagnes de neige qu'il a franchies, ce qui ne l'empêche pas d'être encore pesant, épais et malsain.

LACS.

Les lacs sont rares en Afrique. On cite cependant, dans l'intérieur, le lac Tchad, long de deux milles anglais ;

L'Aquilunda, le Dibbi ou Dembéa, près de Tombouctou ;

Plus à l'est, Barh-el-Sudem, le Gerrigi-Maragasi, le Candie, le Wangara et plus loin encore, vers l'est, le lac Filtre et le Zambre ou Marevi, au nord des monts Lupata ;

Et enfin le lac Loudejah, au nord, et les lacs Kéroun et Natron, en Egypte.

DÉSERTS ET OASIS.

On ne trouve dans aucune partie du globe d'aussi vastes déserts, car le grand désert de Kobi, dans la Haute-Asie, ne peut être comparé au Sahara, le véritable océan de sables du globe. Les Arabes le nomment Sahara-Belama, c'est-à-dire désert sans eau. Il s'étend de l'est à l'ouest, entre le 15° et le 30° de latitude nord, dans une longueur de deux cents milles géographiques, et quelquefois plus. Sa superficie est de plus de cinquante milles carrés.

Le grand désert de Libye, dont une des extrémités s'étend au nord-est jusqu'à deux journées du Caire, l'antique Memphis, se distingue du Sahara par quelques débris de végétation, des fragments de rochers et des cailloux roulés épars çà et là sur sa surface, tandis que le voyageur est épouvanté à la vue de l'affreuse uniformité des plaines brûlantes du Sahara. Une particularité remarquable du désert libyque, et qui lui est commune avec le Bahr-Belama, fleuve sans eau, c'est la grande quantité de bois pétrifié que l'on y trouve, depuis les branches les plus minces jusqu'aux troncs d'arbres les plus gros, ce qui lui donne l'aspect d'un fond de mer desséché et couvert de débris de vaisseaux naufragés. La vue est agréablement reposée dans ce désert par les oasis, dont une suite nombreuse, située sur la rive orientale, se dirige vers la mer Méditerranée, parallèlement au Nil.

Les plus remarquables de ces oasis sont :

La grande Oasis ou Oasis du sud, en arabe El-Wâh-el-Kébir, nommée aussi l'Oasis de Thèbes, qui a vingt-quatre lieues de longueur sur une largeur de trois à quatre, et est habitée par des Arabes, sous l'autorité d'un cheik ;

La petite Oasis, près du lac Mœris, renfermant plusieurs sources chaudes et froides ;

L'oasis de Four, qui n'est autre chose que le pays de Four, en arabe Dar-Four, composée de plusieurs oasis, groupées en cercle allongé, que le souverain, décoré du titre de sultan, visite successivement. Elle a trois entrées principales : Sweini, au nord, Ril au sud-est, et Kubkabia à l'ouest. Kobbéc, la capitale est au centre ;

L'oasis d'El-Kassar, qui forme une vallée fertile entourée de rochers, dont les versants intérieurs se terminent en collines couvertes de bois de palmiers, et arrosées par des sources nombreuses ;

L'oasis El-Hair, dont les plaines, ombragées de cerisiers, produisent d'abondantes récoltes de riz et de blé ;

L'oasis Takel, et l'oasis Farafré, arrosées de sources nombreuses, mais troubles;

L'oasis de Siwâh, qui n'est autre que la célèbre oasis de Jupiter-Ammon, située sous le 29e degré 12' de latitude nord et le 44e degré 54' de latitude, est à vingt-quatre jours de marche en ligne droite d'Alexandrie. Au milieu de cette oasis couverte de moissons et de riches prairies ombragées par des bois d'orangers et de palmiers, s'élève, sur le sommet d'un rocher semblable à une forteresse, Siwâh, entourée, dans un rayon d'une demi-lieue, de cinq villages habités par une tribu d'Arabes remuants et avides de combats. Les pierres des maisons proviennent des débris du temple de Jupiter-Ammon, surnom qui signifie brûlant, dont les ruines imposantes témoignent encore de son antique splendeur. On y rencontre de nombreuses catacombes remplies de débris de momies;

L'oasis d'Agably, à trente-trois jours de marche de Tripoli, et aux trois septièmes du chemin de cette ville à Tombouctou;

L'oasis de Tuat, sur la même route;

L'oasis d'Angila, à treize jours de marche, au sud-est de Bérénice et de la mer, qui compte quatre villages et produit des dattiers, célèbres dès le temps d'Hérodote par la saveur de leurs fruits;

L'oasis du Fezzan, désignée par le même Hérodote sous le nom de grande Oasis du pays des Garamantes, qui est entourée de rochers et de sables. D'après Hornemann, cette oasis compte cent villages, en outre de Murzouk, sa capitale. Sa longueur, du nord au sud, est de soixante milles géographiques, et sa largeur, de l'est à l'ouest, de quarante;

L'oasis de Gadames, située à l'extrémité méridionale de l'Atlas, dans le Bilédulgérid, pays des dattes, et qui confine aux montagnes des Berbères.

Ces deux chaînes d'oasis, l'une à l'est et l'autre à l'ouest du désert libyque, partent également de l'intérieur de l'Afrique et forment les deux grandes voies que la nature a ouvertes au commerce des peuples, et que l'histoire nous signale comme constamment suivies dans l'antiquité. De nos jours, elles sont les postes où viennent se reposer les caravanes qui traversent le désert : les habitants en sont les hôteliers et les consignataires des marchandises qui arrivent ainsi du fond de l'Asie au Sénégal, d'où elles pénètrent jusque dans les comptoirs du Nouveau-Monde. Sous ce point de vue, ces oasis acquièrent d'autant plus d'importance aux yeux du philanthrope que ,semblables au cœur, siége de la circulation du sang chez l'homme, les routes qu'elles offrent aux caravanes et aux pèlerins, de l'ouest à l'est et du sud au nord, semblent destinées à favoriser les relations intellectuelles de ces peuples.

RACES, LANGUES ET RELIGIONS.

Deux grandes races d'hommes composent la majeure partie de la population africaine : ce sont la caucasienne, au nord, et l'éthiopienne, au centre et au sud.

On distingue les habitants en primitifs et colons :

Les premiers sont les Kabyles ou Berbères, les Koptes, descendants des anciens Egyptiens, alliés aux Grecs et aux Arabes; les Ethiopiens, race alliée aux Koptes ; les Nègres, les Cafres et les Hottentots.

Les seconds sont les Arabes, les Turcs, les Maures, les Abyssiniens, les Indiens et les Européens ou Francs. Ces derniers se composent principalement d'Anglais, de Français, de Portugais, d'Espagnols, de Hollandais et de Danois.

L'idiome des peuples du nord de l'Afrique se divise en langue berbère et langue des guanches. L'une et l'autre sont composées de nombreux dialectes. Les peuples de l'Afrique centrale parlent l'ancien kopte, l'éthiopien, etc. Les habitants du sud ont aussi des dialectes dérivés des langues guber et sangay, qui sont celles des Nègres.

Da plupart de ces peuples sont païens.

L'islamisme ou religion de Mahomet domine dans toute la partie septentrionale et jusque très avant dans l'intérieur.

Les Koptes de la Haute-Egypte sont chrétiens et partagent les croyances de la plupart des sectes d'Orient. On ne trouve qu'en quelques endroits, et en petit nombre, des chrétiens des Eglises romaine et grecque.

Il n'existe en Afrique aucune des différentes formes des gouvernements européens. On n'y connaît que des despotes et des esclaves, les uns nés pour commander, les autres pour obéir.

HISTOIRE NATURELLE.

La nature semble avoir voulu dédommager l'Afrique de ses vastes solitudes stériles, en la peuplant d'une multitude d'espèces d'animaux de formes et de grandeurs différentes. On prétend qu'il y existe cinq fois plus de quadrupèdes qu'en Asie, et trois fois plus qu'en Amérique. Les espèces les plus colossales du règne animal et du règne végétal ne se trouvent qu'en Afrique, et la vigueur de la végétation y est telle que les plantes y croissent à vue d'œil. L'énorme hippopotame, le redoutable crocodile, la girafe à taille de géant, le rhinocéros à deux cornes et l'ichneumon sont propres à l'Afrique, ainsi que les plus grandes espèces d'antilopes, d'hyènes, de chacals, de tigres et d'éléphants. Elle possède le géant des oiseaux, l'autruche habitante des déserts, et le serpent géant, le boa constrictor. Mais le plus grand bienfait dont la nature ait doté l'Afrique est le chameau, ce vaisseau du désert qui semble avoir été créé pour son climat brûlant. On y trouve aussi les lions, les panthères, les léopards, les onces, les zèbres, les buffles, les hérissons, et tous les animaux domestiques de l'Europe, ainsi que les moutons à longue laine et à queue énorme.

Elle est également riche en oiseaux, dont la plupart se distinguent par les plus admirables couleurs. Partout où le sable n'a pas détruit la végétation, surtout sur la côte occidentale et au pied de l'Atlas, la terre fourmille d'insectes, tels que termites, araignées, scolopendres, fourmis et chenilles, tandis que l'atmosphère est infestée de sauterelles, qui souvent, semblables à des nuages, obscurcissent le soleil.

Le règne végétal n'est pas moins nombreux.

Le boabab ou arbre à pain des singes, est l'éléphant des végétaux. Son tronc, qui surpasse en grosseur ceux de toutes les autres espèces d'arbres, a souvent quatre-vingts pieds de circonférence, tandis que ses branches couvrent de leur ombre un espace de terrain de plus de cent trente pieds de diamètre. Quelques-unes de ces branches sont plus grosses que les plus gros arbres de nos forêts. Commençant d'abord par être horizontales et devenant plus minces vers leur extrémité, elles s'étendent fort loin et se courbent graduellement jusqu'à terre, ce qui empêche souvent de voir le tronc qui les porte. Cet ensemble de ramilles couvertes de feuilles, dont les branches extérieures sont garnies, offre d'autant plus l'aspect d'un jeune bois, que les rameaux les plus élevés ne sont guère qu'à une hauteur de dix à douze mètres.

D'après le voyageur Adanson, qui explora le Sénégal il y a cent ans, certains de ces arbres n'auraient pas moins de six mille ans, et remonteraient ainsi à l'époque de la création du monde. Le fruit de cet arbre est une capsule ligneuse de vingt-cinq à trente centimètres de longueur, d'une nuance verdâtre et couverte d'un duvet blanc. Elle ressemble à une gourde et contient plusieurs cellules qui renferment des graines dures et brillantes plongées dans une substance molle et pulpeuse. Les indigènes composent avec cette pulpe un breuvage acidulé qu'ils emploient avec succès pour guérir la fièvre. Ils font sécher les feuilles de baobab, les réduisent en poudre et les mêlent avec leurs aliments, ce qui les empêche de transpirer avec autant d'abondance. Les plus grandes feuilles leur servent à couvrir leurs cases, et des fibres de l'écorce ils fabriquent des cordages et une sorte d'étoffe grossière dont les pauvres se font des pagnes qui leur descendent à mi-cuisse. Enfin ils trouvent dans l'enveloppe de la capsule une coque ligneuse qui leur fournit des vases analogues aux calebasses.

Le schik ou arbre à beurre, dans la partie ouest du centre de l'Afrique, y remplace si bien les animaux qui fournissent le beurre, qu'on peut à peine le distinguer dans les mets où il est employé. Les régions fertiles produisent toutes les espèces de palmiers, les bananiers, orangers, pisangs, ananas, tamarins, figuiers, ignames, patates, lotus, cannes à sucre, piment, cassave, dont la racine sert à faire le pain, et les mangliers, dont chaque tige, dans un terrain humide, forme autour d'elle une petite racine. Les bois sont remplis des épices les plus fortes, produisent les fruits les plus nourrissants et fournissent les bois des plus belles couleurs, tandis que les montagnes renferment des métaux et des pierres précieuses, et que la plupart des fleuves entraînent dans leurs flots l'or mêlé au sable de leur lit.

APERÇU HISTORIQUE.

L'Afrique ancienne, la Libye des Grecs, exprimait trois sens et désignait :

1° Ce que les anciens connaissaient de cette partie du monde ;

2° Un diocèse qui comprenait la Mauritanie Sitifine et la Mauritanie Césarienne, la Numidie, l'Afrique propre et la Tripolitaine.

3° L'Afrique propre ou proconsulaire, province du diocèse d'Afrique, allant du fond de la petite Syrte au cap Hermœum, aujourd'hui état de Tunis et partie de celui de Tripoli, chef-lieu Utique, et plus tard Carthage.

Ainsi les Grecs et les Romains n'avaient pénétré que dans le nord.

On prétend que les Phéniciens firent le tour de l'Afrique ; mais rien n'est moins prouvé.

Les conquêtes des Arabes, à partir du VII° siècle, perfectionnèrent la connaissance du nord et de l'est.

DÉCOUVERTES.

Mais l'Afrique n'en est pas moins la plus mystérieuse et la plus inconnue des cinq parties du monde. Aussi, c'est à y pénétrer et à en étudier toutes les parties que depuis soixante ans tendent tous les efforts des hommes les plus entreprenants et les plus curieux des nations de l'Europe.

Nous indiquons ici, d'une manière sommaire, tout ce qui a été entrepris, soit par des peuples, soit par des associations, soit par des voyageurs isolés, pour arriver à une connaissance plus exacte de cette immense contrée.

Les premiers explorateurs furent les Grecs et les Romains, et parmi eux principalement Hérodote, Strabon, Diodore de Sicile, Denis d'Halicarnasse, Arthicus, Hamon, Scylax, Arrien, Agatharchidas, Ptolémée, Pline, Pomponius Mela, Solin.

Après eux vinrent les Arabes, qui se distinguèrent aussi par de nombreux travaux sur l'Afrique.

Depuis le moyen-âge, quantité de savants se sont occupés de chaque pays séparément, et surtout de l'Egypte, ce berceau de la civilisation européenne, qu'ils ont parcourue, décrite, fouillée et dépouillée, et dont les pyramides, les champs de momies, les tombeaux et les temples offrent toujours une mine inépuisable de ruines intéressantes qui remontent à la plus haute antiquité. Il nous suffira de citer ici les noms de Lucas, Maillet, Granger, Bruce, Eton, Volney, Savary, Larey, Denon, Antès, Salt, Hartmann, Caillaud, Burckhardt, etc.

Ce dernier était un Suisse infatigable et consciencieux, qui réunissait à une rare érudition un esprit d'observation remarquable. Il partit sous les auspices de la compagnie anglo-africaine, et après plusieurs années de voyages pénibles en Syrie et en Egypte, pénétra jusqu'à Dongolah. Traversant ensuite le désert libyque, il passa à Berbère et Schendy, et parvint à la mer Rouge par le Soudan. De là il s'embarqua pour la Mecque et partit de cette ville pour visiter le mont Ararat, en Arménie. La mort le surprit au Caire en 1815, au moment où il se préparait à pénétrer dans l'intérieur de l'Afrique avec une caravane du Fezzan, par le chemin qu'avait déjà suivi Hornemann.

Peu auparavant, deux Allemands, Hornemann et Rœntgen, avaient déjà visité cet intérieur en traversant le désert libyque et Mourzouk, mais tous deux périrent avant d'avoir atteint le but de leurs travaux, le premier enlevé par la fièvre, le second victime de la férocité et de l'avidité des Bédouins.

L'Anglais Lead nous a laissé une description aussi exacte qu'intéressante du pays de Dahomey.

Lyon, accompagné de son ami Ritchie, qui mourut à Mourzouk en 1819, du naturaliste Depont et du savant anglais Belfort, partit de Tripoli, pénétra en 1819 jusqu'au désert de Bilmu, à l'extrémité méridionale du Fezzan, et, par une relation consciencieuse de son voyage, il augmenta les notions que l'on possédait sur ce pays.

On doit d'intéressantes découvertes, quoique moins importantes, à Mollien, qui, dès 1818, avait remonté le cours de la Gambie, du Sénégal et de Rio-Grande, jusque non loin de Timbo.

Le nom de Mungo-Park marque une nouvelle période dans l'histoire des études sur l'Afrique.

L'Américain Riley, qui fit naufrage sur la côte occidentale de l'Afrique et devint esclave du prince maure Sidi-Hamet, obtint de lui d'importants renseignements sur la ville de Tombouctou.

Les Anglais Peddie et Campbell, auxquels s'était joint le Saxon Adolphe Kummer, suivirent le Rio-Nunez pour pénétrer dans l'intérieur de l'Afrique. Le second réussit à toucher à Timbo : mais tous trois augmentèrent le nombre des martyrs de la science, et périrent victimes du climat, au milieu même de ses sables brûlants.

La connaissance parfaite de Tombouctou et de l'embouchure du Niger, cette grande lacune de la géographie africaine, si souvent signalée, a été enfin obtenue par le courage du jeune Français René Caillié, et les deux frères John et Richard Lander. Ainsi un seul homme, sans autre ressource que son courage et sa persévérance, sut mettre à fin une entreprise que, depuis des siècles, l'amour des découvertes, la politique et les efforts des savants avaient en vain tenté d'accomplir. Le modeste René Caillié raconte que c'est le prix offert par la Société géographique de Paris, à celui qui atteindrait ce but, depuis si longtemps proposé, qui l'a poussé à entreprendre ce voyage. Cet ouvrage apprendra au lecteur les difficultés qu'il eut pour atteindre la mystérieuse Tombouctou.

Il résulte des recherches de Caillié que le volume d'eau du Niger ou Djoliba est beaucoup plus considérable qu'on ne l'avait pensé. Mungo-Park, qui n'en avait vu qu'un bras, avait été frappé de la majesté de son cours. Bien que le cours de ce fleuve au-dessous de Tombouctou soit resté inconnu à René Caillié, il s'est cependant assuré qu'un grand bras se sépare du Niger, et s'y réunit de nouveau à Isacca, à vingt-sept lieues au-dessous de Jenné. C'est ce qui forme la première et la plus grande île, dans laquelle se trouve Jenné. Plus loin, le fleuve, se séparant de nouveau, à Gailla, forme une autre île, mais petite. René Caillié a constaté que les marchandises européennes pénètrent dans l'Afrique centrale.

L'embouchure du Niger a de même été découverte.

Les deux frères John et Richard Lander débarquèrent à Badagri, le 22 mars 1820, et continuèrent leur route, à cheval, jusqu'à Boussa, sur le Niger, où périt Mungo-Park. Pendant un séjour de trois mois dans cette ville, ils firent plusieurs excursions et remontèrent le fleuve jusqu'à Yaourie, à trois jours de marche au nord, en droite ligne de Boussa, d'où ils descendirent le Niger jusqu'à la baie de Biaffra, où le fleuve se jette dans la mer par plusieurs embouchures. Le bras qui les conduisit à la mer se nomme Noun et forme le premier fleuve que l'on trouve à l'est du cap Formose. Les frères Lander trouvèrent à Yaourie le livre de prières d'Anderson, compagnon de Mungo-Park. Quant au journal de ce dernier, il fut impossible d'en découvrir aucune trace.

Au moment où nous écrivons ces lignes, quantité de voyageurs exposent leur vie dans de nouvelles explorations en Afrique, et grâce à leurs relations, nous verrons peu à peu tomber le voile mystérieux, déjà bien déchiré, qui nous cachait jusqu'alors les contrées de ce continent.

Ainsi, le baron de Deeken mesure les montagnes de Kilimaud'aro, auxquelles il attribue une altitude de sept mille mètres ;

Les frères Livinghston étudient les parages du Zembèze, tout en remplissant le rôle de missionnaires ;

Ladislas Magyar, le célèbre Allemand qui, après la plus curieuse odyssée, a fini par épouser la fille du roi de Béhé, dans la Guinée inférieure, nous adresse sur ces contrées les plus étranges relations ;

Dans le sud de l'Afrique, Anderson, comme jadis Levaillant, à la tête d'une troupe de braves, erre actuellement dans de vastes solitudes, à la recherche des hippopotames, des rhinocéros, des éléphants et des lions ;

Le docteur Répin, ex-chirurgien de la marine impériale, publie son voyage au Dahomey, et nous fait connaître une infinité de détails sur le palais du féroce souverain de ce pays, les sacrifices horribles qui font rougir l'humanité, les funérailles, les supplices infligés aux missionnaires, l'ardeur du peuple à se disputer les têtes des victimes immolées chaque jour, ou les cadavres qu'on lui jette en pâture du haut de la plate-forme royale.

Enfin, M. V. Guérin, ancien membre de l'Ecole française à Athènes, nous raconte son voyage archéologique dans la régence de Tunis, et les plus curieux épisodes de ses pérégrinations chez les Arabes.

La Tunisie en effet est une des contrées qui attire le plus aujourd'hui l'attention des épigraphistes. En outre, de toutes les richesses archéologiques que l'on y rencontre, cette terre de Tunis ne jouit-elle pas de l'immense gloire de posséder les ruines de Carthage, l'antique et terrible rivale de Rome ?

LES SOURCES DU NIL.

Une double ceinture de montagnes court à l'entour des côtes de l'Afrique.

En-dedans de ses remparts s'étendent des plaines spacieuses inondées pendant plusieurs mois de l'année, mais ensuite, à la faveur d'un soleil de feu, revêtues de la végétation la plus active.

C'est alors qu'éléphants, girafes, hippopotames, rhinocéros, zèbres, gazelles, antilopes, autruches, alligators, s'ébattent dans les dédales sans fin de ces hautes herbes qui ressemblent à de véritables forêts vierges.

Quel spectacle offre aux Européens ce paradis de bêtes fauves, cette terre où tous les animaux semblent confondus ! Des chasseurs tels qu'Anderson, Baldwin et Walberg, une fois qu'ils ont mis le pied dans ces savanes, disent à jamais adieu à la civilisation et jurent de mourir la carabine à la main.

Ici, des lacs aux eaux transparentes, aux rives sinueuses, aux horizons les plus gracieux ; là, des fleuves larges tombent tout-à-coup dans des précipices et forment de magnifiques cataractes ; plus loin, des montagnes dont le faîte, sous l'Equateur même, est couvert de neiges éternelles, tel est le tableau sommaire de l'Afrique.

Malheureusement, ces admirables panoramas se font cruellement acheter à ceux qui tentent de les contempler. Aussi, l'Ounia-Mési, le Cazembe, le Londa, et bien d'autres pays encore, sont-ils loin d'avoir révélé tous leurs secrets.

Ce n'est certes pas le courage des voyageurs qu'il faut accuser, nous avons dit le contraire tout-à-l'heure, et la longue liste des Européens qui sont morts en faisant des efforts désespérés pour pénétrer au milieu des peuplades du haut Nil, par exemple, est une preuve trop éloquente de l'ardeur qui animait ces infortunés.

Et cependant, depuis l'origine de la civilisation, on cherche les sources tant désirées.

Au 1er siècle de l'ère chrétienne, l'empereur Néron donna ordre à deux centurions d'aller à leur recherche. Après avoir traversé l'Ethiopie, ces officiers rencontrèrent une immense étendue de marais impénétrables, au milieu desquels s'élevaient deux grands rochers d'où le fleuve s'échappait avec impétuosité.

Au xvie siècle, deux jésuites portugais furent persuadés qu'ils avaient remonté le Nil jusqu'à son extrême limite. D'Arville, sans sortir de Paris, prouva que les deux religieux avaient fait fausse route, et avaient suivi les cours du fleuve Bleu, qui n'est, comme l'Astobaras, fleuve situé plus au nord, qu'un des affluents du Nil.

On a souvent répété dans ces derniers temps que ces véritables sources sortaient des montagnes de la Lune, à huit cents lieues du Delta : ce n'est encore qu'une supposition.

Quoi qu'il en soit, nous paraissons toucher à une solution.

De nos jours, tant de voyageurs ambitionnent l'honneur de la découverte définitive, et plusieurs d'entre eux, persistant avec courage, ont déjà pénétré si loin, que l'on doit arriver très prochainement au dernier mot sur cette ancienne question.

Si le problème n'est pas encore résolu, on semble l'avoir tellement étudié que, d'un jour à l'autre, le fait deviendra certain. Déjà le cadre de la question diminue.

Le Nil Blanc est-il formé, comme l'assure Andrea de Bono, par une infinité de ruisseaux, ou sort-il du lac Victoria, comme on le suppose en général? Voilà les deux seules opinions entre lesquelles on hésite, mais il n'est plus permis d'en émettre d'autres.

Ce qui retarde, ce sont les pertes qu'éprouve coup sur coup la science, car, par une sorte de fatalité, cette espèce de minotaure nilien paraît moissonner à plaisir les géographes qui inspirent le plus d'espoir. Hier, périssait Alfred Peney; aujourd'hui c'est Petherick, komme éclairé et courageux, qui vient d'être frappé de mort dans les environs de Gondokoro. Enfin c'est Vogel, le savant docteur, dont les curieuses lettres avaient jeté un jour si éclatant sur le lac Tchad, qui vient d'être assassiné dans le Ouaday.

Plus heureux, les Anglais Speke, Burton et Grant, ont échappé à tous les périls, et c'est à eux que nous devrons enfin la révélation des sources du Nil. Voici ce que nous apprennent de récents télégrammes :

« Si les présomptions ne sont pas prématurées, le fameux problème des sources du Nil aurait enfin reçu sa solution. M. d'Abbadie, de l'Institut, a annoncé, dans la dernière assemblée générale de la Société de Géographie, que les voyageurs Speke et Grant, partis de Zanzibar, en 1861, viennent d'arriver à Khartoum, dans la Nubie. Malheureusement, la dépêche qui apprend cette nouvelle est d'un laconisme extrême, ne fournit aucun détail, ne donne aucun commentaire. On sait seulement que les explorateurs Speke et Grant devaient être, il y a environ une année, dans les parages méridionaux du lac Victoria, d'où sort très probablement, au nord, la branche principale du Nil. Mais de là, comment les deux intrépides pionniers ont-ils gagné la ville de Khartoum? Ont-ils descendu le fleuve? ont-ils passé par Bélénia et Gondokoro, ces deux grandes étapes des voyageurs? C'est encore ce que l'on ignore. Dans tous les cas, il ne semble pas possible qu'ils aient suivi la route de l'Abyssinie, car les événements très graves qui troublent ce pays les en auraient empêchés. Il leur a sans doute fallu côtoyer ou descendre le Nil... »

En dépit de ces nombreux essais si souvent fatals, deux Anglaises, pleines d'enthousiasme, mesdames Tenni, veulent, au grand honneur de leur siècle et de leur sexe, mais à l'humiliation du nôtre, prendre le taureau par les cornes et le forcer à divulguer le secret de l'énigme. Ce voyage de chastes Anglaises, au milieu des Roners, des Dinkers et d'autres tribus de mœurs dépravées, est fort digne de remarque.....

LES CURIOSITÉS DE L'EGYPTE.

L'Egypte est placée dans une des positions les plus admirables du globe. Située à l'une des extrémités de l'Afrique, elle joint ce continent à l'Asie, et ses ports sur la Méditerranée la font en quelque sorte toucher à l'Europe. C'est une des contrées les plus chaudes, relativement à sa position ; mais d'autres causes contribuent encore à y rendre la chaleur excessive. Le sol, en général peu élevé au-dessus du niveau des mers, est recouvert en partie de sable mouvant. Ce sable reçoit, concentre et répercute les rayons du soleil, qui, pendant les mois de l'été, est presque perpendiculaire ; et cette réverbération porte sur des montagnes peu élevées et dépouillées de verdure, sur des plaines arides où rien ne peut en diminuer l'ardeur. De là proviennent et l'extrême sécheresse du climat et la rareté des pluies rafraîchissantes.

Toutefois cette sécheresse n'est pas également continue dans toutes les parties de l'Egypte. Il pleut assez fréquemment dans les provinces qui avoisinent la Méditerranée, et dans les déserts situés entre les vallées du Nil et la mer Rouge. Des ravins creusés dans plusieurs endroits de la chaîne arabique attestent que ces pluies sont quelquefois assez fortes pour former des torrents. Mais une circonstance qui est un des caractères distinctifs du climat de l'Egypte, et qui est d'ailleurs commune à toute la contrée, c'est l'extrême abondance des rosées qui ne sont peut-être pas sans influence sur la fertilité du sol, à l'époque où le Nil est au-dessous du niveau des terres.

Mais il ne pleut presque jamais dans le centre de la contrée. L'excessive chaleur du sol et la direction des vents, déterminée par la forme de la vallée, sont les causes de la grande sécheresse de l'atmosphère. Les nuages, formés des vapeurs des mers qui ceignent l'Egypte, sont entraînés par les courants d'air, et la force de ces courants est sensible : près des montagnes, leur effet est moins puissant, aussi y pleut-il quelquefois.

Le Nil commence à grossir vers la fin de juin et au commencement de juillet. Le volume des eaux qu'il reçoit n'est pas assujéti à des règles certaines, non plus que la progression des crues. Dans les années ordinaires, ce fleuve s'élève au Caire de huit mètres ; il monte quelquefois beaucoup plus haut, et pour que l'année soit abondante, il faut que le terrain cultivé présente l'aspect d'un lac immense. Les villages, élevés sur des éminences factices, paraissent alors comme autant d'îlots disséminés sur la surface de ce nouvel océan. Rien ne peut égaler la majesté d'un pareil spectacle. On peut, du haut de la citadelle du Caire, embrasser une partie de ce grand tableau. Le terrain, propre à la culture, mais qui, trop distant des rives du fleuve, ne peut jouir des avantages de l'inondation, est fertilisé par des canaux ou à l'aide de machines d'une invention simple, connues sous le nom de roues à pots.

A trois quarts de lieue environ de l'embouchure du Nil, les eaux ont une couleur verte très prononcée, et l'on aperçoit même distinctement la ligne de démarcation entre le vert du fleuve et la couleur bleue de la mer. A mesure que l'on approche davantage du goulet, la teinte verte se change en une teinte jaune, due à la couleur des sables que le Nil dépose à son embouchure, et aussi au limon suspendu dans les eaux du fleuve. Quand enfin on est positivement sur le Nil, on laisse derrière soi la mer agitée, et on n'entend plus le bruit des vagues : au contraire, on jouit du calme le plus profond. On parcourt des yeux, avec un charme inexprimable, les bords si vantés de ce fameux Nil, et on ne trouve rien d'exagéré dans les récits des voyageurs qui ont vu ces parages. Après avoir dépassé les débris d'un vieux port abandonné qui servait autrefois à garder l'entrée du fleuve, on laisse à sa gauche une île assez grande, couverte de verdure et offrant la plus belle végétation. On découvre à sa droite des forêts de palmiers qui paraissent d'un vert éclatant. Les rives du fleuve étant peu élevées, la vue peut s'étendre au loin sur des campagnes riches et fertiles. On aperçoit çà et là des hameaux pittoresques formés de quelques maisons de briques et de cabanes de roseaux, des habitations isolées, des minarets élégants et des tombeaux de saints musulmans, autour desquels se groupent agréablement quelques bouquets de palmiers. Du côté du Delta se développent des campagnes couvertes de rizières, offrant le plus vivant aspect. Un grand nombre d'arbres et d'arbustes croissent non loin du fleuve : on y remarque des massifs d'orangers et de citronniers qui répandent un parfum délicieux. Les rives mêmes du Nil sont ornées de roseaux, de joncs et de nénuphars. D'énormes sycomores, dont les vastes branches couvrent une immense étendue, sont distribués isolément dans les plaines, et présentent un des plus beaux phénomènes de végétation.

Dans l'Egypte du milieu, le passage n'a plus le même aspect. Le ciel est toujours étincelant sans doute, mais la nature n'est pas aussi prodigue que dans les riches campagnes du Delta. Ce n'est plus cette végétation splendide, ces champs immenses couverts de brillantes moissons admirées jusque-là, et pourtant on trouve un charme inexprimable dans la contemplation de ces sites d'un caractère étrange et nouveau.

Aux abords de Syène, où l'on trouve la magnifique carrière d'où furent extraits les obélisques et les grands blocs de pierre des pyramides, les mimosas fleuris se confondent avec les palmiers chargés de fruits, et de gracieux jardins entourent les maisons. L'ensemble du paysage a un aspect pittoresque. Là, bientôt, les eaux du fleuve, resserrées par des rochers de granit noir, se précipitent avec plus de rapidité que dans les endroits où le lit du fleuve, dégagé de toute entrave, leur permet de se déployer librement. Ce sont là les premières cataractes du Nil. Mais ces prétendues cataractes offrent tout au plus l'aspect de cascades. D'ailleurs, formées par cette barrière impuissante, elles ne sont plus sensibles à l'époque des hautes eaux, et les barques qui remontent ou qui descendent le Nil les franchissent alors sans de grandes difficultés.

On ne commence à voir des crocodiles que dans la Haute-Egypte, et la cause qui retient ces amphibies au-dessus de Syène est toute naturelle. Les femelles de ces animaux déposent leurs œufs sur le sable du rivage, et le soleil les fait éclore. Mais il faut alors une température élevée, et c'est ce qui retient les crocodiles dans ces parages. On voit quelquefois les palmiers qui avoisinent le Nil plier sous le poids d'énormes crocodiles suspendus à leurs branches, et qui se balancent agités par le vent. Ce sont les chasseurs, qui, ayant fait une guerre heureuse à ces animaux redoutables, les laissent ainsi sécher au soleil pour les offrir ensuite aux grands de la contrée. Souvent, lorsque le temps est calme et le soleil brûlant, les nombreuses îles de sable disséminées dans ce fleuve sont couvertes de ces crocodiles. Si les canges, ou bateaux, s'approchent d'eux, ils rentrent dans l'eau lentement et laissent ainsi le temps de les observer à loisir. Dans les endroits déserts du rivage, on aperçoit quelquefois aussi des chacals, des renards et des chats sauvages à queue traînante que la présence de l'homme effraie à peine.

En bien des endroits, cette longue vallée du Nil n'a pas plus de deux kilomètres de largeur : dans d'autres, elle s'étend à plus de quatre-vingts. Des deux côtés elle est constamment bornée par une chaîne de collines qui séparent l'Egypte du désert sablonneux de la Libye.

RUINES DE L'EGYPTE.

Aussitôt qu'on a dépassé le Caire, assis sur les ruines de l'antique Memphis, on ne découvre plus à chaque pas que des ruines. Tantôt ce sont des colonnes isolées et des portiques sculptés sur le flanc des montagnes qui regardent le fleuve ; tantôt ce sont d'immenses débris de monuments gigantesques, isolés sur le sol, et debout toujours, ou des grottes pratiquées dans le rocher des collines et qu'habitèrent, jadis, les solitaires chrétiens. Ces grottes se font remarquer en grand nombre sur l'une et l'autre rive. De toutes parts, en parcourant la vallée, on rencontre d'énormes blocs de granit enfoncés dans la terre ou perchés sur le sommet des montagnes. Ils sont tout couverts de caractères hiéroglyphiques.

PYRAMIDES.

Mais la plus imposante de ces ruines grandioses, est sans contredit celle des Pyramides.

« C'est à la hauteur de Giseh, au-delà du Nil, nous apprend le R. P. Laorty-Hadji, que se trouvent les grandes Pyramides qui font depuis tant de siècles l'admiration du monde. L'impression que produit leur aspect gigantesque est encore augmentée par la transition brusque où l'on passe en venant du Caire. Après avoir traversé le Nil au vieux Caire, près de l'île de Rondah, et marché pendant deux heures à travers des prairies verdoyantes et des jardins pleins de fraîcheur, tout-à-coup, à un quart de lieue des Pyramides, la végétation cesse et les sables commencent avec le silence et l'isolement.

» Quand on a vu ces monuments, il est impossible de ne pas en conserver une idée grandiose. Dix lieues avant d'y arriver on les découvre, et quand on en approche, ils semblent fuir devant le regard. Cependant le véritable sentiment de leurs proportions ne se manifeste qu'au moment où on touche à leur base. Alors seulement on peut juger de la grandeur de ces prodigieux monuments. La rapidité de leurs pentes, le développement de leur surface, la mémoire des temps que ces Pyramides rappellent, le calcul du travail qu'elles ont coûté, l'idée que le déplacement des énormes matériaux qui les composent a été l'ouvrage de l'homme ; tout saisit l'âme à la fois d'étonnement, d'humiliation et de respect.

» Les Pyramides sont assises sur un plateau de roche calcaire, élevé de cent trente pieds au-dessus du niveau du Nil. Trois d'entre elles sont particulièrement importantes. Elles sont sur une ligne diagonale, distantes les unes des autres d'environ cinq cents pas, leurs quatre faces répondant aux quatre points cardinaux. Deux, celles de Chéops et de Chéphrem, sont surtout remarquables par leur masse et leur élévation prodigieuse. La grande Pyramide, qui porte le nom de Chéops, est la plus septentrionale. Les abords en sont obstrués par des monticules de sable et de décombres qui servent de chemin pour parvenir à l'entrée, située à quarante pieds de la base. Cette entrée regarde le nord, et se trouve au niveau de la quinzième assise.

» Pour pénétrer dans l'intérieur du monument, il faut, armé de torches et de flambeaux, se laisser glisser par une galerie étroite et rapide qui semble précipiter les visiteurs dans les entrailles de la terre ; puis, remontant par une rampe rapide et ascendante, on arrive, non sans peine, sur un palier horizontal. Ces canaux souterrains sont en pierres calcaires, parfaitement unies et appareillées. Comme tous n'ont que trois pieds et demi de haut, on n'y peut marcher que courbé, ce qui rend cette visite très fatigante. A l'entrée de la galerie horizontale se trouve un puits de deux cents pieds de profondeur sur deux de diamètre, et entièrement taillé dans le roc. Plus loin et sur le même plan, un corridor toujours étroit et bas conduit à une chambre, dite de la Reine. Cette pièce, dont les murs sont en pierres calcaires, est totalement dégarnie, sans ornement, sans inscriptions ni corniches. Elle a dix-huit pieds de long sur seize de large et dix-neuf de hauteur. En dehors de cette chambre et au bout du palier horizontal, continue la rampe ascendante, cette fois plus haute et plus spacieuse, mais aussi plus rapide et plus pénible à gravir. Les deux côtés sont garnis de banquettes en pierres parsemées de trous. Cette rampe même a un deuxième palier, et là tout annonce que l'on va voir la pièce mystérieuse et sacramentelle du monument. Une clôture compliquée dans la construction, et qui porte les traces d'une ouverture violente, mène dans une chambre dite du Roi. Cette chambre est un parallélogramme de trente-deux pieds de long sur seize de large et dix-huit de hauteur. Elle est construite en larges blocs de granit d'un poli admirable. Sept pierres énormes traversant d'un mur à l'autre, en forment le plafond. Un sarcophage en beau granit s'y fait remarquer, placé du nord au sud : vide et sans ornements, on voit qu'il a été violé par la main des hommes, et que son couvercle a été arraché.

» Voilà tout ce que l'on trouve dans cet immense monument : deux petits sanctuaires comme engloutis dans cette masse de pierres. Pour jouir de ce spectacle, le visiteur est obligé d'aspirer pendant une heure entière un air rare et méphitique, dè se débattre contre des nuées de chauves-souris qui, se jetant sur les flambeaux, étourdissent les curieux par le bruit de leurs pattes ailées, et les suffoquent par leurs exhalaisons fétides.

» Tout porte à croire, d'après l'état des Pyramides avoisinantes, et d'après le témoignage des anciens, qu'il existait autrefois, sur la Pyramide de Chéops, un revêtement extérieur en pierres granitiques et même en marbre.

» La seconde Pyramide, en allant à gauche, est celle de Chafra ou Chéphrem. Elle a six cent vingt-cinq pieds de base et trois cent quatre-vingt-dix-huit de hauteur. Le sommet est revêtu, des quatre côtés, de granit si bien joint et si poli qu'il forme un glacis inaccessible. Le second monument, intact à sa pointe, et situé sur un plateau supérieur, paraît plus haut que le premier, quoiqu'il soit en réalité moins élevé. L'ouverture de cette Pyramide a été découverte en 1818 par Belzoni. L'intérieur offre des couloirs moins longs que ceux de la grande Pyramide, mais plus dégradés, aboutissant à une chambre où Belzoni dit avoir trouvé des ossements de bœuf, mais qui est aujourd'hui absolument vide.

» La troisième Pyramide, celle de Mycérinus, a deux cent quatre-vingts pieds de base et cent soixante-deux d'élévation. C'est la plus dégradée des trois. Les blocs qui formaient jadis son revêtement gisent autour d'elle. A l'intérieur, une salle où l'on a trouvé le sarcophage du roi Menkari (Mycérinus) est effondrée en plusieurs endroits, et communique par deux couloirs à une chambre carrée, autour de laquelle sont creusés deux caveaux au fond, et quatre sur le côté droit. »

Disons de suite, en analyse, que ces monuments peut-être destinés à perpétuer le système géométrique des Egyptiens, peut-être à opérer des observations astronomiques, peut-être à détourner le vent du désert, sont plus probablement de simples tombeaux érigés par d'orgueilleux pharaons qui prétendaient faire vivre leur mémoire autant que ces masses de pierres.

LE SPHINX.

« Non loin des Pyramides se trouve le célèbre Sphinx du désert libyque, le plus grand qu'on ait sculpté, et qui, si l'on en croit Pline, a cent quarante pieds de hauteur. Avant que des travaux récents l'eussent mis à découvert, ce monolithe était englouti dans le sable et quarante pieds à peine étaient hors de terre, et l'on ne pouvait guère mesurer que la tête, haute de vingt-sept pieds, et accusant le type éthiopien. Le nez est écrasé, les lèvres sont épaisses : mais l'expression de l'ensemble est douce, gracieuse et paisible. Les Arabes ont défiguré le visage du Sphinx à coups de lance. »

LA PLAINE DES MOMIES.

Il est beaucoup d'autres Pyramides en Egypte que celles de Gisch; celles de Sakkarah, par exemple, bâties en briques crues, et quoique le cédant aux premières, sont encore remarquables. Sous la plus grande, on a découvert deux chambres, l'une couverte d'hiéroglyphes en relief, et l'autre de caractères semblables tracés au pinceau en noir. On a aussi rendu à la lumière plusieurs sphinx, qui étaient ensevelis sous les sables. Ces Pyramides sont au nombre de quinze : elles n'ont point de revêtement et sont presque tout-à-fait déformées.

La plaine qui entoure Sakkarah se nomme la Plaine des Momies et contenait dans ses profondeurs des catacombes renfermant des milliers de cadavres. On voit que c'était le cimetière ou plutôt la nécropole de Memphis. Ces tombes conservent les momies qui leur ont été confiées, il y a trois et quatre mille ans, avec une fidélité telle que, de nos jours, les fellahs ou paysans des environs font le trafic des cadavres embaumés et couverts de leurs bandelettes, qu'elles renferment.

Cette Plaine des Momies contient aussi le Puits des Oiseaux, cavité profonde dans laquelle on descend à l'aide d'une corde, et dont le fond possède d'immenses galeries souterraines où jadis on a déposé tout ce qui servait au culte des morts, hommes et animaux. Convaincus que ces asiles souterrains renfermaient des trésors, les Arabes ont généralement violé toutes les tombes ; ils en ont brisé les vases funéraires et ils ont fouillé jusque dans la bouche des cadavres, pour y reprendre l'*obole à Caron* qu'ils espéraient y retrouver.

SÉRAPÉUM DE MEMPHIS.

De l'antique Memphis il ne reste plus rien. Les pierres de ses monuments et de ses maisons étant en pierres très friables, on en a fait de la chaux, et peu à peu la vieille cité des Pharaons s'est trouvée effacée de la surface de la terre.

Toutefois, un de nos consuls en Egypte, M. Mariette, ayant fait exécuter des fouilles sous le sol de Memphis, découvrit le Sérapéum de cette ville ou le temple de Sérapis, un des dieux égyptiens en grande vénération. Notre musée du Louvre a été enrichi de ses dépouilles, et notamment de statues qui montrent quelle était la perfection de l'art à cette époque. Les figures n'ont rien de la raideur d'autres de leurs ouvrages, et prouvent que l'art progressait en Egypte. Sur d'autres monuments, arrachés aux entrailles du sol qui porta Memphis, on trouve des scènes de la vie égyptienne, représentées avec une richesse de détails qui en fait de vrais tableaux de mœurs. Ce sont des travaux agricoles, des scènes domestiques, des paiements de tributs et de dîmes, des offrandes aux dieux. Les importantes fouilles du Sérapéum ont jeté de grandes lumières sur le culte de Sérapis, qui n'est autre que Apis mort, identifié avec Osiris ou le soleil.

THÈBES AUX CENT PORTES.

Mais la merveille de l'Egypte par excellence, sans contredit, c'est Thèbes, Thèbes aux cent portes, la ville illustrée par Homère le poète divin, le Diospolis Magna des Grecs, la cité aux ruines immenses et grandioses que l'armée française salua de ses acclamations quand elle en découvrit de loin les splendeurs.

En effet, quand on approche du bassin dont elles hérissent la surface, et qu'on voit au loin les ruines colossales projetant leur ombre immense çà et là dans la plaine, qui se développe dans une étendue à peu près égale sur les deux rives du Nil, on se rappelle aussitôt les magnificences décrites par tant d'auteurs et d'historiens fameux.

Une douzaine de villages agglomérés remplaçant la brillante capitale des Pharaons, se sont formés de ses débris. Les plus remarquables sont Louqsor et Karnac sur la rive droite, et, sur la rive gauche, Medinet-Abou, Kournah, El-Beyrat, etc. Ces villages ne s'abritent pas sous des palmiers ou d'autres arbres, mais ils gisent à l'ombre de fûts solitaires, de colosses, de sphinx, de pylônes, de colonnades et d'obélisques, débris de merveilles encore à moitié debout et qui font rêver à la grandeur du peuple qui dort maintenant sous la poussière de la vallée.

Karnac fut l'un des plus beaux palais de Thèbes : ses ruines s'élèvent sur une éminence factice qui se dresse au centre d'une plaine cultivable d'au moins deux lieues de circuit. On est frappé tout d'abord de la grandeur imposante du tableau. Une longue avenue de sphinx, de pylônes, de propylées et d'obélisques, qui aboutissait au fleuve, saisit encore d'admiration et commande le respect. De ces prodiges de l'art, deux sphinx sont seuls debout, distants l'un de l'autre de quatre coudées, couchés, les jambes de devant étendues, celles de dessous repliées. Ils ont des têtes de béliers placées sur des corps de lions, avec une coiffure symbolique qui, couvrant la tête, retombe sur le dos et sur la poitrine.

Au bout de l'avenue des Sphinx se rencontre un pylône, dans un développement de trois cent quarante-huit pieds, sur une hauteur de cent trente-quatre. La porte avait soixante pieds d'élévation. C'est la plus grande construction de ce genre que l'on trouve en Egypte. Elle donne passage vers une vaste enceinte de cent deux pieds et demi de large et de deux cent cinquante-deux de profondeur. Des édifices entiers s'y trouvent contenus. Je ne puis songer à en faire la description : il faudrait un volume entier. Galeries, colonnades, appartements, cours et nouvelles galeries, nouvelles colonnades, nouveaux appartements, nouvelles cours, tel est le palais de Karnac.

Pour donner une idée de l'immensité de ce palais, citons l'une des salles qui le composent, la salle hypostyle.

Figurez-vous un vaste rectangle de cent cinquante-neuf pieds sur trois cent dix-huit. Les pierres du plafond y reposent sur des architraves portées par cent trente-quatre colonnes encore debout. Les plus grosses n'ont pas moins de onze pieds de diamètre et de soixante-dix pieds de haut. Les chapiteaux ont près de soixante-quatre pieds de développement, et leur partie supérieure présente une surface où cent hommes pourraient aisément tenir debout. Cette salle hypostyle est l'une des plus étonnantes constructions que l'imagination puisse concevoir. On comprendra mieux son étendue quand j'aurai dit que Notre-Dame de Paris y tiendrait tout entière.

Le prodige de Louqsor est au niveau de celui de Karnac. De quelque point qu'on y arrive, les ruines de cet autre palais dominent et s'estompent en gris sur le brillant ciel d'Egypte, comme une demeure de géant. Elles s'étendent sur un monticule de débris au bord du Nil, et couvrent un espace de trois cent vingt mètres du nord au sud, et de quatre-vingts de l'est à l'ouest. Elles ont pour base un quai solidement construit en briques. C'est en avant du pylône et de l'entrée principale de cette demeure fastueuse que se trouvait l'obélisque de granit rose qui décore maintenant notre place Lous XV, à Paris. Le Louqsor était la résidence de Rhamsès-le-Grand, plus connu sous le nom de Sésostris, et c'est ce prince fameux qui l'avait élevé.

Je ne parlerai ni du temple ni du palais de Medinet-Abou, non plus que du Memnonium ou Amenophium, et des autres magnificences de Thèbes.

Je rappellerai seulement qu'après la Thèbes des vivants, il y avait la Thèbes des morts, que l'on peut visiter encore. Pour arriver à ces hypogées, il faut gravir des sentiers étroits creusées dans le roc libyque. Le nombre des galeries qui se présentent en tous sens est incalculable, mais leur intérieur est dans un horrible état de dévastation. Les momies ne sont plus à leur place ni dans leurs boîtes, mais elles jonchent le sol en tout sens. On marche sur elles, et comme le pied enfonce sur leurs débris, on éprouve quelque peine à le retirer. Il est difficile de séjourner dans ces hypogées, car l'air y est saturé d'exhalaisons bitumineuses. On trouve partout dans ces galeries funéraires des statuettes en granit, en bronze, en albâtre, en terre cuite, en bois peint et doré, de petites images de momies, de figurines votives, d'images d'hommes, d'animaux, de dieux, des lampes, des vases, des tubes, des boules percées. Ce qui a le plus fixé l'attention dans les découvertes faites dans ce dortoir de la mort, ce sont des masses énormes de papyrus, manuscrits égyptiens qui ont longtemps gardé le mot de leur existence mystérieuse. D'ordinaire on les trouve placés sous les bandelettes des momies, entre les cuisses ou les bras. Les papyrus sont roulés, dans une longueur qui varie, mais toujours de gauche à droite.

Les hypogées, ainsi jonchés de débris, paraissent avoir été la nécropole des castes sacerdotales et militaires. Mais du côté de Kournah, dans une gorge de la chaîne libyque qui surplombe Medinet-Abou, il existe d'autres souterrains connus sous le nom de *Tombes des Rois*. En entrant dans la partie la plus reculée de cette vallée par une ouverture étroite, évidemment faite de main d'homme, et offrant encore quelques sculptures égyptiennes, on voit bientôt des portes carrées, encombrées pour la plupart et dont il faut approcher pour apercevoir la décoration. Ces portes donnent entrée dans les tombeaux des rois. Chaque tombeau a la sienne, car jadis aucun ne communiquait avec l'autre : ils étaient tous isolés. Ce sont les Arabes, chercheurs de trésors, qui ont établi quelques communications forcées.

« Je donnerai, continue le R. P. Laorty-Hadji, une idée générale de ces monuments funèbres par la description rapide de l'un d'entre eux, celui du pharaon Rhamsès, fils et successeur de Méiamoun.

» Selon Champollion, le bandeau de la porte d'entrée est orné d'un bas-relief qui est la préface ou le résumé de toutes les décorations des tombes. C'est un disque jaune au milieu duquel est le soleil à tête de bélier, c'est-à-dire le soleil couchant entrant dans l'hémisphère inférieur. Du côté du soleil, et dans ce disque, est sculpté un scarabée, symbole de régénération. Le roi est agenouillé sur la montagne céleste, sur laquelle portent aussi les pieds de deux déesses. Le sens général de la composition se rapporte au roi défunt : soleil de l'Egypte durant sa vie, il était à sa mort le soleil couchant qui doit reparaître à l'aube suivante.

» Cependant, comme pour rassurer l'esprit du pharaon contre le spectacle d'une destruction prochaine, d'autres tableaux avaient soin de lui promettre une longue vie et une parfaite santé. Ceci est figuré dans le corridor qui sert comme de pierre d'entrée aux tombes. Au-delà paraît une petite salle contenant les images sculptées et peintes de soixante-quinze pasèdres du soleil, précédées ou suivies d'un immense tableau dans lequel on voit successivement l'image abrégée de soixante-quinze zones et de leurs habitants.

» La salle qui précède le sarcophage est en général consacrée aux autres génies de la mort.

» De toutes les salles, la plus magnifique est celle du tombeau de Rhamsès. Le plafond, creusé en berceau et d'une très belle coupe, a conservé toute sa peinture. Les parois de la salle sont couvertes, du soubassement au plafond, de tableaux sculptés et peints, et chargés d'hiéroglyphes explicatives..... »

ILE DE PHILŒ.

Je termine par ces quelques lignes, empruntées à M. Edouard Combes, vice-consul de France, ce que j'ai à dire sur la mystérieuse île de Philœ, qui sert de barrière à la vallée du Nil, dans la Haute-Egypte :

« Comme un riche bouquet, éternellement rafraîchi par les eaux du fleuve, l'île de Philœ s'élève au milieu du Nil avec ses merveilleux monuments et ses gracieux ombrages. Elle est presque entièrement couverte de colonnades et de temples, les uns debout, les autres renversés, bouleversés et avidement fouillés. Cette île était jadis entourée d'une ceinture de remparts qui la rendait inaccessible : le Nil et le temps ont déjà fait de larges brèches et ils poursuivent avec un malheureux succès leur œuvre commune de destruction. En visitant les temples de Philœ, depuis leurs souterrains jusqu'à leurs faîtes, on observe avec curiosité et même avec terreur des salles obscures, communiquant, par des trappes, avec de sombres prisons qui furent sans doute les témoins muets de redoutables mystères. Les peintures qui ornent les murailles et les plafonds sont d'une fraîcheur étonnante. L'aspect de cette île, autrefois vénérée, inspire l'amour de la solitude..... »

DANS LA NUBIE ET LE DÉSERT.

A mesure qu'on s'éloigne du Caire, en se dirigeant vers la Nubie, la population se rembrunit insensiblement : le cuivré succède au blanc, le jaune au cuivré; mais la gradation est si bien observée, la transition se trouve ménagée avec tant de soin, les nuances sont quelquefois si légères, qu'on passe de la couleur blanche à la couleur noire, sans presque s'en apercevoir ; et lorsqu'on arrive chez les Barbarins, qui approchent de cette dernière couleur, on n'éprouve aucune surprise.

Les Barabrahs n'ont du type nègre que la couleur, et encore cette couleur n'est-elle pas d'un noir très prononcé : ils servent en quelque sorte de transition entre la population blanche et les races nègres pures, comme celles-ci servent de transition entre l'homme et le singe. Une crinière épaisse et soyeuse, qui ne ressemble pas plus aux cheveux des peuples occidentaux qu'à la laine des nègres, couvre leur tête brune ; et loin d'avoir les lèvres grosses et le nez épaté, ils ont plutôt les traits fins et le profil distingué.

A l'entrée de la Nubie, le paysage change d'aspect et se rembrunit comme la population. Aux belles plaines d'Egypte succèdent des terrains arides et dépouillés ; les ombrages deviennent rares, et le Nil lui-même n'est plus ce fleuve majestueux se déployant avec orgueil au milieu des champs qu'il féconde. Tout se rapetisse dès qu'on a franchi la première cataracte et dépassé l'île de Philœ. L'ensemble du pays est triste et pauvre, et, comparée à la Nubie, l'Egypte a toutes les apparences d'une contrée prospère et florissante. Des collines couvertes de sables ou de pierres descendent de part et d'autre jusque dans le fleuve, et de temps en temps s'éloignent de la rive. La basse Nubie produit des céréales en petite quantité, des légumes, des dattes excellentes, du tabac, un peu de coton, du henné, du sel gemme et du séné. Les troupeaux sont une des principales richesses du pays.

M. Edmond Combes, dont j'ai déjà cité le nom, s'exprime ainsi sur l'entrée en Nubie :

« Toujours poussé par un vent favorable, notre cange remontait sans peine le courant et je me laissais aller au charme de cette navigation si douce et si facile. Le Nil était moins animé qu'en Egypte ; nous rencontrions rarement des canges, et souvent les bords du fleuve paraissaient déserts. Le paysage était monotone, et nous voguions au milieu d'un calme profond. Nous avions souvent beaucoup de peine à nous procurer les choses nécessaires ; on ne vendait plus de pain nulle part, et nous étions obligés de manger du biscuit comme en pleine mer. On ne rencontrait plus, comme en Egypte, les marchés improvisés sur les bords du Nil, les femmes attendant les voyageurs avec des dattes et du laitage.....

» A Talmès, aujourd'hui Kalabcheh, reste encore un grand temple qui touche au village. Entouré d'une muraille épaisse, il est appuyé contre une montagne. Il est soutenu par de belles colonnes, et ses peintures sont encore d'une fraîcheur admirable.

» J'avais rapidement visité ce temple et je me disposais à rentrer dans la barque, lorsque je fus retenu par des cris déchirants qui semblaient partir du pied de la montagne : je me dirigeai aussitôt de ce côté, et un spectacle affreux s'offrit bientôt à mes regards. Plusieurs jeunes femmes, dans une attitude désespérée, et tenant entre leurs bras des enfants ensanglantés, poussaient des cris lamentables et confondaient leurs larmes avec les vagissements de ces petits malheureux. Quelques vieillards calmes et résignés, les grand'pères des enfants, semblaient adresser à ces femmes des paroles d'encouragement et de consolation.

Je venais de me mêler à ce groupe désolé, sans qu'on eût paru faire attention à ma présence; mais impatient de connaître la cause d'un aussi grand désespoir, j'interrogeai l'un des vieillards : « Un grand malheur est sans doute venu fondre au milieu de vous, lui dis-je, puisque la douleur est générale? — Ces jeunes mères, me répondit gravement le vieux Nubien, viennent de couper elles-mêmes l'index de la main droite à tous leurs enfants mâles pour les rendre impropres au service militaire : ces douleurs présentes leur épargneront de grands chagrins à venir : Allah est juste et miséricordieux! »

» Je frissonnai d'horreur en entendant ces paroles, et si je n'avais vu de mes yeux les mains sanglantes de ces enfants à la mamelle, je n'aurais pu croire à tant de barbarie. Je fus saisi d'un sentiment de terreur et de pitié en voyant encore sur une pierre l'instrument tranchant qui avait servi à cette affreuse opération. Les bourreaux et les victimes mêlaient leurs larmes, et cherchaient leur consolation dans de mutuelles caresses, car les bourreaux étaient les mères, et les victimes leurs enfants......

» Pour profiter de la brise, nous partîmes de Dandour, après une station de quelques minutes : nous dépassâmes, sans nous y arrêter, le temple de Kircheh, l'un des plus remarquables de la Nubie, et nous vînmes mouiller en face du village de Dekkeh. La négresse de M. de Saint-André, qui avait l'intention d'aller à terre, s'était parée de ses plus beaux habits. Il est faux que, pour les nègres, la perfection consiste à avoir des lèvres énormes et un nez écrasé : cette négresse, glorieuse de sa brillante parure, posait depuis longtemps devant un miroir de petite dimension, qui, malheureusement, ne lui permettait de se voir qu'en détail. Après avoir admiré, avec une satisfaction naïve, la richesse de ses atours, elle regarda son visage et ne put s'empêcher de faire la moue la plus significative : elle pinça ses lèvres et pressa son nez avec ses doigts :

» — Voilà qui gâte tout, dit-elle en se tournant vers nous et en essayant de sourire pour dissimuler un peu son vif mécontentement. Pas de nez et trop de lèvres!... Comment donc faites-vous dans votre pays, ajouta-t-elle en s'adressant à moi, pour avoir des cheveux si longs et si doux? Il faut convenir que le monde est bien extraordinaire....

» — Il est probable, lui dis-je, que tu n'aurais pas songé à faire ces observations, si tu avais toujours vécu parmi les nègres.

» — Peut-être, répondit-elle d'un air soucieux : cependant mes compatriotes n'ignorent pas qu'il existe des races blanches dont ils disent beaucoup de mal, sans doute par jalousie et pour se consoler d'être noirs.

» La négresse jeta de nouveau les yeux sur ses belles parures, et retrouvant aussitôt sa gaieté : Qu'importe la couleur, reprit-elle, blancs ou noirs, nous sommes tous les enfants d'Adam et les esclaves d'Allah. Allons à terre et ne parlons plus de nous. Et en même temps elle abandonna la cange, et, impatiente de se faire admirer, elle se dirigea vers le village, où nous la suivîmes.

» Elle portait le costume des grandes dames du Caire. Dès que les Barabrahs de Dekkeh l'aperçurent, elle devint le centre d'un rassemblement d'hommes et de femmes, dont la surprise et l'admiration durent singulièrement flatter son amour-propre. Les Nubiennes examinaient une à une, avec une curiosité curieuse, les diverses pièces de sa toilette, et s'étonnaient qu'une négresse, une femme qui, dans leur esprit, occupait le dernier rang dans la hiérarchie humaine, eût pu arriver à une pareille fortune.

» — Ta destinée a été heureuse, lui disait l'une d'elles en touchant de ses mains les étoffes soyeuses et les bracelets d'or. Ton maître doit être bien riche !...

» Nous laissâmes Zennab jouir de son triomphe, et j'allai visiter le temple de Dekkeh. Ce monument, comme tous ceux qu'on rencontre depuis la première cataracte, s'élève sur la rive gauche du fleuve. Il est d'une dimension imposante et remonte à une haute antiquité...

» Quand je me rapprochai de la négresse, la scène avait changé : un cruel dédain avait succédé à l'admiration dont elle avait été l'objet. Les noirs, en général, ne sont pas fanatiques, mais comme toutes les natures faibles, ils se laissent facilement entraîner au mal. Dans aucun pays, les bons musulmans ne voient jamais sans un vif déplaisir un esclave noir passer entre les mains d'un infidèle. Or, il se trouvait là un pèlerin musulman qui, jaloux de ne plus être en ce moment l'objet exclusif de l'attention de ses compatriotes, voulut se venger de leur indifférence en essayant de troubler la joie innocente de Zennab. Il l'humilia donc en lui faisant reproche d'appartenir à un chien de chrétien. Ses paroles furent accueillies avec d'autant plus de faveur que les femmes n'avaient pas vu sans envie le beau costume de la négresse. Alors les Nubiennes se montrèrent impitoyables. Excitées par le hadji (pèlerin), elles l'accablèrent d'invectives et la laissèrent seule, comme une pestiférée. Zennab, stupéfaite et désolée, avait les larmes aux yeux, et lorsque j'arrivai près d'elle, j'entendis le pèlerin lui dire d'un air triomphant :

» — Voilà ce que l'on gagne à préférer les infidèles aux vrais croyants...

» M'élançant aussitôt vers l'insolent qui hâtait le pas depuis qu'il m'avait aperçu, je lui appliquai un vigoureux coup de canne à travers le corps, en lui disant à mon tour :

» — Voilà ce que gagne un vrai croyant à venir insulter une femme appartenant à un infidèle...

» Dans l'idée des Nubiens, je devais être un puissant personnage, puisque j'osais m'attaquer à un musulman revenant de la Mecque. Aussi le hadji, furieux, mais déconcerté, se contenta de me jeter un regard plein de haine, et s'éloigna en maugréant.....

» A Syène, après avoir franchi la première cataracte, le Nil redevient aussitôt navigable : il n'en est pas de même à Wady-Halfa, où se trouve la seconde. Quoique les chutes d'eau ne soient pas considérables, les cascades se succèdent de distance en distance, dans une longue étendue, et la navigation se trouve forcément interrompue pendant un temps. On arrive à cette seconde cataracte par une route sablonneuse, à travers un paysage d'une effrayante stérilité. Ce que la nature abandonnée à elle-même a de plus sombre et de plus sauvage se trouvait réuni autour de nous. Le Nil, couvert d'îlots et de rochers noirs, se précipitait en mugissant, et, se heurtant avec fureur contre les écueils immobiles, il poursuivait sa route éternelle. Le roulement du fleuve troublait seul le silence de mort de cette triste solitude, éclairée par un soleil ardent. Des monts arides et décharnés s'élevaient sur la rive, et on se sentait mal à l'aise au milieu de ce désordre redoutable. Des blocs détachés de leur base primitive avaient de nouveau pris racine parmi les joncs de la vallée, et il semblait que rien d'humain n'avait dû passer par là... »

UN DÉSERT EN NUBIE.

« Maintenant, me voici dans le désert, cheminant au pas des cha- meaux, exposé toute la journée aux rayons ardents du soleil africain, couchant le soir sur une natte, sans abri contre le vent, et m'éveillant le matin couvert d'une rosée abondante et froide, qui, chaque nuit, apporte sa fraîcheur aux sables calcinés.

» Lorsque les habitations de Wady-Halfa eurent disparu derrière nous, un profond silence régna de toute part et nous nous trouvâmes au milieu de terres empreintes d'une affreuse désolation. En présence de cette nature en deuil, je m'arrêtai plongé dans une morne contem- plation ; et cependant ce n'était pas encore là le désert dans son ef- frayante nudité et dans toute son horreur. Ce que le voyageur redoute surtout dans les solitudes de l'Afrique, c'est la soif : ici, le Nil, qui re- paraissait de distance en distance, nous mettait à l'abri de cette grande et juste crainte ; ce qui attriste et fatigue dans ces mêmes solitudes, c'est l'uniformité et l'absence totale de végétation.

» Les déserts sont loin d'avoir tous le même aspect : pour la configu- ration du sol, la nature se montre aussi variée dans les grands espaces frappés de mort que dans les régions fertiles et habitées. Les nombreuses caravanes qui sillonnent l'Afrique et l'Asie paraissent tantôt de vastes plaines de sable parfaitement unies et entièrement dépouillées, comme de Suez au Caire et dans le désert de Korosco ; tantôt elles s'enfoncent dans des solitudes également arides et nues, mais coupées par des chaînes de montagnes, traversées par de larges vallées et des lits de torrents desséchés, comme de Wady-Halfa à Dongolah, de Kéneh à Cosséïr et dans les paysages sévères de l'Arabie Pétrée. D'autres fois encore, ce sont d'immenses plaines sablonneuses qu'il faut parcourir, mais elles sont couvertes d'arbres et peuplées d'animaux de toute espèce, comme dans les déserts de Béyouda et du Kourdofan ; ou bien encore dans une seule et grande traversée, on rencontre successivement toutes ces variétés réunies : les plaines arides, les montagnes et les vallées, les sites dépouillés et les bois solitaires, comme dans le trajet de Berber à Souakim et dans quelques parties de l'Arabie Déserte.

» Les caravanes ont généralement des stations fixées et connues de tous les conducteurs de chameaux, et ces stations présentent toujours quelque avantage aux voyageurs : elles sont situées sur des élévations dans les lieux suspects, et une vigie attentive peut signaler à l'avance le danger qui approche ; dans ces routes sûres, elles offrent un abri contre les vents et les sables qu'ils emportent. Les unes sont dans le voisinage des sources, les autres près de quelque ombrage impatiemment attendu ; dans quelques-unes on trouve des fourneaux préparés, des morceaux de bois noircis par la fumée ou le crottin desséché qui sert de combustible dans ces tristes contrées.

» Le soleil avait disparu, lorsque après quatre heures de marche nous arrivâmes à la première des stations ; nous étions revenus sur les bords du Nil. Nos guides nous prévinrent qu'il était temps de s'arrêter, et, comme dans les temps les plus reculés, ils firent reposer les chameaux sur leurs genoux, les débarrassèrent de leurs fardeaux et les conduisirent au fleuve pour les désaltérer. Ils mesurèrent ensuite pour chacun d'eux une ration de fèves écrasées qu'ils mirent dans un sachet d'une étoffe rude et noire ; chaque animal enfonça son museau dans l'un de ces sachets qu'on attacha au-dessus de ses mâchoires, et les chameaux accroupis les uns contre les autres passèrent la nuit à broyer et à ruminer leur nourriture. Lorsque les animaux n'eurent plus besoin des secours de leurs maîtres, ceux-ci allumèrent du feu, firent cuire un peu de pâte sous la cendre, la mangèrent avec quelques dattes, et se couchèrent bientôt après, à côté de leurs chameaux. Nous ne tardâmes pas à imiter leur exemple ; j'étendis ma natte sur la terre, j'entassai le sable vers la tête pour me faire un coussin, et je m'endormis profondément.

» A cette station, nous fûmes rejoints par un commerçant turc qui se rendait comme nous à Dongolah avec diverses marchandises : pour plus de sûreté, il fut convenu que nous voyagerions ensemble, et le lendemain nous partîmes en même temps pour continuer notre route. Notre caravane se composait alors de trente-six chameaux et de trois baudets ; le commerçant turc était monté comme nous.

» Notre caravane avançait lentement : néanmoins, grâce à sa marche régulière et non interrompue, les hommes qui le suivaient à pied avaient quelque peine à ne pas rester en arrière. Je fus vivement frappé de la fière allure de nos guides, auquel je trouvais une ressemblance étonnante avec les guerriers représentés encore dans la plupart des monuments de l'antique Égypte. Ils étaient encore armés à peu près de la même manière, et lorsqu'ils simulaient des combats, qu'ils brandissaient leurs lances ou se couvraient de leurs boucliers, leurs poses hardies et assurées rappelaient celles des anciens combattants égyptiens.

» Nous touchions à la fin du mois de ramadan, que nos compagnons observaient rigoureusement. Pour fêter la nouvelle lune dès son apparition, le commerçant turc aurait voulu à tout prix se procurer un mouton ou du moins une chèvre qu'il aurait pu immoler au moment où le croissant brillerait dans les cieux. Mais nous étions alors sur la rive déserte, et il aurait fallu passer sur le bord opposé pour trouver des vivants. Le Turc remonta et redescendit le fleuve dans l'espoir de découvrir quelque radeau ; il appela à grands cris les habitants de l'autre rive, mais les recherches et les cris furent vains. Il s'adressa alors aux chameliers et leur promit une récompense s'ils voulaient consentir à traverser le Nil à la nage et essayer de ramener un mouton avec eux. La sobriété est une vertu nécessaire dans le désert, mais il s'agissait de célébrer une fête, et nos conducteurs, en zélés musulmans, n'auraient pas mieux demandé que de pouvoir être agréables au pieux voyageur. Malheureusement, les crocodiles étaient nombreux dans ces parages, et en se jetant dans le fleuve on courait le risque d'être dévoré par ces terribles animaux. On en fit l'observation au commerçant turc qui, loin de se laisser toucher par une considération aussi grave, proposa de nouveau une récompense assez forte pour tenter la cupidité des chameliers. Malgré le danger qui le menaçait, l'un d'entre eux, plus âgé que les autres, se laissa séduire ; il se débarrassa de ses vêtements, et se précipita dans le Nil en poussant de grands cris. Il n'était pas encore à deux brasses du bord, lorsque vers le milieu du fleuve un monstrueux crocodile éleva sa tête hideuse au-dessus des eaux et replongea presque aussitôt. Le nageur n'aperçut pas l'animal, mais son apparition n'échappa point aux regards inquiets des autres chameliers. Debout sur le rivage, ils se hâtèrent d'appeler leur compagnon en lui signalant l'imminence du danger. Nous étions tous dans la plus cruelle anxiété, craignant à chaque instant de voir l'imprudent devenir la proie du redoutable amphibie. Mais, grâce à Dieu! il n'en fut pas ainsi. Au premier avertissement, le nageur rebroussa chemin, et ce fut avec la plus vive satisfaction que je le vis regagner la rive, où il ne tarda pas à se trouver en sûreté. Hors le commerçant, tout le monde félicita le Nubien d'avoir échappé à un aussi grand péril. Le crocodile reparut plusieurs fois à la surface du fleuve, et se laissa bientôt entraîner par le courant.

» Malgré sa stérilité et son lugubre silence, le désert plaît et étonne à la fois par sa variété, par son aspect rude, sauvage et pittoresque. Tantôt c'est une vaste plaine de sable qui se déploie devant vous à perte de vue, et vous vous croiriez en pleine mer ; puis le sable disparaît, et vous souffrez de voir incultes des terres qui semblent faciles à féconder. Tantôt ce sont des montagnes noires, rocailleuses, qui se dressent sur votre passage et bornent l'horizon. On a hâte d'arriver au sommet, et de laisser derrière soi cette barrière importune. Mais d'autres montagnes plus élevées succèdent aux premières et se renouvellent encore pour redoubler votre impatience. Ici, elles se pressent les unes contre les autres, et, à leurs pieds, on dirait que le sable roule comme un fleuve bourbeux ; là, elles s'éloignent tout-à-coup et font place à une vallée sablonneuse, belle et unie, où nulle trace n'est empreinte. Plus loin, c'est encore une plaine couverte de dalles comme l'intérieur d'un beau temple. La pierre succède au granit, et le marbre à la pierre. Çà et là, des plantes vivaces, qui s'efforcent d'arrêter et de solidifier le sable, s'échappent du sein de la terre et charment un instant vos regards attristés. Dans ce vaste espace silencieux et inoccupé, se trouvent réunis, mais confondus dans un effroyable chaos, les débris d'une création antédiluvienne, ou les informes matériaux d'un monde que l'homme peut un jour façonner. »

L'ABYSSINIE ET GONDAR, SA CAPITALE.

RUINES D'AXUM.

Quand on tourne le dos à la mer Rouge et qu'on pénètre dans l'Abyssinie, les montagnes qui ferment l'orient forment trois chaînes l'une au-dessus de l'autre, et présentent un irrégulier aspect. La première n'est pas très élevée, mais elle est remplie d'inégalités et de précipices décorés d'arbustes et de buissons. La seconde est plus haute, plus escarpée, plus stérile. Enfin la troisième, encore plus inégale que les autres, pourrait être réputée très haute dans quelque pays que ce soit de l'Europe. Par-dessus ces masses énormes s'élève le sommet du Taranta, l'une des plus hautes montagnes du monde. Son front chargé de nuages ne se laisse apercevoir que dans de très beaux jours ; le reste du temps il est environné de brouillards épais et ténébreux d'où partent les éclairs, la foudre et les tempêtes.

Si l'on s'aventure dans ces montagnes, on rencontre des indigènes appelés Shihos, qui vivent en pasteurs des nombreux troupeaux qu'ils tiennent au pâturage. Les Shihos sont lâches, en général. De tous les pasteurs qui vivent dans le voisinage de la mer Rouge, ils ont la couleur la plus foncée. Ils sont tous habillés, ce qui est rare en Afrique. Les femmes portent de longues chemises de coton, qui ont les manches fort larges et qui leur tombent jusqu'à la cheville du pied. Les hommes ont des culottes de toile de coton, mais si courtes qu'elles ne leur vont qu'à la moitié de la cuisse, et ils se couvrent les épaules avec une peau de chèvre. Ils n'ont ni tentes ni maisons : mais ils habitent tantôt des cavernes dans les montagnes, tantôt sous des arbres, ou dans de petites huttes bâties en forme de cônes, avec une espèce d'herbe assez semblable au roseau.

En descendant des montagnes, on trouve enfin une vaste plaine, au centre de laquelle s'élevait jadis la ville d'Axum, autrefois capitale de l'Abyssinie.

Les ruines de cette antique cité, dont la gloire remonte au IVe et au Ve siècles, sont très étendues, mais semblables à celles des autres cités des premiers temps : elles n'offrent que des restes d'édifices publics. Sur une grande place qui a été le centre de la ville, on voit encore quarante obélisques, dont pas un seul n'est orné d'hiéroglyphes. Les deux plus beaux sont renversés : mais un troisième, un peu moins grand que ces deux-là, et plus grand que tous les autres, est encore debout. Ils sont tous d'un seul bloc de granit, et au sommet de celui qui est debout, on voit une coupe supérieurement sculptée dans le goût grec. Axum est arrosé par un petit courant d'eau qui ne tarit jamais et qui prend sa source dans la vallée étroite où sont les obélisques. L'eau est reçue dans un magnifique bassin de cent cinquante pieds carrés, et de là on la conduit comme on veut dans les jardins des environs, où l'on ne cultive pourtant guère d'autres fruits que des grenades, encore n'y sont-elles pas excellentes.

La capitale de l'Abyssinie, Gondar, est bâtie sur une montagne très haute, dont le sommet est assez plat. Cette ville contient environ dix mille familles en temps de paix. La plupart des maisons sont d'argile, avec un toit de chaume en forme de cône, ainsi qu'il est d'usage partout où tombent les pluies des tropiques. A l'occident de la ville, on distingue le palais du roi, qui était jadis bien plus imposant qu'il

n'est aujourd'hui. C'était un grand bâtiment carré à quatre étages, et
flanqué de quatre tours, d'où la vue s'étendait du côté du midi sur
toute la campagne, jusqu'au lac Tzana. Mais cet édifice, brûlé à différentes reprises, n'offre presque plus qu'un monceau de ruines. On n'habite que les deux premiers étages, où est une salle d'audience de plus de
cent vingt pieds de long.

Le palais et toutes les maisons qui sont autour sont environnés
d'un mur de pierres de trente pieds de hauteur, dont le sommet est
percé d'ouvertures. L'intervalle de ce mur aux maisons est recouvert
d'un parapet ; on peut, en faisant le tour, voir tout ce qui se passe au-
dehors. Il ne paraît pas qu'il y ait jamais eu d'embrasures pour
du canon : les quatre côtés de ce mur ont plus d'un mille et demi de longueur.

Le corps des personnes qu'on fait mourir en Abyssinie pour crime de
haute trahison, de meurtre ou de violence, est communément exposé
sur les places publiques et les grands chemins : il est fort rarement enterré. Les rues de Gondar sont pavées des membres et des carcasses de
ces malheureux, qui y attirent tant d'animaux féroces pendant la nuit
qu'il est très dangereux de sortir. Cette horrible coutume d'abandonner
les cadavres des criminels est en pleine vigueur à Gondar. Les chiens
s'emparent souvent de quelques-uns de leurs membres, qu'ils portent
un peu partout, jusque dans les cours et les appartements, afin
de pouvoir les dévorer avec plus de sécurité, ce qui ne manquerait pas de
nous révolter, nous, mais ce qui n'affecte en aucune façon les nerfs des
Abyssiniennes, fort endurcies, on va le voir par ce qui suit, contre toutes
les émotions possibles.

LES ABYSSINIENS A TABLE.

Les principaux habitants des villages, comme les citoyens des villes,
et les gens qui fréquentent la cour, se réunissent entre amis, tant hommes que femmes, pour dîner ensemble. On place dans une grande salle
une longue table entourée de bancs sur lesquels les convives s'asseoient.
L'usage des tables et des bancs a été introduit en Abyssinie par les Portugais. Autrefois on ne se servait dans les maisons que de cuirs de
bœufs qu'on étendait à terre, et sur lesquels on se couchait à demi,
comme on le fait encore à l'armée et dans la campagne. On conduit alors
à la porte de la salle du banquet une vache ou un taureau, suivant que
la compagnie est nombreuse ; et, quand on a bien lié les pieds de l'animal, on lui fend la peau qui lui pend sous la gorge et que nous appelons

le *fanon*; mais on la fend de manière à n'arriver qu'à la partie grasse qui compose ce fanon, et à se contenter de percer quelques petites veines d'où l'on fait couler à terre cinq ou six gouttes de sang seulement. On fait en sorte de tenir l'animal en vie jusqu'à ce que on ait achevé de le dévorer peu à peu, ainsi que je vais dire. Ainsi, quand ils croient avoir satisfait à la loi de Moïse, en répandant à terre quelques gouttes du sang du pauvre animal, deux ou trois de la troupe se mettent au plus sanglant ouvrage. Ils commencent par lui lever la peau de chaque côté du dos ; ensuite, enfonçant leurs doigts entre cuir et chair, ils l'écorchent jusqu'à la moitié des côtes et sur la croupe, coupant toujours la peau dans les endroits où ils seraient gênés pour la lever, puis ils dépècent la viande sans toucher aux os, et les mugissements plaintifs du misérable animal sont le signal auquel on se met à table.

Au lieu d'assiettes on sert devant chaque convive des gâteaux ronds peu épais. C'est une sorte de pain sans levain. Dès que les convives sont assis, trois ou quatre domestiques s'avancent, portant chacun dans leurs mains un grand morceau de chair crue et saignante qu'ils déposent sur la galette. Les hommes tiennent à la main le même coutelas dont ils font usage à la guerre ; et les femmes se servent de mauvais petits eustaches. La compagnie étant toujours placée de manière qu'un homme se trouve toujours assis entre deux femmes, celui-ci leur coupe un morceau de cette viande où l'on distingue encore le mouvement des fibres de la victime et ses esprits vitaux en circulation. Les femmes prennent cette viande, la coupent par aiguillettes de la grosseur du petit doigt, et ensuite en petits morceaux carrés, qu'elles couvrent de sel fossile et de poivre noir, et qu'elles enveloppent enfin d'un peu de galette.

Alors, les hommes ayant remis leurs coutelas dans leurs fourreaux, appuient les mains sur les genoux de chacune de leurs voisines, se tiennent le corps penché, la tête avancée et la bouche ouverte comme des idiots, se tournant sans cesse du côté des mains qui leur présentent le morceau et qui les empâtent si bien qu'ils courent grand risque d'être étouffés. Celui qui avale les plus gros morceaux et qui fait le plus de bruit en les mâchant est regardé comme le mieux élevé et celui qui sait le mieux vivre. Dès qu'un homme a expédié le morceau présenté par une de ses voisines, ce qui est ordinairement fort prompt, il se tourne vers l'autre, et va ainsi alternativement jusqu'à ce qu'il ait pris sa réfection. Il ne boit jamais qu'après avoir achevé de manger ; et, avant de boire, il roule deux ou trois petits morceaux de viande pareils à ceux qu'on lui a servis, et il les présente des deux mains à ses voisines, qui ouvrent la bouche toutes deux à la fois. C'est ainsi qu'il leur témoigne sa reconnaissance. Alors il commence à boire dans une grande et belle corne, pendant que les femmes continuent à manger ; et quand elles ont fini, tout le monde boit à la ronde, en chantant. Enfin on se livre à une gaîté bruyante et à des jeux qui finissent rarement sans querelle.

Cependant, la malheureuse victime qu'on a dévorée en partie vit toujours, dépecée, déchirée, mise à jour dans tous les sens. C'est un épouvantable spectacle. En dernier lieu, il arrive un moment où les canibales se jettent sur sa chair avec les dents et achèvent de la faire mourir en la mangeant à la façon des chiens.

Mais détournons nos regards d'un pareil tableau, et portons-les sur des sujets plus gracieux.

LA MYSTÉRIEUSE TOMBOUCTOU.

Depuis longtemps déjà, les savants géographes savaient qu'il y avait à peu près au centre de l'Afrique une ville importante qui portait le nom de Tombouctou, et on en disait des choses assez curieuses pour que l'on désirât que des Européens fussent assez heureux et assez hardis pour pénétrer jusque dans cette partie de la Nigritie et en dévoiler les mystères.

Personne n'avait encore osé s'enfoncer assez avant dans l'Afrique, pour connaître cette cité devenue fameuse, lorsqu'un jeune Français, René Caillié, se dévoua.

Notre courageux voyageur commença son odyssée avec soixante francs. Mais la Providence vint à son secours.

Le 13 juin 1827, M. Caillié traversait le Niger, que les nègres appellent Djoliba, dans une pirogue de vingt-cinq pieds de long sur trois de large et un de profondeur. Ce n'était que le 20 avril de l'année suivante, 1828, qu'il arrivait à Tombouctou, au moment où le soleil touchait à l'horizon.

Au premier aspect, Tombouctou ne lui offrit qu'un amas confus de maisons en terre, mal construites. La chaleur ayant été excessive, le marché avait lieu le soir. M. Caillié y vit exposés en vente beaucoup de fusils doubles français, des verroteries, de l'ambre, du corail, du soufre et des dents d'éléphants.

Tombouctou est habitée par des nègres de la nation kissour. Le roi est un nègre que rien ne distingue des autres : il n'a pas plus de luxe dans son logement que les Maures commerçants ; il est marchand lui-même. Sa dignité est héréditaire ; il ne perçoit aucun tribut sur le peuple ni sur les marchands étrangers ; cependant on lui fait des présents. Il n'a pas non plus d'administration, c'est un père de famille qui gouverne ses enfants avec les mœurs douces et simples des

anciens patriarches. En cas de guerre, tous sont prêts à servir. En général, ces peuples sont inoffensifs et très pacifiques entre eux.

Il y a beaucoup de Maures établis à Tombouctou : ils ont les plus belles
maisons de la ville. Le commerce les enrichit promptement. Ils reçoivent
beaucoup de marchandises d'Europe, qu'ils expédient par des embarcations sur la ville de Jenné. Aussi Tombouctou peut être considérée
comme le principal entrepôt de l'Afrique.

Tombouctou peut avoir trois milles de tour. Elle forme une espèce de
triangle. Les maisons sont grandes, peu élevées, car elles n'ont qu'un
rez-de-chaussée. Dans quelques-unes est un cabinet au-dessus de la
porte d'entrée. Elles sont construites en briques de forme ronde, roulées
dans les mains et séchées au soleil. Les rues sont propres et assez larges
pour y passer trois cavaliers de front. En-dedans et en-dehors on voit
beaucoup de cases en paille, de forme presque ronde, comme celles des
Foulahs pasteurs. Elles servent de logement aux pauvres et aux
esclaves, qui vendent des marchandises pour le compte de leur
maître.

On trouve sept mosquées dans la ville, dont deux grandes qui sont
surmontées chacune d'une tour en briques, dans laquelle on monte par
un escalier intérieur.

Cette cité mystérieuse, dont la population a été singulièrement exagérée, de même que sa civilisation et son commerce avec l'intérieur du
Soudan, est située dans une plaine immense de sable blanc et mouvant,
où il ne croît que de faibles arbrisseaux rabougris, tels que le mimosa
ferruginea qui ne vient qu'à la hauteur de trois à quatre pieds. Elle
n'est fermée par aucune clôture ; on peut y entrer de tous côtés. On
remarque dans son enceinte, et autour, quelques balanites et un palmier
doum situé au centre. La population est d'environ douze mille habitants,
tous commerçants, en y comprenant les Maures établis. Il y vient beaucoup d'Arabes, amenés par les caravanes qui séjournent dans la ville et
augmentent notablement la population.

Les femmes, à Tombouctou, ne sont pas voilées, comme ailleurs ;
elles sortent quand elles veulent, et sont libres de voir tout le monde.
Les habitants sont doux et affables envers les étrangers. Ils sont industrieux et intelligents dans le commerce, qui est leur unique ressource.
La plupart des habitants sont riches et ont beaucoup d'esclaves. Les
hommes sont de taille ordinaire, bien faits, se tenant droit, ayant la
démarche assurée. Leur teint est d'un beau noir foncé ; ils ont le nez un
peu aquilin, plus que les Mandingues, et, comme eux, les lèvres minces
et de beaux yeux. Généralement on se nourrit bien dans la ville de
Tombouctou. On mange du riz et du couscous fait de petit mil cuit avec
de la viande ou du poisson sec. On fait par jour deux repas. Les riches
déjeunent avec du pain de froment, du thé et du beurre de vache. La

classe inférieure mange du beurre végétal. Les Tombouctiens **sont** d'une grande propreté dans leurs vêtements et l'intérieur de leurs maisons, où l'on voit pour ustensiles de ménage des calebasses et quelques plats de bois. On ne connaît pas l'usage des cuillers ni des fourchettes; on prend les mets avec les doigts. Les nattes forment tout le mobilier : le lit se compose de quatre piquets fichés en terre à une extrémité de la chambre, et sur lesquels on tend une natte ou une peau de bœuf. Les riches ont un matelas en coton, et une couverture fabriquée chez les Maures des environs de Tombouctou, avec le poil des chameaux et la laine des moutons.

On occupe les femmes à promener les marchandises dans les rues.' Elles sont vêtues fort proprement. Leur costume consiste en un caussabe, sorte de chemise longue, comme celui des hommes, excepté qu'il n'a pas de grandes manches. Elles portent, comme eux aussi, des souliers en maroquin. Leurs cheveux sont tressés avec beaucoup d'art, et elles y mêlent des ornements de corail et d'ambre faux. Elles ont l'habitude de se graisser la tête et le corps ; la grande chaleur, augmentée par le grand vent brûlant de l'est, rend cette habitude nécessaire. Les femmes riches ont une grande quantité de verroteries au cou et aux oreilles. Elles portent, comme à Jenné, un anneau aux narines; celles qui sont sans fortune remplacent cet anneau par un morceau de soie rouge.

Les Touaregs, dont la France et notamment Paris, ont vu tout récemment un échantillon dans une portion de tribu venue pour amuser les curieux par leurs tours d'adresse, les Touaregs nuisent beaucoup au commerce de Tombouctou. Ces sauvages nomades ont rendu tous les nègres tributaires, et ils exercent envers eux le plus affreux brigandage. Ils ont, comme les Arabes, de vigoureux chevaux qui facilitent leurs excursions vagabondes. A Tombouctou, on ne laisse pas sortir les esclaves de la ville après le coucher du soleil, de peur qu'ils ne soient enlevés par ces barbares, qui s'emparent volontiers de vive force de ceux qui leur tombent sous la main et rendent bien plus déplorable la condition de ces malheureux.

La grande mosquée de Tombouctou a une tour du haut de laquelle on découvre à une très grande distance une plaine immense de sable blanc. Cet édifice est construit en briques séchées au soleil. Il y a dans la mosquée trois galeries soutenues chacune par des arcades, aussi bien bâties que si elles avaient été construites par un homme de l'art. Ces arcades ont six pieds de hauteur et dix de large. Le toit est en terrasse, ainsi que le haut de la tour, qui est de plus environné d'un parapet de dix-huit pouces de haut. Cette mosquée a cinq portes de différentes grandeurs, trois au sud et deux au nord. Au milieu de la ville on voit une espèce de place entourée de cases rondes. C'est là que se

trouve le palmier doum dont nous avons parlé, ainsi que des palma-
christi.

LES MAURES.

Les Maures, en général, sont forts et vigoureux. Ils ont les cheveux
hérissés, la barbe longue, le regard féroce, de grandes oreilles pendan-
tes et les ongles aussi effrayants que des griffes, et dont ils se font une
arme dangereuse. Quand ils voyagent, et même dans leur pays, ils vivent sous des tentes qu'ils transportent à volonté. Ces tentes sont de
forme ronde, avec le sommet conique : elles sont couvertes d'une étoffe
de poil de chameau, si bien tissue et si serrée que la pluie ne la pénètre jamais. L'ameublement sous les tentes consiste en de grands sacs de
cuir, où l'on renferme quelques mauvais haillons et des morceaux de
fer. On y joint parfois de petits coffres qui deviennent un objet de convoitise. Le lait et l'eau se gardent dans des outres de peau de bouc. On
a un pot de terre pour faire cuire le lait ou le grain, deux grosses pierres
pour moudre l'orge, une autre pour enfoncer les piquets des tentes. Le
lit est une natte de brins de jonc, recouverte d'un cuir tanné. Les oreil-
lers sont de la grandeur et de la forme d'un porte-manteau. Quelques
tapis grossiers pour se couvrir et une petite chaudière de cuir sont les
meubles par lesquels les riches sont distingués des pauvres.

Chargées du soin du ménage, les femmes préparent le mil, apprê-
tent les viandes, portent l'eau, soignent le bétail et les chevaux, qui
logent toujours sous la même tente. Rien de plus arrogant qu'un Maure
avec sa femme. Elle lui présente l'étrier quand il monte à cheval, elle
n'est point admise à ses repas, elle se tient à l'écart jusqu'à ce qu'il
l'appelle pour lui en donner les restes. Elle est en quelque sorte sa propriété, car un Maure ne se marie que quand il a le moyen d'acheter une
femme. Les Maures regardent malheureusement la femme comme d'une
espèce inférieure à la leur.

L'habillement des Maures consiste en caleçons et en pagnes, en une
chemise de coton bleu, avec un trou au milieu pour y passer la tête.
Certains Maures du désert ne sont vêtus que de peaux de chèvres. A la
ceinture est suspendu un poignard ou un coutelas, ainsi que le mouchoir
dont il s'essuie le visage et les mains. La plupart vont la tête, les jambes et les pieds nus. Les cheveux sont naturellement abondants et bouclés. On ne porte de sabre qu'à la guerre ; à cheval on a des bottines.
L'habillement des femmes est à peu près le même que celui des hommes ;
elles tressent assez convenablement leurs cheveux.

Les Maures sont généralement pasteurs et commerçants : ils élèvent

des bœufs, des moutons, des chèvres, des chameaux et des chevaux, surtout des juments. Ils voyagent avec leurs troupeaux, qu'ils vont vendre
souvent très loin, et ils manquent rarement de piller les nègres qu'ils
peuvent rencontrer. Leur vie du reste est extrêmement frugale ; ils ne
tuent jamais d'animal que dans les grandes fêtes et les jours de ré-
jouissance. Ils ne font par jour que deux légers repas, et boivent un peu
de lait le matin et le soir. La religion musulmane qu'ils professent les
astreint à des jeunes fréquents et rigoureux. En voyage ou à la guerre,
ils sont quelquefois trois et quatre jours sans manger. Alors ils se serrent le ventre avec un pagne, et tous les jours un peu plus fort. Dès
qu'ils trouvent à manger, ils peuvent dévorer un mouton à deux ; il en
est même qui le mangeraient seul. Ils l'étouffent pour n'en pas perdre
le sang, l'entourent de braise et le retirent du feu à moitié cuit, pour le
manger avec la peau et les intestins non vidés, en buvant jusqu'à six
pintes d'eau mêlée avec de la mélasse.

Malgré leurs vices, les Maures pratiquent volontiers l'hospitalité.
C'est toujours le plus riche de la tribu qui en fait les honneurs à l'étranger. Mais le repas n'est jamais servi que tard dans la soirée, lors même
que l'étranger serait arrivé de grand matin, car les Maures n'offrent
rien que la nuit, à la clarté de la lune ou d'un grand feu. On en allume presque en toute saison. Le voyageur part le lendemain de son
arrivée. S'il restait davantage il serait importun, et on le lui ferait
sentir en diminuant progressivement sa ration, jusqu'à la réduire presque à rien.

Chez ces peuples, un voleur pris en flagrant délit est exécuté sur-le-
champ. S'il est étranger, on lui coupe le cou, comme à un mouton.
Si c'est un homme de la tribu, on se contente de le rouer de coups, en
le forçant à la restitution, et le lendemain on le vole à son tour si l'on
peut. Chaque individu se venge comme il lui convient des outrages
qu'il a reçus : toutefois il tue rarement son adversaire, dans la crainte
que ce meurtre rejaillisse ensuite sur sa famille et ses amis. On voit
souvent quelques-uns de ces Maures se disputer ensemble, le poignard
à la main, avec une fureur qui tient du délire. On croit qu'ils vont
s'exterminer : il n'en est rien, car l'instant d'après ils sont meilleurs
amis qu'auparavant.

En résumé, les Maures sont généralement perfides et lâches, incapables de compassion ni de pitié ; capables, au contraire, de tous les
crimes ou des plus affreuses cruautés. Ils n'ont aucun principe de so-
ciabilité ; ils semblent étrangers à toute notion du droit des gens et ne
suivent d'autres impressions que celles de leurs mauvais penchants.
Aussi faut-il plaindre les Européens que le naufrage peut jeter sur la
côte ou que le goût des voyages conduit dans le grand désert africain.

FELOUPS, IOLOFFS. FOULAHS ET MANDINGUES.

Les nègres de la côte occidentale de l'Afrique peuvent être divisés en quatre grandes classes : les Feloups, les Ioloffs, les Foulahs et les Mandingues. Parmi toutes ces nations, la religion de Mahomet a fait et continue de faire de grands progrès. Mais chez la plupart, le fond de la population, hommes libres ou esclaves, persistent à maintenir les superstitions aveugles et inoffensives de leurs ancêtres. Aussi les mahométans les appellent kafirs ou infidèles.

Les Feloups sont d'une disposition sombre et maussade ; ils ne pardonnent jamais une injure. On dit même qu'ils transmettent leurs querelles à leur postérité, de telle sorte qu'un fils considère, dans un sentiment de devoir filial, comme une obligation sacrée de devenir le vengeur de son père. Si un homme perd la vie dans une de ces querelles subites qui s'élèvent perpétuellement dans leurs fêtes, quand toute la société est ivre, le fils de l'homme insulté, ou l'ami, s'il en a plusieurs, s'efforce de se procurer les sandales de son père, qu'il porte une fois par an, le jour anniversaire de sa mort, et il attend l'occasion favorable de se venger. L'objet de son ressentiment échappe rarement à sa poursuite. Cette nature féroce et implacable est compensée toutefois par plusieurs bonnes qualités : ainsi on les voit témoigner la plus sincère gratitude et une vive affection envers leurs bienfaiteurs, et la fidélité avec laquelle ils conservent ce qui leur est donné en dépôt est véritablement remarquable.

Les Ioloffs ou Yolofs sont une race active, puissante et guerrière, qui habite tout le pays situé entre le fleuve Sénégal et les états mandingues qui bordent la Gambie. Ils diffèrent cependant des Mandingues, nonseulement par le langage, mais aussi par les traits et la couleur. Le nez des Ioloffs n'est point à beaucoup près aussi déprimé que celui des autres Africains : ils n'ont pas non plus les lèvres aussi protubérantes, et bien que leur peau soit du noir le plus foncé, les négriaux blancs les considèrent comme les plus beaux nègres de cette partie du continent. Ils sont divisés en plusieurs états indépendants, qui sont fréquemment en guerre, soit avec leur voisin, soit les uns avec les autres. Leurs mœurs, leurs superstitions et leur gouvernement ont toutefois une plus grande ressemblance avec ceux des Mandingues.

Les Foulahs, du moins ceux qui résident près de la Gambie, sont principalement d'une couleur de suie, avec des cheveux soyeux et des traits agréables. Ils sont très attachés à la vie pastorale, et se sont introduits dans tous les pays voisins en qualité de chevriers et de laboureurs, et ils y paient tribut pour les terres qu'ils y possèdent.

Enfin les Mandingues constituent le fond de toutes ces populations. On les nomme Mandingues parce qu'ils sont émigrés d'un état de l'intérieur nommé Mandingue. Ces nègres sont d'un caractère doux et serviable. Les hommes sont d'ordinaire d'une taille au-dessus de la moyenne : ils sont bien faits, forts et capables de supporter une grande fatigue. Les femmes sont douces aussi, vives et agréables. Le vêtement des deux sexes est d'étoffe de coton de leur fabrique. Celui des hommes est une grande robe lâche qui ressemble assez à un surplis, avec des caleçons qui descendent à mi-jambe. Ils portent aux pieds des sandales, et sur la tête un bonnet blanc. L'habillement des femmes se compose de deux morceaux d'étoffe, chacun d'environ dix pieds de long et trois de large. Elles en roulent un autour de leur taille, d'où il tombe et forme jupon. L'autre est négligemment jeté sur le sein et les épaules.

Toutes les cabanes appartenant à une même famille sont entourées d'une palissade faite de cannes de bambou fendues et disposées en treillis. Tout l'enclos s'appelle sirk ou surka. Un certain nombre de ces enclos, séparés par d'étroits passages, forment une ville : mais les cabanes sont généralement placées sans aucune régularité et au gré du propriétaire. On ne paraît avoir égard qu'à une seule règle, qui est naturelle : celle de placer la porte au sud-ouest, afin d'avoir la brise de mer.

Dans chaque ville est un grand espace appelé bentang, qui répond en quelque sorte à nos hôtels de ville ou maisons communes. Il est fermé par un enclos de cannes, et en général abrité du soleil par l'ombre de quelque grand arbre. C'est là que se font toutes les affaires publiques et que les procès se poursuivent. Là, les indolents et les oisifs se réunissent pour fumer et savoir les nouvelles du jour.

Chaque ville un peu importante a aussi un magistrat principal, l'alcaïde, dont l'office est héréditaire, et dont la fonction est de maintenir l'ordre, de lever les taxes sur les voyageurs, et de présider à toutes les conférences dans l'exercice de la juridiction locale.

Ces cours sont composées des anciens de la ville, de condition libre, et sont nommées palavers. Ils procèdent ainsi en plein air avec assez de solennité. Les deux côtés d'une question sont librement présentés, les témoins sont examinés en public, et les décisions qui suivent reçoivent l'approbation de l'auditoire.

Souvent le voyageur est convié à venir prendre place, le soir, dans le bentang, et alors, pendant qu'il jouit de la récréation qu'on lui offre, les nègres le regardent avec un mélange de respect et de curiosité. Le spectacle du bentang est assez ordinaire dans le pays mandingue ; c'est une lutte. Les spectateurs se placent en cercle, laissant au milieu d'eux un espace pour les lutteurs, qui sont généralement des jeunes gens robustes et actifs, et accoutumées dès leur enfance à cette sorte d'exercice. Ils se dépouillent de leurs vêtements, hormis de caleçons courts, et après avoir eu la peau enduite d'huile ou de beurre, les combattants s'approchent l'un de l'autre, marchant sur leurs pieds et sur leurs mains, et de temps à autre tendant un bras, jusqu'à ce qu'un d'eux saute et prenne son adversaire par le genou. Alors ils déploient beaucoup de dextérité et de calcul, mais le combat est toujours décidé par la supériorité de la force. Les combattants sont excités par un tambour qui donne à leurs mouvements de la régularité et de la cadence.

Les esclaves forment le principal objet de commerce de ces contrées, mais le nombre des nègres exportés actuellement est de beaucoup amoindri.

La plupart de ces victimes sont amenées à la côte en caravanes périodiques : beaucoup viennent de contrées très reculées dans l'intérieur. A leur approche du rivage, s'il ne se présente pas immédiatement une occasion d'en traiter avec avantage, ils sont répartis dans les villages environnants, jusqu'à l'arrivée d'un négrier, ou bien encore jusqu'à ce qu'ils soient achetés par des négociants noirs, qui font quelquefois cette spéculation. En attendant, les pauvres misérables sont tenus constamment aux fers, enchaînés deux à deux, employés aux travaux des champs, et, chose cruelle à dire, aussi mal nourris que durement traités

En général, un jeune nègre de seize à vingt-cinq ans peut valoir de dix-huit à vingt livres sterling, c'est-à-dire de quatre cent cinquante à cinq cents francs.

LE DAHOMEY, SON ROI ET SA COUR.

Le Dahomey est un Etat important de la côte occidentale de l'Afrique, sur le golfe de Guinée. La capitale, Abomey, située dans l'intérieur des terres, renferme environ vingt mille habitants, disséminés dans une enceinte de dix à onze kilomètres de circuit.

La seconde ville du royaume est Ouidah ou Wydah, bâtie sur le golfe.

Il existe un comptoir français, un anglais et un portugais ; ces deux derniers dans une situation peu florissante.

Deux des fils du roi Guézo, père du roi souverain actuel ont été envoyés en France, en 1857, pour y faire leur éducation, et ont été placés au lycée de Marseille. Quoi qu'il en soit, la civilisation, telle que nous l'entendons, est singulièrement arriérée dans le Dahomey, ou plutôt elle y est tout-à-fait inconnue. C'est un Etat barbare, presque exclusivement voué à la guerre et au commerce des esclaves, et qui, en fait de religion, en est encore aux sacrifices humains.

En 1852, le lieutenant de vaisseau Bouël a été reçu par le roi Guézo, dans sa capitale, avec un grand déploiement de pompe, comme le représentant de la France. D'autres Etats d'Europe ont également envoyé des députations à cette majesté africaine.

Le successeur de Guézo ne paraît pas moins désireux que son père de faire, à l'occasion, briller sa puissance aux yeux des officiers européens qui fréquentent ces parages. Celui qui, le plus récemment, a pu profiter des bonnes dispositions du roi en ce sens, et qui en a profité de la manière la plus complète, est le commodore anglais Wilmot, commandant d'une croisière chargée d'éloigner les négriers. Informé à Wydah du désir exprimé par le roi de Dahomey de voir un personnage un peu important de l'Angleterre, « un véritable Anglais, » avec lequel il pût causer des affaires de son pays, le commodore, après s'être fait adresser une invitation en forme par l'intermédiaire de l'yavogah de Wydah, se tint prêt à se rendre à la cour d'Abomey en qualité d'envoyé de la reine de la Grande-Bretagne.

Ce ne fut pas toutefois sans y avoir mûrement réfléchi que le commore se décida. On lui avait dit, non sans apparence de raison, que la dernière attaque des Anglais contre Porto-Novo avait mis le monarque noir dans une telle fureur que son vœu le plus cher était de mettre la main sur un officier anglais, afin de venger sur lui la destruction de cette place, qui appartenait à un membre de sa famille. Néanmoins, jugeant le moment favorable pour ouvrir la voie à l'établissement de relations amicales, monsieur Wilmot résolut de s'en remettre entièrement à la bonne foi de son hôte, et le 2 décembre 1862, accompagné du capitaine Luce, du *Brisk,* et du docteur Haran, il descendait au comptoir anglais de Wydah pour de là se diriger sur Cannah et ensuite sur Abomey, avec une escorte indigène mise à sa disposition. La suite prouva qu'il avait agi sagement, et pendant les cinquante-un jours qu'il passa à terre, il n'eut qu'à se louer de l'accueil qui lui fut fait par le roi et les chefs de tout grade.

Le roi de Dahomey, d'après le portrait qu'en fait le commodore Wilmot, est un fort bel homme de plus de six pieds anglais, large des épaules et d'une physionomie qu'il sait à l'occasion rendre agréable, malgré ses yeux injectés. Il est grand fumeur, mais, pour un nègre, il est relativement sobre sur les spiritueux. Sa peau est beaucoup plus claire que celle de la plupart de ses sujets ; elle a la couleur cuivrée des Indiens de l'Amérique. Il est très actif et très amateur de danses et de chants, exercices auxquels il se livre volontiers dans les solennités publiques. Il est âgé de quarante à quarante-trois ans.

Une des plus bizarres institutions du Dahomey, c'est assurément le corps d'amazones qui, au nombre de plus de cinq mille, composent la garde du roi. Ces guerrières forment une très belle troupe ; elles sont fortes et agiles. Personne ne peut les approcher. Les premières en honneur et en importance, elles sont infiniment supérieures à la partie masculine de l'armée en toutes choses : aspect, costume, prestance, instruction militaire et bravoure. Elles paraissent d'ailleurs avoir parfaitement conscience de l'autorité qu'elles possèdent. La plupart sont de fort bon air.

En-dehors de leur métier de soldats, les amazones ont la charge d'approvisionner d'eau le roi et sa maison, ce qui n'est point un mince travail. Matin et soir, de longues files de ces femmes, la cruche sur la tête, traversent les campagnes pour aller puiser aux rares sources et réservoirs du pays. En pareil cas, celle qui ouvre la marche porte au cou une sonnette, qu'elle agite dès qu'elle aperçoit quelqu'un sur son chemin. A cet avertissement, les hommes déguerpissent au plus vite, en attendant que les amazones soient passées. La raison en est que, si un choc arrivai à l'une de ces dames, ou qu'une cruche d'eau vînt à se renverser, le malheureux qui se trouverait là paierait l'accident de sa vie, ou tout au moins de sa liberté, sa seule présence en étant supposée la cause.

C'est à Cannah, où le roi tenait en ce moment sa cour, à huit milles d'Abomey, que le commodore anglais et ses compagnons parurent pour la première fois en la présence royale. Sur la grande place attenante au palais, où ils arrivèrent portés dans des hamacs, étaient assemblés, pour la circonstance, tous les chefs avec leurs gens et un nombre considérable de soldats. « Le spectacle était des plus intéressants, écrit le commodore : les couleurs éclatantes des grands parasols, les accoutrements des chefs, les décharges de fusils, les chants de l'assemblée, le son des tambours de guerre, les gestes sauvages des soldats et leur aspect féroce nous faisaient amplement comprendre que nous étions chez une nation barbare... »

Après que, selon la coutume, leurs porteurs leur eurent fait faire trois fois le tour de la place, ils mirent pied à terre et franchirent l'enceinte du palais entre deux rangs de chefs.

Erigé au fond d'une vaste cour, ce palais, il est bon de le dire, n'est autre chose qu'un grand bâtiment à toiture de chaume supportée par de grossières colonnes de bois. En face et tout proche, avec un passage pour arriver au roi, était disposée une nombreuse collection de parasols de nuances variées, sous lesquels étaient groupés les principaux chefs.

De chaque côté du roi, à l'intérieur du bâtiment, étaient ses femmes, au nombre d'une centaine, la plupart fort remarquables sous leurs costumes aux vives couleurs. Le roi, couché sur une sorte de divan d'étoffe cramoisie, fumait avec dignité. Une de ses femmes tenait un sucrier de verre qui servait de crachoir au royal fumeur. Sa Majesté était très simplement vêtue. Nue jusqu'à la ceinture, elle n'avait qu'une simple pièce d'étoffe autour des reins. A son cou, était une chaîne d'argent à laquelle pendait un talisman.

Le côté gauche de la cour, depuis le mur jusqu'auprès du roi, était rempli d'amazones diversement armées de fusils, de sabres, de rasoirs gigantesques pour couper les têtes, d'arcs, de flèches, d'espingoles, etc. Toutes étaient assises. Auprès d'elles, placé en évidence, était leur gros tambour de guerre, tout garni de crânes humains. De semblables ornements figuraient aussi à la ceinture des capitaines.

Cette première visite n'étant qu'une visite de présentation, le commodore dut réserver pour une autre circonstance les harangues politiques et les inspirations abolitionistes. Mais, dès cette première entrevue, il fut clair pour lui qu'il avait conquis d'emblée les sympathies du roi. Si elle n'a pas toujours le secret de se faire adorer des peuples, la diplomatie britannique réussit souvent à se faire bienvenir des princes.

Quoi qu'il en soit, à dater de ce moment, l'officier anglais et le souverain nègre se sentirent faits l'un pour l'autre, et il n'est sorte d'égards que S. M. dahomienne n'ait eus dans la suite pour son ami le commodore. C'est pour lui que continuellement elle fait parader, danser et chanter ses troupes des deux sexes. Que dis-je? le commodore est invité à se mêler en personne à leurs ébats chorégraphiques. C'est pour lui plaire qu'elle fait prendre le galop aux amazones attelées au char royal. Et ceci n'est point une figure de langage : le roi de Dahomey n'ayant pas de chevaux, se fait traîner, dans les grandes cérémonies, par des relais d'amazones. Un jour, après une revue, le commodore est nommé colonel d'un régiment de cette garde d'élite : honneur qui, soit dit en passant, coûta un peu cher à sa bourse. Il est vrai que le nouveau colonel eut la satisfaction d'entendre ses capitaines lui promettre de se montrer dignes de lui en lui apportant, pour sa part de butin, des monceaux de têtes abbéokutaines, lors de la première expédition qui aurait lieu contre les noirs d'Abbéokuta.

Le commodore est aussi de toutes les distributions de cawries, d'étoffes, de volailles, etc., largesses de son royal hôte au bon peuple d'Abomey. Le roi fait-il essayer sur de malheureuses chèvres l'adresse de ses tireurs, le commodore est juge des coups. Dans les pompes et les fêtes de la capitale, la meilleure place est partout pour le commodore. Egorge-t-on des victimes humaines, il a sa stalle au premier rang, tout près du billot. Nul doute enfin que si le Dahomey eût eu, lui aussi, son ordre de la Jarretière, le commodore n'en eût reçu tous les insignes ; mais le Dahomey n'a pas encore, et pour cause, d'ordre de la Jarretière.

Au milieu de tous ces plaisirs, le jour vint où l'officier anglais eut à décliner l'objet de sa mission. Cet objet, désintéressé comme tout ce que propose l'Angleterre, était de demander au roi, entre autres choses, de renoncer au commerce des esclaves ; de rayer les sacrifices humains du programme de ses solennités; de laisser les bons missionnaires anglais instruire les enfants de ses sujets; et enfin, — remarquez ici un petit bout de l'oreille, — de permettre l'ouverture, à Wydah, d'un bel et bon commerce avec le généreux peuple d'Albion, et l'installation des Anglais dans cette même ville de Wydah.

Sur les deux premières demandes, la réponse de S. M. dahomienne fut très catégorique : le commerce des esclaves était une institution de son pays et une source indispensable de revenus auxquels elle n'entendait pas renoncer. Du reste, elle ne vendait les noirs que parce que les blancs les lui achetaient..... Quant aux sacrifices humains, sans lesquels il n'est pas de bonne fête dans le Dahomey, le commodore avait pu voir de ses yeux que le nombre des victimes était très restreint. Essayer d'abolir cette coutume, était simplement, pour le roi, risquer du même coup sa couronne et sa tête, et il tenait naturellement à l'une et à l'autre. Les réponses aux autres points furent moins explicites, mais elles ont un caractère évidemment dilatoire.

Le roi, d'ailleurs, ne demandait pas mieux que d'avoir des Anglais pour amis. « La reine d'Angleterre et le roi de Dahomey ne font plus qu'un, dit-il : Victoria est le plus grand souverain des blancs, moi le plus grand souverain des noirs. Je tiendrai la tête du royaume de Dahomey, et vous en tiendrez la queue... » Cette dernière métaphore qui, selon nous, manque un peu de clarté, est expliquée de la manière suivante par le commodore : « Le roi, dit-il, a voulu exprimer par là que nous aurions la possession de Wydah pour y commercer et le fournir de tout. »

Nous avons omis de dire que, avant de formuler son message, l'officier anglais avait offert au roi, au nom de sa souveraine, divers présents, dont le principal était un grand portrait de la reine, richement encadré. Le roi ne voulut pas rester en arrière de politesse, et, la veille du départ de l'ambassadeur, il lui fit, à son tour, remettre pour la reine de la Grande-Bretagne des présents à sa façon, parmi lesquels deux jeunes négresses de douze à seize ans, très intelligentes et remarquablement belles, une pipe, un sac à tabac et un grand parasol à bandes de velours de diverses couleurs. Certes, si le prince africain avait eu quelques notions du climat des bords de la Tamise, ce n'est point un parasol, mais bien un parapluie qu'il eût envoyé à la reine Victoria.

Reconduit avec de grands honneurs jusqu'à Wydah, le commodore Wilmot y arrivait le 22 janvier, et le lendemain matin il était remonté à bord, sur le *Rattlesnake*.

Depuis le voyage de l'Anglais Wilmot, un autre Anglais, le major Burton, a visité le roi et la cour de Dahomey. Puis un Français, notre compatriote Jules Gérard, l'illustre tueur de lions. Hélas! l'infortuné chasseur, tout le monde le sait, car tout le monde le pleure, a péri récemment dans la Sierra-Leone, sur le rivage occidental de l'Afrique, en traversant une rivière à la nage. C'était pour le service de la France que le vaillant soldat périssait ainsi, car il cherchait à frayer une route, afin d'établir des relations commerciales entre ces côtes, l'intérieur de l'Afrique et sa chère patrie.

Ce que nous venons de raconter sur le Dahomey est emprunté à un ouvrage de M. O. Sachot, dont on peut apprécier le talent coloriste et original, par ce simple extrait analysé.

Maintenant, que le lecteur nous permette de mettre sous ses yeux quelques pages fort émouvantes et trop vraies, que M. Alfred Driou, auteur des *Drames de la Mer*, met à notre disposition, et qui entrent parfaitement dans le cadre de notre ouvrage.

Tout chacun sait que les noirs de l'Afrique sont une denrée qui a cours et que l'on vend aux Américains notamment, pour les travaux de leurs vastes plantations. Parler du triste sort qui est réservé à ces enfants de la brûlante Afrique, est donc parfaitement dans nos attributions.

LA TRAITE DES NÈGRES.

« Le drame sanglant dont il est ici question s'appelle la *Traite des Noirs*; le trafiquant se nomme le *Marchand d'Esclaves*; et le vaisseau qui amène les victimes, pieds et poings liés, entassés côte à côte dans l'étroit espace d'un entrepont, est stigmatisé du titre de *négrier*.

» Nous allons donc parler de cet affreux cloaque de chair humaine qui porte ce nom.

» Mais, avant tout, que le lecteur sache bien que ce que nous allons dire s'applique, non pas à un navire, mais à mille, qui font l'odieux trafic dont il est question.

» Supposez, sur la côte orientale de l'Amérique du nord, une large baie protégée des vents et des vagues de la haute mer par un cap rétréci, mais prolongé. Du côté de la mer, ce cap présente une plage unie et sablonneuse ; de l'autre, il est dentelé par des anses qui forment divers mouillages, où les ruisseaux viennent chercher un abri contre les grains de l'ouest.

» Une cité est joyeusement assise sur les déclivités de la côte ; elle est entourée de gracieuses villas, dont les jardins sont émaillés de nombreuses têtes de noirs qui travaillent sous les ardents rayons du soleil.

» Si la vue de ces nègres, courbés sur le sol qu'ils arrosent de leurs sueurs, ne suffit pas pour vous dire que, dans cette contrée, l'esclavage est malheureusement un fait légal, pour vous en donner la preuve lisez au moins ces affiches qui zèbrent toutes les rues de la cité et sont placardées jusque dans les campagnes :

» VINGT DOLLARS DE RÉCOMPENSE ! — S'est sauvée une jeune négresse appelée MOLLY, âgée de dix-sept ans, de taille élancée, récemment marquée sur la joue gauche de la lettre B, au fer chaud. Une oreille à moitié coupée.

» DIX DOLLARS OFFERTS A CELUI qui prendra et ramènera à la plantation José le nègre Moïse, qui s'est sauvé ce matin. Ou bien cinq fois la même somme à qui donnera la preuve positive que le susdit nègre a été tué. On acceptera sa tête ou sa main gauche en échange des cinquante dollars, et jamais on ne demandera qui a fait la chose.

» CHIENS POUR LA CHASSE DES NÈGRES. — Le soussigné, ayant acheté une meute complète, entreprend la poursuite des nègres fugitifs. Tois dollars par jour de chasse, et quinze pour la prise.

W. KINDERHOOCK.

» CINQ CENTS DOLLARS. — S'est sauvée une femme noire appelée JUDITH ; vingt-cinq ans, grande, bien faite. Sait lire et écrire. Je donne cinq cents dollars à qui me la ramènera. Si on la tue, et j'en laisse le droit, je donne seulement trois cents dollars pour la tête, qu'on devra m'apporter.

LUDLOW.

» Maintenant, portez les yeux sur une anse plus écartée, et voyez la masse noire et inanimée de ce navire aux flancs rebondis, qui repose sur ses ancres, sans que rien annonce chez lui la présence de l'homme. Néanmoins, sous sa torpeur apparente, un œil exercé reconnaît la vie, la vie hypocritement cachée qu'il recèle dans ses profondeurs. Le câble de l'ancre, au lieu de décrire une longue courbe, est tendu presque à pic : on a laissé à la touée juste assez de longueur pour résister à la force de la marée qui bat la quille du bâtiment. Toutes les embarcations sont à flot, disposées de manière à être employées à la remorque dans le plus bref délai. Pas une vergue, pas une voile n'ont été enlevées pour subir ces réparations dont les marins s'occupent quand ils sont en sûreté dans un port commode. Au milieu de ces innombrables cordages qui se dessinent sur l'azur du ciel, il n'en manque pas un de ceux qui peuvent servir à faciliter les manœuvres du départ. Enfin, ce gros navire, qui semble le moins songer à un voyage, est le mieux en mesure de lever l'ancre sur un signe du chef. Aux yeux de quiconque connaît la physionomie des choses de la mer, ce bâtiment a l'air d'une bête fauve ensevelie dans une feinte léthargie. Il se cache dans l'ombre parce qu'il a honte de lui-même. Il se cache, comme ces êtres pervers et dépravés dont la vertu est en lambeaux, la réputation perdue, et qui ont besoin des ténèbres et du silence pour oser prendre une part de la vie.

» En effet, le soleil sort à peine des eaux sur lesquelles s'estompent les Antilles, Cuba et beaucoup d'autres îles bleues, et les symptômes d'une fraîche brise ne se font pas plus tôt sentir, que, dans la position du mystérieux navire, on voit un mouvement imperceptible, pareil à celui d'une baleine qui sommeille. Il tourne lentement, de manière à présenter toujours le flanc aux embarcations les plus rapprochées de lui. Certes, on peut admirer l'ordre et la symétrie avec lesquels les mâts s'élèvent vers les cieux, depuis la masse noire de la coque jusqu'aux agrès supérieurs, qui forment un labyrinthe singulier, inextricable; mais ce qui frappe davantage, c'est l'art merveilleux avec lequel sont dissimulées les bouches formidables de canons qui ne cessent d'être braquées sur le port, comme les yeux d'un tigre qui guette les chasseurs et s'en défie. Enfin, en rampant ainsi qu'un reptile, le vaisseau sort du chenal, et passe du côté du vent. Puis, quand il fraîchit au large, à mesure que l'air vient frapper ses voiles étendues, le navire s'incline, puis se relève, et l'on entend dans les mille replis du gréement cette harmonie de la brise qui est toujours si agréable aux marins. Alors il s'élance comme un cheval de course, et l'écume jaillit sous les bossoirs

» Maintenant que le navire est en pleine mer, et qu'il ne redoute plus rien, voici qu'il laisse voir le nom qu'il porte : *L'Anthropophage*. A la composition de son équipage, qui ne se cache plus, il est évident que c'est un négrier. Tout ce que la marine marchande peut rejeter de son monde ordinaire, gens de sac et de corde, aventuriers violents et sans frein, gaillards à force herculéenne, aux formes athlétiques, aux poils roux, à l'œil fauve, aux balafres monstrueuses, s'est donné rendez-vous sur l'*Anthropophage* : on devine que c'est l'écume du genre humain. Mais celui qui règne sur cette horde interlope est d'un aspect plus terrible encore. C'est un Américain à peau jaune, d'une taille gigantesque, dont la figure est à moitié cachée par d'énormes favoris et zébrée par la cicatrice d'une blessure mal fermée. Il porte le costume non d'un capitaine de navire, mais d'un simple matelot, et un sifflet d'argent qu'il tient attaché à une chaînette de même métal passée dans la boutonnière de son habit est l'insigne de sa puissance.

» Ce fils de l'Océan semble l'incarnation du génie du mal.

» Après une traversée plus ou moins longue, le navire nègre arrive sur les côtes de l'Afrique.

» Les rivages de cette partie du monde sont brûlants, stériles, rocheux pour la plupart : mais il en est aussi, au Congo et dans la Guinée, qui offrent des charmes à nul autre pareils, par la grâce mélancolique de leurs anses, les formes gracieuses des montagnes qui les bornent, et les paysages exquis, capitonnés d'une formidable végétation, dont les profils charment les regards.

» Le négrier atterrit, vers le soir, dans ces parages féeriques. L'approche de la nuit, en mer ou dans un vaste désert, a toujours quelque chose de plus solennel qu'au milieu des régions civilisées. L'isolement de l'homme de mer augmente à mesure que l'ombre épaissit, et sa vigilance semble déjouée par les ténèbres. Ainsi, dans les forêts ou dans les clairières isolées, l'obscurité accroît encore les mystères du bois. Cependant rien n'est plus calme en apparence que la côte d'Afrique, devant laquelle l'*Anthropophage* met en panne ; mais, grand Dieu ! quels affreux mystères vont s'y accomplir...

» Dès le point du jour, le lendemain, une chaloupe porte à terre quelques hommes du navire. Ils se dispersent dans diverses directions, à peine déposés sur le rivage. Ce sont des messagers de deuil pour les nouvelles victimes, et d'infamie pour les trafiquants ; ils vont donner aux chefs des tribus noires la nouvelle de l'arrivée du négrier, prêt à recevoir les colis vivants qu'ils voudront livrer, en échange des productions du Nouveau-Monde et des colifichets sans valeur qu'on leur apporte.

» Aussi, deux ou trois jours sont à peine à leur terme, que commence sur la côte, en face de la mer, l'arrivage et le défilé lugubre de sombres processions ! Ce sont les misérables nègres et les infortunées négresses destinés à la vente qu'on amène à grands coups de fouet, enchaînés deux à deux, comme le plus vil bétail.

» La plupart de ces martyrs, formant de longues et funèbres caravanes, descendant des montagnes brûlantes, ou glissant comme d'immenses serpents, à l'ombre de chaudes vallées, une fois campés sur la plage, haletants, interdits, ne savent pas encore ce qu'on veut faire d'eux. Ils ne l'apprendront que trop tôt, hélas ! Ces infortunés, nus pour la plupart, à peine couverts d'une misérable chemise quelques-uns, les femmes à demi voilées par un paquet de feuilles de palmier entrelacées, déchirés tous déjà et cruellement meurtris par la brutalité de leurs bourreaux, ont été violemment arrachés à leurs cases paternelles, si bien abritées par de gigantesques baobabs, à leur patrie, au nid de verdure qui les voyait croître et se fortifier. Ils pleurent et gémissent. Ils ont tous le cou pris par une fourche longue de plus de six pieds, dont les deux pointes sont réunies, vers la nuque, par un banc de bois. Ce sont de jeunes nègres aux formes robustes, de douces négresses, élégantes de taille, aux traits réguliers et souvent gracieux. Quelquefois un père est accouplé à son fils, et une mère à sa fille; quelquefois aussi père et mère ont précédé leurs enfants sur la terre de douleur, et peut-être ont déjà payé le tribut à la mort, cette impure souveraine du cloaque humain appelé un négrier !

» On voit venir, matin ou soir, à plusieurs reprises, amenés dans leur pirogue, quelques-uns des rois de la côte, ogres à face humaine. L'un de ces odieux souverains, d'une taille de colosse et gros comme un tonneau, son large museau noir offrant un mélange de ruse et de férocité, portait un habit écarlate, de coupe européenne, évidemment dépouille d'un saltimbanque de Londres ou de Birmingham. Malgré tout, cet habit rouge était infiniment trop étroit pour son présent possesseur ; il s'en fallait bien de trente centimètres qu'il fût possible de le boutonner sur la poitrine de son porteur, et les manches, beaucoup trop courtes, laissaient à découvert les noirs poignets de l'Hercule nègre, dont la couleur tranchait vivement sur celle de l'étoffe qui l'enveloppait à demi. Quant au pantalon, notre homme n'en avait pas, et se trouvait absolument tel que la nature l'avait créé, sauf une chemise qui flottait sous les lutineries du vent. Pour compléter sa toilette, ce vendeur d'hommes était coiffé d'un vieux tricorne aux plumes rapées et aux galons ternis. Enfin un grand sabre de cavalerie traînait à un pied ou deux derrière lui. Entre ces hommes et le capitaine du négrier, de mystérieuses conventions furent faites dans leurs longs pourparlers, car chaque fois qu'ils se quittaient, ils échangeaient de nombreuses poignées de main et on pouvait deviner, à leur allure peu solide, que les contrats passés avaient dû être arrosés de fréquentes rasades et de chaudes libations.

» Un matin, le canon retentit au loin sur la mer. C'est l'heure de la vente qui est ainsi annoncée. Les avides trafiquants qui composent l'équipage de l'*Anthropophage* sont aussitôt conduits à terre dans les canots et les yoles, avec un énorme chargement de carcans de fer, de menottes de fer, d'entraves et de chaînes de fer. A peine sont-ils sur le rivage, que le feu pétille et flambe dans une forge portative où chauffent des griffes de fer.

» Le capitaine du négrier termine alors son compte avec les différents chefs de tribus noires, et notamment avec le colossal monarque en habit rouge, indignes souverains du Dahomey peut-être, ou du Bambara, ou de Loango, infâmes pères de famille trafiquant de leurs sujets, ou indignes vainqueurs se débarrassant de leurs prisonniers en les vendant. Par moments, ils désignent du doigt quelques-uns de leurs esclaves, et font remarquer à leur nouveau maître les qualités de la marchandise qu'ils leur livrent. Il est évident qu'ils connaissent la plus grande partie de ces infortunées victimes ; et en effet, beaucoup d'entre elles sont leurs propres sujets et ont grandi sous leurs yeux. Mais que leur importent ces considérations, du moment qu'ils trouvent à les vendre et qu'on leur donne en échange des mousquets et du rhum ? Les sentiments qu'ils éprouvent à l'égard de leur peuple sont ceux d'un fermier pour ses cochons ou d'un éleveur de bœufs ; et tandis que ces pauvres créatures, qu'ils ont pour devoir de protéger, défilent tristement devant eux, ils rient et plaisantent avec l'aimable acheteur, en regardant l'effrayant spectacle qui se passe sous leurs yeux.

» Alors on prend livraison de la marchandise enchaînée, éparse çà et là sur la plage, en pleurs, au désespoir, les yeux hagards, les membres rompus par la souffrance. On les traîne, on les pousse, on les heurte, ces pauvres nègres, ces infortunées négresses, sans plus de soucis, sans plus d'égards que si c'étaient des veaux ou des brebis de la vallée de Toucque, dans notre Normandie. Est-ce que ces coyotes à face humaine, appelés marchands d'esclaves, supposent que les nègres et les négresses ont une âme, une âme sensible et tendre ? Une âme ! mais ils ne s'en donnent pas à eux-mêmes, les loups-cerviers qu'ils sont ! Aussi, voyez : une fois livrés, nègres, négresses, négrillons sont saisis. On remplace les lianes et les cordes qui captivaient déjà leurs membres par une chaîne qui les étreint au milieu du corps et les attache l'un à l'autre, comme les grains d'un chapelet. On leur met au cou le dur carcan de fer, aux mains les menottes de fer, aux pieds les entraves de fer. Cela ne suffit pas encore pour se garantir contre une révolte ou une fuite. En cas d'accident de ce dernier genre, il faut pouvoir les reconnaître. Alors, à l'aide de la griffe de fer, chauffée à blanc dans la forge, on marque, on imprime les initiales du trafiquant avec ce fer rouge, sur la joue, sur le front, sur l'épaule, sur la cuisse des victimes dévouées à la douleur... Le fer grésille sur la chair vive et y trace un sillon blanchâtre : un jet de fumée s'élève... Les négresses crient, les nègres hurlent, les négrillons poussent d'affreuses clameurs, sous cette épouvantable morsure du fer ; mais l'œuvre continue avec un sang-froid imperturbable, et si le bruit devient trop violent, le fouet en fait justice et réduit tout le monde au silence. Les martyrs tombent épuisés.

» Aussitôt on les embarque dans les chaloupes et les pirogues, au milieu de lazzis infâmes et d'ignobles plaisanteries : on les entasse l'un sur l'autre dans les barques. Enfin, une fois à bord du négrier, on hisse cette marchandise endolorie, sanguinolente, meurtrie, mutilée, sur le pont du navire, à l'aide de cordages et de palans, et on la descend de même dans l'entrepont, ni plus ni moins que des colis. Seulement on craint que les colis ne s'avarient, et on a pour eux des soins. Mais pour le nègre !... Cet entrepont compte bientôt jusqu'à mille ou onze cents de ces victimes. Elles y gisent entassées sur plusieurs rangs, en face les unes des autres, mais couchées, car il est impossible de se tenir debout dans ces espaces, hauts à peine de vingt pouces. En outre, le nombre des malheureux qu'on y embarque dépasse généralement le nombre des places, ainsi mesurées, que renferme cet horrible lieu. Un anneau de fer, fixé aux parois du navire, les maintient à terre par le milieu du corps, leur permettant tout au plus assez de mouvement pour s'accroupir au besoin et satisfaire ainsi aux exigences de la nature. Une chaîne commune captive en outre leur cou, leurs bras et leurs jambes. Ils advient de là que, l'un se soulevant, tous les autres subissent un mouvement qui empêche le repos. C'est une horrible guirlande de fer qui soumet chacun à l'agitation ou à l'immobilité de tous.

» Lorsque le chargement est complet, le négrier met à la voile en toute hâte. Le chemin de la croix de nos misérables captifs commence... Un garde farouche, un véritable satan veillant aux portes de l'enfer, se promène sans cesse autour de cette moisson de noirs couchée sur le sol de l'entrepont, épiant les paroles, les gestes, les angoisses des martyrs, et répondant à chaque plainte par une injure, à chaque prière par des coups de fouet.

» L'*Antropophage,* ou tout autre navire faisant la traite, a quitté depuis cinq jours la côte d'Afrique. Rien ne signale encore la navigation ; un jour ressemble à l'autre : inimaginable brutalité d'une part, atroces souffrances de l'autre. Le sixième jour, le vent fraîchit, il fait presque froid. Cette température semble bonne au capitaine pour renouveler l'air des *écuries,* c'est le mot ! et pour faire prendre l'exercice à ses *oiseaux sans plumes,* c'est aussi le nom que l'on donne aux pauvres nègres à bord du négrier. En effet, pendant qu'on lave les écuries à grande eau et qu'on y verse du vinaigre à flots, les captifs, un moment débarrassés des chaînes communes, sont amenés sur le pont, les fers aux pieds et aux mains. Là, le féroce capitaine est assis dans un fauteuil, un fouet à la main, et son monde défile devant lui ! Le froid gêne-t-il quelque peu ce monstre ? on l'enveloppe de manteaux. Fait-il chaud, par hasard ? de pauvres jeunes négresses sont chargées de l'éventer.

» Alors ces masses de nègres, étiolés par tant d'heures d'immobilité, aveuglés par les ténèbres puis éblouis par le grand jour, souillés par les immondices entassées autour d'eux, tout entiers au marasme, à la nostalgie, au désespoir, sont contraints de marcher d'abord, puis de sauter, puis de danser. Résistent-ils ? l'arme au poing, l'oreille au guet, l'œil ouvert, les dogues que l'on nomme négriers réveillent à coups de fouet l'ardeur qu'ils exigent de leurs captifs. La philanthropie ne veut-elle pas que l'on prenne soin de la santé de la marchandise vivante ? Souvent, certains nègres, résolus à mourir, s'élancent à la mer et disparaissent dans ses profondeurs. Le capitaine frémit à cette vue. Il a payé tel homme six cents francs et doit le revendre mille cinq cents ou deux mille francs : c'est une perte ! Ou bien, telle femme lui a coûté quatre cents francs, et il en attend de mille deux cents à mille huit cents ; il perd en elle son déboursé et son bénéfice. Aussi entre-t-il dans des fureurs indescriptibles. Redoublement de vigilance ! Au premier geste suspect du côté de l'Océan, un vigoureux coup de fouet rappelle le coupable à l'amour de la vie... Tout se fait au fouet, dans cet infernal séjour ! Néanmoins, ces jours-là, beaucoup de ces infortunés Africains parviennent à tromper le regard de leurs bourreaux, et, chaque fois, cinq, dix, vingt nègres ou négresses réussissent à trouver la mort dans les flots. Les femmes surtout, dont l'exaltation du désespoir va jusqu'au délire, ne rêvent qu'au moyen d'échapper aux humiliations, aux tortures et aux violences dont elles sont l'objet. Elles usent du seul moyen qui leur soit laissé, la mort ! Plus sveltes, plus fines, plus adroites, elles se jettent à l'eau avant que l'œil le plus exercé ait pu deviner leur mouvement. A ces heures d'indicibles angoisses, il est impossible de peindre l'ineffable expression de leur douleur. Fortes et ardentes, il y a huit jours, elles ont refusé toute nourriture : leur regard est devenu farouche, injecté de sang ; un rire stupide crispe sans fin leurs lèvres. Il est de ces négresses qui sont mères ; mais leur sein tari par la douleur refuse le lait à leurs enfants... Elles lancent leur progéniture dans les flots en criant :

» — Aux requins plutôt qu'aux blancs !

» Et, quand elles le peuvent, elles se précipitent elles-mêmes dans les vagues. Si on les arrête à temps, le châtiment du fouet leur est infligé par le forban : mais pendant cet abominable supplice, elles ne laissent pas échapper la moindre plainte ; au contraire, elles rient et chantent :

» — Aux requins mon enfant, aux requins plutôt qu'aux blancs !

» Puis on les emporte râlant, frottées de vinaigre, et on les plonge dans le fond de cale où il y a encore moins d'air et de lumière, un des derniers et plus épouvantables cercles de l'enfer du Dante. Là, tout rentre dans l'ordre, qui n'est autre que le silence du désespoir.

» Ce désespoir, savez-vous ce qu'il conseille à ces misérables enfants de l'Afrique, qui dépérissent dans le navire, comme dépérit la plante dont la racine est arrachée au sol qui l'a produite ?

» Ecoutez-le :

» Ces pauvres nègres ne forment qu'un vœu, celui d'échapper à la cruauté de leurs tyrans par la mort. Alors, ils se laissent mourir de faim, ou bien, s'ils sont assez heureux ou assez adroits pour recouvrer l'usage de leurs bras, ils se tuent en silence les uns les autres. C'est un service qu'ils se rendent mutuellement. D'autres se couchent et se roulent les uns sur les autres pour s'étouffer et s'asphyxier. Quelques-uns sont tellement foulés, que leurs intestins sortent du ventre. Beaucoup ont les membres brisés, tordus par ces violences nocturnes. Au lever du jour on croit au repos de ces infortunés, à cause du calme qui a régné ; mais non : on les trouve morts par vingtaines, couverts de sang et d'affreuses ordures, aplatis, strangulés, étouffés, bouffis, décomposés déjà par les horribles miasmes qui règnent dans ces affreux repaires.

» Il arrive parfois, pendant la nuit, que le ciel étant excessivement chaud et lourd, les nègres vaincus par la souffrance de la chaleur et un manque d'air absolu, s'écrient d'une voix lamentable : *Lamboya! lamboya!* C'est leur exclamation suprême pour implorer la pitié, la miséricorde. Alors, dans un désespoir surhumain, ils brisent leurs chaînes, et ils se précipitent aux écoutilles pour aspirer l'air et respirer. Mais on les ferme impitoyablement, en y fixant un grillage en bois, qui diminue encore la quantité d'air qui y arrivait. Néanmoins ils se portent en foule à ces grilles, s'y attachent, et interceptent ainsi, les premiers, l'air que les seconds ne peuvent plus obtenir. Aussitôt, les hurlements, les rugissements de ces patients, la chaleur torride, la vapeur brûlante de leurs tortures, bruit et odeur qui soulèvent et engloutissent le cœur, ne peuvent être comparés à rien de terrestre. Le lendemain, quel spectacle ! les grappes humaines sont trouvées à terre, se tenant les unes aux autres, tirant la langue, les lèvres tuméfiées, les yeux hors de la tête, les membres entrelacés...

» A cette vue, le capitaine tremble de fureur et rugit comme un démon. Pour lui ce *casimir noir* est précieux, et cette fortune lui échappe. Il n'est pas de mot qui puisse rendre la rage de cette odieuse créature. Il a ménagé sa marchandise par intérêt ; mais voyant qu'elle lui échappe des mains, sa fureur s'exerce même sur des cadavres. Il les mutile avant de les faire jeter à l'eau. Malheur aux malades, alors. Il sait qu'il va les perdre, mais au moins emporteront-ils le supplice de la vengeance. Ces malheureux sont en effet macérés par la maladie ; ils sont dans un état de maigreur et de dépérissement inimaginable ; ils vont expirer. Plusieurs sont arrivés au dernier période de dyssenterie. C'est égal : le fouet, vite le fouet!... Et le sang de jaillir, et la chair de sauter en lambeaux, et les cris : *Lamboya!* d'être étouffés sous le sifflement de la torture....

» Cependant, les miasmes délétères qui empoisonnent l'*écurie* où sont empilés les esclaves, nés des immondices de tant de créatures humaines parquées dans un espace si étroit, déterminent une sorte de peste qui attaque les corps les plus vigoureux, et décharnant les plus robustes, les couvre d'une teinte livide, dernier et unique linceul de ces martyrs. Cette atmosphère intolérable pénètre toutes les parties du navire. Les galons d'or et d'argent, les montres, les bijoux des négriers en deviennent tout noirs. La plus grande souffrance physique que les malades semblent endurer, est une soif inextinguible et dévorante. Ils saisissent avidement les moindres gouttes d'eau qui tombent à leur portée, et, après des pluies, ils appliquent leurs lèvres aux mâts mouillés, et lèchent le pont au moment où on vient de le laver avec de l'eau de mer. Alors, ce n'est plus par vingtaines qu'on les jette à l'eau, mais par centaines....

» Aussi le capitaine de s'écrier, entre deux hoquets de fureur :

» — En s'obstinant ainsi à mourir, ces gueux vont me ruiner! Dire que la médecine n'a pas encore trouvé le moyen de ressusciter les hommes, surtout quand ils valent un tel prix! Et puis, ces gredins de nègres y mettent de la mauvaise volonté ; ils font exprès de ne pas guérir..... C'est par rancune qu'ils crèvent! Ils se permettent de tourner l'œil, comme si ça ne faisait de tort à personne! Ces affreux oiseaux sans plumes mériteraient qu'on les fusillât.... pour leur apprendre à vivre....

» Cependant voici qu'une sourde rumeur bourdonne dans les flancs du navire. Une tempête a eu lieu ; elle a jeté le négrier hors de sa route ; et par suite d'une navigation plus longue, les vivres, calculés trop juste, manquent soudain... Le capitaine du négrier ne s'effraie pas pour si peu. N'a-t-il pas de la chair humaine? On égorgera deux, quatre, six ou huit nègres par jour, et de cette façon la côte sera peu à peu gagnée... Ainsi dit, ainsi fait. Chaque matin quelques nègres sont assommés comme on fait d'un bœuf, puis dépecés ; on en compose de ces ragoûts qui révoltent l'estomac et font que le blanc, comme le noir, préfèrent l'abstinence à d'aussi exécrables aliments. Pourtant, on contraint ces derniers à s'en repaître...

» Hélas ! la mort, plus que la médecine, atténue la violence de l'épidémie, car l'encombrement de la cargaison vivante s'affaiblit par la disparition des victimes. Mais des scènes d'un autre genre se succèdent dans cet infâme repaire. Cette fois, ce n'est plus la danse que l'on exige des nègres et des négresses, au son du tam-tam mis à la disposition du *griote*, le noir ménétrier, et que dirige le violon du bourreau, le fouet du capitaine : mais c'est un signal qui vient d'être donné par le contremaître, en faction sur la dunette, et qui crie dans son porte-voix :

» — Une voile à l'horizon, une voile !

» La négraille est rapidement mise à la chaîne, et tous les cadenas sont fermés à double tour... Car, en effet, droit comme un *i*, s'avance, toutes voiles dehors, un navire qui cingle sous l'arc-en-ciel de la France, et la France défend la traite des noirs !

» — Toutes les bonnettes au vent! hurle le capitaine.

» C'est en vain que le négrier se couvre de voiles : la frégate française arrive avec une telle vitesse, qu'à l'aide de la lunette on peut lire le nom qui décore sa proue : Le *Vigilant !* Aussi le capitaine de l'*Anthropo-*

phage, comprenant que sa marchandise gêne sa marche et qu'il perdra jusqu'à son navire, s'il est pris, ordonne sans balancer qu'on allège son bâtiment, en jetant à l'eau d'abord les plus vieux nègres, puis les malades, les infirmes, et enfin les femmes. Aussitôt les victimes désignées sont saisies et amenées sur les ponts, où, comprenant le sort qui les attend, elles le subissent avec indifférence, quelques-unes avec joie... On les enferme deux à deux dans des tonneaux et elles sont précipitées à la mer : le poids des cadavres ne permet pas au tonneau de flotter, il s'enfonce et disparaît ; quant aux nègres, ils ne peuvent s'échapper en nageant. Chaque fois que ces misérables tombent à l'eau, le bruit sourd de cette noyade ferait tressaillir un cœur d'homme et retentirait cruellement au fond de son âme : mais l'équipage d'un négrier n'a pas d'âme, et capitaine, lieutenant, matelots, restent impassibles en face de cette cruelle exécution.

» Ainsi allégé, l'*Anthropophage* échappe au *Vigilant;* ou s'il est pris, le capitaine français, trop généreux, au lieu de pendre les forbans à la grande vergue, se contente de les mettre aux fers et de les réserver pour être jugés par qui de droit. Quant aux nègres qui restent encore, les bruits pénétrants d'un tumulte que l'on ne saurait décrire, mais qui exprime un débordement d'allégresse, saisit l'oreille et annonce qu'on brise leurs fers.

» Mais continuons à retracer le drame de la traite des noirs, et supposons que l'*Anthropophage* échappe à la vindicte de la France. La navigation continue et on atteint enfin les côtes de l'Amérique septentrionale.

» Arrivés au port et dans une ville où il y a marché de nègres, les esclaves noirs sont refaits dans le repos et par une nourriture meilleure. Le marchand a trop d'intérêt à parer sa marchandise pour qu'il néglige ce moyen d'augmenter son lucre. Il rend donc aux nègres et aux négresses l'apparence de la force, en leur restituant la santé. Puis alors, l'opération menée à bonne fin, il conduit au champ de foire son bétail humain et le met en vente, tout comme un éleveur achète ses veaux, ses bœufs et ses moutons.

» En Amérique, le marché aux esclaves est une vaste halle où l'on peut voir tous les jours de l'année des groupes et des rangées de nègres et de négresses, jeunes et vieux, maris et femmes, mères et enfants que l'on vend isolément ou par lots, selon les convenances. Là, les hommes sont étendus pêle-mêle, sur le sol, dans toutes les poses. Ils ont généralement un affreux hébétement peint sur le visage. Souvent ils ne comprennent pas le sort qui les attend, et d'ailleurs que leur importe? ils ont tant souffert déjà ! Là, sont installées, dans des attitudes diverses, des femmes de toutes nuances, depuis le noir d'ébène jusqu'au gris souris et aux tons cuivrés. Voici, par exemple, une négresse de dix ans dont la mère a été vendue la veille : mère et fille ne se reverront sans doute jamais, et cependant la jeune esclave appelle à grands cris et avec les larmes du désespoir celle qui lui a donné le jour. Voici au contraire une vieille négresse, dont les bras amaigris et les doigts pleins de callosités témoignent d'un travail dur et pénible : à la vente elle passera pour un article de rebut, et on prendra ce qu'on voudra en donner, tandis que l'or sera versé pour acheter la jeune fille. Un peu plus loin, parmi cent autres, voici une mulâtresse au regard doux et suppliant. Cette négrillonne de quinze ans qui se presse contre elle, c'est son enfant. Ce sont les mêmes yeux noirs, ombragés de longs cils : la blancheur de son teint indique une quarteronne. Ses cheveux bouclés sont du brun le plus riche. La mère et la fille seront-elles séparées ? Tel est l'unique souci de leur âme...

» Enfin signalons à l'entour de la halle de petites tribunes destinées aux commissaires-priseurs et aux crieurs. On va vendre ces malheureux esclaves à la criée, et de nombreux spectateurs examinent les corps, les figures, les épaules, et discutent les qualités et les prix avec le même entrain que des maquignons le feraient pour des chevaux. La vente a lieu.....

» Infortunés ! Vendus de la sorte sur une terre étrangère, séparés les uns des autres alors que le malheur les a attachés ; la mère violemment arrachée à sa fille, le fils à son père, la femme à son mari, ces pauvres nègres ont encore besoin de plus de deux ans pour s'acclimater, et, pendant ce temps combien n'en meurt-il pas encore ! En outre, à la moindre faute, faute qui la plupart du temps n'en est pas une (souvent un simple geste est un crime aux yeux de certains maîtres sauvages), on ne les tue pas, oh ! non, les esclaves coûtent trop cher, mais on les fustige, on les flagelle, on les meurtrit sous les coups, car on revient des coups, de la flagellation, des meurtrissures. Jamais on ne laisse les misérables noirs en contact avec leurs parents, s'ils en ont près d'eux, parce que la vue des tortures de ceux qui leur sont chers les porte à la rébellion. Enfin, une négresse devient-elle mère ? on l'arrache à son mari, car l'enfant qu'elle va mettre au monde vaut de l'or... N'est-ce pas un esclave qui va naître, grandir, et qu'on vendra !...

» Qui pourrait dire l'horrible, l'indicible passion des nègres arrachés à leur patrie, séparés violemment de leurs parents, toujours privés de toutes les affections de cœur, brisés dans leur amour quand ils se permettent d'aimer, et enlevés à l'objet de leur tendresse, père, mère, sœur, ou femme, ou enfant, pour être entraînés au loin et livrés à de nouvelles séries de douleurs dans une nouvelle captivité...

» Qu'un long désespoir accumulé, que des fatigues inouïes, des souffrances sans nom longtemps imposées et longtemps dissimulées, le désir impérieux de la liberté ou le bonheur de se revoir avec ceux qu'ils

aiment, poussent quelques-uns de ces malheureux déshérités à se-
couer le joug et à s'échapper pour vivre de la vie du désert, aussitôt
des affiches, dans le style de celles qui commencent cet article, sont
apposées dans tous les districts du voisinage.

Et dire que l'homme blanc, bourreau déchaîné par l'enfer, et
l'homme noir, martyr innocent, le second né libre comme le premier,
sont rachetés l'un et l'autre du sang du Fils de Dieu! Oh! quand on
on songe à l'épouvantable injustice et à la monstrueuse cruauté de
l'esclavage des nègres, on se demande si Dieu a laissé ses foudres s'é-
teindre. Mais non. Un jour viendra où le ciel déchaînera de noires
légions vengeresses, dont les bras vigoureux vous envelopperont, mons-
tres, et vous serreront dans une telle étreinte que vos os en craque-
ront, et que votre sang s'élancera en gerbes jaillissantes pour laver le
sol que vous aurez tant de fois profané par d'innombrables et sanglantes hécatombes... Déjà j'entends l'Amérique, votre nid, vautours, qui
laisse arriver jusqu'à nous le grincement du fer qui s'émoud contre elle
dans l'ombre et dans le silence, mais qui bientôt brillera au grand jour.
Qu'il sera terrible, effrayant le cri de guerre qui sortira de toutes ces
poitrines américaines altérées de sang humain. C'est alors, bouchers de
chair humaine, que vous paierez la peine du talion. L'univers entier,
alors, n'aura pas assez de mains pour applaudir à la grandiose expiation
que, du haut de l'empyrée, le Dieu des infortunés exigera pour votre
barbarie et votre orgueil.

» Alors en lisant le détail des calamités qui fondront sur vous, on
frémira d'épouvante et l'on dira tout haut :

— » Laissez passer la justice de Dieu ! »

CAP DE BONNE-ESPÉRANCE, MONTAGNE DE LA TABLE ET COLONIE DU CAP.

Le cap de Bonne-Espérance, à la pointe méridionale de l'Afrique,
fut vu pour la première fois par Barthélemy Diaz, en 1486, et doublé
par Vasco de Gama, en 1497.

On l'avait nommé d'abord cap des Tempêtes ; mais Jean II, roi de
Portugal, changea ce nom en celui de cap de Bonne-Espérance.

Les Hollandais, les plus ardents navigateurs du temps, y fondèrent
une colonie, 164 ans après la découverte du Cap, c'est-à-dire en 1650 ;
mais elle fut occupée par les Anglais en 1795 et 1806, et elle leur a été
laissée en 1815.

En arrivant au Cap, tout d'abord on est frappé de la vue d'une montagne rocheuse, absolument plate, qui a toute l'apparence d'une table gigantesque, et que, pour cette raison, l'on nomme la montagne de la Table.

Une autre montagne, voisine de la précédente, porte le nom de montagne du Lion.

C'est sur le penchant de ces deux montagnes, la Table et le Lion, qu'est située la ville du Cap. Elle forme un amphithéâtre qui s'allonge jusque sur les bords de la mer : les rues, quoique larges, ne sont point commodes, parce qu'elles sont mal pavées. Les maisons, presque toutes d'une bâtisse uniforme, sont belles et spacieuses. On les couvre de roseaux pour prévenir les accidents que pourraient occasionner des couvertures plus lourdes, lorsque les gros vents se font sentir. L'intérieur de ces maisons n'annonce point le luxe frivole : les meubles sont d'un goût simple et noble ; jamais on n'y voit de tapisseries ; quelques peintures et des glaces en font le principal ornement.

L'entrée de la ville par la place du château offre un superbe coup d'œil : c'est là que sont assemblés en partie les plus beaux édifices. On y découvre d'un côté le jardin de la Compagnie anglaise dans toute sa longueur ; de l'autre les fontaines dont les eaux descendent de la Table par une crevasse qu'on aperçoit de la ville et de toute la rade. Les eaux sont excellentes et fournissent avec abondance à la consommation des habitants, ainsi qu'à l'approvisionnement des navires qui sont en relâche.

Il est assez ordinaire de voir un petit nuage blanc qui s'attache d'abord à la cime de la montagne de la Table, du côté de celle du Diable : c'est l'annonce d'un vent qui doit souffler avec furie. En effet, l'air commence à devenir frais ; peu à peu le nuage augmente et se développe ; il grossit au point que tout le sommet de la Table en est couvert. On dit communément alors que la montagne a mis sa perruque. Cependant le nuage se précipite avec violence et pèse sur la ville. On croirait qu'un déluge va l'inonder et l'ensevelir. Mais à mesure qu'il gagne le pied de la montagne, il se dissipe, il s'évapore, il semble même qu'il se réduise à rien. Le ciel continue d'être calme et serein sans interruption : il n'y a que la montagne qui se ressente de ce court moment de deuil, qui lui dérobe la présence du soleil.

Le pied de la Table est encombré d'une grande quantité d'éclats de rocher qui paraissent s'en être détachés. La base est un granit pur, et, jusqu'à son sommet, elle paraît être alternativement composée de couches horizontales de granit et de terre. Elle s'élève à trois mille six cents pieds au-dessus du niveau de la mer. On n'y peut monter que par la crevasse d'où découlent les eaux qui remplissent les fontaines de la ville. Cette route est pénible, surtout vers le haut, où la crevasse se rétrécit beaucoup et devient presque perpendiculaire. Il faut gravir pendant plus de deux heures pour gagner le sommet. Il offre alors une plate-forme très étendue, hérissée d'énormes rochers confusément amoncelés : on dirait les ruines d'une ville immense. Le temps, les nuages et le vent semblent en avoir usé les parties les plus saillantes.

Vers le milieu du plateau se trouve un bassin bourbeux. C'est de là que découlent les eaux qui arrivent au Cap par la crevasse en question. Ce bassin peut avoir trois ou quatre cents pas de circonférence. Ces eaux sont-elles le produit d'une source des pluies ou des brouillards? qui pourrait le dire? Mais la montagne est circonscrite par une quantité de ravins, qui sont autant d'aqueducs qui vont çà et là distribuer les eaux du bassin et fertiliser les habitations éparses à quelque distance de son pied.

La Table est le repaire des vautours. Le vent du sud-est les oblige souvent à déserter la montagne, et la furie avec laquelle il souffle les précipite dans les rues du Cap, où ils sont assommés à coups de bâton. On y voit aussi l'espèce de singe appelé *papion*, que les Hollandais appellent *barrians*, et dont Paris a vu un curieux spécimen, dans le cirque de l'Impératrice, où un singe de cette espèce, sous le nom de *l'Ecuyer quadrumane*, exécutait tous les tours d'ordinaire réservés à des hommes. On sait qu'ils sont voleurs ; ils se répandent dans les habitations et escaladent les jardins pour en dérober les fruits.

Lorsque les curieux vont pour la première fois à la montagne et s'engagent dans la crevasse, ils se croient assaillis par une pluie ordinaire, quoique le temps soit beau, et il pleut réellement pour eux en effet. Ce sont les gouttes d'eau qui, suintant continuellement des rochers supérieurs, tombent sur ceux qui sont plus bas, se heurtent, se divisent en une pluie d'autant plus fine qu'elle approche plus du pied de la montagne. Cette pluie est toujours plus abondante le matin que le reste de la journée ; les fraîcheurs et les rosées de la nuit en expliquent aisément la cause.

On rencontre dans la crevasse, à un tiers environ de sa hauteur, une superbe nappe d'eau qui coule sur un rocher plat très étendu. On vient de la ville du Cap se promener jusqu'à cette cascade : la route n'en est pas tellement escarpée que les dames ne puissent se donner la satisfaction d'y aller jouir d'un charmant coup d'œil fort pittoresque, d'un point de vue délicieux, et d'une fraîcheur exquise.

C'est un usage assez remarquable que, dans le pays les plus chauds, les esclaves font du feu partout où ils travaillent. Cela leur sert à allumer leurs pipes et à faire cuire ou réchauffer leurs aliments. Ceux du Cap, chargés d'aller couper du bois pour la maison de leurs maîtres, vont quelquefois le chercher sur le revers de la Table. Or, le soir, s'ils négligent d'éteindre les feux, ils se communiquent insensiblement de proche en proche à toutes les herbes et racines sèches ; la trace gagne et s'étend de côté et d'autre, parvient à des enfoncements où le bois vert et le bois sec indistinctement s'allument et s'embrasent ; ce sont alors autant de fournaises, de petits volcans qui tiennent ensemble par les cordons de feu qui les ont unis. La flamme s'en échappe par tourbillons, et se nuance suivant que les différentes cavernes sont plus ou moins profondes. La nuit survient, et la ville et la rade et tous les environs jouissent d'un spectacle d'autant plus magnifique que, la cause en étant connue, on est exempt de ces terreurs profondes qu'imprimerait ailleurs un pareil phénomène, car la hauteur et l'étendue de cet embrasement donnent à la montagne un aspect plus effrayant que les laves du Vésuve dans leur plus grande force. Tout ce qu'on pourrait imaginer pour éclairer les navires à vingt lieues en mer n'approcherait jamais de ce phare allumé au hasard par une misérable broussaille qu'a laissé brûler un nègre étourdi.

C'est auprès du Cap, derrière la Table, que se trouve le fameux vin de Constance. Ce vignoble ne produit peut-être pas la dixième partie du vin qu'on débite sous son nom. Les uns disent que les premiers plants sont originaires de Bourgogne, les autres de Madère, d'autres encore de Perse. Ce qu'il y a de certain, c'est que ce vin bu au Cap est délicieux, qu'il perd beaucoup par le transport, et qu'après cinq ans il ne vaut plus rien.

CAFRES ET HOTTENTOTS.

On désigne sous le nom de Cafres plusieurs peuples du sud de l'Afrique, qui se distinguent des nègres proprement dits par plusieurs caractères.

Le mot Cafres dérive du mot arabe *Cafir*, et signifie infidèle, parce que les Mahométans appellent infidèles les peuples adonnés à l'idolâtrie et au fétichisme, comme le sont les Cafres.

Quoi qu'il en soit, les Cafres habitent la partie orientale du sud de l'Afrique, depuis la rivière du Saint-Esprit jusqu'au détroit de Bab-el-Mandeb.

Cette vaste étendue comprend le Monomotapa, les Jaggas, la Cafrerie, les Bozozes, la côte de Zanguebar et de Mozambique, Mongale, Monbase, Mélinde, les Anzicos, et les royaumes d'Alaba, d'Ajan et d'Adel, ainsi que le pays des Gallas. Peut-être l'intérieur de l'Afrique est-il habité par des nations semblables, mais elles sont féroces et même anthropophages.

Les Jaggas suspendent autour de leur cou les dents et les os des hommes qu'ils ont dévorés.

Les Cafres de la baie de Saldanha portent un collier fait des intestins pourris des animaux.

Suivant les observations de Salt, la côte de Zanguebar offre le singulier mélange de trois races africaines distinctes. Les Makakatos, quoique noirs, ont des cheveux lisses et la physionomie européenne ; les Massaqueyos, qui buvaient le lait de leurs vaches mêlé avec du sang, comme les anciens Massagètes, et faisaient porter à leurs enfants un bonnet pesant, en signe d'humiliation, jusqu'à ce qu'ils eussent tué un ennemi, étaient, selon les Portugais, de race cafre. Les Mazimbes ou Zimbes, qui vinrent avec une armée formidable détruire Quiloa, dans le Zanguebar, étaient nègres.

La famille des Cafres se distingue parfaitement de celle des nègres, par un caractère plus habile, plus fier, et même indomptable à la guerre. Elle a un teint moins foncé et moins luisant, une face moins allongée, des traits plus réguliers et plus beaux, un corps très robuste, bien constitué, grand, quoique moins épais que celui des nègres ; enfin, lorsque le Cafre est échauffé, sa sueur n'exhale pas d'odeur désagréable. Naturellement pasteurs et nomades, les Cafres sont des peuples simples, mais plus courageux que les nègres.

Les Houzouanas, quoique de la même race que les Cafres, à l'est du Cap, ont quelque chose de particulier. Leur taille robuste et élancée est plus élégante que celle des Cafres. La teinte brune de leur peau tient le milieu entre le noir brillant des nègres et le jaune marron des Hottentots.

EXCURSIONS DANS L'ASIE-MINEURE

A TRAVERS LA BITHYNIE, LA LYDIE, L'IONIE, etc.

De tous les voyages, ceux qui intéressent davantage et qui instruisent le plus, sont bien certainement les pérégrinations à travers les contrées devenues célèbres par leurs magnifiques paysages, mais aussi rendues illustres entre toutes par les événements historiques dont elles ont été le théâtre.

A ce point de vue, est-il contrée plus admirable et plus fameuse que l'Asie ?

Et, dans l'Asie, l'Asie-Mineure ou l'Orient, comme on aime à l'appeler ?...

Par opposition à l'Asie-Majeure ou Grande-Asie, on donne ce nom d'*Asie-Mineure* à la presqu'île la plus occidentale de cette seconde partie du monde, le berceau des nations, le point de départ des peuples. Voyez s'il fut jamais région plus avantageusement placée. L'Asie-Mineure était bornée :

Au nord, par la mer Noire ou Pont-Euxin ;

A l'est, par l'Arménie et la Syrie ;

Au sud, par la Méditerranée;

A l'ouest, par la mer Egée.

Elle est traversée par plusieurs chaînes de montagnes détachées du Taurus et du Caucase.

Elle est arrosée par le Méandre, l'Hermus, le Sangarius, l'Halys et l'Iris.

On y distinguait onze contrées principales :

A l'ouest, la Mysie, la Lydie, la Carie, la Lycie ;

Au nord, la Bithynie, la Paphlagonie, le Pont ;

Au sud, la Pamphylie, la Pisidie et la Cilicie;

Au centre, la Phrygie et la Cappadoce.

Tout le rivage occidental était occupé par les colonies grecques :

Les Eoliens, au nord; les Ioniens, dans la Lydie; les Doriens, au sud.

Ces derniers avaient fondé des villes qui, pour la splendeur, la puissance et la civilisation, étaient devenues les rivales des cités de la Grèce : Ephèse, par exemple, puis Phocée, Milet, Cnide, Halicarnasse et Lampsaque.

Les autres villes de grand renom étaient :

Troie, l'antique capitale de la Troade, dans la Mysie,

Et Sardes, la capitale du riche Crésus, dans la Lydie.

Puis, c'étaient : Pergame, la gloire des Attales, dans le royaume de ce nom; Pruse, Cyzique, Amasie, Sinope, Nicée, Nicomédie, Chalcédoine, etc., au nord;

Ensuite, dans la Phrygie, Ancyre, Apamée, Laodicée;

Césarée, Sébaste et Melitène, dans la Cappadoce;

Et enfin, au sud, Stratonice, Tarse, Séleucie, etc.

Les îles principales qui dépendaient de l'Asie-Mineure sont celles de Lesbos, Chios, Cos, Samos, Rhodes, sur la côte occidentale; et Chypre, au sud.

L'Asie-Mineure a été célèbre dès le début des âges.

N'est-ce pas dans ses régions que les dieux et les héros ont accompli leurs merveilleux exploits?

Dès les premiers temps de l'histoire, ses pages nous signalent le passage et la présence, dans l'Asie-Mineure, des hommes les plus illustres et des peuples les plus vantés.

N'est-ce pas dans l'Asie-Mineure que se firent cette guerre formidable et ce siége prodigieux de la ville de Troie, chantés jadis par Homère, le premier des poètes, et qui servent de point de départ à tant de faits historiques?

N'est-ce pas sur les rives du Simoïs, du Xanthe et du Scamandre, au pied du mont Ida, dans la vaste plaine qui regarde Ténédos, sous les yeux de la Grèce attentive de l'autre côté de la mer Egée, qu'eurent lieu ces luttes colossales dont la cause fut une femme, le moteur un jeune prince, les victimes toute la famille de Priam et d'Hécube, et les grands acteurs Agamemnon, roi d'Argos, Ménélas, souverain de Sparte, Ulysse, monarque d'Ithaque, et Achille, le bouillant Achille, et Ajax, et Diomède, et Patrocle, etc.?

Ce fut là, sur le territoire de cette Asie-Mineure, que le grand Pharaon Sésostris, il y a de cela 3000 ans, vint se heurter contre les Scythes échappés aux steppes des régions septentrionales.

Ce fut là que naquirent, vécurent et s'illustrèrent par les œuvres de leur génie Thalès, le philosophe; Esope, l'intelligent fabuliste;

Hérodote, le père de l'Histoire; Apelles, le peintre ingénieux, et nombre d'autres grands hommes.

Et, quand une fois l'éclatante lumière de l'Evangile se prit à luire sur le monde, ce fut là aussi, là avant tout, que Paul, sur le chemin de Damas, reçoit du ciel la vision qui en fait le plus ardent disciple du Sauveur Jésus, et le fait parcourir toute la contrée, avec l'apôtre Barnabé, pour y répandre la doctrine nouvelle et moissonner des âmes à la foi du Christ.

C'est dans l'Asie-Mineure que saint Jean, le disciple bien-aimé, vient occuper le siége de la grande cité d'Ephèse, où le suit la sainte Vierge, mère du Crucifié, et là qu'il proclame les destinées grandioses des sept Eglises d'Asie.

C'est à Nicomédie que l'empereur Dioclétien, le dernier des persécuteurs, dépouille les insignes de l'empire;

Et tout près de Nicomédie que vient mourir Constantin.

C'est à Nicée que se tient le premier Concile œcuménique;

Puis Ephèse et Chalcédoine reçoivent tour à tour les Pères de l'Eglise, qui leur font entendre les vérités évangéliques.

Mais, hélas! vient ensuite un temps fatal, où sur les débris des temples grecs et sur les arceaux brisés des églises chrétiennes, l'étendard de Mahomet est audacieusement planté par de redoutables envahisseurs!

N'ai-je donc pas raison de dire que l'Asie-Mineure est la contrée du monde qui mérite le plus la visite des voyageurs, tant au point de vue des scènes historiques qu'à celui des splendeurs de la nature, montagnes sourcilleuses et sombres forêts, fleuves merveilleux et lacs rutilants, et puis ici, là, partout, des ruines incomparables et d'éloquentes leçons d'histoire données par elles à l'humanité qui passe et s'arrête un moment?...

Donc, quittons Constantinople, à la suite de M. le comte A. de Moustier et de son secrétaire, et, pour mieux saisir l'intérêt de leur voyage, étudions la carte des régions qu'ils vont parcourir.

Prenons bien note, en outre, que l'Asie-Mineure d'autrefois porte actuellement le nom d'ANATOLIE.

C'est le 24 septembre 1862 que nos deux voyageurs français, M. le comte de Moustier et le secrétaire d'ambassade, M. de Vernouillet, prennent place, dans le port de Constantinople, sur le vapeur l'*Ajaccio*.

Leur suite se compose d'un unique domestique, également français, et d'un interprète grec, tout à la fois leur fournisseur de vivres et même, au besoin, leur cuisinier. Pas de tentes, mais quelques bagages et des lits de repos, tel est leur attirail. Dans toute l'Asie-Mineure, on trouve à se loger, et nos excursionnistes comptent sur une bonne réception partout, attendu qu'ils ont en mains un firman qui émane de la Sublime-Porte. Or, qui oserait résister aux ordres du sultan de Constantinople?

En longeant le rivage oriental de la mer de Marmara, les voyageurs saluent la vénérable cité de Chalcédoine, devenue la modeste bourgade de Kadi-Kouï, et ils évoquent les souvenirs des nombreux siéges qu'elle eut à supporter de la part de Pharnabaze, satrape de Phrygie, vers 410 avant J.-C., puis d'Alcibiade, alors que l'illustre Athénien était l'hôte de Pharnabaze, et enfin du roi de Pont, Mithridate.

Sur le même rivage, dont les beautés rappellent celles du Bosphore, on entrevoit, émergeant des bosquets, un *tumulus* verdoyant qui signale Lybissa, maintenant Guébisé. D'après Pline, qui nous dit l'avoir visité, ce tumulus renferme les restes du célèbre Annibal, disgracié par les Carthaginois. Le grand général s'empoisonna, dit l'histoire, dans la maison qu'il occupait à Lybissa, pour se soustraire à la vengeance de Rome, qu'il avait mise, par la bataille de Cannes, à deux doigts de sa ruine.

C'est à Chalcédoine que l'on admirait la splendide Rufinapolis, la villa princière de l'extravagant Rufin, l'indigne ministre de Théodose et Arcadius. De nos jours, pas le moindre vestige de ces magnificences interlopes, leurs débris ayant été employés à la mosquée de Soliman.

En 451, Chalcédoine vit un concile œcuménique, assemblé dans ses murs, condamner l'hérésie d'Eutychès, dont les erreurs spécieuses sont encore répandues dans l'Orient.

Assez près de Nicomédie, on aperçoit Ancyre, où Constantin-le-Grand s'était fait construire une villa qui fut témoin de sa mort.

Le 25, l'*Ajaccio* s'avance majestueusement en plein golfe de Nicomédie, et, dans un lointain vaporeux, on voit s'étager, sur une colline escarpée, les tours, les édifices et les clochers de la ville de ce nom, qui lui tiennent lieu de piédestal.

Tout à l'entour du golfe, que l'on nommait *Astracus-Sinus,* au temps des empereurs de Byzance, ont pris la place des charmantes villas d'autrefois et nagent dans un océan de verdure rutilant des feux du soleil, des villages tapis sous des arbres séculaires, villages inconnus à présent, et dont les noms cependant furent jadis bien fameux.

Une fois en face de Nicomédie, actuellement Isnikmid, et alors que le bateau à vapeur a stoppé dans le port, on est frappé de l'aspect charmant de la ville, qui, plongée dans la verdure comme dans un bain, fait émerger ici et là les joyaux de ses coupoles, de ses minarets et de ses brillants palais. Sur le penchant de la colline, on avise le kiosque qui appartient au sultan. Assurément cet édifice produit un certain effet, mais il n'éveille pas dans la mémoire le souvenir du palais de Dioclétien, dont il occupe l'emplacement, et qui fut livré aux flammes du vivant même de ce farouche empereur. Tout au plus aperçoit-on quelques pans de murailles de l'ancienne ville, et reconnaît-on des vestiges d'aqueducs, d'égouts, etc.

Nicomède Ier est le fondateur de Nicomédie, qu'il édifia vers 400 de notre ère. Pline-le-Jeune, préteur au nom de Trajan, l'a singulièrement ornée et enrichie. Mais ce fut à Dioclétien surtout qu'elle dut, par sa magnificence, de devenir la capitale de la Bithynie.

Nos voyageurs ne mettent pas un long temps à parcourir et a connaître Nicomédie. A peine entrés dans la ville et mis en règle au vis-à-vis du kaïmakam ou chef de la province, auquel ils font voir leur firman et qui leur fait la politesse du café et des tchibouks, ils s'éloignent, accompagnés d'une escorte de deux *zaptiés*. Les zaptiés sont les gendarmes du pays, mais gendarmes portant un uniforme turc tout de fantaisie, et néanmoins généralement de bon goût. La grande affaire du zaptié est d'être en possession d'un cheval plein de feu, de porter des armes étincelantes et de fumer. Manger une poule et du pilaw, c'est-à-dire du mouton au riz, est leur plus grande satisfaction. Les denrées sont à très-bas prix dans l'Anatolie, aussi le zaptié n'a guère que quinze francs de paie. C'est à celui qui a recours à ses services de se montrer généreux, pour augmenter cette pauvre solde.

D'Isnikmid, le comte de Moustier se rend à Sabandja, et il suffit de six heures pour avoir raison des trente kilomètres qui séparent ces deux points. Il est évident qu'il s'agit d'un voyage à cheval. On chevauche sur une voie romaine qui, partant de la Syrie, traverse l'Anatolie du sud-est au nord-ouest, en rattachant à la capitale les villes les plus importantes de l'Asie-Mineure, de la Mésopotamie et de l'Arménie. Mais cette voie antique, large de quatre mètres, est certainement bien déchue de sa grandeur première, et on marche bien plus sur les côtés que sur la route elle-même. Aussi se trouve-t-on fréquemment en présence de groupes de bœufs pataugeant dans la fange pour en faire sortir des chariots chargés de bois et autres matériaux, ou bien par des caravanes de chameaux cherchant à franchir les mauvais pas. D'autre part, l'œil se repose volontiers sur des bocages de vignes vierges, d'où s'élancent de vieux platanes, dont les troncs creusés par le temps offrent un abri aux chameliers de passage, ou aux pâtres qui conduisent leurs troupeaux sur des pelouses qui, ici et là, servent de bordure.

Il est nuit lorsque nos touristes pénètrent dans Sabandja, petite bourgade dont les maisons turques sont construites de manière à former saillie dans leurs étages supérieurs, ce qui rétrécit d'autant l'espace réservé à l'air et diminue la lumière du jour, en arrêtant le rayonnement du soleil. Les rues de Sabandja sont donc obscures généralement, et surtout fort étroites : ajoutez que la circulation est souvent interrompue par mille obstacles.

Pour atteindre l'auberge principale ou *khan*, il faut que les voyageurs traversent toute la ville, qui heureusement est très-restreinte. Quelle auberge ! pas un meuble dans les chambres. Que dis-je, chambres ! C'est à peu près un hangar dans lequel, une fois installé, celui qui s'y abrite doit pourvoir à sa nourriture et à tous ses besoins. Par bonne fortune pour nos compatriotes, le séjour ne peut se prolonger beaucoup à Sabandja. Aussi, après le repos de la nuit, et un repas composé d'une poule au riz et d'une omelette, la petite caravane reprend son vol, avec des chevaux choisis et deux nouveaux zaptiés.

De Sabandja — Sophon de nos jours — au lac de ce nom, trois cents mètres peut-être, et du lac au fleuve Sangarius, une distance double.

A l'époque où Pline-le-Jeune possédait la préture de la province, il fut question de faire communiquer le golfe de Nicomédie avec le Sangarius, actuellement le Sakaria, par le lac de Sabandja, qui occupe entre les deux un point culminant.

Ce Sangarius est un fleuve violent qui roule ses eaux entre deux falaises escarpées et les porte vers la mer Noire. Sur ce courant rapide chevauche un pont, le pont de Sophon, construit jadis par Justinien. C'est un viaduc de quatre cents mètres de long, composé de douze arches à plein cintre, dont le tablier offre une surface couverte d'un beau dallage. Mais des attérissements successifs ont comblé le lit de l'ancien fleuve transformé en marais, et, une opulente végétation aidant, ils atteignent la courbure des voûtes, ce qui nuit nécessairement à l'aspect de cette construction grandiose, dont les beautés architecturales sont voilées par des massifs de figuiers et d'arbustes de toute sorte.

Du côté de Sabandja, les alluvions du fleuve ont enveloppé d'un ample manteau de fange un arc de triomphe qui était visible encore il y a quelque vingt ans ; mais, à l'autre extrémité, on retrouve un édifice que couronne une coupole, et qui se dresse à l'angle droit de deux voies se dirigeant, l'une vers la chaîne du Taurus, l'autre vers les rivages du Pont-Euxin.

Rien de plus pittoresque que le lac et la route de Sabandja. Vont et viennent, par longues files, et par groupes bizarres, piétons et cavaliers des deux sexes, qui à âne, qui à cheval, qui en voitures et à pied, se rendant à un pèlerinage voisin. On s'extasie en regard de l'étrangeté des costumes et des manières excentriques de ces pèlerins bavards, et dont l'œil ardent brille en vous toisant de haut.

Bientôt, au-delà d'un vallon charmant, à l'extrémité d'un sentier qui sillonne des bois de lentisques, se montrent, s'estompant en gris sur l'éther bleu du firmament, les minarets du village de Ada-Bazar, placé en éclaireur sur la rive gauche du Sangarius.

Là, délicieux accueil de la part du magistrat de la cité, chez lequel café, cigares, confitures, etc., sont offerts avec un abandon parfait. Le haut personnage fait ensuite conduire ses hôtes à l'église grecque, salle immense peinturlurée de tons criards, et dont l'autel est dissimulé par une grille, et, derrière la grille, par un ample rideau très-mystérieux. Vous n'êtes pas sans avoir vu des images russes, pauvres peintures pailletées de points d'or et de pierreries fausses. On retrouve ces mêmes peintures, en grand, dans cette église, et inspirées par le même goût byzantin.

Chemin faisant, on rencontre des Grecques et des Arméniennes, vêtues de petites vestes de couleurs vives, et de larges pantalons. Leurs longs cheveux sont flottants, ou divisés par tresses auxquelles sont adaptés de minuscules coquillages. Le tout est recouvert du bonnet turc que vous savez, sorte de calotte rouge appelée *fez*, autour duquel les femmes disposent un foulard en manière de turban. Des colliers et des résilles de pièces d'or ornent le cou et le front de plusieurs des jeunes femmes, tant il est vrai que la coquetterie se retrouve dans toutes les contrées de la terre.

A la sortie d'Ada-Bazar, le 27 de septembre, les voyageurs s'acheminent à travers des landes sauvages d'où émergent des noyers millénaires, à en juger par leur taille colossale. Il paraît qu'on utilise le bois de ces vieux arbres à faire des crosses de fusil, que l'on expédie pour l'Europe. Il y a grand plaisir à marcher sous l'épais feuillage de ces noyers et à contempler de loin, marquetés d'ombre et de lumière, les pacages et les cultures de cette région qui offre bien le caractère oriental.

Voici le village de Kizé-Kéni, qui dort dans la plaine, au doux murmure d'un ruisseau dont les eaux baignent le pied des maisons.

Puis, c'est une gorge effrayante vers laquelle on s'avance, et bientôt on reconnaît l'impétueux Sangarius qui s'y démène avec fracas. Le chemin suit alors la rive du fleuve, qui se dirige à travers une vallée fort resserrée que surmontent de toutes parts des cimes sourcilleuses, auxquelles de nombreux sapins et des essences à feuillages donnent une physionomie des plus sauvages. La voie, qui laisse passage à deux cavaliers tout au plus, se trouve taillée dans le massif rocheux qui sert de bordure au Sangarius, et, de cette sorte de corniche, on domine le cours du fleuve. Qu'il survienne une caravane, et les voyageurs sont contraints de se garer, comme ils peuvent, dans les anfractuosités des parois.

Heureusement, après trois ou quatre kilomètres, la vallée prend du large, et l'on atteint un pont de quinze arches ogivales d'ouvertures disparates, dont deux sont éventrées, et qui fut construit, vers 1396, par Bajazet Ier, le vainqueur de la bataille de Nicopolis. Un immense caravansérail, des plus curieux à connaître pour ses plans bizarres, précède ce pont. Ce n'est qu'une longue écurie de cinquante mètres, séparée d'un passage de même parcours, et formée d'une balustrade derrière laquelle sont disposées des chambrettes munies de cheminées qui ont pour destination de servir aux opérations culinaires des très-nombreux chameliers de ces parages.

Une fois de l'autre côté du Sangarius, on arrive à un village qui fut l'antique Tottœum, mais qui, de nos jours, sous le nom de Ghéïvé, est renommée fort au loin pour ses melons délicieux.

Cependant les montagnes qui enserrent le fleuve se sont petit à petit écartées de ses bords, et une plaine se montre au large, marquetée de vignes plantureuses, capitonnée de mûriers, et zébrée de cultures de coton et de plantations diverses.

Partout, autour de soi, grande fertilité du sol.

Sur un point de la plaine s'étale nonchalamment une bourgade dont les tons gris et les nuances sombres, de loin, attristent l'esprit et n'inspirent pas une grande confiance à l'endroit du confort. Ak-Séraï n'est, en effet, qu'une agglomération de masures. Encore plus délabré le caravensérail ou hôtel du lieu : néanmoins, comme la nuit approche, il faut prendre gîte dans ce khan de sinistre apparence. Mais grâce à la bonne étoile de nos Français, voici que les zaptiés viennent les chercher pour les conduire au *konak*, l'habitation du *mudir*. Le firman de S. H. lui est présenté, et le vieillard vénérable s'empresse de le porter à sa tête en signe de respect. Aussitôt circule le café, sont allumés les tchiboucks, et on fait tous les honneurs possibles aux étrangers, dans le *sélamik*, c'est-à-dire la pièce réservée aux hommes, car jamais nul ne pénètre dans le *harem* ou appartement des femmes.

Ce sélamik est orné avec un certain luxe : bahut élégant, divan disposé dans toute la longueur de la salle, flambeaux assez semblables aux chandeliers de nos églises et posés à terre, sur un tapis qui couvre toute l'étendue de la pièce.

Après que l'on a dressé un trépied sur lequel on dispose les éléments du repas du soir : minuscules morceaux de mouton grillé, viandes roulées dans une enveloppe de feuilles de vigne, riz cuit avec de la graisse, c'est-à-dire le fameux *pilaw*, le mets par excellence des Arabes, gâteaux, crèmes, lait caillé, aubergines, melons énormes et succulents, etc., on vient inviter les deux excursionnistes à prendre place à la table basse, trop basse, du sélamik.

Pour eux, c'est une opération peu commode que de dîner assis à la façon des tailleurs, à l'entour de cette table : mais aussi, mais surtout, ce qui leur semble encore plus incommode, c'est que les plats sont communs et que tous les convives doivent à tour de rôle plonger leurs doigts dans les mets pour s'en attribuer une part. Quant aux aliments liquides, on se les administre à l'aide d'une cuillère d'ivoire ou de bois. Aucun vin ! N'oublions pas que le Coran l'interdit aux disciples de Mahomet : mais de l'eau... à discrétion. Fort à propos, après le repas, on donne aux convives le moyen de se laver la bouche, le visage même, et les doigts.

Avant de se livrer au repos, et alors que le soleil s'est couché dans une admirable et grandiose alcôve d'or et de rubis, que lui composent des montagnes nageant dans les plus riches teintes d'améthistes et de saphirs, sous le bleu pavillon du firmament, voici que tout-à-coup une illumination jaillit sur la place qui précède le konak et permet de se récréer les yeux, en contemplant dans des flots de lumière les jeunes gens de la bourgade, en longs cafetans de bayadères et d'almées, se livrant à leurs danses nationales, avec accompagnement de flûtes et tambourins.

Enfin le sélamik, salle d'audience d'abord, ensuite salon, puis salle à manger, devient chambre à coucher. On y a placé matelas et couvertures, pour le plus grand agrément des voyageurs.

— Dormez maintenant, si vous voulez ; dormez, si vous pouvez !

Le 28 septembre, nos excursionnistes s'éloignent d'Ak-Séraï, mot qui signifie bien à tort *Château Blanc,* et, abandonnant la vallée pittoresque du Sangarius, à laquelle ils tournent le dos, escaladent les talus escarpés d'une montagne capitonnée de grès énormes. C'est un passage de mauvais renom, et souvent des brigands de la contrée, en embuscade derrière les rochers, attaquent, tuent et détroussent les voyageurs qui ne sont pas sur leurs gardes. Un Français y perdit la vie peu auparavant, et d'autres encore ont été victimes, dans ces gorges qui occupent à peu près le milieu entre Nicée et Karamoussal. Mais les zaptiés font bonne garde et la caravane échappe à tout danger.

On franchit donc, sans mauvaise aventure, la forêt qui couronne le plateau de la montagne, et, par de douces pentes fort ombreuses, on descend bientôt vers un lac aux rives fleuries, dont les eaux calmes ruissellent des feux du soleil.

C'est le lac de Nicée, que les Latins nommaient *Ascanius*, et que les Turcs appellent Isnik-Gueul.

En effet, sous une inextricable clairière d'arbres séculaires, de la coupole de verdure desquels émergent à peine quelques flèches et des crêtes de monuments, dort l'antique et célèbre cité de Nicée, dans la plaine inférieure, voisine du lac.

Jadis Nicée porta le nom d'Antigonie, d'Antigone, son fondateur, puis, ayant été agrandie par Lysimaque, ce prince, du nom de sa femme l'appela Nicée.

On arrive au pied des murailles de cette ville grecque sans s'en douter. Aucun murmure, nul mouvement n'en signale l'approche. Et cependant de grandes gloires forment l'auréole de Nicée, car ce fut elle qui donna le jour à l'astronome Hipparque, à l'historien Dion Cassius.

Elle est surtout célèbre par le second Concile œcuménique, qui s'y tint sous Constantin, en 325. On y dressa le fameux symbole des apôtres, dit *Symbole de Nicée*, et on y condamna la doctrine d'Arius. En 787, le huitième Concile œcuménique fut également convoqué à Nicée sous l'impératrice Irène et son fils Constantin V, et les iconoclastes ou *briseurs d'images saintes* y furent anathématisés.

Nicée a été le théâtre de grands faits historiques. Ainsi, elle fut prise par Soliman, en 1076. En 1097, elle reçut les croisés, qui s'en emparèrent et en firent don, en 1204, à Louis de Blois.

En 1206, Lascaris en fit la capitale de l'empire de Nicée, qui fut ensuite réuni à celui de Constantinople, par Michel Paléologue.

Les Turcs s'emparèrent de Nicée en 1333.

Notre ville française de Nice, dans les Alpes-Maritimes, a eu pour marraine la ville de Nicée.

Une fois Nicée découverte par le voyageur au milieu du fouillis de verdure qui l'entoure et l'enserre, on s'extasie en présence de ses ruines, ruines grandioses, charmants spécimens de l'art le plus pur, pittoresques débris. Si cette antique cité n'avait eu à souffrir que des tremblements de terre, peut-être nombre de monuments seraient-ils encore debout. Mais les Scythes et d'autres barbares ont passé par là ; mais elle a eu à subir des siéges cruels, et les édifices de ses premiers âges ont disparu. Tout au plus en retrouve-t-on des fragments recommandables. C'est ainsi que, le long de ses remparts, on avise, ici, des colonnes servant de linteaux à des poternes ; là des chapiteaux grecs du plus admirable corinthien ; puis des tombeaux ailleurs ; et partout des reliefs d'architraves, de pilastres, de marbres les plus rares et les plus précieux.

Mais ce qui offre le plus d'intérêt, c'est l'enceinte continue des murailles : elles datent du IVᵉ siècle et forment une double ligne de fortifications, la seconde plus basse que celle de l'intérieur, et l'une et l'autre appuyées de deux cent quatre-vingt-trois tours, tantôt rondes, tantôt carrées.

Ces murailles sont percées de portes, dont les deux plus remarquables, la porte de Constantinople et la porte de Lefké, ont été décorées par l'empereur Hadrien d'arcs de triomphe du plus beau marbre blanc. Chose superbe ! à Nicée, la verdure, une verdure opulente, s'unit à toutes les ruines et se confond avec elles. Ces portes de la ville sont amplement pourvues des plus charmants effets de végétation. Ce que l'on regrette, ce sont les créneaux de l'enceinte, qui ont complètement disparu.

On retrouve aussi le théâtre de la vieille cité, construit sur un point culminant en face du lac. Il fut érigé à l'époque de Trajan. Mais dans l'exubérante végétation qui s'est emparée de ces débris grandioses, on n'entrevoit guère que des arceaux éventrés, des gradins rompus, des colonnes brisées. La nature y dispute à l'archéologie les murailles de cet antique monument.

L'édifice qui porte le nom de Cathédrale date du XIIᵉ siècle, et on y voit des peintures qui remontent au Bas-Empire et ne sont pas dépourvues de mérite.

Une autre église, du VIᵉ siècle, Sainte-Sophie ou *Aghia Sophia*, œuvre de Justinien, est dépossédée du dôme qui la couronnait, et les arceaux de la nef principale ont disparu. Néanmoins, on peut apprécier certains fragments de mosaïques, en écartant les branches d'arbrisseaux qui les recouvrent de leurs feuilles jalouses.

Le premier Concile œcuménique eut lieu dans le palais impérial de Nicée : mais comme il ne reste aucune trace de cet édifice, nul ne peut désigner le lieu qu'il occupait.

Une des merveilles de la ville est la mosquée de Véchil-Djami, ou Mosquée Verte, dont le minaret, tout en faïence émaillée, récrée le regard par les plus vives et les plus charmantes couleurs. On y retrouve le style arabe dans toute sa fraîcheur et son éclat. C'est l'œuvre des Seljoucides d'Iconium. On ne peut rien imaginer de plus exquis, et les monuments des Maures de Grenade ne surpassent point la délicate magnificence des balustrades clôturant les portiques et les arabesques ciselées dans le marbre du frontispice.

A la sortie de cette mosquée, on est ravi d'aise en présence de ruines grandioses qui conservent leurs coupoles, mais dont les murailles de briques sont perforées en tout sens. C'étaient jadis des thermes.

Dans l'étendue de Nicée, il y a bien d'autres restes d'édifices romains, grecs, musulmans, etc., et on est frappé des contrastes qui se produisent alors. L'œil se promène avec délices sur les frontons tombés, les balustrades rompues, et les ogives des arceaux qui s'écroulent. Mais on ne peut s'arrêter ici à peindre ces effets de l'art qui tend à se plonger dans les massifs de verdure. On ne peut que les admirer et dire que là se trouvaient debout des joyaux que le bras inflexible du Temps fauche sans pitié et qu'il couche chaque jour sur le sol.

A l'aide de l'imagination, relevez toutes ces enceintes de murailles de la grande Nicée ; redressez ses palais impériaux, ses églises, ses monuments, ses édifices ; dans les rues tortueuses qui la composent maintenant, remettez debout toutes les maisons dont la splendeur était proverbiale : et puis, au sein de cette brillante cité d'autrefois, voyez, à la parole de Constantin V, s'assembler jusqu'à trois cents évêques de tout l'univers catholique, pour composer un Concile œcuménique et veiller aux intérêts de l'Évangile du Christ. Certes, ils ne sont plus jeunes, ces pontifes : ce sont de beaux et énergiques vieillards qui se rendent à l'appel du souverain pour régler les choses de l'éternelle vérité. Et à qui peuvent-elles être mieux confiées qu'à ces généreux confesseurs, mutilés pour la plupart, sur les arènes et dans les cirques de l'Empire, qu'ils ont rougis de leur sang, et à ces savants illustres qui ont blanchi sur les articles de la foi chrétienne, dans les veilles et un travail constant. Et alors, dites-moi si la doctrine d'Arius ne fut pas battue en brèche et déchirée par ces voix éloquentes des docteurs, et cette ardente conviction des martyrs ?

Nicée n'a-t-elle vu que ces majestueuses scènes autoritaires de la religion ? Oh ! elle fut aussi témoin des incursions des Arabes, qui, au nom de l'islamisme, l'attaquèrent bien des fois, sans succès, d'abord ; mais ensuite elle devint la proie des Turcs seljoucides, et le croissant de Mahomet remplaça la croix du Christ, sur ses étendards, ses monuments et dans ses temples.

Réveillez vos souvenirs. Ne voyez-vous pas, l'Histoire à la main, arrivant en ces lieux, de son altier château de Normandie, Robert-le-Diable, dans le but de faire un pèlerinage en Terre-Sainte, afin d'expier les violences coupables de sa vie ? Or, c'est ici, à Nicée, sous les murs de la ville, qu'une mort entourée de mystère couche dans la poussière le terrible duc normand.

Puis, voici venir les Croisés de la France, avec Godefroi de Bouillon à leur tête. Mais je ne puis vous redire en ces pages les luttes vaillantes de la Foi, qui font que l'Occident tout entier se heurte contre l'Orient soulevé. Sur ce vaste théâtre des glacis qui entourent Nicée, la France triomphe dans une longue bataille qui humilie les Musulmans, en 1097, et nos braves phalanges s'emparent de cette ville, d'Edesse, d'Antioche et de Jérusalem.

Alors le résultat de cette première Croisade, qui sera suivie de cinq autres, est de former à Jérusalem, sur le tombeau du Sauveur, un royaume chrétien, dont on défère la couronne à Godefroi de Bouillon, tandis que plusieurs autres chefs des Croisés occupent les autres villes voisines.

Hélas! en 1330, Nicée retombait au pouvoir des Turcs, et depuis lors elle n'a cessé de leur appartenir.

Tout au plus compte-t-elle deux mille habitants, mais au moins sont-ils restés fidèles à leur croyance, car ils sont tous chrétiens.

Que vous dirai-je de plus sur Nicée? Ce n'est plus qu'une cité déchue. Ses maisons sont enfoncées dans de vastes jardins, dans d'immenses vergers. A part les ruines signalées précédemment, et des aqueducs antiques permettant aux belles eaux des montagnes voisines de venir rafraîchir les habitants, on se croirait dans un village entouré de marécages : aussi la *mal'aria,* comme en Italie, donne-t-elle de trop nombreuses fièvres à une population chétive.

. On n'a même pas le courage, dans le peuple de Nicée, de se livrer à la pêche sur le lac, qui cependant abonde en poissons de toutes sortes, et qui offre au touriste de charmants paysages, en face desquels il se surprend souvent en extase.

C'est en longeant ce lac, à l'orient, que l'on s'éloigne de Nicée pour s'acheminer vers Brousse, l'antique Pruse, nom commun à deux villes de Bithynie fondées par l'un des deux Prusias, rois de cette contrée, de 237 à 148 avant J.-C.

L'une de ces villes était *Pruse ad Hypium,* sur la côte, entre Héraclée et Nicomédie ;

L'autre, *Pruse ad Olympum,* c'est-à-dire au pied du mont Olympe, aujourd'hui Brousse, à l'ouest de la précédente.

C'est vers Brousse que se dirige la petite caravane des zaptiés et de nos Français.

Une fois au pied des montagnes qui étalent leur large éventail au midi de la contrée, par un étroit chemin creusé dans le tuf, les voyageurs scandent péniblement l'escarpement des hauteurs qui leur font face.

Mais alors les zaptiés et ceux qu'ils conduisent sont fort étonnés de voir à distance, sur le plateau supérieur, un groupe de cavaliers en observation, et qui, en les apercevant, piquent aussitôt leurs montures et arrivent sur eux à fond de train. Serait-ce des brigands, comme il s'en trouve entre Nicée et Karamoussal? Non, grâce à Dieu ! C'est le chef, le kaïmakam de la contrée, qui, averti de la venue des étrangers, arrive, avec une suite, à leur rencontre, pour leur faire honneur.

En effet, voici que l'on atteint une ville, résidence du kaïmakam, la ville de Yéni-Schcher, au milieu d'une plaine fertile, après que l'on a franchi de profonds ravins et traversé d'épaisses forêts.

Esquisse de Yéni-Scheher : maisonnettes en terre, rien de plus primitif ; konak ou résidence du chef à l'état de masure. Heureusement, comme dédommagement, on y reçoit les hôtes avec tous les égards possibles. Pour se rendre à cette demeure, masses de curieux à refouler ; bandes d'enfants de tous les degrés, en costumes bizarres ; hommes collés silencieusement contre les parois des rues ; femmes lorgnant sans répit les illustres Français. Mais qu'importe que cette mise en scène ne soit que de peu d'éclat? A Yéni-Schcher, l'air est bon, salubre le climat, fertile le territoire. Du reste, les voyageurs se contentent de passer la nuit dans cette bourgade.

Le lendemain 30, toute la garde du kaïmakam est sur pied de bonne heure, pour accompagner M. de Moustier et son secrétaire, jusqu'à un kilomètre de la petite ville. Là, trois zaptiés se détachent de la troupe, pour suivre les touristes et former leur cortége.

On traverse la plaine, ce qui demande trois ou quatre heures. On gravit des monticules et on en atteint le faîte. Alors, subitement, font leur apparition les sommets du mont Olympe, le long duquel se creusent les pittoresques perspectives de la riche vallée de Brousse.

Vue de loin, Brousse produit l'effet d'un long feston de coupoles de minarets, de monuments élancés, qui s'appuie aux rampes du mont Olympe. Pour l'atteindre, la caravane chemine sous les grands ombrages de vieux châtaigniers, que l'on est heureux de trouver, à la descente d'un sentier abrupte ; la vallée tout entière est fourrée de bocages en pleine végétation, de mûriers, de mille sortes de plantes qui sillonnent ici et là des champs cultivés, ou bien le lit desséché de torrents, ou encore d'anciennes voies tracées jadis par les maîtres du monde.

Un spectacle inattendu récrée nos voyageurs : c'est un jeune couple, marié du matin même, qui passe sur le sentier vert, étalant ses beaux habits qui flottent au vent, suivi de leurs familles en liesse, et précédés de joueurs de flûtes et de tambourins. Le joyeux époux monte un cheval qui semble fier du choix que l'on a fait de lui, et la jeune femme et ses damoiselles d'atour cheminent portées mollement sur les tapis d'une charrette décorée à cet effet.

On est aux portes de Brousse, mais le soleil est couché, mais la nuit tombe, mais il faut escalader une rue escarpée, glisser sous les arcades d'un bazar, et s'enfoncer dans des ruelles indescriptibles. On n'y voit point : pas un lumignon pour éclairer la marche dans la traversée de la ville. Certes, les Turcs ne se ruinent pas en luminaire ! Souvent les chevaux trébuchent et tombent : il s'agit de se relever.

Enfin, voici la caravane à l'hôtel de l'Olympe, dans un des faubourgs, malheureusement celui qui est à l'opposé du point d'arrivée.

Je dis *hôtel*, car Brousse a des hôtels, comme Smyrne, et c'est un immense avantage sur toutes les autres villes de l'Anatolie, qui ne possèdent que des khans.

C'est bien le moins que Brousse ait cet avantage. Au moins, dans ces demeures installées à la façon européenne, on a des lits à soi, des chambres à soi, des tables, des siéges, de l'eau, que d'autres ne profanent pas.

C'est une ville qui a son prix, Brousse, l'antique Pruse, la résidence du vaillant et fidèle Abd-el-Kader, avant qu'il ne se retirât à Damas. Les forêts et le rideau des montagnes de l'Olympe la garantissent contre les effluves brûlantes du midi : elle domine la plus agréable des vallées ; elle a des eaux délicieuses. Et puis le souffle de la mer la rafraîchit ; les brises des hauteurs y tempèrent la chaleur. Elle est entourée d'une admirable ceinture de platanes, de cyprès, de lentisques, de marronniers ; et, au centre même de la ville, des bois de diverses essences abritent ses mosquées, dont les minarets et les coupoles percent avec effort le riche et vert feuillage.

Dans Brousse, vous rencontrez des gens instruits qui prétendent que ce fut Annibal lui-même qui traça le plan de la ville de *Pruse ad Olympum*, alors que régnait Prusias, le prince qui lui donna asile dans ses États. Pline-le-Jeune, qui habita Pruse, écrivait à son empereur Trajan que les bains de la ville avaient grand besoin d'être reconstruits. Ils le furent, et néanmoins, dans toute la ville, on ne rencontre les vestiges d'aucun monument de l'époque romaine.

Après avoir été la capitale de la Bithynie, Brousse appartint aux Romains, puis aux empereurs grecs jusqu'en 1325, époque à laquelle Orkhan s'en empara et en fit la ville principale de ses États. Elle fut brûlée par Timour, en 1377, rasée ensuite par son fils, puis rebâtie par Mahomet II, prise de nouveau et incendiée par Soliman, et enfin presque détruite par un violent tremblement de terre, en 1855. C'est ce qui contraignit Abd-el-Kader à se réfugier à Damas, qu'il habite actuellement.

Pruse ou Brousse fut jadis un point stratégique d'une incontestable importance. Actuellement encore, elle possède une population considérable. On y compte cinquante mille habitants, Turcs, Grecs, Juifs, Arméniens, etc. Il y a trois grands faubourgs. On y retrouve des portions de murailles antiques. Elle a même un château fort. Mais ses rues sont fort étroites : le terrain qu'elle couvre est inégal. Beaucoup de mosquées, presque toutes en mauvais état.

Du reste, le commerce y est fort actif, surtout avec Smyrne et Alep. On y fabrique des soieries qui jouissent d'une certaine réputation.

Brousse compte bien une lieue d'étendue, et s'étale fort à l'aise sur une suite de mamelons qui servent de contre-forts au mont Olympe. C'est sur le plus élevé de ces mamelons que se dresse le château fort ou citadelle : il est flanqué de courtines, de tours massives, et domine au loin la contrée. C'est au-dessous de cette forteresse que se trouve la cité moderne, qui n'a d'autres obstacles à son développement qu'un large rideau de végétation.

La ville haute, ou *Hissar*, est encore entourée en partie des vieilles murailles d'autrefois. Cet Hissar est fier de ses deux mosquées, les plus anciennes de la ville. Elles renferment les sépultures d'Osman et d'Orkhan, aussi bien que le tombeau de Mourad Ier; mais le tremblement de terre de 1856 leur a nui considérablement. Néanmoins, c'est parmi ces ruines que les sectaires de Mahomet étudient sans relâche les mystérieuses leçons du prophète.

L'un des plus grandioses sanctuaires de l'Orient est sans contredit la Grande-Mosquée de Brousse. Mourad Ier en posa la première pierre et Mohamed Ier la dernière. C'est un quadrilatère de cent mètres sur chaque face, que quatre rangées de pilastres partagent intérieurement en cinq nefs. La nef médiane est percée à son sommet d'une ouverture qui laisse passer l'air du dehors. Immédiatement au-dessous se trouve un vaste bassin de marbre qu'alimente une eau pure, et que remplissent de mouvement et de vie de nombreux poissons très-variés.

Deux minarets, jadis émaillés, servent d'acolytes à la porte principale : ils sont fort endommagés par le phénomène de 1856. Toute la mosquée a dû subir une réparation que n'ont pas dissimulée les couches successives de peintures dont on l'a cuirassée, et sur lesquelles courent, tracées en bleu, des sentences du Coran.

En mosquées de premier ordre encore, dans les faubourgs à l'est de la ville, la mosquée de Bayérid ; à l'ouest, la mosquée de Mourad, placées sous le dôme grandiose de cyprès énormes, aussi beaux que les édifices, et de platanes gigantesques, font la gloire et l'ornement de l'antique cité de Brousse.

Mais elle se fait encore bien plus honneur de son *Yéchil-Djami*, soit la mosquée de Mohamed Ier, dont on admire le splendide portique. Ses murailles, au-dehors, sont enrichies de marbres sur lesquels on a gravé les plus délicieuses arabesques, tandis que, à l'intérieur, les mêmes murs sont ornés de faïences émaillées du plus bel effet. Toutefois, là aussi, le tremblement de terre dont nous avons parlé a laissé de bien fâcheux stygmates de son passage.

Je dois signaler, à l'entour des mosquées principales de Brousse, les kiosques de toutes formes, rangés avec art sous la verdure, recouverts de coupoles élégantes, dont l'intérieur est disposé avec un grand luxe, et que l'on nomme *tarbès*. Ce sont les tombeaux des sultans et de certains membres de leurs familles.

Brousse a des bains, des bains que connaît tout l'Orient. Ces bains sont installés sous de vastes pièces voûtées, autour desquelles règnent des divans; et, au centre, se trouvent les piscines alimentées par des sources d'eaux froides ou chaudes. Les Orientaux font leurs délices des bains, aussi n'est-on pas étonné que les thermes de Brousse soient très-fréquentés. On les doit à la générosité du grand vizir de Soliman II, Roustem-Pacha, au moins le magnifique bain qui a nom *Yeni-Kaplidja*.

Dans l'Anatolie en général, et en particulier dans les environs de Brousse, les terres sont d'un excellent rapport, et cependant les produits de ces terres se vendent à des prix fabuleux de bon marché.

La soie est l'industrie principale du pays. On la travaille avec un art qui, à cette heure, est en possession d'une grande renommée.

Les marchés ou bazars de Brousse sont richement fournis de provisions de toute sorte, d'objets de commerce et de marchandises réservées à l'exportation.

Dans l'antique Orient, les populations crédules plaçaient le séjour des dieux sur le sommet des montagnes.

Ainsi, dans la Thessalie, en Grèce, l'Olympe, d'après les mythologues, était habité par les douze grands dieux et une infinité de petits.

Dans la Galatie, en Asie, se trouve aussi une montagne qui porte également le nom d'Olympe. Elle fut même le spectateur de la célèbre bataille que remporta le consul Manlius sur les Gaulois, qui ont laissé leur nom à la Galatie.

Mais, avant ces deux Olympes, l'Olympe de la Bithynie a un degré supérieur de renommée, au moins aux yeux des touristes, car il n'est pas un voyageur, dans l'Anatolie, qui ne s'empresse de faire l'ascension de cette fière éminence, dont les premières assises composent le glorieux piédestal de Brousse.

Cette excursion, du reste, n'est pas difficile : on peut s'en tirer en un jour. Pourtant, afin d'éviter la fatigue, nombre d'excursionnistes vont faire la couchée à mi-côte, sous la toile des campements de bergers qui y surveillent les troupeaux abandonnés au pâturage pour plusieurs mois.

Par une allée charmante ombragée de superbes châtaigniers, d'où la vue s'étend sur la ville et la vallée, on contourne tout d'abord les rampes de la montagne, vers le couchant. Au loin, le regard plonge jusque sur le golfe de Moudania, dont la ligne miroitante révèle la présence de la mer. Alors, après que l'on a cheminé pendant deux heures, le pied léger du promeneur commence à scander l'escalier très-escarpé de roches superposées. A droite, si on longe les pentes vertigineuses d'un horrible précipice, à gauche les escarpements du mont Olympe sont revêtus de végétation et couronnés du plus opulent feuillage des grands arbres supérieurs.

Vient la région des pins. Là, ce qui est très-ordinaire en Turquie, où messieurs les Turcs se jouent de mettre le feu aux forêts, se présente tout un bois, bois immense, qui a été livré aux flammes. C'est un contraste frappant que les troncs d'arbres carbonisés, confondus avec des troncs aux pousses exubérantes, et gisants, tout noirs, sur des lits de verts herbages, du milieu desquels émergent les spectres les plus étranges de roches granitiques, de toutes les formes et de toutes les grandeurs.

Succèdent ensuite quatre kilomètres de plaine, autre contraste fort étrange, à cause des perspectives qui se produisent. Cette plaine apparaît capitonnée de massifs de genévriers et des redoutes ou forteresses de roches grises des plus fantaisistes.

Enfin se montre, comme une muraille éblouissante, une accumulation de marbre cristallin, dans la paroi duquel se sont fichés des dykes, que leurs pointes aiguës font ressembler à de colossales crêtes de coq, dont la montagne altière est couronnée comme d'un diadème.

On appelle *dyke* ou *dike,* mot anglais qui signifie *digue,* dans le langage de la minéralogie, la masse de filons et de roches aplaties en forme de muraille, qui remplit l'intervalle entre les deux parois d'une fracture, et qui, se prolongeant presque toujours en ligne verticale, interrompt ainsi la continuité des couches de part et d'autre. Ces dykes sont formés par des matières d'origine ignée ou analogues aux roches volcaniques, telles que les porphyres, les basaltes, etc.

De sorte que l'on peut dire que l'accumulation de matières ignées composant le noyau de cette montagne de l'Olympe, en s'épanchant, n'a pas uniquement interrompu et repoussé les couches superficielles où le calcaire se montrait dominant, mais qu'elle en a arraché et refoulé une partie notable ayant conservé sa position horizontale, et apparaît à la cime des éjaculations les plus élevées du granit. Aussi, les arêtes du mont Olympe, spécialement sur le versant méridional, présentent-elles aux regards du minéralogiste des tranches éblouissantes de ce genre de marbre.

Un talus escarpé et sur lequel le pied de l'explorateur foule constamment des fragments de ce marbre, permet d'atteindre la partie la plus ardue du mont Olympe.

De ce point culminant le touriste jouit des plus admirables perspectives qui puissent récréer l'œil humain. On découvre un pays sauvage d'un effet grandiose. Terrains ondulés, escarpements montagneux, que couvrent de leur ombre majestueuse d'immenses forêts peu foulées par le passage des amateurs de la belle nature, et enfin lacs endormis, mais brillants des feux d'un soleil implacable. De l'homme, pas une trace, pas le moindre vestige. On dirait qu'il n'existe pas et que jamais la curiosité n'a osé profaner ces solitudes aériennes.

Lisez les récits des voyageurs, ils vous parleront tous des neiges éternelles de l'Olympe de Bithynie, et on n'en découvre pas le moindre vestige. Lucas, l'illustre voyageur Lucas, signale les ruines de superbes monuments antiques capitonnant les cimes du mont Olympe : pas une pierre ! si ce n'est celles que certains dévots musulmans aiment à entasser en l'honneur de leurs santons bien-aimés. Du reste, les fleurs du mont Olympe méritent que l'on célèbre leur nombre et leur beauté.

Dans les forêts dont je parle plus haut, il y a des ours : dans la région inférieure, on rencontre des cerfs et de très-nombreux sangliers. Il paraît même qu'on y a tué une panthère.

Mais assez sur le chapitre du mont Olympe. Descendons maintenant dans la plaine.

Il n'y a rien de féerique et de splendide comme les couchers de soleil dans les contrées de l'Orient !

Rien ne prête davantage à des rêveries rétrospectives et à des visions qui remettent en scène les choses du passé.

Il arrive souvent que l'astre du jour, à son déclin, éclaire les voies et les carrefours des villes d'autrefois de ses dernières lueurs, qui se font rouges comme du sang.

Ainsi, par hasard, qu'un antique palais serve de bordure à une
rue déserte et abandonnée, vous ne sauriez, sans éprouver un frisson, regarder sa voûte obscure fermée par une herse délabrée, s'il-
luminer peu à peu des feux du couchant, qui en rendent sinistres
les abords et les moindres détails. On devine que ces lieux furent
jadis favorables à maintes embuscades et qu'il y eut là du sang
versé, répandu à profusion.

Plus loin, au détour d'une ruelle, on retrouve d'autres tableaux a
sensation. C'est, par exemple, une place antique et célèbre en son
temps, ayant à son centre une fontaine en ruines, et à l'une de ses
extrémités le portail d'une église éventrée. Là, on le sent, il y eut
des luttes. Certes, la bataille est finie depuis longtemps : mais voici
venir la nuit, et, avec elle, il semble que l'on voit s'agiter les ombres de ceux qui se sont battus sur cette arène et qui y sont morts.
Le ciel est étoilé, et la lune éclaire bientôt de ses douces lueurs
d'épouvantables entassements de cadavres. L'imagination, qui s'allume, trouve de ces cadavres partout, sur les marches de l'église,
autour de la fontaine, le long des maisons. Chaque pavé sert d'oreil-
ler à un trépassé...

Ailleurs, parmi les ruines de vieux manoirs, vitres brisées, tapisseries en lambeaux, corniches en miettes. Un ciel bleu rayonne sur
des murs écroulés, et permet de voir des décombres d'arcades, des
squelettes d'escaliers, des potences qui s'enfoncent en terre.

Ailleurs encore, dans des rues calmes et solitaires, la même imagination aux abois évoque la fantasmagorie de processions impé-
riales, aux jours des conciles œcuméniques, telles que dut en avoir
Nicée, par exemple. Alors, en contemplation devant les emplace-
ments supposés des monuments qui leur donnèrent asile, apparaît
un défilé grandiose, fantasmatique. Des arbalétriers blancs et noirs,
coiffés de capuchons roses, selon la mode du temps, précèdent les
gonfaloniers en drap d'or, les pages rouges et or, les trompettes
jaunes et mauves, bleus et noirs, et les pénitents porteurs de torches sinistres, sous leurs cagoules noires. Puis viennent les moines
de tous les ordres, les lévites, les diacres, les confréries vertes,
rouges et blanches, les porte-fanions, les chevaliers couverts d'ar-
mures, les demoiselles en violet entourant les bannières sacrées
qui flottent au vent, les archidiacres avec les châsses, les chanoi-
nes avec les dais empanachés, les abbés, les évêques, les archevê-
ques, les légats, etc. C'est un ruissellement d'arc-en-ciel et d'or,
un éblouissement de mitres et de chasubles, de crosses et de croix.

L'orgue tonne, et la procession s'avance avec majesté, hors du
temple.

Mais tout cela n'est qu'une revue rétrospective de ce qui s'est fait autrefois ; ce n'est qu'une vision de ce qui s'est passé en ces lieux restés célèbres.

A cette occasion je ne vais pas vous redire les impressions que subissent nos voyageurs en errant à l'aventure dans les ruines de Brousse et de Nicée. Je ne vous dirai pas davantage leurs explorations dans les régions qui séparent Brousse d'Apollonia, sur les rives du lac de ce nom et dans tout le parcours qui conduit à la vallée du Rhyndains. Pendant que l'un chasse et tue des faisans, l'autre dessine des tombeaux phrygiens qui ponctuent le territoire.

Sur les rives de ce fleuve, le Rhyndains, ils visitent ce qui reste d'une ville fort ancienne, Aizain, qui fut fondée par un fils de Tantale, et ce qui reste est admirable, ni plus ni moins. Ce sont un stade, un théâtre, un pont, et surtout un temple ionique de Jupiter, qui affecte les grands airs du Parthénon. Evidemment ce monument est antérieur à l'époque romaine.

Le 12 octobre, voici nos touristes qui se sont arrêtés souvent ici et là, qui s'avancent dans leur trajet et reprennent le chemin d'Ouschak, l'antique Eucarpia. Le 15, ils sont à Koula, qui occupe le milieu de cette partie du pays qui fut la Phrygie-Brûlée.

Se dessine bientôt la longue et majestueuse chaîne du Tmolus, cette montagne de Lydie si célèbre par ses vins, son safran, sa rivière du Pactole qui charriait de l'or, la salubrité de l'air et la splendide cité de Sardes, bâtie sur les rampes qui sillonnent la plaine.

Le 17, pénétrant dans cette vaste plaine, ils atteignent les rares décombres de cette brillante Sardes, la capitale de la Lydie, la ville de l'opulent et orgueilleux Crésus.

Le croiriez-vous ? A peine si l'on entrevoit de ci de là des ruines que l'on puisse dire avoir été Sardes ! Ses débris sont presque tous effacés de la surface du sol. Il est vrai que Sardes fut prise par violence souvent, souvent incendiée, souvent dévastée, mise à sac, pillée jusqu'à sept fois par les Perses, les Scythes, les Grecs, les Goths, les Sarrasins, etc. Mais encore, une aussi puissante cité aurait pu et dû laisser des ruines plus belles que beaucoup d'autres : tandis qu'on n'y voit guère que deux colonnes étrusques, d'un admirable travail, par exemple, et appartenant à un temple de Cybèle, des fragments d'édifices grecs, des bas-reliefs de l'Egyptien Sésostris sur la chaîne du Tmôle ou Tmolus, un pont immensément long, mais rompu, entre Cassaba et Nymphé, au pied du mont Sypyle, etc.

Honneur oblige, et, à ce titre, Sardes devait réserver aux archéologues et aux explorateurs d'autres surprises plus nombreuses et plus imposantes. Disons toutefois que, à défaut d'autres monuments, on est heureux de se rappeler ses titres à la gloire, dans l'énumération des événements dont les annales lui font l'avantage. Ainsi, avant d'envahir la Grèce, ce fut à Sardes que le roi de Perse Xerxès réunit les 1,200,000 hommes dont il allait inonder l'orient de l'Europe, en 480 avant J.-C.

Ce fut à Sardes que le jeune Cyrus, frère d'Artaxerxès, organisa l'expédition des dix mille Grecs, sous la conduite du célèbre Xénophon, en 401.

Ce fut à Sardes que s'arrêta Alexandre-le-Grand, après la terrible bataille du Granique, en 334.

Ce fut à Sardes que Scipion vint se reposer sur ses lauriers, après la bataille de Magnésie.

Enfin, ce fut à Sardes encore que Barberousse vint camper, avant d'aller trouver la mort dans les eaux du Cydnus, qui avaient épargné Alexandre.

L'emplacement qui fut jadis le siége de Sardes est sillonné par deux cours d'eau assez humbles. Lequel des deux est le Pactole ? Si le Pactocle fut autrefois le nom de l'un de ces deux cours d'eau, que sont devenues ses paillettes d'or ?

Chi lo sa? comme disent les Italiens.

Voici nos touristes dans la vallée qui sépare le Tmôle du Sypyle, et au-delà de cette dernière montagne se produit la ville de Magnésie, qui vit Scipion l'Asiatique écraser son adversaire, Antiochus-le-Grand, dans la vaste plaine qui l'enserre.

Et le fameux bas-relief du pharaon Sésostris ?

On y arrive, dans une gorge étroite du Tmolus, non loin de Nymphé. Le temps a certainement agi sur sa surface, néanmoins les détails de cette belle page de la sculpture antique sont assez visibles pour qu'on puisse en saisir toutes les parties. Ce bas-relief répond parfaitement à la description que nous en a laissée Hérodote. Toutefois, à l'inverse de ce que dit ce grand historien, la lance du guerrier qu'il représente est dans la main gauche et l'arc dans la main droite. Mais peut-on supposer qu'Hérodote a subi une distraction ? Assurément. D'autre part, à bien examiner cet étrange travail, on est obligé de conclure que c'est plutôt l'image d'un prince assyrien que d'un pharaon d'Egypte.

Salut à Smyrne, la patrie d'Homère, du grand Homère, du divin Homère, et salut au poétique fleuve du Mélès, sur les bords duquel il reçut le jour... C'est de nuit que nos voyageurs atteignent et cette ville et ce fleuve, dont l'obscurité leur dissimule les perspectives, mais que leur révèlent les longues et interminables lignes de feux qui éclairent son port, ses quais, ses rues, ses édifices et ses maisons.

Comme l'Eurotas, dans la Laconie, la campagne qui avoisine Smyrne est toute capitonnée des plus opulents massifs de lauriers-roses en fleurs qu'il soit possible de voir. Mais ce qui, avant tout, dénonce l'approche de Smyrne, ce sont d'innombrables caravanes de chameaux qui sillonnent la contrée et préparent le voyageur à ce spectacle féerique de l'une des grandes Echelles du Levant, vers laquelle elles se dirigent, et qui offre le plus admirable tableau d'une activité commerciale fébrile et agitée.

Enfin nos Français franchissent le Pont des Caravanes, qui cavalcade sur le Mélès, et, tout en se garant des obstacles qui entravent la marche, ils saluent le fleuve poétique près duquel Chryséïs, la modeste et douce Chryséïs, donna le jour au sublime Homère. Et alors, les voilà qui jouissent de grand cœur d'un repos bien mérité, à l'*Hôtel des Deux Auguste,* parfaitement installé pour le bien-être de gens qui courent le monde.

A quoi bon vous décrire la ville de Smyrne? C'est déjà notre ville de Marseille, car, dans Smyrne, il y a des Juifs, des Turcs, des Arméniens et des Grecs, mais il y a surtout des Européens, spécialement dans les charmantes habitations qui servent de ceinture au port, et où danses et chants éveillent les échos d'alentour et font les délices et la fascination des matelots de toutes les contrées qui plantent par là leur tente pour un jour! Ce n'est pas ce qui charme le plus les Turcs, qui ont en horreur ces réunions de plaisir et d'amusement.

Quoique cité commerciale par excellence, Smyrne n'a pas un bazar rival de celui de Byzance ou Constantinople. Et puis, les bateaux à vapeur, qui relient à la capitale turque toutes les villes du littoral asiatique, nuisent singulièrement à ses relations

De ses mosquées on ne peut rien signaler qui mérite une description particulière.

Mais elle n'en est pas moins la ville par excellence, et ce qui le démontre, c'est qu'on se plaît, en Asie, à la nommer la Perse de l'Ionie, Smyrne-la-Gracieuse, le Sourire de l'Anatolie, etc.; et le fait est que rien n'est charmant comme le site qu'elle occupe au pied du mont Pagus, rien de délicieux comme la pureté de son climat et l'air qu'on y respire.

Dans Smyrne, rien d'antique : tout y a une apparence moderne qui plaît, mais n'évoque aucun souvenir. Du reste, on se dédommage en visitant le mont Pagus, où l'on trouve des fragments des murs d'enceinte de l'acropole d'autrefois, d'un théâtre, et les masses imposantes d'un château moyen-âge.

Du reste, faisons remarquer que Smyrne occupe un double emplacement.

Le premier, qui couvre les hauteurs du Pagus, et d'où la vue présente d'admirables perspectives sur la mer et le littoral, fut le berceau de la ville antique. Celle-ci prit elle-même la place de Sybille, une cité des premiers âges encore signalée par des *tumulus*, dont le plus imposant porte le nom du roi Tantale, préconisé par la Fable, mais à peu près oublié par l'Histoire.

On y trouve, au milieu des décombres, un édifice dont la voûte béante se dresse fièrement encore, et pourrait bien être les restes d'une église élevée à la gloire de saint Polycarpe, premier évêque de Smyrne, adepte de saint Jean, et martyr illustre, car ce fut sur l'arène de l'amphithéâtre voisin qu'il cueillit la palme du triomphe, en donnant sa vie pour Jésus-Christ.

Le second, qui se fait gloire de porter la moderne Smyrne, est situé à une lieue au sud de la ville primitive, et sur le rivage du golfe qui porte son nom.

A Smyrne on entend siffler la vapeur, et les voyageurs, fatigués de cheminer à petites journées, ressentent la douce jouissance de percevoir le grincement des locomotives sur leurs rails. Aussi dit-on volontiers adieu aux zaptiés, aux truchements, aux chevaux. La route à travers l'Anatolie n'en est pas moins charmante, car du wagon l'œil curieux se promène avec satisfaction sur des paysages délicieux, sur la mer, sur les îles de l'Archipel, et le regard erre avec bonheur sur les ruines grandioses qui se présentent assez fréquemment.

Disons toutefois que l'empire ottoman ne possède guère que cette ligne de fer, qui s'étend de Smyrne à Éphèse. Il jouit cependant d'un autre rail-way, celui qui, aux bouches du Danube, se prolonge vers Tchernavoda et Kustandjè.

On exécutait des fouilles pour préparer la voie de Smyrne à Éphèse lorsqu'on mit au jour les ruines d'un ancien temple. Grand émoi parmi les témoins de la découverte ! En poursuivant le travail d'exhumation, quel ne fut pas l'étonnement des savants, accourus en hâte, lorsque, le dallage du sanctuaire amplement nettoyé, on put lire sur le sol le mot *Omérion*. C'était un temple édifié à la gloire du grand poète de la Grèce, au divin Homère, que l'on venait de rendre à la lumière, après qu'il avait été enfoui depuis des siècles sous les exhaussements successifs du sol. Le fait était grave et de haute importance, car nombre de sceptiques, et des gens niaisement systématiques, se plaisaient à dire qu'Homère était un personnage fabuleux, un mythe qui jamais n'avait eu vie. Or, Homère était bien le grand poète dont l'histoire proclame le génie, et ce temple, élevé en son honneur, démontrait d'une manière irréfutable que le chantre de la Guerre de Troie et des Aventures d'Ulysse était un personnage vrai, réel, ayant existé, etc.

Le Méandre arrose la contrée que l'on traverse. Ce sont de superbes paysages magnifiquement ensoleillés, et partout le regard du touriste aperçoit des caravanes nombreuses transportant à dos de chameau les produits de la contrée, à savoir les délicieux raisins de Smyrne, du tabac, des figues, etc. Mais qu'il est lent dans sa marche la plus rapide, ce chemin de fer de Smyrne! Quinze lieues en cinq heures! Heureusement l'esprit est occupé par l'incessante contemplation de sites sauvages succédant de temps à autre aux plus agréables perspectives.

Voici d'abord les ruines d'une forteresse d'autrefois qui servit de repaire à un brigand, la terreur du pays, et dont le nom de Yéni-Katerdji faisait trembler les habitants à vingt lieues à la ronde.

Puis l'on chevauche au-dessus du célèbre cours d'eau qui s'appelle le Caïstre, dont le courant, obstrué par les alluvions, transforme les terres de ses rives en d'immenses et inabordables marais d'où s'exhalent des miasmes putrides insupportables. Aussi la *mal'aria* règne-t-elle au loin avec une telle puissance, que ses habitants ont dû déserter la ville mahométane de Aya-Slouk, dont, en face de la station, on entrevoit les ruines pittoresques indescriptibles, aqueduc colossal, immense citadelle avec murailles et bastions, le tout couronnant le plateau du mont Valessus. On avise aussi une mosquée, jadis splendide, encore debout à mi-côte, et enfin nombre d'autres édifices qui percent l'opulente végétation de la contrée inférieure de leurs minarets élancés et de larges coupoles qui recouvrent ces sanctuaires du prophète de l'islam.

On trouve, dans cette mosquée, quatre superbes colonnes de granit qui, à n'en pas douter, à raison du fini de leur travail, proviennent du célèbre temple de Diane, à Ephèse, et dont cette ville fut autrefois si fière.

Du reste, des magnificences de l'art qui constituent un monument de cette porte, lorsqu'une fois la main de l'homme en a jonché le sol qui les portait, tous les peuples du voisinage s'emparent comme d'une épave de naufrage, et bientôt les débris les plus curieux sont transportés à des distances infinies. C'est ainsi que quantité d'édifices de Constantinople n'ont acquis leur renommée que grâce aux richesses sculpturales empruntées ailleurs et dont ils se sont enrichis.

Bientôt, la vapeur les entraînant toujours, les voyageurs rencontrent un mamelon solitaire émergeant des profondeurs de la vallée. Du sommet de cette éminence, qui a nom Priou, on est en face des ruines de l'antique cité d'Ephèse, et on plane sur ce vaste emplacement qu'occupait cette ville illustre.

C'est bien Ephèse, en effet, fondée par les Cariens, et dont s'emparèrent les Ioniens, sous la conduite d'Androclès, fils de Codrus. Souvent elle fut prise et réduite : mais elle recouvra toujours son indépendance. Vers la fin de la guerre du Péloponèse, Lysandre y avait établi son quartier général et comptait en faire le centre de sa domination particulière.

Ephèse a donné le jour aux philosophes Héraclite, Hermodore, au poète Hipponax, aux peintres Apelles et Parrhasius.

Puis vint un jour où le christianisme succéda au polythéisme vaincu, et Ephèse devint l'une des premières églises de la chrétienté. Elle fut longtemps dirigée par saint Jean.

Certes, ce fut une cité fameuse entre toutes ; on le voit encore à l'immense semis de ses ruines. Mais, parmi ces ruines, où pouvait donc se dresser le merveilleux temple où l'on accourait de tous les points de la Grèce et de l'Asie, temple qui, élevé par les largesses du riche Crésus, fut détruit une première fois, et puis, relevé avec plus de magnificence encore avec l'or commun de tous les adorateurs des dieux de l'Olympe, fut incendié, dans un moment de sot orgueil, par le fanatique Erostrate? Qui pourrait le dire! Il en est ainsi de toutes les grandes scènes où les idoles avaient pris la place du vrai Dieu : nul ne peut révéler le point précis où elles se trouvaient.

La plaine où fut Ephèse est bordée, au midi, par le mont Corissus, et, sur la crête de cette éminence, on avise une portion considérable de l'enceinte des murailles construites par Lysimaque, vers la fin du III° siècle de notre ère.

On désigne même une des tours de cette enceinte comme ayant renfermé l'Apôtre des Nations : aussi l'appelle-t-on la *Prison de saint Paul.*

Quant au temple de Diane, détruit par Erostrate, l'année même de la naissance d'Alexandre-le-Grand, c'est-à-dire en 356, croirat-on que l'on fut bien longtemps avant de pouvoir préciser le véritable site où il s'était élevé. Il faut dire que des alluvions considérables ont recouvert les ruines de l'antique Ephèse, ce qui a fait que les savants ont dû s'égarer dans leurs recherches. Par bonheur, une société anglaise, après de patientes études, a mis enfin le doigt sur les véritables ruines de l'édifice consacré à Diane. Des fouilles gigantesques furent entreprises dans ces dernières années, et le succès fut complet. De merveilleuses colonnes, entièrement ciselées sur toute la longueur de leur fût, des sculptures admirables, les marbres les plus précieux, sont exhumés chaque

jour, rendus à la lumière, livrés à l'étude des hommes, mais aussi...
transportés en Angleterre... Il n'y a plus à élever le moindre doute
sur l'authenticité des ruines de ce grand et superbe temple de
Diane, à Ephèse.

En parcourant les autres ruines, d'origine romaine généralement,
on retrouve aussi les restes de l'*Agora*, ou place publique, un
stade, les arcades d'un vaste gymnase, et un théâtre, que le mont
Priou permit d'ouvrir en utilisant les escarpements de ses talus.

Or, les savants affirment que ce fut sous le portique de ce théâtre
que l'apôtre saint Paul, arrivé à Ephèse pour prêcher l'Evangile,
après sa conversion miraculeuse sur le chemin de Damas, s'établis-
sait pour parler au peuple assemblé. Aussi, à ce point de vue, ce
monument est-il digne de la plus intéressante attention et du plus
profond respect. Ephèse a vu se tenir dans ses murs le Concile
œcuménique qui condamna Nestorius et ses erreurs.

Mais disons adieu à Ephèse, à son temple de Diane, et saluons le
point vénéré d'où la parole du grand Apôtre se fit entendre et ré-
pandit sur le monde, *urbi et orbi*, des semences de bénédiction, de
salut et de vie.

L'AFRIQUE INCONNUE

Exploration du docteur écossais D. Livingstone, en 1862, dans le bassin du Zambèze.

L'Afrique est la troisième partie de l'Ancien-Monde. Elle est placée par son milieu sous la zone brûlante de l'Equateur.

Quoique séparée de l'Europe par un simple bras de mer, l'Afrique ne nous est pas connue. Tout au plus possédons-nous l'épure de ses côtes, qui sont presque partout uniformes, comme celles des côtes de l'Amérique du Sud, qui lui correspondent.

La configuration de cette partie du monde est assez semblable à celle d'un triangle régulier, dont le côté septentrional, depuis le golfe de Sédra jusqu'au Grand-Désert, est un pays montagneux et fertile. La pente des montagnes de cette partie de l'Afrique est beaucoup plus escarpée, vers la mer Méditerranée, que du côté des terres intérieures. A l'ouest, ses montagnes se prolongent jusqu'à l'océan Atlantique, où elles se terminent brusquement en rochers inaccessibles. A l'est, elles s'abaissent insensiblement depuis les monts Habesch jusqu'au Delta du Nil. Enfin, au sud, elles descendent en plateaux successifs jusqu'à la mer.

Dans aucune partie du globe on ne trouve d'aussi vastes déserts. Le Sahara, ou Grand-Désert, est un véritable océan de sables. Sa superficie est de plus de cinquante mille carrés.

Le Grand-Désert de Libye se distingue du précédent par quelques débris de végétation, des fragments de rocher et des cailloux roulés, épars çà et là sur sa surface. Une particularité remarquable du désert libyque, c'est la grande quantité de bois pétrifié que l'on y trouve, depuis les branches les plus minces jusqu'aux troncs les plus gros, ce qui lui donne l'aspect d'un fond de mer desséché et couvert de débris de vaisseaux naufragés.

D'autre part, la vue y est agréablement reposée par les oasis, dont une série, située sur la rive orientale du désert, se dirige vers la Méditerranée, parallèlement au fleuve du Nil.

Nous aurons occasion de parler des grands fleuves qui arrosent l'Afrique.

Mais nous voulons dire de suite que ses vastes solitudes sont peuplées d'une multitude d'espèces d'animaux de formes et de tailles différentes. On prétend qu'il y existe cinq fois plus de quadrupèdes qu'en Asie, et trois fois plus qu'en Amérique.

Les espèces les plus colossales du règne animal et du règne végétal ne se trouvent qu'en Afrique, et la vigueur de la végétation y est telle que les plantes y croissent à vue d'œil. Elle est également riche en oiseaux, et la plupart se distinguent par les plus admirables couleurs. Malheureusement, partout où le sable n'a pas détruit la végétation, sur la côte occidentale et au pied de l'Atlas spécialement, la terre fourmille d'insectes, tandis que l'atmosphère est infestée de sauterelles.

D'après le voyageur Adanson, qui explora le Sénégal, il y a cent ans, certains arbres de l'Afrique n'auraient pas moins de six mille ans, et remonteraient ainsi à la création du monde.

L'Afrique ancienne, la Libye des Grecs, comprenait tout le nord de ce vaste continent. Les Perses et les Babyloniens en firent la conquête.

Les Romains y pénétrèrent, avec leurs légions, dans la guerre contre Carthage et l'Egypte.

Le Grec Hérodote, 450 ans avant l'ère chrétienne, fut le premier qui fit des recherches sur l'Afrique, l'Egypte, l'Ethiopie, la Libye, etc.

Au 1er siècle après J.-C., l'empereur Néron donne l'ordre à deux centurions d'aller en quête des sources du Nil, chose dont on se préoccupait déjà. En conséquence, ces deux explorateurs traversèrent l'Egypte, s'enfoncèrent dans l'Ethiopie, après quoi, ayant rencontré d'immenses marais, ils prétendirent avoir vu deux rochers gigantesques, d'où les eaux du fleuve s'échappaient avec impétuosité.

Dès les premiers temps, l'Afrique avait le renom d'une contrée mystérieuse et fort difficile à parcourir et à connaître.

Ceux des voyageurs qui avaient osé pénétrer le plus avant dans le pays des nègres, prétendaient qu'il existait au centre de ce continent une race de très-petits hommes. Le fait est vrai, car, dans ce moment même, 1874, un voyageur français ramène avec lui de ces pygmées qu'il a rencontrés dans l'Afrique équatoriale.

Aussi, dans les temps anciens, mais de nos jours surtout, et plus particulièrement depuis soixante ans, c'est à pénétrer dans l'Afrique et à en étudier les secrets, jusqu'alors si bien cachés, que tendent tous les efforts des hommes les plus entreprenants et les plus curieux des nations de l'Europe.

Le fait est que, au point de vue de l'histoire, de la géographie, de l'ethnologie, de la faune et de la flore, on ne sait rien de cette vaste contrée. A peine est-on à la veille d'obtenir certaines révélations sur ses mystérieuses régions, que leur auteur dévoué, l'ardent pérégrinateur, l'intrépide pionnier, est tout-à-coup fauché par la mort.

Car l'Afrique est une terre qui dévore ses visiteurs, hélas !

Chez elle, il y a guerre ouverte entre l'infatigable besoin de voir et de connaître de l'homme, et la farouche et persistante obstination de la nature à refuser tout accès. C'est une guerre terrible dont on ne peut compter les victimes.

Depuis les soldats de Cambyse, le grand roi de Perse, envoyant ses armées à la conquête de l'Ethiopie, jusqu'à notre pauvre Gérard, le tueur de lions, tous les explorateurs ont succombé, vaincus par les naturels et le climat.

Le martyrologe des voyageurs saisis par la mort dans les profondeurs de l'Afrique est interminable. Chaque coin de ce vaste continent est en possession de la dépouille mortelle de quelque hardi visiteur, courant au succès, allant de découverte en découverte, mais inopinément arrêté dans sa marche.

Voyez quelle longue litanie ! C'est d'abord Hérodote, vous ai-je dit ; puis, après lui, Strabon, Diodore de Sicile, Denis d'Halicarnasse, Arthicus, Hamon, Sylax, Arrien, Agatharchides, Ptolémée, Pline, Pomponius Mela, Solin, que sais-je si je n'en oublie pas. En tous cas, ces explorateurs ou historiens visiteurs ne s'exposent pas à de grands dangers.

Ensuite, dans les temps modernes, n'avons-nous pas à citer : Lucas, Maillet, Granger, Bruce, Eton, Volney, Savary, Larey, Denon, Antis, Salt, Hartmann, Caillaux, Burckhardt ?...

Ce dernier, un Suisse vaillant, traverse une grande partie de l'Afrique et revient riche de notes et de mille curieux échantillons, mais la mort le guettait : elle le surprend et l'arrête au Caire, en 1815.

Deux Allemands, Hornemann et Rœgen, sillonnent le désert de Libye ; mais le premier est tué par la fièvre, le second par les Bédouins.

Viennent ensuite grossir le nombre des investigateurs du sol africain, l'Anglais Lead ; Lyon, accompagné de Ritchie et du naturaliste Dupont ; le Français Mollien ; Mungo-Park ; l'Américain Riley ; Peddie et Campbell ; l'autre Français René Caillé ; les deux frères John et Richard Lander ; qui trouvent à Yaourie le livre de prières d'Adanson ; le baron de Decken ; Ladislas Magyar ; notre Levaillant ; le docteur Répin ; M. V. Guérin, etc.

Eh bien ! ici, c'est Mungo-Park qui perd la vie dans une rivière, et dont on ne peut retrouver le Journal de Voyage ;

Là, c'est Vogel qu'un misérable fanatique égorge cruellement ;

Ailleurs, c'est Clapperton qu'enlèvent les fièvres paludéennes ;

Tantôt, c'est Poncet qui expire de fatigue excessive ;

Tantôt, ce sont les braves sœurs Tinné, ou bien Le Saint, ou bien Vaudé, Maizan, etc., qui tombent sous le poignard de nègres assassins.

Oui, la nature est impitoyable en Afrique. Elle entasse toutes les barrières à l'encontre des investigations indiscrètes. Elle sème, elle hérisse les voies les plus pénibles déjà d'obstacles et de dangers. Partout elle met la mort en sentinelle, aux entrées comme aux sorties de ce redoutable labyrinthe. Dans le nord, c'est le Grand-Désert du Sahara, la soif, le simoun, les Arabes. Dans le sud, ce sont les terribles fièvres et la *mal'aria*, dont les étrangers ne peuvent supporter les atteintes. Partout ce sont les nègres fanatiques, ennemis des blancs, les Maures, les Berbères, etc. Partout les bêtes féroces. Car les animaux sauvages, les fauves de la solitude, sont bien redoutables aussi.

« Un jour, raconte Livingstone, je venais de quitter le village de Manotsa, quand, en contournant la montagne, je vois un lion accroupi sur un rocher, en face de moi. Un buisson me masquait à demi la vue et j'étais à une distance d'environ trente yards. Je déchargeai sur lui les deux coups de mon fusil.

» — Touché ! touché ! crièrent aussitôt mes hommes, allons à lui !

» J'étais sur le point de les suivre quand je vois la queue du lion qui se dresse frémissante et s'agite au-dessus des feuilles.

» — Attendez ! leur crié-je de toute ma force, attendez au moins que j'aie rechargé mon fusil.

» Le lion ne m'en laisse pas le temps. J'avais à peine introduit les balles dans le canon, qu'un cri d'épouvante parvient à mes oreilles. La bête a pris son élan : elle tombe sur moi, m'enfonce ses griffes dans l'épaule, et nous roulons ensemble à terre. L'animal furieux rugit et me secoue comme un chien terrier secoue un rat. Je ne tarde pas à tomber dans une stupeur semblable à celle que doit éprouver une souris quand le chat la secoue pour la première fois. Je suis comme dans un rêve qui ne laisse place à aucune sensation de douleur ou de crainte. Mais le curieux de l'affaire, c'est que j'ai pleine conscience de la situation. Je ne puis mieux me comparer qu'à un patient qui est en partie sous l'influence du chloroforme, qui voit l'opérateur, mais qui ne sent pas le couteau.

» Que l'on ne pense pas que ces réflexions soient dues à un effort de la volonté. Secoué comme je le suis, je n'ai pas la liberté d'esprit voulue pour avoir peur : je n'éprouve même pas un sentiment d'horreur en voyant le monstre. Il faut croire que cet état particulier du corps et de l'âme se produit pour tous les animaux qui tombent sous la dent des carnivores. N'est-ce pas un témoignage de miséricorde de la Providence divine? Dieu n'a-t-il pas voulu, en éteignant ainsi les angoisses du dernier moment, permettre que les souffrances inséparables de la mort fussent aussi atténuées que possible?

» Tout cela n'empêche pas que le lion réduit en esquilles l'os de mon bras, vers la région de l'épaule. Le trou que fait la dent de cet animal ressemble au trou que fait une balle dans les chairs. La blessure laisse toujours suinter une grande quantité de pus, et pendant longtemps on ressent à l'endroit blessé une douleur sourde.

» Mes deux compagnons furent également mordus, l'un à la cuisse, l'autre à la jambe, et ils souffrirent aussi de leurs blessures pendant plusieurs années... »

Mais, en fin de compte, le lion fut tué.

De ce sol inhospitalier, les populations sont plus inhospitalières encore.

Les tribus noires, qui errent sur les territoires arrosés par les grands fleuves, peuvent être presque toutes placées au dernier degré de l'échelle humaine. Il n'existe, chez elles, ni institutions politiques, ni principes moraux, ni sentiments religieux qui puissent offrir quelque garantie de sécurité. Le voyageur ne peut faire appel ni à l'intérêt national, ni à l'honneur, ni à la conscience : intérêt national, honneur et conscience sont parfaitement inconnus de ces sauvages.

Souvouarora, roi de Soui, et Kamrasi, roi d'Unyoro, qui se citaient, eux, comme des chefs modèles, ne se livraient-ils pas aux plus affreuses bassesses pour extorquer du capitaine Speke le plus misérable présent?

Chez les tribus nègres, c'est avec un instinct bestialement égoïste qu'il faut compter. Le despotisme absolu, qui, partout se joue selon son caprice des vies et des biens, est le mur de fer contre lequel on se brise.

Chaque peuplade vit isolée, généralement. Elle n'a de rapports avec ses voisins que ceux qu'engendre la guerre. Donc, point de protection d'un Etat à un autre Etat.

Dans les régions de l'Afrique orientale, le contact des trafiquants arabes exagère encore les mauvais instincts. A la barbarie se joint la haine que fait naître la traite des esclaves. Aussi, toujours en lutte contre les tribus limitrophes, contre les marchands d'esclaves, contre la faim, contre la misère, contre la rapacité de leurs chefs, les tribus noires semblent frappées de malédiction, comme le fut Cham, leur père, selon les récits bibliques.

Notez ceci : lorsque les explorateurs échappent à la malignité du climat et aux périls de la route qu'ils sont obligés de se tracer, ils ont encore à braver la barbarie des habitants. Qu'ils s'avancent trop bien escortés, la terreur dépeuple le pays devant eux, et, par là même, plus de vivres, pas de guides! Alors, danger incessant de s'égarer et de mourir de faim. Qu'ils se hasardent isolément, ils éveillent une défiance superstitieuse, et leur bagage, si mince qu'il soit, éveille la cupidité. Alors danger d'être pillé, danger d'être massacré! A tous ces périls il faut joindre encore la frayeur innée que l'homme blanc cause à l'homme noir, frayeur si vive, si instinctive, qu'elle semble partagée par les animaux.

Ainsi, Livingstone raconte que quand il passait dans certains villages habités par des nègres, femmes et enfants se cachaient. Quant aux chiens, les oreilles basses, la queue entre les jambes, grondant de peur, ils s'enfuyaient derrière les habitations, au sommet desquelles les volailles, effarouchées elles aussi, allaient chercher un refuge.

Voulez-vous un exemple des entraves apportées aux essais de civilisation tentés par les hommes les plus déterminés? Ecoutez ce que je vais dire. Rien ne peut donner une idée plus nette de la mauvaise foi, de la férocité, de la cupidité de certaines peuplades africaines, et, par là même, des dangers auxquels sont exposés les voyageurs.

Il s'agit ici de l'expédition de l'Anglais Samuel Baker, pour arriver à la découverte des sources du Nil, cet éternel problème non résolu par la science géographique.

C'est dans le royaume de l'Unyoro, et à très-fraîche date, que se passe la scène.

Le roi Kamrazi, que j'ai nommé tout-à-l'heure, régnait dans l'Unyoro. Il était lâche, fourbe et voleur, de sorte que Samuel Baker avait eu fort à souffrir de sa part.

Il meurt. Mais alors sa succession, disputée par ses deux fils Réga et Miro, allume une guerre civile qui désole le pays. Les marchands d'esclaves entretiennent activement la querelle, car ils y trouvent un large bénéfice. Ils soutiennent les deux partis, leur fournissent des armes, et reçoivent en échange les prisonniers qui sont faits des deux côtés, afin de les vendre aux négriers de la côte. Quel que soit le hasard des batailles, ils en profitent.

Enfin, après bien des péripéties, Réga parvient à assassiner son frère, et il peut alors procéder aux funérailles de Kamrazi, son père, qui sont faites d'après un rit barbare que l'on trouve en usage, avec quelques variantes, chez un grand nombre de tribus noires.

On creuse une large fosse de vingt à trente mètres carrés. Les femmes du défunt s'y placent, assises, et on y descend le corps du défunt, qu'elles reçoivent sur leurs genoux. Alors on fait une excursion dans les villages voisins, et à l'aide de cette razzia, on ramène tous les nègres, hommes, femmes et enfants, que l'on a pu saisir; on les place sur le bord de la fosse, on leur brise bras et jambes à grands coups de rotin, puis on les précipite, vivants, dans le gouffre béant. Ils tombent pêle-mêle sur les femmes et le cadavre du vieux roi; mais pour achever le sacrifice, on recouvre la cavité et tous ces corps grouillants d'une énorme quantité de terre, après quoi toute la population danse et s'ébaudit sur cet horrible charnier, qui, par moments, se soulève et s'affaisse...

Or, dans les funérailles de son père, Réga, pour se débarrasser de tout compétiteur, réunit tous ses parents dans un joyeux festin, mais à la fin du repas il les fit tous massacrer : pas un n'échappa.

Alors un traître, Abou-Saoud, Egyptien ennemi de Baker, alla trouver le monstre. Il lui révèle les projets de l'Anglais, l'effraye, et lui fait entendre que s'il attaque la suite de l'explorateur, composée en partie de soldats du Caire, il pourra s'emparer d'un très-riche butin.

C'en est assez pour mettre le feu dans l'âme du nègre. Poussé par la peur, et inspiré par la convoitise, Réga fait inviter Baker à venir le voir. Celui-ci se rend à Masindi, nouvelle capitale de l'Unyoro, à trente kilomètres est du lac Albert-Nyansa, et à cent vingt-cinq sud de Karouma. Masindi est une ville composée de huttes en terre et en chaume : mais elle occupe un site admirable, en face des plus magnifiques paysages. De Masindi, on aperçoit toute la chaîne des hautes montagnes bleues qui bordent l'autre côté du lac.

La suite de Baker arrive, avec le capitaine : tout d'abord elle voit qu'elle est entourée d'une armée noire de sept à huit mille nègres. Baker comprend qu'on en veut à sa vie. Aussi fait-il retrancher une portion de Masindi, et s'y établit militairement.

Mais point. Réga fait les plus charmantes avances à l'Anglais. Il lui envoie, pour son monde qui doit être altéré, sept grandes jarres de *pombé*. C'est une bière faite avec du maïs. Après dix minutes, tous les infortunés qui en boivent sont empoisonnés. La plupart ont le délire; quelques-uns demeurent insensibles, comme frappés de stupidité, quelques autres souffrent cruellement et s'agitent dans d'épouvantables convulsions. Par bonne fortune, le médecin de Baker sauve tous ces malades, à force d'émétique.

Le lendemain, il fait à peine jour, que les huit mille noirs de Réga s'avancent en bon ordre et attaquent le campement anglais. Baker sonne l'alarme. Grand effroi des nègres. Ils croient trouver les Egyptiens morts, et voici qu'ils vont se défendre !... En effet, les soldats sont armés de carabines Sniders, et en même temps on leur remet des torches. Une charge furieuse a lieu, et les masses noires de Réga sont culbutées et reculent au plus vite. Alors, après l'office de la carabine, l'office de la torche. Le feu est mis aux huttes de Masindi, et en une heure il ne reste rien que des cendres de ce que Réga nommait orgueilleusement sa capitale. Quant à son armée, quant à lui-même, la terreur les talonne, et on les voit qui s'éparpillent au loin...

Du reste, chez les peuplades noires de l'Afrique, il n'y a pas que des scènes dramatiques et cruelles ; on y est témoin parfois aussi d'étranges comédies.

Il y a, par exemple, un chef du Gabon, N'Combé, qui se fait appeler le Roi-Soleil, tout comme un simple Louis XIV. C'est un gaillard d'une taille énorme et d'une figure toute joviale. Il s'habille d'une immense robe de chambre de popeline écossaise à brandebourgs noirs, entièrement déboutonnée, afin de laisser admirer sa chemise blanche, sur laquelle brillent une broche et trois gros diamants fabriqués à Hambourg, à deux pour un sou. Son pagne, d'un rouge éclatant, est un peu plus court que la décence ne le voudrait. Autour de son cou flotte une simple cravate taillée dans un vieux rideau. Il tient à la main une canne de tambour-major, et son chef est coiffé d'un chapeau dit tuyau de poêle, cerclé d'un large galon d'or au milieu duquel étincelle un magnifique soleil en or. Le possesseur de tant de merveilles se place devant ses visiteurs et se rengorge comme un paon. Il répète sans cesse :

— Miaré N'Combé rey pass todos, rey sobre todos...

Ce qui veut dire : C'est moi qui suis N'Combé, roi passé tous, roi sur tous...

Ce majestueux prince avale comme de l'eau l'alcool à quatre-vingt-quatorze degrés... On apprendra sans doute aussi avec curiosité que les femmes de ce roi-soleil portent des faux cheveux et une coiffure très-compliquée qui a pour base de la terre glaise délayée dans de l'huile de palme, et se termine par un triangle, dans le goût sans doute des perruques rouges ou bleues des clowns de nos cirques.

En présence de tant d'obstacles accumulés, comment s'étonner que l'Afrique reste toujours presque inconnue, et que le problème posé depuis 2000 ans soit toujours sans solution !

Ajoutons ceci : Les grands voyageurs Burton, Speke, Barker, Livingstone, n'ont guère travaillé que pour le progrès de la géographie. Relativement, ils ont très-peu fait avancer les sciences naturelles, ce qui est regrettable, car on ne connaît véritablement une région que quand ses productions naturelles, sa faune et sa flore, ont été au moins sommairement reconnues.

Aussi n'est-il pas sans intérêt pour la France, et pour vous, ami lecteur, de savoir qu'un de nos compatriotes, M. Achille Raffray, d'Angers, déjà très-honorablement connu dans la science par ses découvertes entomologiques en Algérie, notamment à Boghari, est parti depuis quelques mois pour la côte orientale de l'Afrique, dans le but de combler la lacune qu'ont laissée subsister les voyageurs anglais.

On a déjà reçu de ses nouvelles. Il est débarqué à Massanah, port de la mer Rouge, et s'est enfoncé vers l'ouest, traversant plusieurs régions très-différentes, sur lesquelles il envoie des renseignements pleins d'intérêt, et qu'il fait suivre d'un nombre d'insectes de divers ordres.

Je suppose que les Français, qui se figurent souvent que les autres peuples ont le monopole des expéditions hardies, seront heureux d'apprendre qu'il y a encore chez nous des hommes qui permettent à la patrie de conserver son rang scientifique dans le monde. Le vrai savant n'est point arrêté par les dangers qu'il peut courir. Et cependant que de victimes ! Mais que lui importe, pourvu que la science progresse ! Aussi doit-on quelque admiration aux hardis aventuriers que ne retient pas la plus sinistre des prévisions, la mort !

David Livingstone est un de ces intrépides investigateurs, et le plus persévérant de tous. Aussi, quel fut le deuil de l'Europe savante qui, depuis nombre d'années, avait le regard fixé sur lui, et parcourait avec avidité les moindres notes dues à ses recherches, lorsque, tout récemment, au début de l'année 1874, on lut dans les journaux les mieux informés :

« Une dépêche d'Aden, 26 janvier, nous apprend une nouvelle qui causera une vive émotion et aura un sinistre retentissement.

» Le célèbre docteur Livingstone vient de mourir, en allant du lac Behme à Unyanyembe. L'illustre voyageur est mort de la dyssenterie. Son corps a été embaumé et transporté à Zanzibar. »

On se rassura néanmoins, après réflexion. C'était la quatrième fois, peut-être bien la cinquième, qu'on annonçait ainsi la mort du docteur écossais. Il n'y a pas d'homme dont on ait plus souvent publié le trépas.

Sa dernière mort datait de quatre ans. La nouvelle en était arrivée en Europe par une lettre du capitaine Ernest Cochrane, commandant un navire de guerre, le *Pétrel*, en station sur la côte occidentale de l'Afrique. On racontait que l'ardent voyageur avait été égorgé et son corps brûlé par les naturels, à quatre-vingts journées de voyage.du Congo, près des lacs situés à la source de la rivière de ce nom. Il avait traversé une ville dont le roi mourut trois jours après. Imaginant que l'homme blanc lui avait jeté un sortilége, les indigènes avaient poursuivi Livingstone et l'avaient tué. Le récit de cette sinistre aventure avait été apporté sur la côte, par un marchand portugais.

Rien de plus faux, cependant, car peu après notre Anglais se montrait sur la scène, plus ardent, plus vaillant que jamais.

Ne pouvait-il pas en être de même, nonobstant la dépêche d'Aden? Hélas! non. Chaque jour se confirmait la lugubre nouvelle...

Enfin le *Foreign-Office* recevait bientôt, du consulat général anglais de Zanzibar, cet autre télégramme :

« La nouvelle de la mort de Livingstone est confirmée par des lettres reçues de Cameron, en date d'Unyanyembe, 20 octobre 1873. Livingstone est mort de la dyssenterie, après quinze jours de maladie. Peu de temps après son départ du lac Bemba, en route vers l'est, il avait essayé de traverser le lac par le nord : mais ayant échoué dans son entreprise, il revint sur ses pas et fit le tour du lac, traversant le Zambèze, et tous les cours d'eau qui en sortent.

» Alors il traversa le Luopula ; mais il mourut dans le Lobisa, après avoir erré dans une région marécageuse, où il était resté trois heures avec de l'eau jusqu'aux aisselles.

» Dix hommes de son escorte succombèrent. Quant au reste, en tout soixante-dix-neuf personnes, ils s'étaient mis en marche vers Unyanyembe, avec le corps de Livingstone, qu'on avait embaumé et rempli de sel. On avait versé dans la bouche de l'eau-de-vie, pour conserver le corps.

» Chumah, domestique du docteur, avait été envoyé en avant pour chercher des provisions, et ce fut lui qui apprit à Cameron la triste nouvelle. Ceux qui l'accompagnaient ont gravement souffert de la fièvre et de l'ophthalmie ; mais ils avaient l'espoir de pousser jusqu'à Ujiji.

» Le corps de Livingstone arrivera à Zanzibar au mois de février. Veuillez télégraphier pour qu'on donne les ordres nécessaires. On ne peut se procurer ici de cercueil en plomb. »

Inutile de raisonner davantage sur l'incertitude des probabilités du triste événement : bientôt le doute ne fut plus possible. Un dernier télégramme de Zanzibar donnait la preuve la plus assurée du trépas du docteur. Livingstone, cette fois, était mort, enlevé par la dyssenterie, dans le Lobisa, à son retour vers Unyanyembe. On était en route pour rapporter son corps à Zanzibar, et de là l'expédier pour l'Angleterre. On ajoutait que la route jusqu'à la côte était entièrement libre. Nulle complication à craindre : il n'y avait pas de poudre dans le pays.

Alors, comme témoignage de respect pour la mémoire de l'explorateur dévoué, le drapeau du consulat anglais flotta à mi-mât pendant vingt-quatre heures, et cet exemple fut suivi par tous les représentants des puissances étrangères auprès du sultan de Zanzibar.

Quelques jours après, les feuilles anglaises publiaient le récit suivant, sur les derniers moments de Livingstone :

« Le *Malwa*, ayant à bord les restes mortels du docteur Livingstone, est arrivé à la fin de mars, onze heures du soir, dans le port de Suez. Le docteur avait été malade de dyssenterie chronique depuis plusieurs mois. Quoique bien approvisionné de vivres et de médicaments, il semblait avoir le pressentiment de sa fin. Il montait un âne, mais on dut bientôt le porter à bras, et il arriva ainsi à Muisala, au-delà du lac Bemba, dans le pays de Lobisa. Là, il dit :

» — Construisez-moi une hutte pour mourir...

» La hutte fut construite par ses suivants, qui tout d'abord lui firent un lit. Il souffrait beaucoup et gémissait jour et nuit. Le troisième jour, il s'écria :

» — J'ai bien froid, couvrez la hutte de plus d'herbe...

» Les suivants ne lui parlaient pas et ne s'approchaient pas de lui.

» Kitumbo, le chef de la contrée, lui envoya de la farine et des fèves : il se conduisit très-bien envers l'expédition.

» Le quatrième jour, Livingstone perdit le sentiment. Alors il mourut vers minuit. Magnabsa, son serviteur, était présent.

» Sa dernière inscription dans son journal est du 27 avril.

» Il parlait beaucoup et avec regret de sa famille et de son pays. Lorsqu'il fut saisi de la première attaque de la maladie, il dit à ses suivants qu'il avait l'intention d'échanger tout ce qu'il possédait contre de l'ivoire, afin de le leur donner, et de pousser ensuite jusqu'à Ujiji, puis Zanzibar, afin de tâcher de retourner en Angleterre.

» Le jour de sa mort, ses gens se consultèrent sur ce qu'ils avaient à faire. Les Nassich-Boys résolurent de conserver les restes mortels. Ils avaient peur d'informer le chef de la mort de Livingstone. Le secrétaire transporta ce corps dans une autre hutte, autour de laquelle il fit construire une haute estacade, afin de la protéger. Le corps fut ensuite ouvert, et on en enleva les entrailles, qui furent placées dans une boîte, et enterrées, à l'intérieur de l'estacade, sous un gros arbre.

» Jacob Wainright grava sur cet arbre l'inscription que voici :

» — *Le docteur Livingstone, décédé le 4 mai 1873.*

» Le corps fut conservé dans le sel et séché au soleil, pendant douze jours.

» Kitumbo fut alors informé du décès. Il fit battre le tambour et tirer des salves en signe de respect. Puis il permit aux suivants du défunt d'emporter le cadavre, qui fut placé dans un cercueil fait d'écorces d'arbres.

» L'expédition se mit en marche pour Unyanyembe, ce qui prit environ six mois, en envoyant en avant un détachement, avec des nouvelles à l'adresse du fils de Livingstone, lequel détachement rencontra le lieutenant Cameron. Celui-ci envoya des ballots de drap et de la poudre. Le corps arriva à Unyanyembe dix jours après le détachement d'avant-garde, et il y resta quinze jours.

» Cameron, Murphy et Dellow se sont trouvés là ensemble. Le dernier, très-malade, aveugle et l'esprit affecté, s'est suicidé à Kasakara, et y a été inhumé.

» En cet endroit, les restes de Livingstone ont été placés dans un autre cercueil en écorce, plus petit que.le premier, et ayant la forme d'un ballot, afin de tromper les indigènes : on les transporta ainsi à Zanzibar.

» Les vêtements de Livingstone, ses papiers et ses instruments sont avec le corps.

» Pendant sa maladie, Livingstone priait beaucoup. A Muisala, il dit :

» — Je retourne dans la véritable patrie !...

» Voici les nouvelles géographiques du continent africain, à cette date : Le docteur Livingstone, parti d'Unyanyembe, avait contourné l'extrémité méridionale du lac Tanganyka et voyagé au sud du lac Bamba ou Banguelo. Il l'avait traversé du midi au nord, puis il avait suivi le même lac le long de la côte orientale : enfin il était retourné vers le nord, à travers les marais de Muisala. Des papiers cachetés, à l'adresse du secrétaire d'Etat, ont été remis à la garde d'Arthur Laing, marchand anglais dans la ville de Zanzibar... »

Nous savons maintenant, avril 1874, que la dépouille mortelle de Livingstone est arrivée à Londres.

L'Angleterre savante et la Société royale de Géographie lui rendent les plus grands honneurs. Ses obsèques seront entourées de toute la solennité due à un homme que son dévouement à la science a rendu très-illustre. Elles seront faites aux frais de l'Etat, et le corps du célèbre voyageur sera déposé dans un tombeau, sous l'une des nefs de l'abbaye de Westminster, le Panthéon de l'Angleterre.

Il paraît que des doutes s'étaient répandus dans la population de Londres sur l'identité du corps du docteur écossais. On ne voulait pas croire qu'il eût trouvé la mort après l'avoir bravée si souvent. Ces doutes se sont évanouis après l'ouverture du cercueil en écorces. Sir William Fergusson a reconnu, de la façon la plus évidente, la terrible blessure que la dent du lion, dont je vous ai entretenu, avait imprimée sur le bras du géographe, et les cicatrices qu'elle y avait laissées.

D'autre part, son fidèle serviteur, Jacob Wainvright, apportant avec le cadavre les itinéraires, les instruments, le journal de voyage, et jusqu'aux pauvres vêtements dans lesquels Livingstone a rendu le dernier soupir, le peuple de Londres a bien dû se fier à ses paroles.

Cela montre encore que la mort du docteur Livingstone a été pour l'Angleterre un deuil national. Aussi ses funérailles, elles aussi, ont été nationales. Les Anglais se sont honorés eux-mêmes par les honneurs exceptionnels qu'ils ont rendus à l'intrépide explorateur.

Avant que le cortége funèbre ne quittât l'hôtel de la Société royale de Géographie, dans Saville-Row, un service avait été célébré par un ministre de l'église établie.

Puis, lorsque le défilé des innombrables assistants pénétra dans l'abbaye de Westminster, une foule, vêtue de noir, remplissait déjà les vastes nefs. Sept dames, en grand deuil, portant des chapelets de myrtes, de violettes et de cyprès, se tenaient au premier rang, venues les premières. Les cloches de Saint-Margaret sonnaient en mort. — Celles de l'abbaye ne sont mises en branle et la grande porte de l'ouest ne s'ouvre que pour les funérailles ou le couronnement du Souverain. — Le cercueil du défunt entra donc au milieu du plus profond silence.

Quand on l'eut placé sur un échafaudage recouvert de velours et qu'il fut caché sous une masse de fleurs et de guirlandes de cyprès, le service funèbre commença au son des orgues de l'église. C'était un spectacle touchant que la vue de la famille de Livingstone entourant sa bière, couverte de fleurs. Mais, quand on leva le cercueil, et qu'on tourna vers le lieu du repos les pieds du voyageur, qui avaient parcouru si péniblement tant de milliers de milles, il devint bien difficile de ne pas se sentir ému.

La place assignée à Livingstone est au centre de la nef de l'ouest.

Au nord de la nef repose la comtesse de Clanricade; au sud, Thomas Campion, le célèbre horloger. A côté de Livingstone, sont les tombes du major Rennel et des ingénieurs Telfort et Stephenson. Ces tombes sont creusées dans le sable, car l'abbaye de Westminster ne porte pas sur des voûtes, et le sol sablonneux ne permet pas de creuser profondément.

Le doyen Stanley célébra le service religieux. Puis, on jeta sur le corps, rendu à la terre, des couronnes et des bouquets d'immortelles.

La fosse resta ouverte tout le jour; le soir on la ferma. Tout était fini !...

Une simple plaque indique l'endroit où repose pour toujours le très-infatigable voyageur.

Voici l'inscription de la plaque :

DAVID LIVINGSTONE,

NE A BLANTYRE, LANCASHIRE, SCOTLAND, LE 19 MARS 1813,

MORT A ILALA, AFRIQUE CENTRALE, LE 4 MAI 1873.

Il y a en Angleterre, au-dessus des partis, une chose bien définie, avec ses traditions, ses préjugés, si l'on veut, qui s'appelle *la Patrie anglaise :* partis et individus se sacrifient à elle.

En France, hélas ! trop souvent c'est cette chose sainte et sacrée qui est indignement sacrifiée aux caprices et bientôt aux fureurs des individus et des factions !...

Qu'il me soit permis de dire ici que, au moment où l'on entoure d'éloges bien mérités la vie généreuse et la mort de Livingstone, s'éteignait à Paris un autre voyageur, qui s'était bien dévoué à la science géographique, lui aussi, mais dont le nom cependant était bien ignoré depuis dix ans...

Ah! pourquoi n'était-il pas étranger?... Il fût devenu fameux !

CHARLES DUCRET !... Tel est le nom de cet explorateur.

Comme Livingstone, Charles Ducret, aidé de ses seules ressources, explora l'Afrique centrale et y fit de précieuses découvertes, au prix de mille dangers.

Avant Livingstone, il avait atteint Sébitoane, et parcouru ensuite le pays de Cosembe.

Dans ses divers voyages, Charles Ducret eut de terribles aventures, dont voici l'une des plus émouvantes :

Une nuit, poursuivi par des noirs, Ducret cherche un refuge dans les joncs d'un lac. Horreur! ce lac est rempli de crocodiles... C'est égal, notre explorateur s'y tient immobile pendant quatre heures, immergé jusqu'à la ceinture et regardant les formidables sauriens s'ébattre dans les eaux argentées par la lune. Le matin venu, le voilà qui sort du lac, et enfin, après un long et pénible voyage, il atteint la côte de Sierra-Leone, où M. Guillemard d'Aragon, consul général d'Espagne, lui donna des vêtements et le rapatria en Europe. On juge si M. Ducret a conservé jusqu'à la fin de sa vie le souvenir de ce paysage africain!

M. Charles Ducret est mort relativement pauvre, et dans un modeste appartement, 21, Cité du Trône. Découragé, dégoûté de l'ingratitude des Sociétés savantes, il n'a même pas achevé d'écrire un récit de ses voyages, commencé à son retour. On enterrait en mars dernier, 1874, le vaillant voyageur...

Deux personnes seulement, deux!... accompagnaient le généreux explorateur... Voilà la France!...

Livingstone est à perpétuité dans le Panthéon de Westminster. Voilà l'Angleterre!...

David Livingstone était âgé de cinquante-neuf ans. Il était né à Blantyre, en Ecosse. On en fit un tisserand. Mais tout en gagnant sa vie à son travail mécanique, le futur explorateur trouvait moyen d'apprendre, sans professeur, sa langue maternelle, les mathématiques, l'histoire, la géographie, et enfin la médecine.

« Je continuais mes études pendant les heures que je passais à la filature, dit-il dans un de ses livres, et alors je plaçais mon livre sur le métier, de manière à saisir les phrases les unes après les autres, tout en opérant pour ma besogne. J'étudiais ainsi constamment, sans être troublé par le bruit des machines. C'est à cela que je dois la faculté de m'abstraire complètement du bruit que l'on fait à côté de moi, et de pouvoir lire et écrire tout à mon aise au milieu d'enfants qui jouent ou dans une réunion de sauvages qui dansent ou qui hurlent.

» A dix-neuf ans j'eus un métier à conduire. Ma profession était extrêmement pénible : mais j'étais payé en conséquence de la peine que j'avais, et cela me mit à même de passer l'hiver à Glasgow, de m'y suffire, d'y poursuivre mes études médicales, d'y apprendre le grec, et d'assister aux cours de théologie. »

Mais c'était surtout la géographie qui inspirait à Livingstone ses rêveries et ses projets d'avenir. Voir, pénétrer dans les contrées inconnues, admirer Dieu dans ses œuvres, explorer et révéler aux autres, toute sa vie était là ! Religieux, le jeune Ecossais l'était devenu par ses études. Aussi le futur voyageur était déjà doublé du missionnaire méthodiste.

A peine muni du diplôme de licencié, que lui conféra l'Université de Glasgow, Livingstone se fit recevoir par la Société des Missions de Londres, pour aller prêcher l'Evangile en Chine. Sa vocation se dessinait. Il allait commencer la série de ces aventureuses explorations qui lui ont permis d'amasser, au profit de la science, de si riches matériaux.

Le voyage en Chine ne put avoir lieu cependant.

Livingstone prit alors le parti de s'embarquer pour l'Afrique méridionale. C'était en 1840. En effet, le jeune missionnaire résida quelque temps au Cap, et, en 1843, il se retira dans la vallée de Mabotsa, où il se maria avec la fille du révérend Moffat.

Ce fut en 1849, le 1er juin, qu'il s'avança pour la première fois vers le nord. Il atteignit, après un fatigant voyage, les bords du lac N'gami. En 1851, il parvint jusqu'à Sébitoane, la principale ville du Mékalolo, et découvrit une vaste contrée fertile habitée par un peuple industrieux.

Sa troisième tentative eut non moins de succès. Parti le 8 juin 1852, après des fatigues inouïes, Livingstone arriva à la station portugaise de Saint-Paul de Loanda, située sur la côte occidentale de l'Afrique.

Un nouveau voyage d'exploration lui permit de traverser le continent dans toute sa largeur, au sud, et d'atteindre Quilimane, sur la côte orientale, au mois de mai 1856.

Il revint alors en Angleterre et reçut deux médailles d'or des Sociétés de Géographie de Londres et de Paris.

Depuis ce moment, le docteur Livingstone a fait de nouvelles et laborieuses explorations. Dans l'une d'elles, il vit mourir sa femme, qui, depuis quelque temps, avait voulu s'associer à ses fatigues et à ses dangers. Madame Livingstone mourut, dans le Zanzibar, d'une fièvre du pays, le 27 août 1862.

Le deuxième retour du voyageur à Londres eut lieu dans les derniers jours de juillet 1864. Mais le repos ne fut pas long. Le docteur entreprit bientôt après un voyage encore plus avantageux que les précédents.

Ce fut au mois de mars 1867 que, pour la première fois, des bruits sinistres coururent sur son compte. On était resté plus d'une année sans avoir de ses nouvelles, et la Société royale de Géographie de Londres avait même été informée de sa mort.

D'autres fois encore pareils bruits avaient eu cours. Aussi un Anglais, M. Stanley, était-il parti à sa recherche, et fort heureusement l'avait découvert, dans la région du lac Unyanyembe, malade, épuisé, presque sans ressources.

Sauvé par son généreux compatriote, et rattaché par M. Stanley au monde de la civilisation, Livingstone ne voulut pas revenir encore dans son pays. Il se remit en route pour achever l'exploration des lacs de l'Afrique centrale, et chercher des preuves nouvelles à l'appui de la découverte des sources du Nil, qu'il était persuadé d'avoir faite. C'est dans cette dernière exploration, dont nous allons dire quelques mots, que le savant investigateur a succombé.

Disons de suite que Livingstone a publié le résultat de ses premiers travaux sous le titre de *Voyages et Recherches d'un Missionnaire dans l'Afrique méridionale*.

On a de lui également la *Relation de l'Exploration du Zambèze et de ses affluents*.

En février 1869, Livingstone avait été élu correspondant de notre Académie des Sciences de Paris.

A la hauteur du cap Delgado, qui marque la frontière entre le Mozambique portugais et les Etats du sultan de Zanzibar, c'est-à-dire entre le 11° et le 12° degré de latitude sud, Livingstone, dans ses excursions, avait rencontré une grande rivière que les indigènes nomment *Tchambézi*.

Le docteur voulut vérifier si ce Tchambézi était bien une des têtes du Zambèze, comme le prétendaient les Portugais.

Cette rivière acquit bientôt pour lui une extrême importance; elle était trop vaste pour se perdre dans le Zambèze.

Aussi, se persuada-t-il qu'il avait devant lui le Nil lui-même; et, dès lors, il se consacra tout entier à son exploration.

Le Tchambézi sort des montagnes occidentales du Nyassa, coule de l'est à l'ouest, reçoit de nombreux et grands affluents, se jette dans un premier lac, le Bangouela, vaste autant que le Tanganyika, en ressort sous le nom de Louapoula, tourne au nord et traverse un second lac également très-grand, le Moëro.

Livingstone en fait la plus magnifique description.

Le Moëro est encaissé dans de hautes montagnes sur la pente desquelles d'immenses forêts vierges déploient jusque sur ses bords cette luxuriante végétation particulière aux tropiques. Par une profonde déchirure de cette enceinte de granit s'écoule le trop-plein du lac. L'eau se rue dans cette gorge, tumultueuse, pressée, grondant comme le tonnerre, et, une fois échappée, s'étale paresseusement dans le vaste lit de la rivière, qui s'appelle dès lors Loualaba.

Louapoula et Loualaba ne sont point des désignations particulières, mais des appellations génériques s'appliquant dans la langue auroua aux divers cours d'eau.

Pour distinguer celui qu'il explorait, Livingstone l'appela Loualaba de Webb, du nom de l'un de ses amis.

Après le lac Moëro, la rivière prend une physionomie spéciale. Elle s'épanche sur ses bords en marécages et en petits lacs, se traîne à travers une haute et épaisse forêt d'herbes aquatiques remarquablement vigoureuses, et se partage en quantité de canaux qui occupent une largeur variable de un à quatre kilomètres.

Le docteur eut beaucoup de peine à ne point perdre le cours véritable du fleuve à travers tous les engorgements, épanchements, embranchements, effluents et affluents, qui s'enchevêtrent jusqu'à ce qu'ils se confondent tous dans un nouveau lac peu large et fort long que les naturels de la contrée appellent Kamolondo, et qu'il place par 6° 30' de latitude sud.

Sortant de ce troisième lac, le Loualaba reçoit un affluent considérable, la Lonfira.

Les noirs font des sources de cette rivière une description merveilleuse. Elle sortirait, d'après eux, d'un plateau extraordinairement spongieux et abondant en éruptions d'eau. Celles qui s'en échappent se répartissent entre quatre bassins :

L'un se déversant dans le Zambèze ;

Deux autres dans le Congo ;

Et le quatrième donnerait origine à la Lonfira, qui, d'après Livingstone, se jette dans le Nil, par le Loualaba.

De sorte que, du même plateau, dans un espace fort restreint, sortiraient trois rivières qui vont se jeter, à des milliers de lieues de distance l'une de l'autre, la première dans l'océan Indien, la seconde dans l'océan Atlantique, et la troisième dans la Méditerranée.

Cette description fascinait notre savant investigateur. Aussi annonça-t-il à M. Stanley qu'il recommencerait par là ses explorations.

Ce que nous savons sur la mort de Livingstone prouve, en effet, qu'il était sur la route de ce plateau mystérieux quand il fut atteint par la dyssenterie.

Y allait-il, ou en revenait-il déjà ? L'avait-il vu et l'a-t-il décrit dans les papiers qui ont été rapportés en Angleterre ? Les renseignements que l'on possède sont encore trop obscurs pour qu'on puisse rien dire.

Remarquons toutefois, en passant, que le lac Bembo, auprès du

quel il a succombé, est le même que ce Bangouelo que les indigènes lui disaient être si grand.

Arrivé par 4° sud, Livingstone dut s'arrêter, ses gens ne voulant
pas aller plus loin et menaçant de l'abandonner.

On lui assurait que le Loualaba coulait toujours droit au nord,
d'où il conclut qu'il devait tomber soit dans le lac Albert, soit dans
le Nil même, par le Bahr-el-Gazal.

Si cette supposition se vérifie, le problème des sources du Nil est
résolu. Ce fleuve célèbre gagne en grandeur ce qu'il perd en mystère. Il prend le second rang parmi les fleuves du monde, dépas-
sant l'Amozone, oui, mais se plaçant immédiatement au-dessous
du Mississipi. Son cours aurait en ligne droite quarante-quatre degrés d'étendue, c'est-à-dire près de quatre mille neuf cents kilomètres. Il parcourrait une ligne immense en servant de canal d'écoulement à un territoire qui, avec ses rivières, ses marais, ses lacs
immenses et multipliés, l'abondance de ses eaux et ses inondations
périodiques, est assurément le plus curieux et le plus original de
notre globe.

Ainsi se trouveraient confirmés les renseignements obscurs d'a-
près lesquels Ptolémée, le grand géographe de l'antiquité, plaçait
les sources du Nil bien au-delà de l'équateur.

Lorsque Livingstone se mit en route pour cette longue exploration, il s'achemina vers Saint-Paul de Loanda, dans la colonie du
Cap. Il voyageait avec un lourd chariot que traînaient dix énormes
bœufs. La contrée paraissait brûlée par la sécheresse. Lorsque les
Hollandais étaient venus s'y établir, elle était couverte d'une épaisse
fourrure d'herbages qui a disparu, aussi bien que les antilopes et
les nombreux pachydermes qui la broutaient alors. Elle est remplacée maintenant par d'innombrables plantes grasses, parmi lesquelles on trouve les ficoïdes comestibles.

Rien de bien attrayant dans le paysage : des collines dénudées,
aux teintes sombres, une végétation maladive, et c'est tout.

On rencontrait fréquemment des *boers*, c'est-à-dire des paysans
hollandais, calvinistes, dont les ancêtres s'étaient fixés dans ces
pâturages avant l'invasion de l'Angleterre. Parmi eux se trouvaient
même quelques colons français. Ces braves gens possèdent là des
champs cultivés au milieu de prairies de plusieurs kilomètres
d'étendue : ils sont donc plutôt pasteurs qu'agriculteurs.

Dans le voisinage de la rivière Orange, la caravane put entrevoir
la dernière partie d'une migration d'antilopes sauteuses. Elles viennent du désert, et si on les rencontre au moment où elles dépassent les limites de la colonie, on peut en compter jusqu'à quarante
mille. Le fait est que Livingstone les vit couvrant une étendue cou-

sidérable de terrain, ne cessant de remuer et d'agiter leurs cornes élégantes.

Sur la droite du fleuve Orange, tout d'abord on rencontre les tribus des Griconas, peuplades de métis issus d'Européens et d'Africains.

Ces Griconas, ainsi que leurs voisins, les Betjouanas, sont convertis au christianisme par de nombreux missionnaires : souvent c'est par intérêt que ces tribus se font chrétiennes.

Néanmoins il s'opère certains changements dans leurs mœurs. Ainsi, il y a cent ans, les indigènes se couvraient à peine le corps. Un misérable tablier composé de courroies en cuir et une peau d'antilope étaient tout l'habilement des femmes. Quant aux hommes, tout au plus se voilaient-ils avec une pièce de peau de quinze à vingt centimètres. Un simple manteau couvrait leurs épaules. Les deux sexes se barbouillaient tout le corps de graisse et d'ocre, afin de se protéger contre l'action du soleil, de jour, et, de nuit, contre la froidure. Actuellement, ils se rendent aux prières de l'Eglise convenablement vêtus. L'observance du dimanche est parfaitement respectée par eux, et nul n'est baptisé s'il ne sait lire et comprendre le caractère de la religion chrétienne.

Mais, hélas ! on ne peut triompher de leur apathie pour le travail. Aucun Betjouana ne veut s'astreindre les outils, les chariots, etc.

La bourgade de Courouman, à cent kilomètres de Gricua-Town, ressemble à cette capitale, baptisée de ce nom par les Anglais.

On la nomme aussi Litakou, nonobstant une autre Litakou, qui se trouve à plus de cent trente kilomètres, vers le N.-E.

Courouman possède une source intarissable, qui lui donne son nom. L'eau monte sa chaleur à vingt-deux degrés centigrades. Aussi pense-t-on qu'elle provient des anciens schistes siluriens qui composent le fond de la grande vallée primitive du continent africain.

La perspective de la contrée est d'un jaune clair, qui prend une teinte charmante de vert, mêlé de jaune, pendant la saison des pluies. La plaine incommensurable qui s'étend vers l'orient est bornée à l'ouest par des chaînes de montagnes. On y rencontre d'immenses espaces couverts de tuf calcaire, où croît une herbe fine, ponctuée de buissons légers d'une sorte d'acacia, dont les épines sont très-dangereuses.

On y voit aussi des restes de forêts d'oliviers sauvages, de mimosas blanche-épine, et d'acacias dits de la Girafe.

Après Courouman, vient Chocouané, qu'habite le chef d'une tribu de Betjouanas. Celui que connut Livingstone portait le nom de Séchéli, nègre fort intelligent et très-affectueux.

Dans cette contrée, à raison de sa paternité, chaque homme est le maître de ses enfants. A l'entour de sa case, ceux-ci construisent la leur. Au milieu de chaque cercle de huttes se trouve une place qui forme un foyer, la *cotla*. C'est le point de réunion de la famille. On y travaille, on y mange, on y raconte tout ce qu'on apprend. Un misérable se fixe-t-il dans le voisinage de la cotla d'un opulent du pays, il devient membre de la famille.

Le rang de cases qui entoure la cotla du chef compose la demeure des femmes.

Un sous-chef compte toujours un certain nombre de cotlas autour de la sienne.

L'ensemble de tous ces groupes, en y comprenant le point central, la cotla du chef, devient une cité.

Le chef attache les sous-chefs à sa personne par des mariages avec leurs filles. Ainsi fait Séchéli, qui épouse et fait épouser par ses frères les filles de ses sous-chefs.

Livingstone s'installa bientôt à Lépétolé, et plus tard à Litoubarouba, à vingt-quatre kilomètres de Chocouané. Ce nom de Litoubarouba vient d'un centre du voisinage, qui jadis possédait une source, maintenant tarie. On disait qu'un dieu faisait son séjour de cette caverne, et, dès lors, nul n'osait y pénétrer. Ce fut un motif pour que Livingstone désirât tenter l'aventure. Notre explorateur descendit, en effet, dans les profondeurs de l'antre : c'était tout prosaïquement un souterrain de quelques mètres d'étendue, dont les babouins furent les seuls habitants.

De là, le docteur se rendit à Mabotsa, où il apprit bientôt que les lions faisaient de grands ravages. Ce fut dans cette circonstance que lui arriva l'accident assez grave de la morsure de l'un de ces animaux, qui se trouve raconté dans le chapitre précédent.

Il alla s'établir ensuite sur le Colobeng, cours d'eau éloigné de soixante kilomètres. Mais des pluies sans fin le forcèrent, pendant trois ans, de ne pas aller ailleurs. Puis, aux pluies succédèrent de telles sécheresses que peu à peu Colobeng se dessécha et que tous les poissons de ce cours d'eau périrent. Les hyènes de toute la contrée accoururent à ce régal, et, nonobstant leur gloutonnerie, ne vinrent pas à bout d'absorber ces masses putréfiées.

Le temps n'était point perdu pour le missionnaire, du reste. Il convertit Séchéli, qui, un jour, vint lui demander le baptême. Alors le prince noir fit don à ses femmes de vêtements et des meubles de leurs huttes, et les renvoya toutes chez elles.

On crut à des maléfices de la part du savant missionnaire : heureusement il sut imposer silence aux malintentionnés.

Cependant quantité de buffles, de zèbres, de girafes, de gnous, de rhinocéros et d'antilopes venaient s'abreuver aux flaques d'eau du Colobeng : on se décida à leur tendre des piéges, ce qu'on appelle *hopo*. Ce sont deux haies réunies l'une à l'autre, en forme de V. Au sommet de l'angle, ces deux haies ne se confondent pas absolument, mais s'éloignent parallèlement pour aboutir à une fosse de quelques mètres de largeur et de profondeur. Là, des troncs d'arbres sont placés en travers et comme bordure de la fosse, de manière à empêcher toute évasion. Comme ces troncs débordent sur la fosse, la fuite n'est pas possible. L'ensemble du piége est recouvert de joncs, les deux haies du V, comme le reste, et le couloir qui lui succède, d'une longueur de quinze à seize cents mètres.

Lorsque tout est prêt, des chasseurs, qui rabattent le gibier, par leurs cris poussent les animaux dans l'entonnoir et les font arriver au sommet du hopo, d'où d'autres chasseurs, bien cachés, lancent leurs javelines sur les pauvres bêtes. Celles-ci se précipitent par la seule ouverture qu'elles rencontrent, et s'engagent dans l'allée qui aboutit à la fosse. C'est alors un horrible spectacle, car antilopes, rhinocéros, zèbres, etc., entraînés au fond de l'abîme par le poids des morts et la frénésie des mourants, se débattent de la façon la plus pitoyable et succombent en poussant les cris les plus plaintifs.

En-dehors des Griconas, des Betjouanas et des indigènes du Calahari, il y a aussi les Boschimans, qui paraissent être les aborigènes de la partie méridionale de l'Afrique. Ces nomades, assez semblables à des babouins, ne cultivent point le sol et ne possèdent que des chiens. Mais, en revanche, ils ont une connaissance parfaite des habitudes des fauves; ils les suivent dans leurs excursions, les surprennent et s'en nourrissent.

Le 4 juillet 1849, l'expédition atteignit la Zouga ou Noca, rivière des Batletlis. Le chef, Sécomi, avait usé de tous les moyens pour éloigner Livingstone, mais efforts inutiles : le voyageur put remonter le long de ce magnifique cours d'eau.

On voit sur ce fleuve des canots très-primitifs, les Batletlis se donnant tout au plus la peine de creuser les troncs d'arbres pour en faire des embarcations. Bien plus, si le tronc est courbé, la pirogue n'est point pour cela rectifiée, mais courbe également. Ce canot, pour le nègre du pays, devient le coursier de l'Arabe. Il l'aime comme sa demeure et celle de sa famille : il y entretient le foyer, de nuit comme de jour; il ne manque pas d'y coucher, parce que là il est à l'abri de tout danger.

Livingstone quittait volontiers son lourd chariot, pour aller s'asseoir à bord de ces embarcations, dont ces mariniers pacifiques lui faisaient volontiers les honneurs, et il s'entretenait avec eux.

Ce fut ainsi qu'il descendit le cours de la Zouga, dont les rives,

admirablement boisées, charment constamment le regard. Il atteignit alors l'embouchure d'une grande rivière, le Tamunakle, — le
Tamalucan, selon d'autres, — et il apprit qu'elle venait d'une région couverte d'arbres, et qui est arrosée par tant de cours d'eau
qu'on n'en saurait dire le nombre.

Enfin, le 1er août 1849, ayant aperçu l'extrémité nord-est du lac
N'gami, il dirigea la marche de sa caravane vers la partie la plus
large du lac, et là, pour la première fois, cette superbe nappe d'eau
fut placée sous les yeux des Européens en extase.

La direction du lac N'gami s'étend du nord-est au sud-sud-ouest.
D'après les dires des naturels, la partie méridionale de cette petite
mer intérieure s'arrondit vers l'ouest, et reçoit le tribut des eaux de
la Tiongué, venant du nord, et se jetant dans le N'gami au nord-
ouest. Du point d'observation occupé par le docteur, l'ensemble du
lac formait l'unique horizon. Impossible d'en mesurer l'étendue,
d'autant plus que, selon les indigènes, il ne fallait pas moins de
trois journées pour en faire le tour. On parlait de cent cinquante à
cent soixante kilomètres de circonférence.

Mais le lac N'gami n'est pas profond, ce qui lui enlève toute importance commerciale. Livingstone vit un nègre diriger sa pirogue
sur le lac à l'aide d'une simple perche. Dans la saison qui précède
l'arrivée des eaux du nord, les troupeaux sont obligés, dans le but
de se désaltérer, de franchir la vase et les bancs de roseaux que la
sécheresse met à découvert. Du reste, les rives de la nappe d'eau
sont fort peu élevées, et, vers l'ouest, s'ouvre un assez vaste espace
dépourvu d'arbres, ce qui prouve que de ce point les eaux se sont
retirées, et qu'elles tendent petit à petit à quitter le lit que leur avait
donné la nature.

La reine du pays des Cololos, Namochisané, ayant permis à
Livingstone et à sa suite de parcourir la contrée et de se fixer où
bon leur semblerait, le docteur se rendit à Secheké, à deux cents
kilomètres au N.-E. du lieu qu'il occupait alors. De sorte que, à la
fin de juin 1850, il atteignait enfin à Zambèze, au centre du continent africain.

C'était une découverte d'autant plus précieuse, que nul ne savait
que ce fleuve existât sur ce point reculé, les cartes des Portugais
signalant sa source vers l'est.

La caravane y arrivait au moment où finit la saison de la sécheresse, et néanmoins le lit du fleuve encaissait un cours d'eau rapide
et profond, d'une largeur de trois à six cents mètres. Un compagnon
de notre voyageur, M. Oswel, affirmait n'avoir jamais vu un aussi
beau fleuve, et cependant M. Oswel avait parcouru les Indes orientales.

Jugez de la puissance du Zambèze par ceci que, à l'époque de son débordement annuel, ce fleuve s'élève de plus de six mètres et couvre une étendue de pays de vingt-cinq à trente kilomètres.

Mais ce beau pays n'offrant aucune sécurité, au point de vue de la salubrité et des brigandages, le 5 janvier 1853 Livingstone reprit sa route vers le nord.

L'un des chefs du nouveau territoire parcouru, Sécomi, reçut les voyageurs avec une grande affabilité.

Le 28 du même mois, la caravane atteignit Létloché, où elle trouva une eau délicieuse, car, dans les régions brûlantes, la question de l'eau est toujours des plus importantes.

Après Létloché, on en rencontra aussi aux puits de Canné, que les Betjouanas avaient enveloppés de barrières.

A une centaine de kilomètres plus loin, les gens de l'expédition virent un de ces puits souterrains dont les femmes aspirent l'eau à l'aide d'un chalumeau.

En arrivant à Nchocotsa, nonobstant la saison des pluies qui était à son début, tout le pays était brûlé.

Heureusement, à quelques jours de là, à Ouncou, l'aridité cessait et la région présentait le plus ravissant paysage. En effet, les étangs avaient de l'eau à plein bord, et les herbages couvraient la surface du sol, courbés sous le poids des graines. Dans les forêts, toutes les plantes étaient en pleine floraison, et les oiseaux remplissaient les airs de leurs joyeux gazouillements.

Mais alors il arriva que l'herbe devint haute au point d'effaroucher les bœufs des attelages, et la forêt se présenta tellement épaisse qu'on n'eut plus d'autre ressource que de frayer un chemin à grands coups de hache. Notez que branches et feuillages, en Afrique, sont bien autrement nombreuses et épais que dans notre Europe. La plupart des feuilles sont serrées comme les barbes des plumes, et rien n'est plus charmant à l'œil : mais les abattre est d'une bien plus grande difficulté.

Enfin les voyageurs atteignirent Linyanti. Aussitôt que leur présence fut signalée, tous les indigènes accoururent en masse pour voir marcher les chariots. C'était pour eux un phénomène, comme jadis les vaisseaux de Christophe Colomb pour les Américains. Quantité de femmes s'empressaient de déposer aux pieds des explorateurs des vases remplis d'une bière du pays que l'on nomme *boyaloa*, dont elles buvaient à pleine gorgée pour faire voir que ce n'était pas du poison.

On trouve dans cette contrée une civilisation relative. Ainsi, les femmes des Cololos exigent peu de travail des nègres qui leur sont soumis : ceux-ci ne s'occupent que d'orner la demeure des dames,

qui font un partage très-libéral du lait et des aliments de leurs demeures. On voit qu'elles sont très-portées à boire le boyaloa, et
cependant elles cherchent à éviter le regard des hommes, pour se
livrer à cette passion. Elles portent leurs cheveux très-courts, et
leur corps est tout ruisselant du beurre dont elles aiment à se
frotter. Leur jupe est faite d'une peau de bœuf, fine comme le drap,
et qui descend jusqu'aux genoux; et, quand elles sont dans l'inac-
tion, elles se couvrent les épaules d'un manteau de même sorte.
Elles ont au bas des jambes, et à leurs poignets, des anneaux de
cuivre et d'ivoire, et au cou des colliers qui sont faits de verroteries roses, vertes ou bleues.

Sékélétou, devenu roi par suite de son mariage avec Mamochi-
sané, accompagnait alors Livingstone. Aussi arriva-t-il, à Naliélé,
que trouvant là le père et un ami d'un Cololos ayant donné à Mamo-
chisané le conseil de se défaire de Sékélétou, celui-ci les fit saisir
et noyer incontinent.

Chaque village que l'on traversait donnait à Sékélétou des bœufs,
du lait, de la bière. Et puis les naturels manifestaient leur joie en
chantant et en dansant de la façon la plus extravagante. Voici comment s'exécutent les fêtes de ce genre :

Presque entièrement nus, les hommes ont à la main une sorte de
hache d'armes. Ils se placent les uns derrière les autres, et forment
un cercle. Aussitôt les acteurs du drame hurlent de toute la force
de leurs poitrines, tandis que toute la troupe lève une jambe,
frappe le sol du pied violemment par deux fois, lève l'autre jambe,
et, cette fois, ne frappe qu'un seul coup. Ces mouvements seuls
sont simultanés. Quant aux bras et aux têtes, c'est une agitation
désordonnée. Les hurlements ne cessent pas et continuent dans un
crescendo formidable, tandis que des tourbillons de poussière enveloppent les exécutants, dont les pieds sont en action sur la terre
sèche. Des fous ne feraient point de telles contorsions, et la chose
est d'autant plus bizarre que des nègres à tête blanche prennent
part à cette danse avec autant de frénésie que les plus jeunes de la
bande. Les femmes se tiennent à côté des danseurs, et battent la
mesure de leurs mains, tandis que l'une d'elles pénètre dans le
cercle en mouvement, et se retire après quelques révérences. Ces
braves gens trouvent le festival merveilleux, et, d'ordinaire, pour
les récompenser, on égorge un bœuf qu'ils dévorent.

La caravane poursuit sa marche de bourgade en bourgade, le
long de la rivière appelée Liambaïe, et partout on l'accueille avec
enthousiasme.

Les bords de ce cours d'eau sont plats et généralement découverts. Mais à trente-deux kilomètres de Libonta, une forêt vient

baigner la racine de ses grands arbres dans les eaux du fleuve.

Livingstone et Sékélétou se livrent au courant sur une embarcation, et ils sont emportés avec une telle rapidité que, en un jour, ils franchissent, de Litofi à Gonyé, soixante-onze kilomètres.

Cependant notre savant docteur ne trouve pas d'emplacement convenable pour établir une mission, comme le comportait le programme qu'il s'était tracé, sur le haut Zambèze.

Le 11 novembre 1853, il quitte Linyanti, et s'embarque sur la Tchobé. Le roi le fait conduire par ses meilleures canotiers. On rame pendant quarante-deux heures en faisant huit kilomètres à l'heure. On atteint l'endroit où la Tchobé tombe dans la Liambaïe. La réunion des nombreux bras de ces cours d'eau offre le plus admirable coup d'œil.

Le 1er janvier 1854, au confluent du Mécondo, chez les Mambaris, la caravane atteint Chicondo, sur une petite rivière du nom de Lonconyé. Là, le chef se présente à Livingstone avec deux de ses femmes portant de grands paniers remplis de manioc. En échange de ces bons procédés, le docteur leur fait don d'une quantité de beurre pour se frotter le corps de la tête aux pieds. La plus jeune de ces femmes a entouré ses jambes d'un tel nombre d'anneaux de fer, qu'elle ne peut faire un pas sans qu'un cliquetis sonore annonce sa présence.

Quelques jours après, on atteint un village nouvellement créé, et qui ne compte encore qu'une vingtaine de huttes.

Livingstone trouve la reine Nyémoéna, et Sémoéna, son époux, assis sur des peaux au sommet d'un petit tertre entouré d'un fossé, au-delà duquel sont assis nègres et négresses, au nombre de cent. La chevelure de notre Écossais les étonne beaucoup, et ils la prennent pour la crinière d'un lion dont il s'est fait une perruque.

Survient Ménenco, grande femme de vingt ans, barbouillée de graisse et d'ocre rouge, parée d'amulettes et d'ornements singuliers, qui se croit la merveille de la tribu. C'est la fille de Nyémoéna.

Son mari, Sambanza, salue les voyageurs en se frottant le haut du bras et la poitrine avec la poussière qu'il prend à pleines mains. Ses jambes sont tellement entravées par d'innombrables anneaux, qu'il ne peut marcher qu'en faisant de grandes enjambées.

Le 11 janvier, au moment du départ de la caravane, Nyémoéna fait don à Livingstone d'un coquillage que les indigènes regardent comme très-précieux, et de quelques perles. Puis, Ménenco, avec son époux, précédés d'un tambour battu vigoureusement, accompagnent les voyageurs. Il pleut à torrents, et néanmoins Ménenco s'avance en tête de la colonne d'un pas si rapide que peu d'hommes peuvent la suivre. Monté sur un bœuf, le docteur ne la quitte pas et s'occupe de savoir d'elle pourquoi la pluie ne la gêne pas. Mais la fille de la reine lui répond avec un imperturbable sang-froid qu'il serait d'un mauvais exemple qu'un chef ait une démarche lente, et elle ajoute que celle qui commande aux autres doit être alerte quand même, ou tout au moins s'en donner l'air.

Les hameaux ou villages que traversent les explorateurs sont entourés de palissades, sans aucune porte. Le propriétaire veut-il entrer ou sortir, il doit enlever quelques-uns des madriers, qu'il replace aussitôt, car les naturels de cette contrée ont fort peu de confiance à l'endroit les uns des autres.

Le 15, on pénètre dans une admirable vallée qu'arrose un délicieux petit ruisseau. On y trouve la ville de Kébompo, appelée aussi Chinté, et qui est placée, comme un nid, dans un bois de bananiers et d'autres arbres des tropiques. Ses rues sont tirées au cordeau, tandis que les villages des Betjouanas n'ont que des voies tortueuses et irrégulières. Partout ailleurs les huttes sont rondes, mais à Chinté elles sont carrées et à toiture ronde. Dans les enclos qui entourent ces huttes, on voit de plantureuses végétations de tabac, de cannes à sucre, de bananiers, et d'une plante, la solanée, dont les Londas, car la caravane se trouve alors chez les Londas, apprécient beaucoup la saveur.

Tout d'abord les nègres, armés de fusils, dont ils ne semblaient pas savoir se servir, se ruèrent sur la suite de notre Écossais. Mais ils se retirèrent, et furent remplacés par des tambours et des trompettes, faisant grand tapage, qui venaient saluer les nouveaux venus, de la part du roi Chinté. Celui-ci même parut bientôt, ayant en tête un casque composé de verroteries et surmonté d'une énorme touffe de plumes d'oie. Nombre de colliers pendaient sur sa poitrine et ses épaules, et cliquetaient à la jambe d'aussi nombreux anneaux de cuivre et de fer. Bientôt il prit place sur un escabeau paré d'une peau de léopard, à l'ombre d'un magnifique figuier.

Livingstone, de son côté, alla se placer sous un arbre de même espèce, en face du prince. Plus de cent femmes, chargées d'atours, en serge rouge, étaient rangées en cercle derrière Chinté, dont la favorite, une Tébélé, placée au premier rang, était coiffée d'un bonnet rouge fort étrange. Des paroles furent échangées, et après chacun des discours, les dames applaudissaient en faisant entendre un murmure plaintif. Enfin, un corps de musiciens, trois tambours et quatre tympanistes, exécutèrent à leur façon des morceaux d'harmonie, qu'interrompirent des décharges de mousqueterie. La cérémonie de réception était à sa fin.

Le 3 novembre 1855, après être revenu à Linyanti, Livingstone

s'en éloigne de nouveau avec une suite de deux cents personnes. Il
se rend vers le Zambèze, dont il continue à explorer le bassin.

Il fait nuit : l'obscurité règne en souveraine maîtresse. Bientôt,
sur le fond noir du ciel commencent à se déployer et à composer
huit ou dix branches semblables à celles d'un arbre, d'immenses
éclairs. De larges nappes de feu embrasent l'horizon. Puis, à ces
lueurs intenses succèdent des ténèbres effrayantes. Les chevaux de
la caravane sont pris d'un affreux tremblement, car le tonnerre fait
entendre de ces horribles roulements que connaît seule la zone
torride. Puis vient la pluie, une pluie qui flagelle les voyageurs
avec une violence inimaginable. A la cruelle chaleur du jour succède ensuite un froid d'une force sans égale.

Le 13, on arrive en face du Zambèze, très-large, très-profond, et
dont le vent d'est soulève des vagues énormes.

On est bientôt en présence de l'île de Calaï. Elle a renfermé une
ville considérable. Au nord, la cotla du chef apparaît dominée par
des perches ornées de crânes humains et quantité de têtes d'hippopotames, encore munies de leurs défenses. On aperçoit aussi le sépulcre de l'ancien chef du pays, entouré d'un cordon de soixante-
dix énormes défenses d'éléphant. Le tombeau est couvert d'un
monceau de trente autres dents du même animal, dont le soleil et
la pluie ont rougi l'ivoire.

Le 17, Livingstone s'empresse d'aller visiter les chutes de Zambèze, appelées Mosi-sa-Tounya. On en voit à distance les colonnes
vaporeuses. Ces cascades sont placées au centre d'un admirable
paysage. Le docteur se fait débarquer dans une île qui occupe le
point central de la chute : de là, il peut jouir du merveilleux spectacle d'un fleuve de mille mètres en largeur, s'engouffrant en une
masse gigantesque dans un abîme de quinze à vingt mètres. Il
n'est pas, dans toute l'Afrique, de spectacle plus saisissant.

Notre explorateur donne à ces cascades le nom de Victoria, et y
grave, sur un arbre, ses propres initiales, avec le chiffre de 1855.

Ces chutes du Zambèze, appelées *Mosi-sa-Tounya*, mot qui veut
dire *Fumée tonnante*, méritent d'être décrites, car c'est là la grande
découverte du voyage de Livingstone dans l'Afrique inconnue.

Embarqué sur le fleuve, le docteur en suit le cours. On glisse
agréablement sur les eaux qui ressemblent au cristal. Ici et là, îles
délicieuses, revêtues de la plus exquise végétation. Des arbres magnifiques émergent des rives, et il en ruisselle des grappes aux
fruits dorés et des gousses écarlates. Le tout est émaillé de plantes
merveilleuses dont les fleurs semblent s'incliner pour saluer le passage des navigateurs.

Mais attention ! voici les rapides du Zambèze, et la moindre dis-

traction peut coûter la vie, car d'effroyables écueils se dressent ici
et là, et leur voix rugissante vous prévient du danger. Il semble
même, par moments, que rien ne pourra lutter avec avantage contre la fureur des eaux et des roches. La pirogue paraît tout-à-coup
se diriger contre un récif, mais le timonier la détourne légèrement
avec sa gaffe, et l'embarcation passe comme une flèche.

On aborde à l'île du Jardin, située au centre du fleuve et s'étendant jusqu'aux limites du gouffre. Là, les explorateurs s'empressent
de courir à l'extrémité de l'île, et de se pencher sur l'abîme pour en
étudier la profondeur. L'aspect est vertigineux.

Nulle parole ne peut donner l'idée du spectacle qui se présente.

En Amérique, la cataracte du Niagara est le résultat de l'effrite-
ment des roches sur lesquelles se précipite la rivière. Alors le fleuve
a reculé graduellement pendant des siècles, en laissant devant lui
un abîme gigantesque. Actuellement il continue son mouvement de
recul, et n'en décharge pas moins, dans le Saint-Laurent, l'eau des
lacs dont le fleuve est composé.

En Afrique, les chutes du Zambèze ont été créées par une déchirure du rocher de basalte qui compose le lit de ce cours d'eau. Ses
bords sont toujours à vive arête, si ce n'est du côté où l'eau arrive
se ruant avec fureur. La muraille de cette portion de roches n'offre
aucune aspérité, et plonge dans le gouffre droite et perpendiculaire,
sans qu'il y ait la moindre saillie. Cette déchirure est de soixante-
treize mètres de large, au moins, et c'est par cette ouverture que
tombe dans l'abîme, avec un épouvantable fracas, à une profondeur deux fois plus grande que celle du Niagara, le Zambèze,
rivière de plus de seize cents mètres de largeur en cet endroit, et
présentant une masse d'eau incalculable.

On comprend que l'on ait donné le nom de *Fumée tonnante* à ces
chutes grandioses de Victoria.

Que l'on contemple la cataracte de l'île du Jardin, formant un
promontoire au-dessus de l'abîme, on se trouve en présence d'une
nappe d'eau de huit cents mètres de largeur, qui se partage en deux
voies, l'une par un canal ayant une ouverture de vingt-cinq mètres,
et s'engouffrant à l'est, l'autre se précipitant dans l'effrayante profondeur qui l'attend, vers l'ouest.

La masse de ces eaux glisse dans le gouffre en nappe unie et
transparente : mais à peine a-t-elle décrit une courbe de trois à
quatre mètres, que cette nappe cristalline devient masse de neige,
puis cette neige se convertit en des milliers de jets bondissants.

En même temps ruissellent d'éblouissants arcs-en-ciel, et s'élèvent de blanches vapeurs irisés par le soleil. C'est comme un nuage
qui s'élève au-dessus de la vaste cascade : il arrose de ses perles

les magnifiques arbres verts des rives et des îles ; de leurs feuilles s'épanche une pluie continuelle, tombant en larges gouttes. Et le soleil du matin revêtant de ses rayons ces panaches humides, ajoute à la magie du spectacle. Ou bien les lueurs du soir, s'échappant d'un ciel d'or, leur donnent une nuance sulfureuse qui charme le regard. Mais pas un oiseau ne s'abrite, pas un ne chante dans la verdure de ces rives du Zambèze, à l'entour de sa cataracte. On les voit tous éviter les vapeurs qui s'en élèvent, et aller chercher un refuge au loin, dans les bois qui décorent la terre ferme.

Charles Livingstone a visité le Niagara, puis il a vu les chutes du Zambèze : il n'hésite pas à donner la préférence à ces dernières, quoique la masse de leurs eaux soit peut-être moins colossale que celle des eaux du Niagara.

Telle est la grande découverte de D. Livingstone.

En 1851, ce même Livingstone et Oswel s'étaient approchés à deux journées de marche de ces chutes.

En 1853, J. Chapman avait descendu le Zambèze jusqu'aux chutes elles-mêmes, mais les bateliers, effrayés du voisinage des Tébélés, l'avaient contraint de s'éloigner bien vite.

En 1855, enfin, D. Livingstone et Oswel, avec leur suite de deux cents hommes, les avaient visitées et étudiées, comme nous venons de le voir.

Mais en 1860, D. Livingstone encore, son frère Charles, et le docteur Kivek, les visitèrent une fois encore, et les étudièrent avec un nouvel empressement.

Enfin, en 1863, sir Richard Glyn et les frères Bart y ont fait une station. Mais ils ont trouvé l'île du Jardin complètement ravagée par les hippopotames.

LES SOURCES DU NIL.

Parmi les innombrables fleuves qui sillonnent notre globe, le Nil, si célèbre dans l'histoire, est certainement celui qui a le plus fixé les yeux et l'attention des hommes.

Des montagnes de l'Abyssinie, vers l'ouest, sort un large cours d'eau qui a nom Nil-Blanc.

Dans la même contrée, plus à l'est, court un autre fleuve que l'on appelle Nil-Bleu.

Ces deux courants se réunissent bientôt sous la simple dénomination de Nil, et s'acheminent ensemble du sud au nord.

Ils traversent alors le Kordofan, le Sennaar, la Nubie, pénètrent dans l'Egypte, non loin de Syène, en s'épanchant en plusieurs cataractes, se séparent de nouveau de manière à former un vaste delta, dont l'un se dirige vers le nord-ouest, et se jette dans la Méditerranée, près de Rosette, tandis que l'autre, beaucoup plus considérable, porte également ses eaux à la Méditerranée, près de Damiette, en se partageant en cinq ou six embouchures, du nord-ouest au nord-est.

Jadis, l'empereur Néron avait fait rechercher les sources du Nil. Au moyen-âge, et depuis, on a tenté de même de les découvrir.

Dans les temps modernes, l'un des explorateurs les plus ardents, 'Ecossais James Bruce, quittait l'Angleterre, le 15 juin 1768, pour se rendre en Afrique, dans le but de s'enquérir lui aussi des mêmes sources du Nil, encore non trouvées, et toujours introuvables.

Bruce quitte la ville de Gondar, le 4 avril 1770. Il entre dans une immense plaine que baigne le lac Dembéa.

Onze îles capitonnent de leurs émeraudes les ondes du Dembéa, que traverse le Nil, en y arrivant resserré entre deux rochers qu'il a creusés profondément. En remontant le fleuve, dont le cours est impétueux et bruyant, on arrive à l'une de ses plus belles cataractes. Elle offre aux regards de l'explorateur l'un des spectacles les plus grandioses dont on puisse être favorisé. Le Nil se précipite d'une hauteur de cinquante pieds. Or, à cette époque, considérablement grossi par les pluies, le fleuve formait en tombant une masse énorme d'épaisseur, sur plus d'un demi-mille de largeur, et il faisait un tel bruit que Bruce en éprouva des vertiges. Un épais brouillard couvrait la cataracte et s'élevait au loin, en suivant le cours de l'eau, à travers les arbres. La vue de cette chute du Nil parut si magnifique et si imposante au voyageur écossais, qu'il affirme qu'il n'y a rien au monde de plus beau.

Enfin, le 3 novembre 1770, à huit heures du matin, une petite caravane, sortant du village de Goutto, s'avançait dans une plaine ombragée d'acacias. C'était le cortége de James Bruce, qui accompagnait l'heureux voyageur au terme de sa course, les prétendues sources du Nil. Elle descendit dans une plaine bornée à l'ouest par le fleuve, qui fait alors plus de tours et de détours, dans l'espace de quatre milles, qu'aucun autre fleuve n'en fait nulle part dans le même espace. Enfin, tout-à-coup le Nil, large en cet endroit de vingt pieds tout au plus, et profond d'un seul, tourne à droite et s'éloigne comme si on ne devait plus le revoir.

Vers une heure, la même caravane gagnait un amphithéâtre de collines fort peu élevées qui terminent la plaine au sud, et à trois heures elle pénétra dans la vallée d'Abola, large d'un demi-mille. Les montagnes qui la bordent ont peu d'élévation et sont tapissées, jusqu'à leur sommet, d'une riante verdure. Leurs plateaux sont couverts d'excellents pâturages, et leurs pentes, vers le sud, enclavent le village de Sacala.

Plus bas, mais un peu à l'ouest, se trouve un autre village, Géesh, où sont les sources du Nil, qui, jusque dans ces parages, recèle encore des crocodiles.

Ces montagnes ont la forme d'un croissant, au moins dans cette partie. Le Nil baigne leur pied et suit la direction de la plaine. Vu de haut, ce fleuve célèbre semble à peine un ruisseau. En le voyant, James Bruce ne pouvait se rassasier de contempler ce petit cours d'eau, si près de sa source. Il se rappelait tous les passages des auteurs anciens d'après lesquels il semblait que ces sources devaient rester éternellement cachées, et il était fier de se dire, l'excellent homme, que la gloire de cette découverte allait lui appartenir!

Bientôt il atteignit le Nil. Ce n'était qu'un ruisselet limpide, courant rapidement sur un fond de petits cailloux, sous lesquels on entrevoyait un rocher noir et très-dur.

Tout-à-coup, au détour d'un monticule, la caravane se trouva près du village de Géesh, situé sur le haut d'un rocher, parmi des arbres de la verdure la plus luxuriante.

— Au pied de cette éminence, lui cria l'un des guides, au-dessous
de Géesh, se trouvent les sources du Nil... Si vous allez jusque-là,
ajouta-t-il en s'adressant à James Bruce, ôtez vos chaussures, car
les naturels de ce pays sont de véritables païens. Ils ne croient à
rien de ce que vous croyez, si ce n'est au Nil, qui est leur dieu !..

« Quoique je fusse à demi déshabillé, raconte Bruce, j'ôtai mes
chaussures et je courus aux sources... Je fus dans le ravissement,
en contemplant la principale de ces sources... Je restai debout, en
face, en présence de cette origine du Nil où, depuis 3,000 ans, le
génie et le courage des hommes les plus célèbres avaient très-
inutilement tenté d'atteindre !... »

Naïf James Bruce, il était bien loin d'avoir découvert les fameu-
ses sources du vrai Nil, comme il se le figurait...

Heureusement, après lui, d'autres explorateurs vont s'imposer la
même rude et pénible tâche.

Le fait est que la curiosité des hommes de la science est étrangement surexcitée à l'endroit du Nil, de ce fleuve mystérieux qui, s'il
n'est pas le premier par la masse des eaux qu'il porte à la mer, est
certainement le plus remarquable par les phénomènes qu'il engendre et les services qu'il rend. N'est-ce pas lui qui a créé et qui entretient le sol de la riche Egypte ? N'est-ce pas lui qui a conquis
sur notre Méditerranée, et qui féconde le sol de ce splendide delta
qu'il enveloppe de ses eaux ?...

L'Egypte, qu'est-ce autre chose que le Nil ?

Partout où le Nil ne peut porter ses vagues, se produit le désert,
la solitude, la stérilité !

Qu'un fleuve, un torrent, une rivière quitte son lit, toute la contrée limitrophe est ruinée par le débordement de ses eaux.

Mais du Nil, du Nil seul, les inondations répandent sur ses rives
la fécondité, la richesse, le bonheur !

Et cependant pas un affluent ne lui paye son tribut. Il chemine,
en Egypte, sur une longueur de deux mille quatre cent cinquante
kilomètres, sans recevoir une goutte d'eau du ciel, une goutte d'eau
de la terre.

Aussi, comme il est fier des trésors qu'il sème sur son passage !

Mais alors qu'est-il donc et d'où vient-il ? Là est le mystère dont
depuis vingt siècles on cherche à pénétrer le secret. Son origine
reste à l'état de problème, et la solution se fait bien attendre. . .

. . . .

. . . .

A l'ouest de l'océan Indien, qui sert de limites à l'orient du continent africain, à 6° de latitude méridionale de l'équateur, à cent
lieues des côtes, en face du Zanguebar et de l'île de Zanzibar, au

sud de l'antique Ethiopie, l'Abyssinie actuelle, il est un vaste, très-vaste plateau élevé de deux à cinq mille pieds au-dessus des mers, qui affecte, par les bourrelets circulaires qui l'entourent et lui tiennent lieu de contre-forts, la forme d'un immense plat renversé.

Tout à l'entour de cette région subéquatoriale, dont le point central est une contrée qui s'appelle Unyamnesi, se dessine une chaîne de montagnes dont les points culminants sont, au nord, le Kénia, au sud le Robeho, et entre les deux, séparés par une longue ligne légèrement arquée, le neigeux Kilimandjaro. Kénia, Robeho et Kilimandjaro sont les pitons de ce cirque dont le nom plus connu est celui de Montagnes de la Lune.

Vers le nord, le plateau est interrompu ; il descend peu à peu vers la Méditerranée. A l'orient, au contraire, c'est subitement que s'abaisse le bourrelet dont j'ai parlé. Là, il sert de limite aux terres qui, sur une grande largeur, s'acheminent vers l'océan Indien, dont elles sont des alluvions.

Supposons qu'un aérostat nous promène au-dessus de ce plateau, enchevêtré de hautes montagnes, de marécages, de vallées, de lacs, de plaines entrecoupées de collines boisées, de contrées diverses, qu'illumine et féconde un soleil vertical, ce serait d'un aspect magnifique, car l'Afrique, toute brûlante qu'elle soit, possède des paysages ravissants, des sites merveilleux.

Or, c'est de ce vaste camp retranché que s'échappe le Nil. Mais sur quel point? Et, parmi les nombreux cours d'eau qui se présentent, quel est le Nil? Enfin, où sont les sources de ce fleuve? Là est la difficulté qu'il s'agit de résoudre...

Au II° siècle de l'ère chrétienne, l'habile Ptolémée, tout à la fois géographe et astronome, disait en parlant de l'océan Indien et en faisant allusion à ce plateau :

« C'est autour de ce golfe barbare que demeurent les Ethiopiens anthropophages, à l'ouest desquels se trouvent les Montagnes de la Lune, desquelles les lacs du Nil reçoivent les neiges. » (*C. Ptolomæ Geographiæ*, lib. IV, c. IX, § 3.)

C'est une satisfaction pour tous ceux qui aiment à s'instruire de pouvoir sonder les secrets de la nature. Néanmoins, personne ne devait plus désirer connaître l'origine du Nil que l'ancien Khédive Méhémet-Ali, puisqu'il était souverain de l'Egypte, dont, en arrivant de ses régions cachées, le Nil fait la fortune. Aussi ce prince favorisa-t-il toujours les nombreux voyageurs qui se présentèrent pour aller étudier le cours du fleuve, en le remontant jusqu'à sa source.

Hélas ! toujours cette source semblait reculer à mesure que les investigateurs s'avançaient !

Le Nil-Bleu avait tout dit ; on le connaît maintenant.

Mais le Nil-Blanc, *Bahr-el-Abiad,* se taisait avec obstination et se laissait chercher, toujours se dissimulant.

En 1841, un Français, M. d'Arnaud, remonte le Nil sans résultat.

Après le Français, un Sarde, M. Brun-Rollet, prend un affluent du Nil pour le Nil même, et s'égare, en explorant inutilement ses rives.

En 1854, un missionnaire autrichien, le R. P. Knoblecher, s'avance jusqu'au 3° 40' de latitude septentrionale. Mais là, des nègres de Bari lui apprennent qu'il lui faut marcher encore *une lune* entière avant d'atteindre, non pas les sources du Nil, mais un endroit où le fleuve se partage en plusieurs branches.

Enfin une expédition égyptienne arrive, elle aussi, au 3° 23' de la même latitude, à quelque chose comme soixante-quinze lieues du bourrelet du plateau qui possède les sources du Nil, et de la coupure de ce cordon, par laquelle descend le fleuve pour s'acheminer vers l'Abyssinie, la Nubie, l'Egypte et la Méditerranée. Mais bientôt elle revient sur ses pas, effrayée par les rapides et ne pouvant rien espérer du voyage qui reste à faire.

De cette exploration et d'une autre encore entreprise par des missionnaires allemands, aux frais de l'Eglise anglicane, qui purent apercevoir à distance les cimes blanches du Kilimandjaro, et plus tard les neiges du Kénia, il résulta que la certitude fut acquise de la position des sources du Nil sous la ligne de l'équateur, et même plus au sud encore.

Une carte de l'Afrique orientale équatoriale fut alors dressée, carte inexacte, mauvaise même dans ses détails, mais précieuse pour l'ensemble, car on y voit figurer une immense étendue d'eau qui n'est autre que le Nyansa, dont il sera question dans les pages de la relation du capitaine Speke, lac que traverse le Nil, ainsi que nous le verrons.

Il fut alors décidé par la Société royale géographique de Londres que l'on entreprendrait une expédition scientifique qui pousserait ses recherches jusqu'au lac Nyansa. Dans ce but, on fit choix des plus énergiques explorateurs connus, et deux officiers de l'armée des Indes, les capitaines Burton et Speke, furent distingués, comme gens éprouvés, pour se rendre dans l'Afrique équatoriale.

Le programme que se tracèrent ces deux hardis personnages comprenait l'examen du pays des Saumalis et des Gallas, au sud de l'Abyssinie, et des contrées qui se rapprochent du Zanguebar, pour aboutir à Zanzibar. C'était à tort que l'on spécifiait l'étude de ces régions, car le caractère peu commode de leurs habitants devait rendre difficiles les explorations exigées.

En effet, dans l'Afrique orientale, il est trois classes de nègres indigènes, qu'il est fort essentiel de connaître, car leurs mœurs sont absolument différentes.

Les uns, tribus agricoles répandues au sud de l'équateur et près des lacs du plateau, occupent des villages retranchés comme des campements militaires, et jamais ils ne s'en écartent. Toujours en querelles les uns avec les autres, ils accueillent assez volontiers les étrangers, tout en se montrant rapaces et disposés aux rixes.

Les autres composent des peuplades autant nomades qu'adonnées à l'agriculture. Ce sont les femmes qui se livrent aux travaux de la terre. Quant aux hommes, ils se réservent le soin du bétail, à titre de pasteurs. Ces nègres sont changeants et mobiles dans leurs mœurs, comme dans leur genre de vie lui-même. Un explorateur doit bien les étudier, afin de profiter des bons moments pour passer au milieu de leur territoire. Ils sont au nord des précédents.

Les troisièmes ne sont que nomades. Mais, hélas ! qui dit nomades, en Afrique, doit ajouter : Gens méfiants, chercheurs de disputes, amis de la bataille, cruels, sanguinaires.

Or, c'est par le pays de ces nomades, Saumalis, Gallas et autres, et au milieu de leurs tentes, de leurs pâturages, etc., que doivent passer les explorateurs venant d'Aden et de la mer Rouge.

Speke et Burton eurent trop vite l'occasion de juger les peuplades nomades de l'Afrique orientale, car, presque dès le premier jour, ils furent attaqués et pillés par les Saumalis. Le capitaine Hern fut tué dans l'action; Burton reçut une grave blessure, et Speke tomba vivant aux mains de ces farouches sauvages, dont il devint l'esclave.

Par bonne fortune, Burton put retourner à Aden, où on le guérit. Puis, un beau matin, Speke, après avoir eu l'heureuse chance de s'enfuir de chez les Saumalis, vint rejoindre son ami, contre toute attente.

A Aden, les deux voyageurs reçurent l'ordre de se rendre à Zanzibar, et de choisir d'autres lignes que la précédente, pour arriver au but de l'exploration, les sources du Nil toujours.

Ils partirent donc d'Aden. A Zanzibar, ils employèrent six semaines à se renseigner et à réunir tous les éléments nécessaires pour obtenir le résultat voulu.

Du littoral oriental de l'Afrique, des caravanes de commerce, nombreuses et bien équipées, se dispersent sous l'équateur et pénètrent dans le cœur du continent par trois lignes différentes.

La première part de Tanga, placée sous le 5° 25' de latitude méridionale. Elle traverse l'Usambara, laisse sur la gauche les monts Robeho, de six mille pieds d'élévation, passe à la droite du Kilimandjaro, en traversant les turbulentes peuplades du Masaï, vaste contrée mal connue et placée entre les Monts de la Lune et les lacs du plateau occupé par l'Unyamnesi, et arrive à Ururi, sur les rives du lac Ukéréwé, où se fait le trafic de l'ivoire.

Le second point de départ est à Bagamoyo, à l'opposite de Zanzibar. Les caravanes de cette ligne passent à Kaseh, dans l'Unyamnesi, sur le plateau des sources du Nil présumées, et de là se rendent à Ujiji, sur le lac de Tanganika ou Ujiji.

La troisième ligne des caravanes s'étend de Quiloa, sous le 9° de latitude sud, à Kaseh, mais en faisant quantité de zigzags, afin d'échapper aux violences de tribus dangereuses.

Une fois suffisamment renseignés, Burton et Speke, partant de Pagani, afin d'aller étudier le Kilimandjaro, gravissent le pic du Rongway, gradin de deux mille pieds conduisant au plateau qui porte le pays d'Ousambara. Ils atteignent Fonga, où règne un sultan. Mais alors, dans l'impossibilité de pouvoir payer une escorte de cent nègres, au chiffre de trois à quatre cents francs par jour, ils reviennent à Pagani, et de Pagani à Zanzibar, avec la fièvre, premier tribut imposé par le climat de l'Afrique.

Bref, avec une suite nombreuse, — quatre-vingts personnes, — le 26 juin 1857, les deux explorateurs franchissent, en cinq mois, la distance qui les sépare de Kaseh, comptoir très-important de l'Unyamnesi. Puis, le 3 mars de 1858, ils arrivent sur les rives du Tanganika, que les Arabes appellent lac Ujiji.

Le lac Tanganika, de cinq cents kilomètres de longueur sur quarante-cinq de largeur, affecte la forme d'une poire, se dirige du nord au sud, à une altitude de dix-huit cents pieds au-dessus du niveau de la mer, et occupe le bassin formé par une immense dépression du sol. On ne peut imaginer rien de plus pittoresque que ses bords découpés en baies et en ports nombreux. L'aspect en est d'autant plus ravissant que les magnifiques collines qui l'entourent sont chargées d'opulentes forêts. Ses eaux bleues sont ponctuées d'une infinité de petites îles vertes comme émeraude. Notez que toutes ces îles sont peuplées, comme le pays d'alentour, et fournissent aux spéculateurs quantité d'enfants voués à l'esclavage et vendus par leurs parents dans le but ignoble d'un gain sordide.

Nos deux Anglais durent renoncer à naviguer sur l'Ujiji, toute espèce d'embarcation faisant défaut. Mais ils en observèrent à maintes reprises la partie septentrionale, afin de s'assurer qu'il n'en sortait aucun cours d'eau. Dès lors le Nil restait étranger au lac Tanganika, qui reçoit deux rivières et n'en déverse pas. D'ailleurs sa ceinture de montagnes démontre clairement l'impossibilité pour ces eaux de franchir cette enceinte.

L'exploration des hardis voyageurs se prolongea pendant soixante-quinze jours, sous les rayons d'un soleil dévorant, par la pluie souvent, une pluie torrentielle, et, durant les nuits, sous une chute des plus abondantes de la plus fraîche rosée. Aussi, nouvelle maladie qui ne put être guérie que par un long repos pris à Kaseh. Là, s'ils n'agissaient plus, ils causaient. Aussi leur fit-on connaître l'existence d'un autre lac, situé vers le nord, et qui était de beaucoup plus grand que le Tanganika.

Mais comment se porter vers cet autre lac qu'on leur désignait sous le nom d'Ukéréwé? L'escorte prise à Zanzibar leur avait fait défaut longtemps avant d'entrer à Ujiji. De trente ânes qu'ils avaient achetés pour le transport de leurs bagages, il n'en restait plus un seul. Trois nègres dévoués, telle était leur suite. Or, que faire avec trois hommes seulement pour traverser jungles et déserts, villages de sauvages et plaines brûlées par un soleil vertical?

Et puis, Burton, malade encore, était cloué sur un lit de douleur, dans une misérable hutte de Kaseh.

Néanmoins Speke se met en route le 9 juillet 1859.

Sur les bords du lac Tanganika, on lui a désigné un entrepôt d'ivoire qui a nom Ururi, et un autre lac, plus vaste encore, qui en est voisin. C'est vers ce point que se dirige le capitaine anglais. Chemin faisant, plusieurs caravanes chargées de dents d'éléphants se croisent avec lui. Il est enchanté des merveilleuses contrées qu'il traverse, de la riche nature qu'il observe, et des admirables échantillons que lui livrent la faune et la flore de ces opulentes régions subéquatoriales.

Speke traverse l'un après l'autre douze districts. Dans celui de Salawé, à la distance de douze kilomètres, il aperçoit comme une gigantesque colonne qui se dresse devant lui. Il arrive à sa base. Ce sont des piliers de granit, dont l'un dépasse en hauteur la fameuse colonne de Pompée, qui fait la gloire d'Alexandrie. Il trouve des mines de fer en parfaite exploitation un peu plus loin. Enfin, après vingt-cinq jours de marche, il s'arrête, ému, joyeux...

L'heureux aventurier a devant lui, à ses pieds, un lac bien autrement grand que le Tanganika : c'est l'Ukéréwé, le *Nyansa*, comme disent les Arabes, mot qui signifie *petite mer*. Ces eaux limpides, qui reflètent l'azur du ciel, et qui s'agitent devant lui avec un harmonieux bruissement, sont-elles donc enfin les eaux qui deviennent le Nil?

C'est le Nil, en effet! Speke entrevoit, au nord, le déversoir par lequel s'échappent, en bouillonnant, les eaux du grand fleuve qui court arroser l'Abyssinie, la Nubie et l'Egypte...

L'Ukéréwé, c'est bien le lac dont parle le savant géographe Ptolémée!... L'antiquité et les temps modernes se donnent la main...

Quelle joie pour notre Anglais! Comme il voudrait s'élancer de l'éminence d'où il plonge ses regards sur le lac, et naviguer sur sa surface liquide!

Tout d'abord, en fidèle sujet, l'Anglais Speke donne au lac Ukéréwé le nom de sa bien-aimée reine, *Nyansa*-VICTORIA!

Mais quant à parcourir le lac et l'île d'Ukéréwé, impossible. Pas la moindre barque, pas le plus léger canot! Et cependant cette île, et les vingt autres qui l'entourent de leur gracieuse couronne, en se reflétant dans le miroir des eaux, le fascinent et semblent le convier à venir. A défaut de moyen de naviguer, Speke questionne les riverains du lac. Questionnez donc des sauvages! Ne pouvant comprendre la pensée qui l'inspire, les naturels voient dans l'étranger un être suspect, un charmeur, un sorcier peut-être, un ennemi enfin qui veut empoisonner leurs eaux. Aussi lui insinue-t-on bientôt qu'il fera bien de partir, sans avoir le projet de jamais revenir.

Il faut bien s'éloigner en effet : les ressources de Speke sont à leur terme. Mais il reviendra, certes!

A Kaseh, l'investigateur triomphant trouve Burton complètement rétabli. Aussitôt les deux amis se dirigent sur Zanzibar, où ils sont navrés d'apprendre la mort du consul d'Angleterre, leur excellent ami Hammerton. Le consul français, M. Cochet, s'efforce de remplacer, dans son accueil, le colonel défunt. Mais c'est pour peu de temps, car Speke et Burton retournent en hâte dans leur pays, afin de lui révéler le succès de leur mission, et de lui demander les moyens de la compléter.

La Société de Géographie de Paris leur décerne sa grande médaille d'or, et le monde savant applaudit à l'heureuse découverte des lacs Tanganika et Nyansa-Victoria, comme prélude de découvertes plus importantes encore.

LES MAGNIFICENCES

DU

NOUVEAU MONDE

LES MAGNIFICENCES

DU

NOUVEAU MONDE.

LES DEUX AMÉRIQUES.

COMMENT FUT DÉCOUVERT LE NOUVEAU MONDE.

Il était dans les desseins de Dieu qu'alors que la terre habitée commencerait à vieillir, les peuples qui l'habitaient apprendraient avec une surprise mêlée d'effroi qu'il existait sur l'autre hémisphère tout un monde, aussi digne d'admiration, aussi pittoresque, aussi merveilleux à voir que la splendide Asie, que la brûlante Afrique et que l'Europe si fière de son antique civilisation.

On sortait alors du moyen-âge ; les guerres s'éteignaient sur tous les points, la paix se faisait de toutes parts, les esprits se tournaient vers les choses de la science, on désirait voir, connaître, découvrir. Tout livre qui annonçait une nouveauté était accueilli avec enthousiasme, et tout voyageur qui se présentait avec un bagage de récits, d'aventures et de descriptions, devenait un héros que tous voulaient ouïr et faire parler.

Aussi je vous laisse à penser combien, dans ces conjonctures, combien les récits du célèbre Vénitien Marco Polo, qui venait de visiter la Chine, appelée par lui le Cathay, et dont il racontait les magnificences inouïes et les singularités bizarres, frappèrent vivement les esprits, au xvᵉ siècle, et enflammèrent surtout l'imagination très impressionnable de Christophe Colomb.

Convaincu de la sphéricité de la terre, mais la croyant plus petite qu'elle n'est en réalité ; égaré d'ailleurs dans ses conjectures par le tracé défectueux de certaines cartes qui donnaient à l'Asie une très grande extension à l'est, Christophe Colomb croyait que les côtes orientales de la Chine étaient beaucoup plus rapprochées de l'Espagne.

Il songea donc à frayer une route plus courte à travers l'océan Atlantique, pour arriver aux rivages de l'Inde, et peut-être à cause de cette fameuse île de Zipangu (le Japon), que Marco Polo disait être près du Cathay et dont il racontait tant de merveilleuses curiosités.

A ces premières idées se mêlait l'influence d'un préjugé, presque généralement admis à cette époque, qu'il devait exister de grandes terres dans la partie du globe opposée à notre continent, afin de lui servir de contre-poids.

En effet, en cherchant l'Asie par l'océan Atlantique, Christophe Colomb devait rencontrer un monde nouveau sur son chemin.

Christophe Colomb mettait à la voile à Palos, le 3 août 1493, un vendredi!

Or, ce fut un vendredi encore, le 12 octobre suivant, que notre navigateur voyait en réalité une terre nouvelle, celle de l'Amérique, qu'il prit pour le Cathay, persuasion dans laquelle il mourut, nonobstant cinq voyages consécutifs qu'il fit d'Espagne aux côtes de l'Amérique.

Peut-être serez-vous désireux de connaître de quelles impressions furent saisis nos investigateurs Espagnols, en présence de la découverte de l'Amérique? je vais vous les faire partager.

D'abord les équipages de Christophe Colomb, qui ne supposaient pas devoir atteindre aucune terre, étaient en pleine révolte, et le héros du Nouveau Monde allait être victime de son génie audacieux, lorsque des indices annonçant le voisinage d'une terre se montrèrent presque tout-à-coup. Des herbages fraîchement arrachés, de petits poissons connus pour habiter le long des rivages, des roseaux coupés depuis peu, un bâton étrangement sculpté, et surtout une branche d'arbre couverte de ses fruits et nouvellement séparée de sa tige, frappèrent les yeux des matelots. Le même jour, à la tombée de la nuit, le capitaine de la *Pinta* poussa ce cri :

— Bonne nouvelle, je vois la terre !

Aussitôt on tira le canon pour prévenir les navigateurs des autres caravelles de la petite flotte, et Colomb se jeta à genoux pour remercier Dieu. En même temps, le chef de l'expédition vit une lumière qui se baissait et remontait alternativement, au loin, dans la brume. Le doute n'était plus possible : on était en face d'une terre.

On mit donc en panne et on attendit le jour.

La terre en vue de laquelle on se trouvait était la petite île des Lucayes, appelée Guanahani par les Indiens qui l'habitaient. Elle reçut de Colomb la dénomination nouvelle de San-Salvador.

Au lever du soleil on vit quelques habitants absolument nus. Alors l'amiral descendit à terre, dans une barque armée, avec plusieurs de ses officiers. Il tenait à la main la bannière royale d'Espagne. Deux capitaines portaient chacun une autre bannière de la croix verte. En abordant, ils virent de beaux arbres, diverses espèces de fruits, et beaucoup d'eau. De leur côté, les naturels, fort étonnés, s'approchèrent des Espagnols.

Pour s'attirer leur amitié, l'amiral Colomb donna de suite à plusieurs des indigènes des colliers de perles de verre, qu'ils mirent à leur cou et dont ils parurent émerveillés. En témoignage de reconnaissance, ils offrirent à leur tour des perroquets au riche plumage, des pelotes de fil de coton et quelques armes de celles que l'on nomme zagaies. Du reste, ces Indiens semblaient fort pauvres. Hommes et femmes étaient sans le moindre vêtement. Une seule de ces dernières était jeune, tandis qu'aucun des premiers n'était âgé de plus de trente ans. Leur teint était d'une couleur de cuivre foncé, et les hommes n'avaient point de barbe. On en voyait plusieurs dont le corps entier était peint en bleu, en rouge, en noir, en vert, tandis que d'autres ne s'étaient teint que le visage, ou seulement le nez. Leurs cheveux crépus tombaient jusque sur leurs sourcils. Ne connaissant pas le fer, quand on leur montrait des sabres, ils les prenaient par le tranchant et se coupaient. Ils n'avaient d'autres armes que leurs zagaies, sorte de lance ou bâton ; mais la pointe, au lieu d'être en fer, était faite d'une arête de poisson ou d'une pierre aiguë. Comme plusieurs avaient des cicatrices, on apprit d'eux, à l'aide d'une pantomime expressive, que c'était dans leurs guerres avec les habitants des îles voisines, qui voulaient les enlever, qu'ils avaient été blessés. En général, ces pauvres insulaires semblaient d'une extrême douceur. Les seuls animaux qu'il fût alors possible de voir étaient de magnifiques perroquets.

Après avoir erré plusieurs jours de cette île à celles qui l'entouraient et qui étaient en grand nombre, l'explorateur avisa dans l'une d'elles un naturel qui portait au nez une plaque d'or sur laquelle étaient gravés des caractères étranges. Il visita des huttes qui avaient la forme de pavillons avec de hautes cheminées, des lits et des meubles, des femmes mariées et des filles portant de petits pagnes de coton, de gros et de petits chiens, et surtout beaucoup de perroquets. Ailleurs il vit un serpent, des lézards, des baleines, des poissons bleus, jaunes et rouges, et, sur les côtes, des arbres qui ne ressemblaient aucunement à ceux de notre Europe.

Alors ses caravelles arrivèrent en face d'une autre île beaucoup plus vaste, et arrosée par un large fleuve. Les rivages étaient couverts de beaux arbres et notamment de magnifiques palmiers, dont on reconnaissait que les larges feuilles servaient à former les toits des huttes qui étaient éparpillées dans de charmantes vallées. De nombreux et brillants petits oiseaux chantaient dans les bocages. L'aspect de cette grande île était ravissant.

Cette fois Christophe Colomb crut avoir trouvé l'île de Zipangu, de Marco Polo. Un peu plus loin, il s'imagina toucher à l'extrémité du grand continent d'Asie.

Il était tout simplement en face de Cuba, et toutes les îles qui l'entouraient n'étaient autres que les gracieuses Antilles surgissant des flots, comme des corbeilles de verdure et de fleurs.

L'amiral se fit conduire vers deux huttes : ceux des Indiens qui les habitaient s'enfuirent aussitôt dans la montagne. A l'intérieur on trouva un chien qui n'aboya point, des filets de pêche en cordes de palmier, un hameçon en corne et des harpons en os. Plus loin, à l'approche des Espagnols, tous les naturels s'échappèrent de leurs cases. Ces maisonnettes, couvertes de feuilles de palmier, étaient placées çà et là en désordre, sous les arbres, comme les tentes d'un camp. On y remarquait, parmi des meubles singulièrement sculptés, des statues à figures de femmes, des masques curieux, des oiseaux apprivoisés, et des chiens muets, très probablement l'iguane, ou peut-être des almiquis ou des ratons.

« Mes yeux, dit Christophe Colomb dans sa relation, ne peuvent se lasser de contempler cette verdure si belle et les feuillages si variés des arbres de cette île. Les plantes et les fleurs répandent un si doux parfum que nous respirons l'air avec délices. Toute la nuit nous entendons des chants d'oiseaux et des cris de grillons. Le climat est fort tempéré... »

Puis l'amiral, revenant toujours à son rêve de Cathay et de Zipangu, ajoute naïvement :

« Je crois que je suis en Chine, à cent lieues de Zayto (Tsuen-cheu) et du Guinsay (Hang-tcheou-fou). »

Colomb envoya quelques officiers plus avant dans les terres. Ils revinrent deux jours après. Ils avaient trouvé un groupe d'environ cinquante grandes maisons en forme de tentes : les habitants, au nombre de mille environ, les avaient parfaitement accueillis. On les avait portés sur les bras à la plus belle hutte, où, après les avoir fait asseoir sur des siéges, on s'était rangé à terre en cercle autour d'eux ; puis on leur avait baisé les pieds et les mains, on les avait touchés pour s'assurer qu'ils étaient de chair et d'os. Ailleurs, ils avaient rencontré des hommes et des femmes qui aspiraient la fumée de certaines plantes qui brûlaient sur des charbons ardents ; c'était du tabac. Enfin ils avaient vu des oies, des perdrix et d'autres volatiles, mais pas de quadrupèdes.

Dans un autre voyage, Christophe Colomb aborde à Marie-Galande, où l'on ne rencontre d'autre être vivant qu'un énorme lézard, l'iguane assurément. Mais dans une île voisine, l'île des Caraïbes, appelée en-

suite Guadeloupe, nos explorateurs découvrent vingt ou trente villages
dont les maisons en bambous sont terminées en cône et couvertes de
feuilles de palmier. A l'approche des Espagnols, les insulaires, hommes
et femmes, s'échappent et s'enfuient. Mais alors on avise dans un fourré
une trentaine d'Indiens, et surtout d'Indiennes, tremblants et confus,
qui allaient être égorgés, cár les naturels de cette île sont anthropophages. En effet, dans ces huttes on trouve des chairs humaines qui
cuisent pêle-mêle avec des oisons et des papegaux ; un peu plus loin on
rencontre des bras et des jambes mis à la broche, en plein air, et des
ossements de cadavres décharnés qui jonchent le sol. On voit même,
attachée à une poutre, la tête d'un jeune Indien nouvellement tranchée
et humide de sang.

Je ne veux pas fixer davantage votre attention, mes amis, sur la découverte du Nouveau Monde : c'est un fait de l'histoire trop connu de
tous maintenant. Je dirai seulement que les relations qui se publient, à
cette époque, sur chacune des explorations dont l'Amérique est l'objet,
surexcitent l'examen et la méditation de tous les savants du xvi° siècle.
Des études et des investigations faites par les explorateurs, il résulte ce
que je vais dire.

MAGNIFIQUES ASPECTS DE L'AMÉRIQUE.

L'Amérique, quatrième partie du monde, découverte par Christophe
Colomb, en 1492, est située dans l'hémisphère occidental de notre globe
et se compose de deux continents réunis par l'isthme de Panama, et
qui, suivant leur position, prennent les noms d'Amérique septentrionale
et d'Amérique méridionale.

L'isthme de Panama, long d'à peu près quatre-vingts lieues et large
de vingt-cinq à dix, dans sa partie la plus étroite, est formé par la
chaîne des Andes reposant sur un massif de roches élevées qui, semblables à une digue immense, séparent l'océan Atlantique du Grand-Océan
équinoxial, dont les eaux sont plus élevées de cinq à six pieds. Cette
chaîne de montagnes, dont l'élévation est presque la même dans toute
son étendue, a cependant plusieurs solutions de continuité, notamment
entre le Chagras et le Chame, où l'on n'aperçoit plus que des collines
fort peu élevées, et séparées même par des plaines, ce qui a donné
l'idée de creuser un canal de communication entre les deux Océans qui
abrégerait singulièrement les voyages maritimes. Toutefois l'art en a
trouvé l'exécution si difficile qu'on paraît y avoir renoncé. Pour le remplacer, on a construit un chemin de fer entre les villes de Panama et
de Puerto-Bello, qui n'offrira pas les mêmes avantages.

Un seul regard jeté sur la carte du Nouveau Monde peut suffire pour vous rendre compte de la forme des deux Amériques. L'une et l'autre présentent l'image d'immenses triangles, et ces triangles sont tels qu'ils sont évalués à un million deux cent cinquante mille lieues carrées.

Seulement les côtes de l'Amérique septentrionale sont très irrégulières, comme celles de l'Europe et de l'Asie, tandis que celles de l'Amérique méridionale sont presque partout uniformes, comme les côtes de l'Afrique.

C'est sur le littoral des deux Amériques qui regarde l'orient et l'Ancien Monde, que s'est répandue et groupée d'une manière formidable toute l'activité politique et commerciale, brûlante et infatigable, du peuple américain. Il n'en pouvait être autrement, car l'Atlantique unit les deux hémisphères et les met en relation facile et incessante. Et puis, n'est-ce pas sur l'océan Atlantique que viennent s'ouvrir ces incommensurables embouchures des admirables fleuves du Nouveau Monde, y apportant les trésors et les productions des opulentes contrées qu'ils sillonnent et qu'ils fécondent dans un parcours de plusieurs centaines de lieues?

Primitivement composée d'Espagnols, les *conquistadores* du sol, et d'étrangers de toutes les nations de l'Europe, mêlés et confondus avec les restes des indigènes, la population américaine forme maintenant un monde à part, qui a des mœurs des usages, un tempérament, un caractère exceptionnels.

Quand on aborde sur la côte, tout d'abord on contemple avec surprise les villes nouvelles, découpées en damier par les rues droites et bien alignées qui les forment, les usines qui vomissent flammes et fumée, l'inimaginable mouvement et la vie exubérante de jeunes cités pleines d'espérance et d'avenir.

Puis, en pénétrant dans les terres dont les travaux des Européens abattent les forêts, défrichent le sol, et refoulent vers le couchant toutes les tribus sauvages qui en sont les hôtes primitifs, on voit que tout, dans cette contrée neuve, acquiert des proportions gigantesques qui effraient l'imagination et confondent la raison.

Montagnes, rivières, lacs, forêts, prairies, nous le répétons, tout y est taillé sur un patron grandiose et sublime.

Apparaissent d'abord sillonnant la brume bleuâtre de leurs cimes dentelées et sourcilleuses les monts Apalaches ou Alléghany, dont les capricieux effets pittoresques vaguement estompés sur l'horizon charment le regard étonné.

Puis viennent à vous sur toutes les lignes et dans toutes les directions des fleuves majestueux dont les rives sont couvertes de villes, de plantations et de villas. Leurs eaux resserrées dans des lits immenses et pourtant trop étroits encore, arrivent impatientes de se perdre au sein de l'Océan, mais profondes, silencieuses, larges comme des bras de mer, calmes et sévères comme la puissance et la grandeur.

Ne suffit-il pas de nommer le Mississipi, le *Meschacébé*, ainsi que l'appellent les Indiens, pour appeler aussitôt dans l'imagination le spectacle d'un fleuve vaste et incompréhensible comme l'infini, plein de terreurs secrètes comme le Gange et l'Irawadi de l'Inde, roulant avec lenteur ses eaux grossies par des rivières sans nombre et baignant mollement les bords d'une suite continue d'îles pittoresques, produites par les dépôts successifs de son limon.

Les îles de ce cours d'eau, et celles de beaucoup d'autres fleuves de l'Amérique, formées par les arbres de ses rivages tombés de vétusté, ou déracinés par les ouragans, puis enchevêtrées dans les eaux l'une à l'autre par les lianes qui y adhèrent, et enfin cimentées par la vase, ces îles, disons-nous, débris des forêts antiques, voguent quelquefois sur les eaux avant de s'ajuster et de se fixer sur le fond du courant. Mais quand enfin elles sont au repos, bientôt d'épais rideaux de jeunes pousses, qui y trouvent un aliment pour leurs racines, ondulent sous le souffle du vent, et de toutes les plantes qui de la nuit au jour y ont étalé leurs calices et ouvert leurs corolles, s'exhalent des parfums enivrants que les brises répandent au loin. Rien ne trouble plus leur solitude que l'appel doux et plaintif de la colombe bleue, les cris des flamants aux ailes roses, et le gloussement des pluviers et des cardinaux qui volètent de branche en branche. Comme pour faire contraste avec ces clameurs pacifiques, sous les clairières des rives de ces fleuves, au loin se fait entendre la voix rauque et stridente du tigre qui s'ébat à l'ombre, ou le ronflement de monstrueux alligators et de caïmans redoutables qui se vautrent nonchalamment dans la fange.

Après les montagnes et parmi les fleuves, se présentent à l'œil des surfaces sans limites de verdure, dont le plan n'est coupé ni par des buissons ni par des bocages, et qui se perdent à des distances infinies. Sur différents points de cette nappe d'émeraudes, scintillent les vastes miroirs de lacs endormis.

Ce sont les prairies, les étranges prairies célébrées par Cooper.

D'abord, aussi loin que l'œil peut s'étendre, on aperçoit des fleurs, rien que des fleurs. C'est comme un parterre sans interruption. Nul arbre, nulle forêt n'en rompt les lignes uniformes. Tout au plus quelque léger monticule, quelque colline basse en détruisent-ils la monotonie désespérante. Les douces brises caressent les prairies sans qu'aucun obstacle les arrête et les détourne. A l'entour des héliantes, des monardas, des asclepias et des cléonies, les oiseaux-mouches, autres fleurs vivantes, brillants comme des rayons perdus de soleil, s'asseoient au banquet de leurs pures corolles, s'agitent auprès de leurs pistils et s'endorment au fond de leurs calices.

Aux fleurs succèdent ensuite des herbages, pelouses incommensurables, prés verts comme l'émeraude, surfaces rasées par le vent de la plaine, ondulant comme de la soie, et toutes tachées d'ombres et de lumière, selon le mouvement des nuages de l'éther. Rien qui arrête l'œil dans sa fuite égarée ; rien qui blesse le pied sur ces moelleux tapis s'étendant l'espace de deux à trois cents lieues d'une région à l'autre ; rien qui s'oppose à la course de l'homme, de la vigogne, de l'antilope, si ce n'est peut-être l'incendie de cette herbe, quand le soleil l'a desséchée et qu'une main imprudente y porte la torche, ainsi qu'il arrive quand les sauvages veulent éviter l'atteinte du pionnier qui les refoule vers les extrémités de l'ouest, ou quand les colons désirent éloigner les Peaux-Rouges des métairies et des maisons que, à l'est, dresse la civilisation qui s'avance pour s'emparer de ces solitudes.

Mais la scène change encore. Voici que le sol cesse d'être plat et uni. Au contraire, il ondule comme les dernières vagues de la marée sur la plage, et ces plis de terrain rappellent les flots de l'Océan après une tempête. Alors vient la verdure des bosquets, alors viennent les taillis et se montrent les futaies. Le feuillage est varié, ses teintes sont vives et ses contours doux et charmants. On croit arriver aux savanes habitées, aux pampas : il n'en est rien. La solitude et le silence règnent toujours au loin. Point de fermes, point de villas, point de hameaux, encore moins de villes. Tout au plus rencontre-t-on d'un regard épouvanté quelque campement d'Apaches, de Navajoès, de Commanches ou de Pieds-Noirs. Autrement le vent du désert souffle à travers ces arbres ; et si quelque harmonie vient en détruire les accords monotones, ce sont les chants du pivert, le roucoulement des colombes, les cris de l'écureuil ou du singe, le rire de l'oiseau moqueur, et le rauque rugissement du perroquet.

PHYSIONOMIE DES FORÊTS VIERGES.

Alors arrivent les forêts vierges, demeure des terribles sauvages et des redoutables animaux de leurs profondes solitudes. Les défrichements qui y soudent leurs travaux colonisateurs à la nature primitive, y offrent de curieux mélanges, car là où n'ont jamais retenti que des cris de Sioux, de Mohicans, de Pawnies et de Cherokees, on voit des terres en culture naissante. A côté du désert, on admire le sol fécondé par le bras de l'homme.

Que nous voudrions, mes amis, à la suite d'un Châteaubriand, d'un Humboldt, d'un Alcide d'Orbigny et de bien d'autres voyageurs, vous faire pénétrer sous les voûtes hardies et les sublimes coupoles d'une incommensurable forêt vierge ! Car comment peindre avec vérité cet inextricable réseau de végétations colossales, ce grandiose fouillis d'arbres et de plantes gigantesques, ces profondeurs majestueuses et terrifiantes, ainsi que les étranges mystères dont sont le théâtre et les témoins ces bois impénétrables, aussi anciens que le monde, et qui s'étendent sur des espaces aussi vastes que trois ou quatre de nos départements ? L'imagination la plus fantaisiste s'effraie d'un réalisme que la seule visite à ces forêts peut faire comprendre à l'homme. Elle ne peut concevoir cette miraculeuse fécondité d'une nature élémentaire qui renaît à toute heure de sa destruction même, et qui sort de l'humus végétal de ses ruines plus fraîche, plus vivace et plus belle que jamais.

Nous essaierons cependant de vous mettre sous les yeux les somptueuses magnificences de ces bois, inconnues dans nos contrées d'Europe. Dans ce but nous leur consacrerons quelques pages spéciales, et, pour le moment, nous nous bornerons à vous dire que rien n'est beau comme ces forêts vierges du Nouveau Monde.

Les premiers rayons du soleil, en jaillissant sur leurs dômes bronzés et en pénétrant dans leurs épais fourrés, éveillent bientôt les hôtes de leurs sombres retraites, car il s'y fait par moments un tapage infernal. Ce sont des glapissements de singes, des miaulements de tigres, des rugissements de lions, des grognements de léopards, des sifflements de serpents, des beuglements confus et un tel crescendo de rugissements aigus ou sourds, qu'on ne peut se rendre compte de quels animaux ils peuvent provenir. Les échos des bois et des mornes qui s'élèvent de leur enceinte renvoient ces sons discordants, et l'on dirait des bandes de démons qui se convoquent à un grandiose sabbat. Nul chemin ne partage ces forêts. Des débris de végétaux, de hautes herbes, des plantes formidables de hauteur et de force, d'inextricables réseaux de lianes, d'énormes carcasses d'arbres tombés sous les coups de la foudre ou les efforts de la tempête, des troncs pourris, d'effrayantes broussailles, des halliers infranchissables encombrent le sol. Le palmier, le chêne, le dattier, le cocotier, le bananier, le tamarinier, le caroubier, l'acacia, l'aloès, le sésame, l'arachide et cent autres essences de hauts arbres y sont tellement touffus, que la lumière du jour et les rayons du soleil pénètrent difficilement sous ces voûtes de verdure. De l'humus formé de tous les détritus de végétaux qui pourrissent sur le sol, il monte d'énervantes odeurs ici, là des parfums de fleurs qui saturent l'air déjà trop étouffé. Tantôt des aras, des colibris, des périques, au plumage étincelant, apparaissent sur les branches, becquetant des insectes aux ailes d'or ; tantôt la robe fauve de guenons, de sapajous et de ouistitis, se laisse voir, et l'on entend ces habiles escamoteurs qui concassent les baies aromatiques des caroubiers.

UN COIN DU VOILE LEVÉ SUR LES SAUVAGES.

Un jour je voyageais, moi, simple touriste, avec deux chasseurs comme moi, sous les admirables coupoles de ces bois de l'Amérique, respectés jusqu'alors par la hache de l'homme et semblant sortir de la main de Dieu, comme au jour de la création, lorsque notre oreille, habituée aux bruits du désert, fut frappée des plus horribles clameurs provenant du lointain. C'était un immense rugissement de voix aiguës, plaintives, sinistres, grotesques, et, à chaque instant, cet infernal vacarme s'approchait, comme porté par une rafale complaisante. Pourtant l'air était calme, et la brume compacte de la nuit n'était déchirée par aucun souffle de vent. Bientôt la bacchanale invisible fut si voisine de nous que mon cœur se serra d'effroi, j'en fais l'humble aveu. Il me sembla qu'une légion de loups affamés allait nous entourer et nous détruire. Alors j'avisai dans l'épais brouillard une multitude de points rouges s'agiter sur la lisière de la forêt, et il nous devint facile de distinguer à la lueur des torches de résine qui brûlaient en s'agitant sous les arbres gigantesques les étranges habitants des solitudes que nous avions sous les yeux.

C'était une armée de redoutables sauvages, et nous nous trouvions près d'un campement temporaire de tribus réunies d'Anakotas, de Navajoès, de Chesapeakes, de Penobscots, de Comanches et d'Oricks. Ils étaient tous beaux de formes, de stature, mais leur tatouage les rendait laids et repoussants à glacer de terreur. Les uns, d'une peau grise et huileuse, avaient des barriolages de bleu qui entouraient leurs corps comme des serpents ; les autres, rouges de cuivre, avaient des yeux blancs qui nageaient, larges et furibonds, dans des plaques de jaune qu'ils s'étaient appliquées aux pommettes des joues, pendant que sur leurs poitrines, leurs bras, leurs dos, leurs cuisses, ils avaient peint des aigles, des perroquets, des vautours. D'autres, noirs comme l'ébène, mais dont la peau brillait comme un vernis, avec des yeux rouges à fleur de tête, étaient zébrés d'un tatouage blanc qui les rendait hideux. Ceux-ci teints au vermillon et mouchetés de vert, ceux-là peinturés de mille façons extravagantes des couleurs les plus vives, tous le tomahawck à la main, ou la zagaie, quelques-uns des carabines, hurlaient si affreusement, que c'était à en avoir la chair de poule. Beaucoup d'entre eux avaient les cheveux retroussés au sommet de la tête et attachés avec une crête rouge. Plusieurs aussi portaient des coiffures de plumes de toutes nuances, ou des bonnets à poil qui les rendaient effrayants. Presque tous montaient des petits chevaux pleins d'ardeur et de feu ; mais un grand nombre encore était à pied. Sans contredit, les plus beaux, au point de vue de la forme, étaient les Osages. Ils avaient la tête nue et les cheveux courts, à l'exception d'une raie tracée sur le sommet du crâne, qui produisait une sorte de cimier de casque, parce qu'elle se tenait droite sur la tête, et d'une longue mèche à scalper qui tombait par derrière. Ils portaient noué autour des reins un blanken, sorte de couverture de laine qui, laissant le buste et les bras nus, les faisaient ressembler à de belles statues de bronze.

Le chef de cette armée, qui semblait échappé de l'enfer, tant il offrait une physionomie terrible, et qu'on aurait pu appeler *flamme du désert,* tant à cause du vermillon qui l'enluminait, que de l'extrême agilité de ses yeux, de ses mouvements, de tout son corps en un mot, se prit à faire galoper son petit cheval, nerveux comme lui, au centre de cet immense rassemblement d'hommes sauvages, et leur tint un long discours. Il y était question des Européens abattant les forêts, défrichant les terrains, envahissant les prairies, menaçant de la mort tous ces enfants des bois, contre lesquels ils devaient tous se lever comme un seul homme pour repousser l'envahissement des pionniers ennemis et arrêter la force par la force. Le Grand Esprit était en eux, disait l'orateur, que pourraient donc les blancs?....

Un indescriptible enthousiasme suivit ces paroles.

Nous nous hâtâmes de nous éloigner pour aller aux avant-postes des Européens donner le mot d'ordre des événements qui se préparaient, et joindre notre appui à leurs forces déjà peu susceptibles de soutenir une lutte prolongée. En effet, nous trouvâmes, au milieu d'une clairière de la vaste forêt vierge que nous parcourions, une petite armée de Français, d'Anglais, d'Espagnols, de Hollandais, etc., campée dans toute la quiétude d'une marche à travers les bois, que rien n'avait encore inquiétée, et se livrant aux apprêts d'un repas dont des buffles fraîchement égorgés allaient faire les frais. Leurs chairs grésillaient sur des feux de boucan, et des sentinelles avancées protégeaient les joies et le far-niente de ces nouveaux conquistadores des bois.

A peine la nouvelle de l'approche d'une armée de sauvages fut-elle répandue que le jour se fit dans la forêt, le soleil illumina le dôme des grands arbres et ses rayons furtifs percèrent les feuillages des géants de la clairière et y répandirent des torrents de lumière. Presque aussitôt des flèches transpercèrent ici et là les sentinelles qui gardaient les approches du camp des Européens : c'étaient évidemment les sauvages qui étaient arrivés, et, se tenant cachés dans l'épaisseur des fourrés, commençaient l'attaque dans le plus profond silence. Se voyant bientôt découverts, ils poussèrent avec rage leurs cris de guerre. Les animaux de la solitude et les milliers d'oiseaux qui sautillaient dans les branches s'enfuirent d'épouvante. Une horrible mêlée commença... Tout d'abord, en apparence, les sauvages eurent le dessus, tant ils avaient effrayé les Européens par leurs terribles sifflements de guerre. Il fallait voir comme le tomahawck faisait merveille en leurs mains. Ils brisaient les membres, les poitrines, le crâne de leurs ennemis d'un seul coup de ce redoutable instrument de guerre. Puis, quand l'Européen tombait étourdi, ils le saisissaient par sa chevelure, détachaient de leur ceinture un couteau acéré, faisaient de sa pointe une raie sanglante autour de la tête de la victime, et arrachaient, peau et cheveux, la dépouille de ce front qui ne montrait bientôt plus qu'un crâne rouge et ruisselant de sang. Vrai, rien n'était horrible comme cette opération du *scalp* que ces cruels Indiens mettaient à fin en une seconde. Du reste, les Européens, à leur tour, immolaient sous le feu de leurs rifles des masses entières de ces misérables créatures.

Mais un incident bien imprévu mit fin à cette boucherie en changeant l'arène du carnage en une aire de sang et de boue humaine.

LES BUFFLES DU DÉSERT.

Un bruit sourd, un murmure semblable à celui de la mer dans le lointain, une agitation vague, indéterminée, couvrit soudain le combat.

Le ciel était voilé par une épaisse poussière qui s'élevait des prairies, et il me sembla voir toute une armée de nègres en déroute arriver en courant. C'était une marche aussi rapide que celle du tonnerre. Nous sûmes bientôt à quoi nous en tenir, car de ce nuage de poussière je vis sortir un buffle noir énorme, et je reconnus qu'il était suivi de peut-être dix mille de ces animaux, effrayés par je ne sais quelle cause, mais fuyant, comme il arrive souvent, sous la conduite de leurs chefs, pour aller ailleurs chercher leurs pâturages. Sans s'inquiéter en rien des Européens, des sauvages et de la bataille, ils passèrent ainsi qu'un ouragan, qu'une trombe, sur la scène du combat, sans que vainqueurs ou vaincus eussent eu le temps de se mettre à l'abri autrement qu'en se jetant à terre. Mais le dur sabot de cette horde qui arrivait de la plaine comme une avalanche vivante, qui faisait trembler la terre sous sa course furibonde, écrasa, broya, pétrit le plus grand nombre des combattants.

Ce fut un aspect horrible, indescriptible ; une affreuse, une hideuse plaine toute de sang, de chairs moulues, de terre rougie, comme un fleuve tracé sur le sol par une longue traînée de fange humaine et d'ossements décharnés.

Les sauvages, suivant l'instinct de leur nature, se mirent à la pour-

suite des buffles et durent en tuer un grand nombre, entraînés au loin
dans le désert. Quant aux Européens échappés au massacre, ils retour-
nèrent à leurs défrichements.

CARBETS ET WIGWAMS.

Alors voyant le champ de bataille désormais sans lutteurs, nous aussi
nous allions nous éloigner, quand nous vîmes dans les profondeurs de
l'horizon revenir deux cavaliers qui criaient à tue-tête :

— Wagh! Wagh!

C'étaient un Osage et un Navajoès, en grand costume de guerre, qui
accouraient pour prendre part à la lutte. Ils ne trouvèrent plus les Européens dans la plaine, mais un autre genre d'ennemis, à savoir des loups
blancs et des coyotes qui, attirés par l'odeur du sang, arrivaient en
grand nombre de tous les points de la forêt, pour se repaître des lambeaux de la chair des morts et ronger les ossements des cadavres. Nos
deux nouveaux sauvages galopaient ventre à terre, sur leurs magnifiques mustangs à large encolure, noirs comme le charbon, aux yeux
ardents, aux naseaux rouges et ouverts. Ne trouvant plus leurs ennemis, ils poussèrent un cri terrible, cri de guerre qu'il faut avoir entendu
pour le comprendre, et arrêtant brusquement leurs coursiers, qui, sous
cette secousse imprévue, ployèrent soudain les jarrets, la queue étalée
sur le sol, la crinière hérissée, les naseaux fumants, de blancs flocons
d'écume marbrant leur poitrail et leurs épaules... Après avoir ainsi
défié les Européens, et sans souci des loups et des coyotes, ils dirent un
mot à leurs chevaux, et ceux-ci partirent comme des flèches dans la
direction de la demeure de leurs tribus.

La veille, nous étions passés près des carbets et des wigwams de ces
sauvages, dont l'existence nous avait été signalée par une légère colonne de fumée qui montait bleuâtre vers le ciel, en s'échappant des
parties épaisses du bois où les Indiens les avaient construits. On appelle
carbets les groupes de huttes, et *wigwams* les huttes mêmes de ces
fils du désert, composées de bois et de terre, et recouvertes de couches
de roseaux et de larges feuilles placées en forme de toit. Un grand
carré était réservé au centre de ces wigwams, placés en un ordre parfait, et au centre de cette sorte de place s'élevait une cabane beaucoup
plus vaste qui dominait toutes les autres. Devant toutes les portes basses,
des femmes, ceintes d'un pagne, allaitaient leurs nouveau-nés. Plusieurs d'entre elles avaient toutes la fraîcheur de la jeunesse; et, malgré
leur vie sauvage, toutes les grâces que donne la civilisation. D'autres
de ces Indiennes, flétries avant l'âge, étaient repoussantes à voir. Bon

nombre de petits Indiens jouaient sur la poussière autour du grand wigwam, qui n'était autre que le lieu de réunion des caciques, des chefs et des principaux de la tribu. Les *squaw*, c'est-à-dire les femmes, veillaient sur ces enfants d'un regard d'amour et de complaisance. A l'entrée de cette sorte de maison commune du carbet, quelques vieillards étaient accroupis sur des mousses et fumaient le calumet. Quelques Indiens, hommes faits, travaillaient dans une sorte de jardin où je vis réunis les plantes légumineuses et les plus beaux fruits que rêve l'imagination.

Au moment où nous observions de l'épaisseur d'un bocage le spectacle que pouvait offrir ce campement d'une tribu d'Indiens, une troupe de leurs guerriers revenait de la chasse. Ils étaient à cheval, avec leurs armes de vénerie, et des quartiers de buffalos pendaient saignants à l'arçon de leurs selles. Nous entendions le bruit de leurs tomahawcks sur le fer de leurs lances ; nous distinguions facilement les moindres peintures dont étaient ornés leurs visages et leurs poitrines. Avant de rentrer dans leurs wigwams, nous les vîmes planter en terre des pieux, y attacher en festons des cordes d'écorce et y suspendre les chairs de buffle sauvage pour les sécher au soleil et les conserver. D'autres portions furent livrées aux femmes, qui allumèrent des feux au-dehors, et firent rôtir les parties les plus délicates de l'animal. La chair saignante crépita sur la flamme autour de laquelle les squaw allaient et venaient, préparant le repas du soir. Elles plaçaient sous la cendre des noix de pignons qui devaient tenir lieu de pain ; et pendant que les chasseurs envoyaient leurs mustangs paître l'herbe du bois, ils fumaient avec délices leurs pipes de terre durcie au feu.

DISTRIBUTION DES CONTRÉES DE L'AMÉRIQUE.

Nous avons dit que l'Amérique ou Colombie, nom que cette partie du monde devrait plutôt porter en l'honneur de Christophe Colomb, son découvreur, est située dans l'hémisphère occidental de notre globe.

Elle se compose de deux continents, fort vastes l'un et l'autre, taillés en triangle, et réunis par l'isthme de Panama.

Suivant leur position, ces deux continents prennent les noms d'Amérique septentrionale et d'Amérique méridionale.

L'isthme de Panama, qui leur sert de point de jonction, est formé par une chaîne de rochers élevés, qui, semblables à une digue immense, sépare l'océan Atlantique du grand Océan équinoxial, celui-ci plus bas de cinq à six pieds que celui-là, et s'élève là comme les restes gigantesques d'un monde détruit.

Au milieu du golfe oriental formé par les côtes des deux grandes presqu'îles du Nouveau Monde, au pied et en regard de cet isthme, surgissent du sein des vagues les îles appelées Antilles, *Antè Insulæ*, ou Indes occidentales, ces mêmes îles dont nous avons parlé plus haut, et qui les premières furent découvertes par le brave amiral Christophe Colomb.

Au nord, le sol de l'Amérique se perd sous les glaces, vers le 80e degré de latitude septentrionale.

Au sud, l'Amérique méridionale se termine au 54e degré de latitude sud, où elle est séparée de la Terre de Feu par le détroit de Magellan.

Le cap Horn forme l'extrémité méridionale de cette Terre de Feu.

A l'est, le cap brésilien de Saint-Roch, sous le 341e degré de longitude, forme la limite orientale de cette quatrième partie du monde;

Et, à l'ouest, elle se termine par le cap du Prince de Galles, à l'extrémité de la presqu'île d'Alaschka, sous le 209e degré de longitude occidentale.

La superficie de l'Amérique est évaluée à 1,250,000 lieues carrées.

Sous le nom d'Amérique du nord, on entend toute la région comprise entre la mer Glaciale et l'isthme de Panama;

Et, sous le nom de Groënland, les pays situés entre la partie nord-ouest de la baie de Baffin, le détroit de Lancastre, le Spitzberg et la Terre de Baffin.

L'Amérique anglaise septentrionale comprend :

Le Haut et Bas-Canada, le New-Brunswick, la Nouvelle-Ecosse, les îles du Prince Edouard, le Cap Breton, Terre-Neuve et le Labrador, les îles Bermudes et la Nouvelle-Galles.

L'Amérique russe se compose de la longue terre formant la presqu'île d'Alaschka.

Les terres des côtes, connues sous le nom de Nouvelle-Géorgie, Californie, Nouvel-Hanovre et New-Cornwallis, sont habitées par des Indiens indépendants, vivant sous l'autorité de leurs chefs.

Le voisinage des Montagnes-Rocheuses et les Prairies du centre de l'Amérique du nord sont occupés par :

Les Indiens à côte de chien, au nord du lac des Esclaves; — les Indiens cuivrés sur les bords de la Rivière de Cuivre; — les Indiens Querelleurs, à l'embouchure du Makensie; — les Indiens de Nathana, sur le fleuve de ce nom; — les Knisteneaux, habitant les contrées situées près du lac Winnipic; — les Peaux-Rouges, sur le Nelson supérieur; — les Pieds-Noirs, entre le Nelson et le fleuve du Cerf-Rouge; — les Indiens des Cataractes, sur le Sainte-Marie et le Haut-Missouri; — les Kostonahows, aux sources de l'Askov; — les Chippeways, dans le voisinage du lac Supérieur, et à cette tribu appartiennent les Napesangs, les Ottawas, les Muscogulges et les Messisangs ; — les Algonquins, sur les bords du Saint-Laurent dans la Nouvelle-Ecosse ; — les Mohikans, d'où descendent dix tribus différentes ; — les Iroquois, sur les lacs Erié et Ontario, dont font partie les Hurons, les Mohawks, les Onéïdas, les Sénécas, les Cayougs, les Onondagas et les Tuscaroras ; — les Nadovessies, sur la rive occidentale du Mississipi; — les Osages, sur le fleuve de ce nom; — les Ottogames et les Sakis, sur la rive orientale du Mississipi ; — les Arrapays, sur le Kansas; — les Sioux, sur le Missouri et le Mississipi ; — les Apaches, les Navajoës, les Comanches, et une foule d'autres tribus.

Les Etats-Unis d'Amérique ont pour principales provinces :

Le Maryland, la Virginie, l'état de New-York, la Pensylvanie, la Delaware, la Caroline du nord, New-Jersey, la Louisiane ou Nouvelle-Orléans, le Massachussets, le Connecticut, la Caroline du sud, Rhode-Island, la Colombie, l'Ohio, la Géorgie, le Tennessée, le Kentucki, New-Hampshire, Maine, Vermont, Illinois, Alabama, Mississipi, Michigan, le territoire du nord-ouest, l'Orégan et les Florides.

La république de Guatémala et l'empire du Mexique sont les derniers Etats de l'Amérique du nord.

Dans l'Amérique australe formée par la république de Guatémala, on compte cinq provinces : Guatémala, Nicaragua, Honduras, San-Salvador et Costarica, qui forment environ quinze mille lieues carrées.

L'Amérique du sud compte les Etats suivants :

L'empire du Brésil ; — la Guyane, divisée en Guyane française, Guyane anglaise et Guyane hollandaise ; — la république de Colombie, qui a donné naissance, en 1831, à trois nouvelles républiques indépendantes : Venezuela, Nouvelle-Grenade et l'Equateur ; — la république du Pérou ; — la république du Chili ; — la république de Bolivie ; — le Paraguay, sous l'administration d'un dictateur absolu ; — la république Argentine et celle des Araucaniens; — la république Cisplatine et le pays des Patagons.

Les îles les plus importantes de l'Amérique sont :

Les grandes Antilles, comprenant Cuba, Jamaïque, Haïti ou Saint-Domingue, et Porto-Rico ;

Les petites Antilles ou îles Caraïbes, qui se composent des îles Virginie, au nombre de soixante, Saint-Thomas, Sainte-Croix, Saint-Jean, Spanishtown, Tortosa, Onégada, des Serpents, Saint-Eustache, Saint-Martin, Anguilla, Saint-Barthélemy, Saint-Christophe, Newis, Menserrat, Antigoa, Guadeloupe, Marie-Galande, Désirade, Martinique, Sainte-Lucie, Barbades, Grenadilles, Tabago, Trinidad, Sainte-Marguerite, Curaçao, Bahama ou Lucayes, etc.

Dans les deux océans Atlantique et Pacifique, sont dispersées en outre, autour des deux Amériques, les îles Orlow, Malouines ou Fakland, la Terre de Feu, séparée de la Patagonie par le détroit de Magellan; celle des Etats, séparée de la Terre de Feu par le détroit de Le Maire; l'île du Nouvel An, sur la côte sud-ouest de la Terre de Feu ; les îles de Guanajéco, de Mas-Fuero et de Juan-Fernandez; l'archipel de Chiloë; les îles Gallapagos, appartenant à la Colombie ; les îles Thompson, près des Florides ; les îles de Richmond et de Long-Island, sur les côtes de New-York ; l'archipel du Roi Georges III, et ceux du Duc d'York et du Prince de Galles, composés d'une innombrable quantité de petites îles; les Bermudes ou îles Summers ; Terre-Neuve, la Nouvelle-Ecosse, le New-Brunswick, autrefois l'Acadie ; l'île du Prince Edouard, autrefois Saint-Jean ; et enfin le Cap Breton.

PAYSAGES DE L'AMÉRIQUE DU NORD, DE L'AMÉRIQUE DU CENTRE ET DE L'AMÉRIQUE DU SUD.

L'Amérique du nord, en exceptant le Mexique et Guatémala, présente l'aspect d'une plaine riante entourée des deux côtés par des chaines de montagnes.

Elle a pour toile de fond, à l'ouest, la longue et formidable chaîne des Andes ou Cordilières, qui sillonne les deux Amériques du nord au sud, et porte dans l'Amérique du nord le nom de Montagnes-Rocheuses.

A ces montagnes se joignent quatre lignes parallèles de montagnes nommées Monts du Laurier, Montagnes Bleues et Monts Alleghany, qui portent le nom commun d'Apalaches.

Les rivières qui arrosent l'Amérique septentrionale, descendant presque toutes de ces montagnes, sont : le Mississipi, l'Ohio, le fleuve de Çook, le Rio-del-Norte, le Missouri, le Saint-Laurent, le Makenzie, la Rivière de Cuivre et leurs affluents.

Partagé en deux versants par les Cordilières, le nouveau continent verse ses eaux, d'un côté dans le grand Océan équinoxial, et, de l'autre, dans l'océan Atlantique et l'océan Glacial arctique.

L'Amérique septentrionale compte en outre un grand nombre de lacs immenses et d'une rare beauté : lac Michigan, lac Huron, lac Erié, lac Ontario, lac Athapescow, lac Nicaragua, lac Chapala, lac des Assinipoils, lac des Esclaves et lac de Winnipic.

Au contraire de l'Amérique septentrionale, que nous avons dit présenter l'aspect d'une grande plaine, l'Amérique méridionale forme un grand triangle sillonné en tous sens par de hautes chaînes de montagnes.

Le plateau fertile de Llano del Pullal, élevé de huit mille sept cents pieds au-dessus du niveau de la mer, célèbre par ses richesses en produits médicinaux, tels que le quinquina, l'ipécacuanha et autres, est le seul qui interrompe la longue suite des sommets, toujours couverts de neige, des Andes ou Cordilières du sud, au milieu desquelles le feu souterrain qu'elles recèlent se fraie un passage tant au Pérou qu'à Quito, au Mexique et à Guatémala.

Cette chaîne des Cordilières traverse dans la direction du pôle tout le triangle de l'Amérique méridionale, depuis les caps Froward et Pilarez, au détroit de Magellan, jusqu'à l'isthme de Panama.

Le sol s'élève insensiblement depuis la côte de l'océan Atlantique jusqu'aux montagnes qui forment la côte ouest de l'océan Pacifique ou grand Océan équinoxial, et qui, semblables à un mur gigantesque, s'y terminent en rochers escarpés.

Les monts Chiquitos, dont les deux versants sont égaux, partent de la côte ouest du golfe d'Arica, et se dirigent vers l'est en traversant le Brésil. Deux vastes plaines s'étendent à leurs bases : la plaine de la Plata ou les Pampas, et la plaine du pays des Amazones ; la première offre de riches prairies, et la seconde est couverte de bois.

Plus au nord, sur la côte de la mer des Caraïbes, s'élèvent aussi les monts Caracas, renfermant la plaine de l'Orénoque, vaste et fertile savane intérieure, d'une superficie de quatre-vingt-trois mille trois cent trente lieues carrées.

Les trois grands fleuves de l'Amérique du sud sont l'Orénoque, le fleuve des Amazones ou Maragnon, et la Plata. Ces trois fleuves ont de très nombreux affluents, aux inondations desquels cette portion du Nouveau Monde doit sa prodigieuse fertilité. Ce sont l'Uruguay, le Parana, le Colorado, le San-Francisco, le Pilcomayo, le fleuve de la Madeleine et la rivière Vermeille, qui tous possèdent de magnifiques cascades.

Nous reviendrons tout-à-l'heure sur les merveilles de ces montagnes et de ces fleuves de l'Amérique du sud.

Disons d'abord qu'aux lacs de l'Amérique du nord on peut opposer, dans l'Amérique du sud, les lacs d'Ybera, de Zapatosa, de Maracaïbo, de Parima, de Xaracs, de Patos, de Chincaychocha, de Parime, de Merun, de Villa-Rica, de Lauri, de Titicara, ainsi que les riches étangs salés de Ponrogo.

Le climat de l'Amérique méridionale est beaucoup plus froid que dans toute autre contrée sous la même latitude. La plupart des montagnes de la zone torride y sont couvertes d'une neige éternelle. Monsieur de Humboldt a fixé à quatorze mille sept cent soixante-douze pieds la ligne où commence la neige sous l'équateur. Et cependant cette seconde moitié du grand continent de l'hémisphère occidental a été dotée de telles richesses naturelles, les règnes animal et végétal y ont atteint un tel degré de grandeur, les espèces y sont si nombreuses, si variées, et quelques-unes parviennent à des proportions si colossales, que l'Amérique du nord peut difficilement rivaliser avec elle. Il suffit, pour s'en convaincre, de jeter les yeux sur ces monts dont les pics se perdent dans les nuages, sur ces forêts vierges remplies d'arbres gigantesques, peuplées de troupes innombrables de singes, de colibris et de perroquets, sur ces immenses savanes, ces pampas à perte de vue, et ces grands fleuves semblables à des mers.

Ici, la nature tout entière, animée ou inanimée, porte le cachet de la grandeur, et revêt un caractère de majesté et des formes colossales que l'on chercherait en vain dans toute autre partie du globe. Ce qui distingue surtout le nouveau continent de l'ancien, c'est l'aspect particulier de sa surface, qui est encore moins remarquable par l'élévation prodigieuse de ses montagnes que par les contrastes singuliers que présentent leurs bases, que rien ne semble lier aux pays de l'intérieur, tantôt en s'abaissant au-dessous du niveau des contrées voisines, tantôt se terminant en côtes escarpées, offrant ici la fertilité la plus grande, et plus loin l'aridité des déserts.

On pourrait considérer l'Amérique méridionale comme l'Amérique proprement dite, car ce fut elle qui reçut spécialement le nom d'Amérique, qu'on n'a donné depuis que par extension à toutes les terres du nouveau continent. La partie qu'arrose l'Orénoque avait été touchée par Christophe Colomb, mais la partie du Brésil, plus vaste et plus étendue, fut découverte, en 1497, par Améric Vespuce : elle forme un vaste triangle dont la pointe la plus allongée se dirige vers le midi, et, en y comprenant la Terre de Feu et l'île des Etats, elle s'étend entre le 11ᵉ degré de latitude septentrionale et le 55ᵉ de latitude méridionale, et depuis le 18ᵉ degré jusqu'au 63ᵉ degré de longitude occidentale.

Ce continent, dont on estime l'étendue à environ six cent mille lieues carrées, communique avec l'Amérique septentrionale par l'isthme de Panama.

Cet isthme de Panama est une longue crête de rochers, dont l'élévation est d'environ cent quatre-vingt-douze mètres, et qui, dans sa moindre largeur, compte à peine vingt lieues. Il sert de digue aux flots de l'Atlantique, qui feraient, sans lui, irruption dans le grand océan Pacifique équinoxial, dont les eaux sont moins élevées d'environ six mètres.

MONTAGNES ET VOLCANS, ETC.

Le sol de l'Amérique méridionale, à partir des côtes baignées par l'Atlantique, s'élève graduellement en avançant vers l'ouest. Vers les bords de l'Orénoque, et au milieu des vastes solitudes auxquelles on a donné le nom de *llanos,* l'élévation devient brusque, rapide, et ne s'arrête qu'au sommet de ces montagnes colossales, dont le versant occidental semble descendre à pic dans les flots de la mer Pacifique : en effet, il est rare que leur base soit éloignée des côtes de plus de trente lieues.

Ces montagnes, appelées Andes, du mot péruvien *antis* (cuivre), ou Cordillières, de l'espagnol *cordel* (corde), commencent dans l'Amérique septentrionale, au nord, sous le nom de Montagnes-Rocheuses, comme nous l'avons dit, et s'étendent dans toute la longueur occidentale de l'Amérique méridionale, depuis l'isthme de Panama, où elles sont fort basses, jusqu'au cap Froward et la pointe Saint-Isidore, qui s'avancent dans le détroit de Magellan.

La vallée de Quito, située à deux mille deux cent soixante-dix-huit mètres au-dessus du niveau de la mer, au milieu des rochers qui hérissent la pente occidentale des Andes, est souvent bouleversée par d'effrayants tremblements de terre. L'un des plus terribles fut celui de 1797. Monsieur de Humboldt, qui était alors au sommet du Pichincha, à une hauteur de quatre mille six cent soixante-cinq mètres, compta dix-huit secousses en trente minutes.

La cause de ces tremblements de terre est des plus simples : les Andes ne comptent pas moins de vingt-six volcans principaux en ignition.

En effet, le sol qui est à la base des Andes est presque partout crevassé par les irruptions des feux intérieurs qu'il recouvre. On y rencontre des plaines brûlantes qui exhalent le soufre, et des collines d'où s'échappent des nuages de fumée. Ces immenses volcans, au nombre de vingt-six principaux, disons-nous, s'élancent de ce foyer perpétuel de combustion. Mais, au lieu de vomir de la lave et de la pierre-ponce, comme les volcans de l'Europe, ils ne rejettent que de l'hydrogène sulfuré, du carbonate d'alumine, et quelquefois des masses considérables de poissons.

Vers le sud, surtout dans les contrées arrosées par la Plata, de vastes plaines renferment des couches de salpêtre et de sel ; aussi, après les pluies, le sol est couvert d'efflorescences blanchâtres, et les eaux contractent une saveur saline bien prononcée.

Au nord de l'équateur, on trouve fréquemment dans les anfractuosités des rochers des masses de platine.

Chose étrange ! la plupart de ces hautes montagnes sont couvertes de neiges éternelles, même sous l'équateur, où monsieur de Humboldt fixe la limite inférieure des neiges à quatre mille six cents mètres, tandis qu'en Afrique elle est à quatre mille huit cents. Au Pérou et dans la Nouvelle-Grenade, il pleut presque toute l'année sur les Cordilières, tandis que, sur le littoral de la mer, on connaît à peine les orages et les pluies. Ailleurs, ce sont les émanations d'un sol marécageux qui tempèrent la chaleur, et les bassins de l'Orénoque et de la Rivière des Amazones sont arrosés par des pluies qui durent six mois de l'année. C'est à cette circonstance que la Guyane doit son insalubrité.

Ainsi le climat de l'Amérique méridionale est généralement moins brûlant que celui des zones de même latitude dans l'Ancien Monde. Par exemple, dans le pays des Patagons, ou Terres magellaniques, contrée à laquelle on donne une étendue de trente-sept mille deux cent cinquante lieues carrées, l'air est froid et le ciel presque toujours surchargé de nuages, sur les côtes, où les tempêtes déploient leur fureur dévastatrice, ou bien un brouillard épais semble tout plonger dans une nuit éternelle. Si l'on s'avance vers le détroit de Magellan, la nature se montre encore plus sauvage. Ce sont de profondes vallées où règne un air glacial, ou bien des montagnes nues et colossales, que l'été même ne peut débarrasser de leur manteau de neige. Du moins tel est le récit des nombreux voyageurs qui ont visité le groupe d'îles qui termine l'Amérique vers le pôle austral, et qui a reçu le nom de Terre de Feu, à cause de la couleur de ses côtes. On estime que cette contrée a environ deux mille cinq cents lieues carrées.

Toutes ces circonstances réunies établissent une immense différence entre la surface terrestre des deux continents qui partagent le globe, et cette différence s'étend aux êtres organisés, qui, non-seulement sont dissemblables dans les deux mondes, mais qui subissent de notables changements lorsqu'on les transplante de l'ancien dans le nouveau.

Une chaîne de montagnes secondaire se détache des Andes vers le golfe d'Arica, au Pérou, et serpente à travers le Brésil jusqu'au cap Saint-Roch, qui s'avance dans l'Atlantique. Ces montagnes, appelées Chiquitos, séparent les deux grands bassins où coulent, au nord, le Maragnon ou Rivière des Amazones et ses affluents, et, au sud, la Plata ou Rivière d'Argent, et toutes les eaux qui s'y rendent.

Ce dernier bassin, composé de plaines immenses appelées pampas, est formé de magnifiques prairies où les herbes acquièrent une hauteur extraordinaire, tandis que l'autre, celui de la Rivière des Amazones, est couvert de forêts impénétrables.

Au nord s'élance, solitaire, le pic de Guyana, tandis que, dans l'ouest, la montagne de Mei recèle dans ses vallées ignorées les sources de l'Orénoque, qui communique avec la Rivière des Amazones par le Cassiquaire et le Rio-Negro.

A l'est, sont les monts Tamucaraques, et enfin, vers l'isthme de Panama, le long de la mer des Caraïbes, sont les montagnes de Caracas, où s'élève le mont Sylla, qui n'a pas moins de deux mille six cent quarante-deux mètres d'altitude.

FLEUVES, CATARACTES, RIVIÈRES, SAVANES, PAMPAS, ETC.

Au milieu de ces différents groupes de montagnes, s'étend une immense prairie ou *savane*, appelée aussi plaine de l'Orénoque, enceinte comme une grande île par l'Océan, à l'est, la Rivière des Amazones au sud, le Rio-Negro à l'ouest, et l'Orénoque, avec ses cataractes ou *randales*, au nord. On estime que cette savane a plus de quatre-vingt mille lieues carrées.

L'Orénoque se jette dans la mer par quarante-neuf bouches, qui forment un grand nombre d'îles, lesquelles, pendant la saison des pluies, sont couvertes de vingt-cinq à quarante décimètres d'eau, ce qui ne les empêche pas d'être habitées par une tribu d'indigènes.

La Rivière des Amazones, formée de l'Ucayle et du Tuguragua, qui naissent au pied du Chimboraçao, reçoit dans son cours plus de soixante rivières, telles que la Madeira, le Tocantin aux nombreuses cascades, le Paro, le Rio-Negro, etc. Après un cours de plus de mille lieues, l'Amazone ou Maragnon se perd dans l'Atlantique par une bouche qui a plus de vingt-cinq lieues de large. La masse de ses eaux est si considérable que, même à plusieurs lieues en mer, le navigateur reconnaît sa présence par la douceur des eaux. Sur les bords septentrionaux de ce fleuve, on trouve une vaste lande de vingt-trois mille lieues carrées. Son point le plus élevé est à soixante mètres au-dessus du niveau de la mer. Au sud, se trouve la contrée la plus marécageuse de toute l'Amérique.

Au Brésil, et dans les pays méridionaux, trois grandes rivières, le Paraguay, le Parana et l'Uruguay se réunissent et forment la Plata ou Rivière d'Argent. Le Paraguay, qui coule du nord au sud, se grossit des eaux du Cuyaba, du Xégui, du Pilcomayo, du Vermejo, etc. Le Xégui, à son tour, reçoit l'Aguarey, remarquable par une cataracte de cent vingt mètres de hauteur, située sous le 23° de latitude. Le Pilcomayo forme à cinquante lieues de son embouchure une île immense. Son confluent avec le Paraguay se trouve dans les environs de la ville de l'Ascension, capitale du Paraguay.

Le Parana, la plus considérable des trois rivières formant la Plata, est rendu fort curieux par ses étonnantes cataractes. Nous citerons spécialement celle qui se trouve dans le voisinage des ruines de Guayra. Ses eaux, qui coulent paisiblement dans un lit de trois mille sept cent soixante-dix mètres de large, s'engouffrent subitement, en bouillonnant avec fracas, dans une gorge à pente raide qui n'a pas moins de six cents pieds de largeur. Un lac, ou pour mieux dire un vaste marais, situé à l'est du Parana, donne naissance à quatre petites rivières, dont deux lui apportent le tribut de leurs eaux, tandis que les deux autres vont se perdre dans l'Uruguay. Cette communication naturelle entre le Parana et l'Uruguay excite l'étonnement des géologues.

L'Uruguay est la moins considérable des trois branches de la Plata. Elle a sa source dans les montagnes du Brésil.

Toutes ces rivières sont sujettes à des débordements périodiques qui établissent une grande fertilité dans les contrées qu'elles arrosent.

La Plata, ainsi formée de ces trois principales rivières, se jette dans l'océan Atlantique, vers le 35ᵉ degré de latitude, par une embouchure qui a environ trente-cinq lieues de large.

Nous citerons encore parmi les nombreux cours d'eau de l'Amérique méridionale trois grands fleuves : la Sainte-Madeleine, qui arrose les régions voisines de l'isthme de Panama ; le San-Francisco, au Brésil, et le Colorado, dans le Tucaman et la Patagonie.

Les plateaux de l'Amérique du sud sont beaucoup moins importants que ceux du continent septentrional de l'Amérique. Les plus étendus ont à peine quarante lieues de circonférence, et leur élévation est entre deux mille six cents et deux mille huit cents mètres. De profondes vallées les séparent, et ils offrent un sol aride, couvert de quelques palmiers chétifs, et souvent dépourvu d'eau.

Parmi les plaines basses, la plus considérable est celle des Llanos, qui s'étend des montagnes riveraines de Caracas jusqu'au delta que forment les bouches de l'Orénoque, et de là aux forêts de la Guyane. Pendant la saison des pluies, cette plaine, qui a plus de vingt mille lieues carrées, offre le tableau d'une immense prairie à demi submergée et couverte d'une magnifique forêt. Mais, lorsque les chaleurs arrivent, la verdure disparaît : la terre, rapidement desséchée, se fend, et le moindre souffle élève des nuées de poussière qui obscurcissent l'horizon. Le boa, le crocodile ou caïman lui-même, cédant à cette dévorante chaleur, restent immobiles, étendus sur la grève, et, comme tout le reste de la nature, ils semblent être frappés de mort, jusqu'au moment où les nuages amoncelés viennent verser les flots d'une pluie vivifiante sur cette terre de désolation.

FUTURE TRANSFORMATION DE L'AMÉRIQUE.

L'aspect de la nature et l'examen du sol, particulièrement dans la Guyane, ont fait penser à plusieurs savants que le continent américain n'avait été abandonné par les flots de l'Océan qu'à une époque bien postérieure à celle où l'Ancien Monde a dû être vivifié par les rayons solaires.

Ajoutons ici que dans une assemblée de la Société américaine de Géographie, qui a eu lieu tout récemment à New-York, le docteur R. P. Stevens a lu un traité sur l'élévation et l'abaissement du sol aux Etats-Unis, d'après lequel la côte du New-Brunswick et de l'île du Prince Edouard s'élève tandis que celle de la baie de Fundy s'abaisse. Le Groënland, lui aussi, s'abaisse lentement le long d'une ligne de six cents milles anglais. Le New-Jersey et les côtes de l'est s'élèvent, et, quand la mer est calme, l'eau s'abaisse sur une étendue de quelques degrés.

Ces mouvements amèneront à la longue de grands changements.

Le continent américain s'avancera vers le pôle nord; la baie d'Hudson deviendra une fertile vallée contenant un ou plusieurs lacs. Les rivages de Terre-Neuve se trouveront à sec et seront réunis au continent, ainsi que le banc de Saint-Georges et les bancs de sable voisins. Les steamers traverseront alors l'océan Atlantique en quatre jours. La ligne de côtes de tous les Etats qui coupent l'Océan touchera le bord intérieur du courant du golfe. Les îles Bahama, avec tous les écueils et bancs de sable, formeront ensemble une seule grande île; le delta du Mississipi s'avancera à cent cinquante milles anglais plus loin dans le golfe; le cours de toutes les rivières qui descendent vers la côte s'allongera considérablement, et il résultera de notables changements dans l'aspect du pays et dans le climat.

RÈGNE VÉGÉTAL.

Le climat de l'Amérique méridionale est généralement moins brûlant que celui des zones de même latitude dans l'Ancien Monde.

Il en résulte une excessive fécondité.

Aussi les productions du continent américain sont remarquables par leurs variétés, leur nombre et quelques-unes par leurs formes extraordinaires.

Le principe vital s'y déploie dans toute sa vigueur, en parcourant dans le règne végétal, le règne animal et chez les diverses races d'hommes qui l'habitent, une chaîne immense admirablement graduée. Depuis la mousse dont se nourrit le renne dans les terres polaires, jusqu'au cierge pascal qui s'élève à deux cents pieds, au cactus colossal et aux arbres gigantesques des forêts vierges ; depuis les Esquimaux, qui habitent le nord, et les Pescherais du sud, jusqu'au Caraïbe et au Patagon élancé ; depuis la structure admirable des termites jusqu'au tapir et au jaguar du Brésil ; depuis les brillants papillons du Pérou jusqu'au guacumago aux riches couleurs et au géant des oiseaux de proie, le condor chevelu ; enfin, depuis le crapaud de Surinam jusqu'au caïman et à l'alligator, la nature a fait preuve d'une telle fécondité et d'une variété si prodigieuse dans les organisations qu'elle a créées, qu'il n'appartient qu'à un Humboldt d'en entreprendre la description, et que le pinceau d'un Spix ou d'un Martius pourrait seul les reproduire.

Parmi les végétations indigènes de cette vaste contrée, nous citerons la pomme de terre, *solanum tuberosum*, dont le savant Espagnol José Pavon, dans la *Flora peruviana*, place le pays natal aux environs de Lima, dans le Chili, et même dans les forêts de Santa-Fé-de-Bogota : ce tubercule y vient sans culture, et les indigènes qui l'ont transporté dans l'intérieur des terres l'appellent *papas*.

On a déjà classé quatorze variétés du quinquina ou arbre de Chine, qui ne se trouve qu'entre le 2ᵉ et le 6ᵉ degré de latitude australe. Il fournit annuellement douze à quatorze cents quintaux de son écorce pour les besoins de l'Europe.

Le cacaotier, la vanille, le maïs, sont encore des plantes indigènes, et il serait trop long d'énumérer ici les innombrables végétaux que l'Amérique fournit à la médecine et à la teinture.

Parmi les végétaux résineux, l'aracatscha offre dans sa racine une nourriture farineuse d'une saveur agréable.

Le palmier-cirier croît non loin et au nord de l'Equateur, dans un petit district qui a de quinze à vingt lieues de circonférence. Il atteint une hauteur de cent soixante à cent quatre-vingts pieds. Quatre-vingt-sept variétés du palmier, cet arbre si riche, si utile et si beau, offrent dans toutes les forêts des trésors de leurs fruits précieux, vin, huile, cire, farine, sucre et sels.

Enfin, les orchides, si belles, si variées, s'y montrent sous deux cent quarante-quatre espèces différentes.

Dans la contrée qui avoisine la cataracte Tequemdama, près de Santa-Fé-de-Bogota, la nature semble avoir réuni tout ce qu'elle a de plus curieux, de plus rare en végétaux et en animaux. Les forêts sont impénétrables à l'homme, tant les herbes y sont fortes et les arbres multipliés.

Au Chili, c'est le cocotier, le cèdre, l'encens et les plantes médicinales qui font le principal trésor de la contrée.

Au Brésil, dont un bois utile pour la teinture porte le nom, plus de quatre-vingts espèces de végétaux ligneux entrent dans les objets d'échange réclamés par l'Europe. Il donne aussi un excellent thé, cultivé avec succès.

Les marécages de l'Orénoque donnent le gaïac et la gomme élastique ; la Guyane fournit toutes les productions du golfe du Mexique, sans aucune précaution de culture ; la Guyane française, celles des Moluques et des îles de la mer Pacifique.

Au fond des forêts de Venezuela, on vient de découvrir un végétal analogue à la cochenille.

RÈGNE ANIMAL.

Le règne animal n'est pas moins riche.

Le lama, le guanaco, la vigogne remplacent nos troupeaux, tandis que le tapir et le tajassu tiennent lieu du porc, si utile pour la nourriture de l'homme. Le jaguar, sorte de tigre ou de panthère, est presque de la taille et de la force du léopard, et il se montre très redoutable pour les troupeaux.

Dans les fleuves, l'alligator ou crocodile américain, qui souvent atteint seize pieds de longueur, a établi son redoutable empire.

Les oiseaux parés du plus brillant plumage, depuis le puissant condor, qui habite les hautes régions, jusqu'au gracieux colibri, peuplent les plaines et les vallées. Qui ne connaît les nombreux et très variés aras, et les périques, et les perruches, et les perroquets de ces immenses solitudes du Nouveau Monde. Et les ibis, et les flammants ? Qui n'a vu quelque spécimen de ces charmants petits oiseaux-mouches, ornés des couleurs les plus vives et les plus variées, dont quelques-uns n'ont pas plus de six centimètres de longueur totale. Tout récemment une nouvelle variété de ce genre des colibris a été envoyée de la république de l'Équateur à Londres. Un magnifique échantillon de cette espèce a été présenté à la Société zoologique, qui regarde comme nouveau dans la science, sous le rapport du genre et de l'espèce, cet oiseau extraordinairement remarquable par sa taille minuscule, par sa queue, dans laquelle existe une profonde bifurcation, et pour l'harmonie des couleurs de son plumage. On lui a donné le nom gracieux d'*Eugenia Imperatrix,* très flatteur pour la compagne de Napoléon III. L'Eugenia Imperatrix habite les vastes forêts de la chaîne des Cordilières, dans le voisinage de Quito, où il fait sa proie des insectes qui se trouvent dans le calice de la fleur du datura.

La pêche de la baleine est très productive dans les parages de l'île de Sainte-Catherine, qui dépend de l'empire du Brésil.

Les rivières de la Guyane sont tellement encombrées de *manatis* ou vaches marines, que la navigation en est souvent gênée, et rien n'est abondant comme la pêche sur les côtes du Chili.

Nous citerons encore les *alcos* ou chiens sauvages, le tuja, qui ressemble au casoar et qui peuple les pampas ; les anguilles électriques des llanos, et les pingouins des îles Malouines.

Dans les plaines herbues qu'arrosent les divers bras de la Plata, et jusque dans la vallée où coule le Madeira, on voit errer des milliers de chevaux sauvages. Dans la province brésilienne de Rio-Grande, ces animaux sont en tel nombre qu'on en fait la chasse dans le seul but d'avoir des peaux. On peut juger par ce fait combien le climat a été favorable à la propagation des animaux transportés en Amérique par les Européens, où le cheval y était complètement inconnu jadis.

Malheureusement, d'affreux reptiles viennent enlaidir de leur présence cet immense paradis. On les rencontre surtout sur les hauts plateaux et sur les versants des Cordilières. Tels sont les serpents à sonnettes et le serpent amrou ou serpent à idoles. Le serpent aboma que l'on trouve en Guyane n'est pas venimeux, mais sa taille est effrayante, car il est de la grosseur d'un homme, et souvent sa longueur dépasse vingt-cinq pieds. Des mille-pieds monstrueux, des scorpions, des crapauds et surtout l'horrible *rana-pipa* de l'Orénoque, des lézards, etc., sont continuellement en guerre avec d'énormes fourmis, et on doit regretter qu'une destruction complète et réciproque ne soit pas le résultat de cette antipathie naturelle.

La Guyane est riche en brillants papillons, et, dans toutes les forêts, le lumineux *porte-lanterne* sert souvent à guider le voyageur égaré.

RÈGNE MINÉRAL.

Le règne minéral, dont l'immense richesse a éveillé la cupidité de l'Europe, est très varié en matières précieuses.

Le Brésil, par exemple, fournit des diamants plus volumineux, mais moins riches que ceux de l'Asie. Mais, pour que le prix des diamants ne subisse pas une trop forte dépréciation par une excessive abondance, il est défendu aux adjudicataires de mines d'y employer plus de six cents nègres, et ils n'en peuvent vendre les produits qu'à l'inspecteur-général des mines, qui réside à Rio-Janeiro.

La recherche en est surtout fructueuse dans les montagnes de Cajabo et dans la capitainerie de Minas-Geraës et de Matto-Grosso, où l'on évalue le produit annuel des diamants à soixante mille carats, et celui de l'or monnayé ou en lingots à environ vingt-huit millions de francs.

La capitainerie de Saint-Vincent renferme des mines d'or, mais la plus forte partie du minerai fourni par ce district est obtenue par le lavage du sable des rivières.

Personne n'ignore que dans les placers de la Californie on trouve l'or à la surface du sol, et que depuis dix ans ce métal est devenu infiniment plus commun par suite des quantités immenses qui en ont été arrachées au sol et au sable des rivières. A chaque instant on apprend que de nouveaux placers ont été découverts : aussi, de toutes les parties du monde se rendent en Amérique de nombreux chercheurs d'or qui vont ou perdre la vie loin du pays qui les a vus naître, ou trouver une fortune qu'ils acquièrent à travers mille dangers.

Le fer, le plomb, l'étain sont abondants au Brésil, mais dédaignés.

Un phénomène qui mérite d'être cité est la fameuse montagne magnétique nommée *di Pietade*, aux environs de Sabara. Sur une couche d'ardoise argileuse s'élève une masse d'aimant qui est haute de trois cent cinquante toises, et qui exerce sur l'aiguille électrique une influence qui mérite de fixer l'attention des savants.

Dans la Nouvelle-Grenade et au Pérou, on exploite aussi de nombreuses mines d'or, surtout aux environs de Santa-Fé et dans la province de Quito.

Les rivières du district de Caracas sont toutes aurifères.

Les mines de Choco et de Barbacoas fournissent du platine en abondance.

L'argent est excessivement abondant dans les contrées septentrionales du Pérou. Toutefois, les mines de Potosi commencent à perdre de leurs richesses, tandis que celles d'Arica sont toujours aussi productives qu'autrefois.

Le Pérou offre encore du mercure et du sel, tandis que la province de Lima donne du cuivre et de l'étain. Le tout est envoyé en Europe. En 1790, la monnaie royale de Lima fondit cinq cent trente-quatre mille marcs d'argent et cinq mille trois cent quatre-vingts marcs d'or.

Toutes les montagnes du Chili recèlent de l'or, et toutes les rivières sont aurifères : mais la plupart des mines sont creusées sur les sommets glacés des Cordilières, ce qui rend leur exploitation excessivement difficile.

LES RACES AMÉRICAINES.

Bien que provenant de deux races principales, l'espèce humaine, en Amérique, offre les caractères les plus variés et les plus originaux.

La première de ces deux races comprend les peuples qui habitent les régions les plus septentrionales, et désignés ordinairement sous la dénomination commune d'Esquimaux.

On peut y joindre aussi les Pescherais, tout-à-fait au sud de l'Amérique, faible peuplade encore placée aux degrés les plus inférieurs de la civilisation, et portant l'empreinte, qu'on ne peut méconnaître, de la nature sauvage qui les environne, et qui éteint sous la neige de la zone glaciale tout sentiment noble et généreux.

La seconde race se compose des Indiens, les véritables habitants primitifs de l'Amérique, d'une constitution musculaire remarquable, à cheveux plats et rudes, l'os frontal d'une dépression extraordinaire, les pommettes saillantes, le nez aquilin, les yeux longs et bien fendus, le visage long sans être aplati.

La couleur des habitants varie, suivant la latitude qu'ils habitent, du jaune de rouille au rouge de brique, et du brun-canelle au gris de cuivre.

D'après Vater et Dauxion-Lavayssi, il paraît vraisemblable que la plus grande partie des habitants, sortis de l'Asie dans les temps les plus reculés, appartenaient à la race mongole, qui, par suite de changements de climats et de manière de vivre, s'est peu à peu modifiée telle que nous la voyons maintenant.

Depuis Christophe Colomb, une foule d'Européens de toutes les nations y ont émigré et s'y sont établis ; Espagnols, Portugais, Anglais, Français, Suisses, Allemands, Hollandais, Danois, Suédois, Russes, Juifs même, sont venus s'y établir. Outre ces émigrés volontaires, la détestable soif de l'or a transplanté sur le sol américain une innombrable quantité d'esclaves noirs amenés de la brûlante Afrique. Sur une population totale de trente-cinq millions d'âmes, les naturels forment à peine la moitié. Le nombre des esclaves seuls, des nègres nés en Amérique et des mulâtres, est de cinq millions cinq cent mille.

Le nombre des différentes langues ou dialectes parlés en Amérique est incalculable, eu égard à la faible population d'un aussi vaste continent. L'Espagnol Lopez en compte quinze cents. Mais Humboldt a rapporté les différents idiomes, dont les plus usités sont les langues aztèque ou mexicaine, péruvienne et caraïbe, aux deux langues-mères des Toltèques et des Apalaches.

Nous avons dit que les naturels de l'Amérique du nord sont les Indiens des Montagnes-Rocheuses, de la rivière de Cuivre, des Prairies, etc., connus de nos jours sous le nom de Chippeways, d'Iroquois, de Hurons, d'Osages, de Peaux-Rouges, de Pieds-Noirs, de Mohikans, d'Algonquins, de Têtes-Plates, de Nez-Percés, de Mohawks, de Sioux, de Tuscaroras, de Navajoès, d'Apaches, de Comanches, etc. Mais toutes ces tribus, pressées par le flot toujours grossissant des blancs d'Europe, qui envahissent leurs territoires et les refoulent vers l'ouest, décimées par des luttes terribles contre leurs vainqueurs, réduites à rien, bientôt disparaîtront complètement de leur patrie devenue la proie des conquérants qui leur font une guerre d'extermination.

Les naturels de l'Amérique du sud ou Indiens indépendants, que les chrétiens refusèrent longtemps de considérer comme de véritables hommes, offrent des singularités bien remarquables et fort intéressantes, dans leur physionomie comme dans leurs mœurs. Voici comment et pourquoi :

Parmi les peuples qui occupaient le pied des Andes ou Cordilières, à l'époque de la découverte, le plus nombreux et le plus puissant était les Péruviens au teint cuivré. Fiers et courageux jadis, ils sont maintenant méconnaissables, et cette dégradation est due au joug avilissant des Espagnols, tout adouci qu'il était par l'influence de l'Eglise. Ceux qui embrassèrent la religion furent appelés *fidèles*, et ceux qui refusèrent d'abandonner l'idolâtrie se nommèrent *barbaros*. Ces derniers, écrasés par d'énormes impôts, arrachés à leurs occupations et enlevés à leurs familles pour être jetés dans les mines, étaient voués dès leur naissance au travail des mines et déclarés incapables d'exercer aucune fonction publique. C'était la loi qui les frappait de cette double réprobation. Les Péruviens soumis à cet affreux esclavage dégénérèrent rapidement, et ces hommes qui, à l'époque de la découverte, étaient supérieurs à leurs vainqueurs par l'énergie, les lumières et la civilisation, ont pour descendants des êtres bruts, stupides et paresseux. Tout le monde sait les efforts de Las Casas et du clergé pour mitiger ces châtiments.

D'après une tradition du pays, voici quelle est leur histoire :

A une époque que l'on pourrait fixer au xiie siècle, deux individus au teint blanc, Manco-Capac et Mama-Oello, sa femme, vinrent s'établir parmi les tribus péruviennes. Ils se disaient enfants du soleil, et donnèrent des lois, réglèrent le culte et enseignèrent l'agriculture et l'art de filer et de tisser.

Manco-Capac fonda Cusco, et ses successeurs, au nombre de dix-sept, et sous le titre d'*Incas*, gouvernèrent en répandant parmi le peuple la civilisation, l'instruction et les dogmes du sabéisme, c'est-à-dire le culte des astres.

Les prêtres du roi de Cusco surent dresser un méridien, calculer le moment des solstices, et, par des intercalations sagement calculées, ils convertirent l'année lunaire en année solaire. Les connaissances astronomiques de ces temps reculés ont laissé des traces, malgré les révolutions politiques et l'esclavage, car les tribus sauvages de la province de Parama ne sont pas étrangers au grand art d'observer les astres.

Des ruines nombreuses telles que celles du palais des Incas à Cusco et à Quito, la chaussée creusée à travers les rochers des Andes, et qui, tracée au cordeau, se dirige vers Cusco, en franchissant le sommet du Parama, élevé de quatre mille huit cents mètres, monument bien supérieur à la Voie Appienne ; les pyramides et autres monuments non moins remarquables, donnent une haute idée des arts chez les anciens Péruviens.

La langue des Incas est celle qui est le plus usitée, même aujourd'hui, à Quito et à Lima. On l'appelle *quitschuan,* et l'aversion des peuplades péruviennes pour la langue espagnole est si forte que les prêtres d'Espagne, pour conserver leur influence, sont obligés d'apprendre la langue que les naturels s'obstinent à préférer. Cette langue est sonore et flexible : on sent qu'elle s'est formée par un long usage, mais elle est privée des consonnes b, d, f, g, r.

Outre les Péruviens, les races les plus nombreuses sont les Botokondes, les Patagons, et les habitants de la Terre de Feu ou Pescherais.

Les Patagons, qui vivent sur le versant des Andes, sont des tribus nomades. Ils se montrent ennemis prononcés des Espagnols, qui redoutent surtout les Puelches ou Poyuches, les Gauchos et les Araucaniens.

Au Paraguay et dans le Tucuman, les jésuites ont fondé de nombreux établissements agricoles parmi les peuplades sauvages qui vivent au milieu des forêts. C'est surtout chez les Guanaris que ces vaillants et pieux missionnaires ont eu du succès, et on porte à plus de deux cent mille le nombre des convertis devenus agriculteurs.

Les ennemis les plus implacables des Espagnols sont les tribus indiennes qui ont adopté l'usage du cheval, et qui le manient avec une dextérité surprenante. Tels sont les Abipons, les Mocabis, les Tobas, etc.

Les indigènes de la Patagonie, tels que les Puelches, les Moluches, les Tuelches, etc., sont adroits cavaliers et ennemis implacables. Ils manient la fronde avec une rare habileté, et sont d'une haute stature, sans être pour cela des géants, comme le disent certains voyageurs.

Les Pescherais qui habitent la Terre de Feu sont à peu près au nombre de deux mille. Gais, officieux, mais stupides, ils occupent les derniers degrés de l'échelle humaine.

Au Brésil, les peuples originaires sont les Topinambous, qui habitent les rives du Tocantin, les Ouetakapos, les Moxos, etc. Les Portugais les emploient pour ramer, et c'est le seul travail auquel on ait pu les habituer. Remplis de haine pour leurs maîtres, aimant leur liberté par-dessus toute chose, ils évitent les colonies européennes et ne respectent pas les voyageurs, ce qui rend les communications difficiles et périlleuses entre les ports et l'interieur du pays. Les mêmes dangers du reste se rencontrent dans toutes les contrées de l'Amérique du sud, ce qni nuit beaucoup au commerce.

Les indigènes de la Guyane sont les Caraïbes et les Maïpures. Les Omégans occupent les bords du Parima, lac dont les bords sont taillés dans la talc, qui brille au soleil comme l'or et l'argent. C'est sans doute à cette circonstance que l'on doit la fable de l'Eldorado.

La plus grande partie de la population de l'Amérique méridionale se compose de tous les mélanges résultant des alliances des Européens, des Indiens, des nègres et de leurs descendants. Les Espagnols comptent onze gradations différentes provenant de ces alliances :

Les métis, issus d'un Européen et d'une Indienne ;

Les quarterons, d'un Européen et d'une métis ;

Les octavons, d'un Européen et d'une quarterone ;

Les pulchueles, d'un Européen et d'une octavone.

Les enfants d'un Européen et d'une pulchuele sont considérés comme Espagnols.

Les mulâtres proviennent d'un Européen et d'une négresse ;

Les quinterones, d'un Européen et d'une mulâtresse ;

Les saltatras, d'un quarteron et d'une Européenne ;

Les calpans-mulâtres, d'un mulâtre et d'une Indienne ;

Les chinos, d'un calpan-mulâtre et d'une Indienne ;

Zambos ou zambajos, tous les enfants provenant des alliances entre nègres et Indiennes.

On donne le nom de créoles ou creollos à tous les habitants issus de parents européens unis légalement.

Tous ces peuples et leurs différents mélanges ne sont pas encore entièrement sortis de leur état de barbarie primitive. Toutefois, la plupart d'entre eux, surtout dans l'Amérique du nord et dans les Antilles, ont fait des progrès remarquables vers la civilisation.

On évalue à douze millions la population de l'Amérique du sud, dont un million à peu près se compose d'Indiens indépendants, répandus sur toute la surface de ce continent, mais principalement dans le centre et vers le midi. La contrée où il y en a le moins est la république de Colombie. Ces tribus indépendantes parlent toutes un dialecte différent, mais la langue des Garanis paraît être comprise par presque tous les Indiens. Leurs chefs, dont l'autorité est loin d'être absolue, se

nomment caciques. Chez les Araucaniens, qui se sont surnommés eux-
mêmes Moluches, ce qui signifie *guerrier,* le chef est appelé taqui. Dans
ces derniers temps, 1860-1863, le chef suprême ou roi des Araucaniens
était un Français que son influence, son adresse et son talent avaient
porté à être élu par ces peuplades à demi sauvages. Il portait le nom
d'Oréli Ier. Mais jalousé par le gouvernement du Chili, il fut fait prisonnier et très étroitement gardé par ses ennemis. Il parvint naguère à
s'échapper, et depuis peu il est venu en France, peut-être afin
d'assurer son retour et sa domination dans sa nouvelle patrie d'a-
doption.

La plupart des peuplades dont nous venons de parler s'occupent de
chasse et de pêche ; mais quelques-unes préfèrent subsister du butin
qu'elles enlèvent à leurs voisins. La culture des champs et les travaux
domestiques sont généralement abandonnés aux femmes.

CURIEUSES RUINES DE L'AMÉRIQUE, MEXIQUE ET PÉROU.

Nous allons maintenant parler quelque peu du Mexique, dont nous
avons négligé de rien dire, afin de traiter ce sujet presque isolément.
Il doit nous intéresser d'autant plus que le drapeau de la France
flotte en ce moment dans ces contrées, conduisant nos vaillants soldats
contre les bandes de Juarès, l'injuste et coupable tyran, ennemi de tout
droit et de toute civilisation.

Sans faire la description du Mexique, dont les beautés naturelles se
rattachent à l'ensemble de toutes les magnificences de l'Amérique, nous
signalerons cependant le fleuve du Rio-Grande, qui a sa source dans les
environs de Mexico, au pied du Nevado de Toluca. Ce grand fleuve
traverse les Etats de Mexico, Méchoacan, Guanaxuato et Xalisco. Après
avoir baigné plusieurs villes, il se précipite d'une cataracte de quatre-
vingts pieds, commence une série de chutes avec des abîmes de deux
cents toises, et mêle ses eaux au lac de Chapala, célèbre par
ses sites montagneux, ainsi que par son îlot. Enfin il se rend dans le
grand Océan.

Comme le Pérou, jadis le Mexique fut une contrée très civilisée, et ce
que l'on voit encore de l'ancien Mexique, et surtout ce qu'y trouvèrent
les Espagnols, lors de la découverte de cette quatrième partie du monde,
donne la mesure de la puissance, de la richesse et de la grandeur de cet
empire.

C'est sur ce point que nous voulons nous étendre plus spécialement.

L'empire mexicain, qui avait à sa tête des caciques, ressemblait plutôt aux monarchies féodales du moyen-âge qu'au despotisme de l'Asie.

La ville-capitale était Tenochtitlan, remplacée aujourd'hui par Mexico, assise sur les ruines de la cité des caciques... On y remarquait :

Le temple de Tezcatlipoca, la première des divinités aztèques après Teotl, l'Etre suprême et invisible, et de Huit-Zilopochtli, le dieu de la guerre. Cinq mille personnes étaient attachées au service de ce temple.

Il était environné de trente-neuf autres temples, et ses murs, hélas ! étaient revêtus de têtes d'hommes immolés, car ces dieux exigeaient des victimes humaines par vingt-cinq et cinquante mille !... Il est inutile, pensons-nous, de faire remarquer que seul le catholicisme a aboli et pu abolir les sacrifices humains. Partout où a régné et règne l'idolâtrie ou culte des démons, on est sûr de les trouver.

Le palais de Montézuma, qui comptait plus de mille salles, dont une pouvait contenir trois mille personnes. Ces salles étaient ornées de marbres fins et de boiseries de cèdre et de cyprès.

Outre ce palais, le prince en avait plusieurs autres dans la ville : c'étaient des palais pour ses femmes, des logements pour ses officiers et ses ministres, des maisons pour recevoir des étrangers, deux ménageries dont la description tient de la féerie, de beaux jardins et des bois clos de murs pour les chasses.

La ville possédait aussi un arsenal et un marché deux fois plus grand que celui de Séville.

Mexico, suivant M. de Humboldt, ne contenait pas moins de neuf cent mille habitants.

Aujourd'hui, Mexico est bâti sur les ruines de Tenochtitlan ; la cathédrale sur celles du temple de Tezcatlipoca, et l'hôtel du duc de Monteleone sur les débris du palais du cacique Montézuma.

Et les restes de tant de grandeur se réduisent à un calendrier mexicain de porphyre de douze pieds de diamètre et du poids de vingt-quatre kilogrammes, adossé maintenant au mur de la cathédrale ;

A la statue colossale de la déesse Teoyaotimiqui, monstre gigantesque taillé dans un bloc de basalte de neuf pieds de haut, à laquelle on offrait en hommage des milliers de cœurs humains, arrachés soudain à la poitrine d'infortunés jeunes hommes et de jeunes filles, et encore palpitants.

Quant à la ville de Mexico, qui a remplacé Tenochtitlan, disons-nous, située à l'ouest du lac de Tezcuco, dans une plaine assez triste, bordée d'algues et de marais en putréfaction, elle est splendide. Ses rues, tirées

au cordeau, sont larges et généralement très longues ; il y en a de deux
milles. Les principales partent des quatre points cardinaux et viennent
aboutir à la grande place. Elles sont pavées de petites pierres rondes et
polies. Les maisons, bâties uniformément en pierres de taille, ont de
deux à trois étages, des portes extérieures ornées de bronze, et une
galerie à chaque étage dans les cours, qui sont garnies de fleurs. Les
façades sont peintes en blanc, en rouge et en vert, ornées de passages
écrits de la Bible ou de carreaux de porcelaine, formant des dessus mau-
resques. Les toits, plats, carrelés en briques, et décorés d'arbustes et
de fleurs, forment, le soir, autant de promenades particulières. La
grande place, une des plus belles du monde, est entourée : 1° de la
cathédrale, qui a cinq cents pieds de développement ; 2° de l'ancien
palais du vice-roi ; 3° de l'hôtel de Cortez, le tout avec des portiques
formant contour. Au centre, s'élève une fort belle statue équestre de
Charles IV. exécutée à Mexico.

· La cathédrale, qui est un magnifique édifice, est renommée par ses
richesses. Mais en outre de ce monument grandiose, Mexico compte
cinquante-six églises et trente-huit couvents des deux sexes.

La population actuelle est de cent quatre-vingt mille habitants, dont
une moitié de race blanche, un quart de race indienne, et le reste de
sang mêlé. Dans ce nombre figurent vingt mille malheureux appelés
saragales ou guichinangos, véritables lazzaroni américains, n'ayant
d'autre asile que les rues.

Les faubourgs de la ville, encombrés de masures, de platras et d'immondices, sont le séjour de cette hideuse misère, tandis que les villages
voisins sont peuplés de villas délicieuses.

Dans le voisinage de Mexico se trouvait le temple de Can-Teolt, la
déesse du maïs, la Cérès mexicaine. Aujourd'hui le village de Guada-
lupe le remplace, et il est célèbre par son riche sanctuaire de la sainte
Vierge : on s'y rend en pèlerinage de tous les points de la Confédération
mexicaine.

On voit à Huechuetoca un canal d'écoulement que l'on appelle le
désaque. C'est une des œuvres hydrauliques les plus gigantesques que
les hommes aient jamais exécutées. Si la fosse était remplie, les plus
gros vaisseaux de guerre passeraient à travers la rangée de montagnes
qui bordent le plateau de Mexico, au nord-est.

Une petite ville du nom de Tula possède un calendrier mexicain,
sculpté, comme celui qui est adossé à la cathédrale de Mexico, sur une
pierre énorme, mais qui offre de grandes différences. Monsieur Beltranis
l'attribue aux Toltèques.

Otumba, pauvre ville, a un magnifique aqueduc, deux anciennes colonnes parfaitement sculptées et deux pyramides. Ces pyramides sont
des téocallis ou temples consacrés par les Toltèques au soleil et à la

lune. La première a deux cent sept pieds de hauteur, et la seconde cent soixante-treize. Les murs sont de pierres non taillées, hautes de huit pieds, épaisses de trois. L'édifice est parfaitement orienté. Au sommet, on voyait autrefois des autels, avec des coupoles en bois et des statues couvertes de lames d'or. Les deux téocallis sont environnés de petites pyramides de vingt-sept à trente pieds, ornées de bas-reliefs et d'hiéroglyphes : c'étaient des sépultures de chefs de tribus. Monsieur de Humboldt trouve dans ces monuments une grande analogie de formes avec le mausolée de Bélus, à Babylone, qui n'était qu'une pyramide dédiée à Jupiter-Bélus.

Tezcuco, jadis Acolhuacan, capitale de la grande nation de ce nom, n'est plus aujourd'hui qu'un assemblage de chaumières décoré du titre de ville. Avant la conquête du vieux Mexique par les Espagnols, Acolhuacan était l'Athènes de l'Amérique pour les sciences et les arts. On y voit les ruines d'un palais bâti par les Espagnols et les belles casernes construites par Fernand Cortez pour le jeune cacique de Tezcuco, son allié. Le palais des anciens caciques, long de trois cents pieds, était vraiment digne des Romains. On a élevé une église avec ses matériaux.

On remarque encore un bel aqueduc indien, plusieurs pyramides, des tombeaux en briques, et le palais de la ville où Cortez et sa petite armée furent logés lors de l'invasion du Mexique par les Espagnols.

A deux milles de là se trouve le village indien de Huexotla, qui possède les ruines d'un palais, une muraille haute de trente pieds, épaisse et très longue, les magnifiques bains de Montézuma, le dernier cacique, tué par les Espagnols lors de la découverte de l'Amérique, et des terrasses d'un stuc plus dur et plus beau que celui de Portici et d'Herculanum, les villes d'Italie détruites par le volcan du Vésuve.

C'est tout près de là que l'on voit le volcan de Popocatepelt et le mont Iztaccihuatl, les deux plus hautes montagnes du Mexique.

A Cuernavaca on trouve un monument ancien, excessivement curieux, appelé le retranchement militaire de Xochicalco. Il a cent dix-sept mètres d'élévation et montre une quantité de figures hiéroglyphiques, parmi lesquelles on distingue des hommes assis, les jambes croisées comme des Orientaux. La plate-forme a près de neuf cents mètres carrés.

Dans le voisinage de Puebla est Cholula, jolie ville bien bâtie, environnée de plantations d'agaves, peuplée de 16,000 âmes, capitale d'une république oligarchico-théocratique à l'époque où Christophe Colomb mit le pied en Amérique. C'était la Jérusalem, la Rome de l'Amahuac. On s'y rendait en pèlerinage de tous les points du Mexique. Outre un très grand téocalli, qui a une base de treize cent cinquante-cinq pieds et une hauteur de cent soixante-douze, et qui porte sur sa surface de quatre mille deux cents mètres carrés une église moderne de Notre-

Dame de los Remedios, entourée de cyprès, cette ville possédait autant de temples qu'il y a de jours dans l'année.

Tlascala, misérable petite ville aujourd'hui, était autrefois une splendide cité. On y voit encore les ruines d'un ancien temple magnifique, et celles d'une muraille d'une longueur de six milles qui la protégeait quand, regorgeant d'une population nombreuse, elle était la capitale de l'État le plus puissant de l'Amahuac, après celui de Mexico.

Nous ne devons pas oublier Milta, située dans une triste solitude, peuplée de ruines d'élégants édifices, de tombeaux avec des dessins étrusques, de colonnes de porphyre, d'appartements intérieurs pareils à ceux des monuments de la Haute-Egypte, ce qui, avec beaucoup d'autres édifices, peut faire supposer que le Mexique aurait pu être peuplé par des voyageurs égyptiens, éloignés de leur patrie par une tempête violente.

Ocafingo, gros village, est renommé par les ruines de l'ancienne ville de Tulha, et San-Domingo par celles de Culhuacan, que monsieur Jomard ne craint pas d'appeler la Thèbes américaine. Cachées durant des siècles dans de sombres forêts, elles ne furent explorées la première fois qu'en 1787, et pourtant ce sont les monuments les plus curieux et les plus grandioses du Nouveau Monde. Culhuacan, qu'on appelle aussi Palanqué, paraît avoir eu de sept à huit lieues de tour. Ses ruines immenses offrent des temples, des tombeaux, des fortifications, des pyramides, des ponts, des aqueducs et nombre d'édifices, de maisons, etc. On y a trouvé des vases, des idoles, des médailles, des instruments de musique, des statues colossales, des bas-reliefs, des hiéroglyphes, etc. Tout annonce que ce fut la résidence d'un peuple très avancé dans l'architecture, la peinture, la sculpture, peuple à taille élancée, aux belles proportions, n'ayant dans les traits rien d'asiatique et rien d'africain.

Enfin sur les rives du Rio-Géla, on rencontre aussi les ruines antiques d'une ville aztèque de près d'une lieue carrée, avec des maisons en torchis, exactement orientées, des murs de douze décimètres d'épaisseur, une fortification flanquée de grosses tours, un canal artificiel conduisant les eaux du fleuve à la ville, et une grande plaine couverte d'innombrables vases de terre cassés, régulièrement peints en blanc, en rouge et en bleu.

Nous tenions à donner tous ces détails à nos lecteurs pour leur faire connaître la civilisation du Mexique et du Pérou, avant que les Espagnols envahissent l'Amérique et ne s'emparassent de ces riches contrées, dont leur insatiable cupidité et leur amour de l'or firent bientôt un vaste champ de bataille, une terre de deuil et de désolation.

LE MEXIQUE AU TEMPS PRÉSENT.

Nous ne parlerons pas ici d'Acapulco, de Guanaxuato, de Guadalaxara, de San-Luis-de-Potosi, ni de la Vera-Cruz, bâtie sur le golfe du Mexique. Ce sont des noms que notre guerre du Mexique, contre Juarès, en 1862, 63, 64 et 65, a rendus trop fameux, et les détails seraient inutiles.

Saint-Jean-d'Ulloa est aussi un nom et un site trop bien illustré, antérieurement encore, par les armées françaises, pour que nous en disions rien.

Il en est de même d'Orizaba et de Puebla.

Ces deux villes sont remarquables, la première, ainsi que Peroti et Tuxtla, par des montagnes colossales couronnées de volcans; la seconde, devenue la conquête de nos Français, sous les habiles généraux Forey, Bazaine, etc., se recommande par son étendue et sa magnificence.

Elle est située sur une des plaines les plus élevées, les plus fertiles et les plus saines du plateau d'Anahuac. Des rues larges et tirées au cordeau, des églises nombreuses, recommandables par leur architecture, étincelantes d'or, d'argent et de pierreries, des maisons peintes à fresque, ornées comme celles de Mexico, ayant trois étages et de magnifiques terrasses, enfin de belles places, une population qui s'élève à 70,000 âmes, etc. Un commerce très étendu et de nombreuses manufactures assignent à Puebla le second rang parmi les villes mexicaines. C'est une véritable cité du moyen-âge, avec ses bâtiments, ses mœurs, ses usages, ses fêtes et ses divertissements du xive siècle.

Quand le général Forey fut à la veille de s'emparer de Puebla, la municipalité et les dames de la ville envoyèrent conjurer le brave officier français de ne pas détruire leur belle cité. Certes, c'était une prière très inutile : il était loin du caractère français d'amonceler des ruines après la victoire.

Nous pouvons citer aussi Oaxaca, une des plus belles villes du Mexique, sur les bords du Rio-Verde, dans un climat sain, au milieu de jardins et de plantations de nopals et de cacaotiers, bâtie en pierres vertes, ce qui lui donne un grand air de fraîcheur. C'est près d'Oaxaca que l'on recueille la cochenille, trésor de la contrée, car, en soixante-deux ans, elle lui a rapporté 95,937,509 piastres, sans y comprendre la contrebande.

DÉCOUVERTES SUCCESSIVES DANS L'AMÉRIQUE.

La première découverte de l'Amérique, en ne considérant l'Atlantide de Platon que comme une peinture allégorique des mœurs et des formes des gouvernements de son temps, remonte jusqu'aux temps obscurs du moyen-âge.

Des Normands, dès l'an 895, partis de l'Islande, découvrirent la terre polaire du Groënland, qui signifie Terre Verte, à raison de l'aspect qu'elle présente.

En 982, des Islandais, sous Eric-le-Roux, allèrent porter la religion chrétienne dans les contrées environnées de glaces de la côte orientale.

Les découvertes se succédèrent ensuite en grand nombre.

L'Islandais Biœrn découvrit en 1001, vers le sud-est, le Winland.

Plus tard, les frères Nicolo et Antonio Zeni entreprirent, de 1388 à 1390, un voyage dans la partie septentrionale de l'océan Atlantique, et furent poussés vers la mystérieuse Frieslanda, vraisemblablement l'île Feroë.

De là ils visitèrent une partie de l'Amérique du nord, qu'ils nommèrent Drogno : c'est la Nouvelle-Ecosse d'à présent.

Mais enfin, ce n'était pas le continent de l'Amérique, et nul n'avait souci de leurs découvertes.

Ce fut le célèbre Génois Cristoforo Colombo, Christophe Colomb, ou Colon, comme il se fit appeler plus tard en Espagne, qui fit la découverte de ce Nouveau Monde, et c'est à lui qu'appartient incontestablement la gloire d'avoir, le premier, fait connaître l'Amérique. Après une longue et dangereuse navigation, il découvrait, le 7 octobre 1492, l'île de Guanahani, une des îles Bahama, qu'il nomma San-Salvador, en mémoire du secours que lui offrit cette île au milieu de sa détresse. Il pénétra ensuite jusqu'à Cuba et Hispaniola ou Saint-Domingue, aujourd'hui Haïti.

Dans un second voyage, entrepris en 1495, Colomb découvrit les îles Caraïbes, et en 1496, Porto-Rico et la Jamaïque.

A la même époque, le Vénitien Giovanni Caboto, au service de la Grande-Bretagne, découvrit les côtes du Labrador.

Puis Sebastiano Caboto, frère du précédent, également au service de la Grande-Bretagne, visita, en 1497, l'île de Terre-Neuve.

Un an après, Christophe Colomb entreprit son troisième voyage, et découvrit l'île de la Trinité, l'embouchure de l'Orénoque et le continent de l'Amérique méridionale. Seulement, comme nous l'avons dit, le naïf

Colomb mourut sans savoir qu'il avait découvert un continent, la quatrième partie du monde, et crut avoir trouvé le Cathay, le fameux
Cathay de Marco Polo, et être arrivé, par l'ouest de l'Europe, à l'est de
l'Asie.

Malgré les fatigues et les dangers que coûta à Christophe Colomb cette
découverte, dont il n'eut pas la conscience, il ne fut pas assez heureux
pour lui donner son nom. Cet honneur fut usurpé, ou peut-être obtenu
sans qu'il y ait prétendu, par le Florentin Amerigo Vespucci, Améric
Vespuce, qui était alors aux Grandes-Indes, et qui ne visita qu'en 1501
les côtes du Brésil, découvertes par le Portugais Pedro Alvarez Cabral.

Christophe Colomb, après avoir, en 1502, visité dans un quatrième
voyage les côtes de Honduras et l'isthme de Panama, vint terminer sa
glorieuse carrière dans une douloureuse captivité.

On dut ensuite à l'intrépide Gaspard de Corte Real l'exploration de
Terre-Neuve.

Dès 1506, les Français Jean Denys et Comart avaient eu connaissance
de cette île, et Yames Pinzou et Diaz de Solis avaient visité l'Yucatan.

Les Florides furent découvertes en 1512, par Ponce de Léon.

Trois ans plus tard, Jean Grijalva aborda sur les côtes du Mexique,
qui reçut le nom de Nouvelle-Espagne, et dont Fernand Cortez fit la
conquête d 1519 à 1520.

L'extrémité méridionale de l'Amérique fut visitée pour la première
fois par le Portugais Hernandez Magalhaën, Magellan, qui, le premier,
franchit le détroit qui porte son nom, détroit de Magellan, et fit le tour
du monde.

Alonzo Pizarre parut en 1526 au Pérou, dont il finit par s'emparer
en 1531.

Tandis que Sébastiano Caboto découvrait le Paraguay, et que les négociants augsbourgeois Welser prenaient possession de Venezuela,
Bererra et Grijalva abordaient, en 1533, sur les côtes de la Californie,
explorée plus tard, avec plus de soin, par les Espagnols Guzman et
d'Ulloa.

En même temps un Français de Saint-Malo, Jacques Cartier, découvrait le Canada et l'embouchure du fleuve Saint-Laurent ;

Diégo de Almagro visitait le Chili, et Pédro de Mendoza les pays
situés sur les bords de la rivière de la Plata.

Quatre ans après, Fernando de Soto conquérait les Florides ;

Orellana remontait le fleuve des Amazones ou Maragnon ;

Et les Espagnols, poussés par la soif de l'or, que l'on disait trouver
partout sur ce sol fécond, étendaient leurs recherches jusqu'à la côte
nord-ouest et au cap Mendocina.

Ce ne fut que vingt ans plus tard que le moine André Urdanietta découvrit le détroit de Behring, et que le Grec Fucas, Apostolos Valerianos,

trouva la route qui, par le détroit de la Reine-Charlotte, conduit dans l'océan Pacifique.

Si l'on excepte la colonie fondée au Canada par le Français Rober-val, la gloire des premières notions géographiques sur l'Amérique appartient aux Espagnols et aux Portugais.

La découverte du Spitzberg, en 1596, est due à deux Hollandais, Jak Van Heemskerke et Cornelitz Ryp.

Ce fut seulement lorsque la route par Archangel eut été découverte, et eut ainsi frayé à la navigation une communication par l'est avec l'Amérique, que les Anglais s'éveillèrent enfin. Deux petits vaisseaux de cette nation, d'après les ordres de la reine Elisabeth, et sous le commandement de Walter Ralcigh, cinglèrent vers l'Amérique, et prirent possession, en 1584, du pays situé au nord du détroit de Pamlico, qu'ils nommèrent Virginie, en l'honneur de la reine vierge d'Angleterre. Dès l'année suivante, Richard Greenville y conduisit une colonie de cent sept Anglais, qui, cédant bientôt aux obstacles et aux difficultés qu'ils rencontrèrent, revinrent dans leur patrie, en 1586, sur les vaisseaux de François Drake.

François Drake, dans un voyage autour du monde, venait de découvrir Cayenne, les côtes de la Guyane et les îles voisines du détroit de Magellan.

Les premières colonies anglaises en Amérique qui aient eu quelque succès, s'établirent de 1603 à 1625. Les explorations des baies d'Hudson et de Baffin appartiennent aux dix premières années du xviie siècle : elles immortalisent les navigateurs courageux dont elles portent les noms.

Le détroit de Davis doit aussi son nom au navigateur qui le franchit le premier.

Restaient encore à visiter dans l'Amérique du nord les contrées intérieures et les terres polaires du nord-ouest et du nord-est. Ces deux lacunes furent remplies dans le cours du xviiie siècle, et au commencement du xixe, par Mackensie, Lewis, Clarke, Weld, Long, Pike, Volney, Dundas, Cockrane, Beltrani, Wilson, Flint, Hardy, Ashley, Giraud, Storr, Siddons, Warde et Hearne, pour les terres intérieures ;

Et par Cook, Behring, Phipps, Scoresby, Ross, Bukan, Wrangel, Anjou, Parry, Lyon, Franklin, Richardson, Beechey et Graah pour les terres polaires.

Les notions les plus certaines sur l'Amérique méridionale sont dues, outre les Portugais et les Espagnols déjà cités, aux voyageurs Diégo de Noxas, Garcia de Lerma, Diégo de Order, Juan de Ayoba, Domingo de Irala, Juan de Goray, qui fonda Chaco.

Puis vinrent aussi Jacques Le Maire qui, en 1615, découvrit le détroit qui porte son nom ;

Mascardi, qui, le premier, fit connaître la race des Indiens Cesares ;

Samuel Fritz et La Condamine, qui, par leurs relations et les cartes qu'ils dressèrent du fleuve des Amazones, jetèrent quelques lumières sur la topographie de l'intérieur.

Mais c'est surtout aux missions des jésuites et des franciscains que la géographie doit ses plus nombreux documents, par leurs explorations pendant le xviie et le xviiie siècles, dans le Paraguay, à Santa-Cruz de la Sierra et chez les Chiquitos.

Nous croyons inutile de rappeler ici les nombreux travaux entrepris dans le commencement du xixe siècle par des voyageurs et des savants, tels que Humboldt, Bonpland, Brakenridge, Heckewelder, Kunitz, Henderson, le prince de Newied, Saint-Hilaire, Temple, Hamilton, Spix et Martius, Pohl, Mikan et Nalterer, Eschwège, Basile Hall, Caldcleugh, Mollien, Stuart-Cochrane, Langsdorf, 'Gosselmann, Stevenson, Head, Miers, Broctor, Rengger, Beauchamps, King et Pringle-Stokes, et tant d'autres.

Le capitaine Louis-Antoine Guédon, envoyé, en 1825, par la maison de commerce Baron et Cie de Dieppe, dans la baie de Baffin pour la pêche de la baleine, découvrit l'île de Dieppe, échappée aux recherches de Ross et de Parry, et le détroit nommé détroit de Guédon, voisin de la passe du Prince-Régent.

Les renseignements précieux publiés par Mollien et Hamilton sur la Colombie, maintenant divisée en trois petites républiques ; l'ouvrage de Beauchamp et du jeune Suisse Rodolphe Rengger, sur le Paraguay, renferment la meilleure relation qu'on ait eue jusqu'ici sur le pays et son despote dictateur, le docteur Francia ; mais surtout les notices remarquables des deux frères anglais Miers et Head ont puissamment contribué à calmer les illusions et l'esprit de vertige qui s'étaient emparés des Anglais, leurs compatriotes, relativement aux immenses trésors dont ils supposaient que l'Amérique méridionale était remplie. L'attrait des métaux précieux, ce grand mobile des hommes, a donné naissance à sept compagnies des mines en Angleterre, deux dans l'Amérique du nord, et une en Allemagne, dont les frais, qui s'élèvent à plus de 80,000,000 de francs, furent difficilement couverts.

Parmi les voyageurs qui, dans les dernières années, ont le plus contribué aux progrès des notions géographiques de l'Amérique du sud, on doit compter Redhead, les ingénieurs anglais King et Pringle-Stokes, qui visitèrent les côtes de la Patagonie, et franchirent le détroit de Magellan, objet de terreur pour tous les navigateurs.

Mais on doit surtout citer le Français Parchappe qui, pendant douze ans, n'a cessé de parcourir les provinces intérieures et méridionales de cette immense péninsule. Ses découvertes jettent un nouveau jour sur le parcours de l'Uruguay et des autres fleuves du territoire de Parana ;

sur la langue de terre de Corrientes, sur la province d'Entre-Rio ou
pays situé entre les grands fleuves qui forment le Rio de la Plata. Il
reconnut l'erreur qui avait fait jusqu'ici quadrupler la véritable longueur du lac Ibera dans la direction de l'est à l'ouest. Il se convainquit
également que l'opinion sur les inondations n'était pas fondée, et re-
cueillit en même temps une foule de détails topographiques précieux.
Il est aussi parvenu à déterminer le cours d'une partie du Rio-Colorado
et du Rio-Negro, et a remplacé par des données positives une quantité
de choses inexactes que contenaient jusqu'alors les relations et les
cartes.

L'obscurité qui avait jusqu'à ce jour régné sur les notions géographiques de la côte orientale du Groënland, et que le jeune Scoresby avait
éclaircies par ses découvertes, en 1822, vient d'être dissipée par les recherches d'un capitaine de frégate danois, nommé Graah. Ce voyageur
qui déjà, en 1823 et 1824, avait exploré la côte occidentale, partit de
nouveau en 1830, sur l'ordre de son gouvernement, traversa le détroit
qui sépare la terre ferme, à l'endroit où est situé Staalenhuk, de l'île de
Sermensog, côtoya la côte orientale du Groënland, et s'avança bien au-
delà de cette partie de la côte où l'on prétendait qu'il devait exister une
ancienne colonie irlandaise, dont il n'a pu découvrir la moindre trace.
Il en conclut que cette colonie n'a pas été établie à l'est de Staalenhuk,
mais bien dans la partie sud-ouest du Groënland, au-delà de Julia-
Nenahad, opinion exprimée déjà quarante ans auparavant par
Eggers. Il est toutefois un fait qui semble contredire cette opinion, c'est
que les habitants de la côte orientale, par leur taille, leur constitution,
les traits du visage et la couleur de la peau, diffèrent entièrement des
Esquimaux, et se rapprochent au contraire beaucoup des Européens.
Leur nombre paraît diminuer, et Graah n'a trouvé que six cents individus sur toute la côte. La côte orientale est encore plus stérile que l'occidentale, et n'est réellement qu'une montagne de glace plus ou moins
aplanie.

Le missionnaire catholique Vicenzo Bizzozero, de Florence, partit,
en 1829, du Haut-Canada, traversa la Nouvelle-Orléans, et parcourut
ces plaines délicieuses qui sont connues sous le nom d'Attakapas, c'est-
à-dire anthropophages, à cause de ses premiers habitants. Il se trouva
là sous un climat aussi doux que celui de Naples, rencontra de nombreuses plantations de mûriers, et reconnut que la culture de la soie était
dans un état des plus florissants.

Le prince Paul de Wurtemberg a fait ensuite, en 1831, un voyage de
découvertes dans les régions de l'est, au-delà des chaînes de montagnes :
c'est à lui que l'on doit la meilleure carte de la Louisiane.

Mais depuis cette époque, combien d'autres voyageurs se sont éloignés de leur patrie, attirés par l'amour de voir, de connaître et d'in-

struire les autres, et sont partis pour l'Amérique du nord et pour celle du sud, afin de nous en dévoiler tous les mystères, les richesses et les beautés.

Parmi les premiers se sont trouvés des observateurs qui nous ont initié à toutes les phases de la vie des sauvages peuplades des Prairies : Peaux-Rouges, Pieds Noirs, Têtes-Plates, Sioux, Apaches, Comanches, etc. Qui n'a pas tremblé en lisant leurs récits émouvants !

Parmi les seconds, celui dont le nom a fait bruit par la science et les peintures qu'ils nous a rapportées, figure avant tous monsieur Alcide d'Orbigny.

LES MODERNES EXPLORATEURS DE L'AMÉRIQUE ET LEURS AVENTURES.

Les voyageurs ont peut-être abusé des sauvages du nord de l'Amérique, mais ils ont étrangement négligé les indigènes, Gauchos et Patagons, de l'Amérique du sud. Ils ont tracé peu d'esquisses de ce point du globe. Et cependant on trouve dans les pampas et les llanos cette captivante poésie des savanes septentrionales : mêmes horizons, mêmes paysages, même puissance du sol, même majesté de nature.

Les explorateurs modernes de ces contrées sont MM. d'Orbigny, Demersay, Martin de Moussy et Guinnard.

Le premier a parcouru le Paraguay et les terres d'une république dont nous ignorions même le nom : la république du Grand Chaco.

Monsieur Demersay nous dit de ce territoire que ce sont de vastes plaines, sans végétation, monotones, plates comme une mer calme, à peine coupées çà et là de rivières aux eaux dormantes et limoneuses. Dans ces incommensurables solitudes, vont et viennent des tribus sauvages presque toujours en guerre les unes avec les autres, et surtout animées d'une haine profonde contre les blancs. Comme chez les Peaux-Rouges du nord, tout voyageur doit être constamment en défiance à l'endroit de ces tribus errantes, car nonobstant toute démonstration amicale, ces terribles Indiens, sous le couvert des ténèbres, fondent sur les campements des blancs et les massacrent sans pitié. Ainsi que leurs frères des Prairies et des Montagnes-Rocheuses, les Lenguas et les Tobas du sud sont très désireux de posséder des parures européennes. Les moindres objets leur semblent des trésors. Le suprême bon ton chez eux, comme chez certaines peuplades de l'Océanie, consiste à avoir le lobe des oreilles excessivement long, percé, et orné de cubes de bois, ou quelquefois de longs morceaux d'écorce d'arbre roulés en spirale.

Le Grand Chaco a ses Apaches : ce sont les Tobas. Aux parures, les Tobas préfèrent les armes. Presque constamment en selle sur de très légers chevaux, ils s'élancent comme le simoun du désert, traversent leurs immenses pampas, et tombent tout-à-coup sur les infortunés qui se sont enfoncés dans leurs solitudes sablonneuses.

Après monsieur Demersay, vient le savant docteur Martin de Moussy. C'est dans la Confédération argentine que cet autre investigateur a porté ses pas et ses recherches. Désireux de tout connaître, monsieur Martin de Moussy a tout étudié, les peuplades des llanos, leur histoire, leurs mœurs, la faune, la flore et le climat de ces vastes contrées. Dans ce moment même il explore la Plata, et à un moment donné, nous aurons la joie de lire les impressions de voyage de ce savant insatiable d'études et de curiosités.

Daniel de Foë nous a tracé, dans son admirable *Robinson Crusoé*, les aventures d'Alexandre Selkirk, abandonné dans l'île Juan Fernandez. Que sont les péripéties du séjour du matelot écossais dans son île déserte, auprès des terribles aventures de l'un de nos intrépides contemporains ?

En 1855, partait pour l'Amérique du sud un jeune commerçant français du nom de Guinnard. La terre de l'or lui refuse bientôt les moyens de vivre ; et, de Buenos-Ayres, où il se trouvait, il veut se rendre à Rosario, à près de quatre-vingts lieues de là. Il s'associe à un Italien, réduit comme lui à l'état d'aventurier, et munis chacun d'un rifle, possesseurs d'une boussole et d'une misérable carte, les voilà qui commencent leur pérégrination à travers les pampas. Tantôt ils ont à franchir des fleuves gonflés par des pluies diluviennes, tantôt ils gravissent des montagnes de difficile accès, toujours ils luttent avec cette rude nature du continent américain. Il leur advient de se trouver un jour entre l'abîme d'un torrent et la muraille escarpée d'un rocher titanique. Soudain la rivière déborde et de ses flots formidables bat en brèche le pied de la colossale falaise. Que faire pour éviter la mort qui les menace ? Il leur vient à l'esprit de glisser la lame de leurs poignards dans les interstices de la roche, et à l'aide de ces échelons improvisés, ils atteignent avec des fatigues et des dangers indescriptibles le sommet du rocher.

Quelques jours après, nos hardis voyageurs se trouvent face à face avec un ennemi plus terrible, la faim ! Bien des heures se passent dans les angoisses d'une torture sans nom ; enfin la Providence leur fait voir une proie. A quelques pas d'eux, couchée sur le tronc d'un arbre tombé de vétusté, une magnifique panthère fixait sur eux des regards flamboyants, en passant de temps en temps une de ses pattes de devant derrière ses oreilles, avec ces minauderies et ces ronrons particuliers à la race féline. A l'instant où la bête fauve apercevait les deux voyageurs,

ceux-ci la fixaient à leur tour : le combat était donc imminent. Les ennemis ne cessèrent plus de s'observer dès-lors, et leurs regards demeuraient croisés comme des lames d'épée. Mais alors la panthère poussa
un sourd rugissement, aiguisa ses griffes épouvantables sur le tronc de
l'arbre, puis se repliant et se pelotonnant sur elle-même, elle bondit
contre ses adversaires. Le Français, plus hardi que l'Italien, ne bougea
pas : le rifle à l'épaule, le corps un peu penché, il suivait tous les mouvements de la bête ; au moment où la panthère s'élança, monsieur Guinnard pressa la détente. Le coup partit ; l'animal féroce tournoya dans
l'espace avec un hurlement furieux et retomba aux pieds des infortunés
martyrs de la faim. La panthère était morte foudroyée, frappée au
cœur. Aussitôt elle est dépouillée ; sa chair est dépécée et nos affamés la
dévorent sans se donner le temps de la faire cuire.

Hélas ! les deux voyageurs n'arrivaient pas à Rosario, depuis plusieurs mois qu'ils marchaient. Ils s'étaient trompés dans la direction
qu'ils avaient prise, et au moment où ils veulent changer de route, ils
sont surpris par une horde d'affreux sauvages, nus, tatoués, échevelés,
hurlant, brandissant leurs lassos, leurs armes, et faisant caracoler leurs
ardents coursiers. Ce n'étaient pas des hommes qui les entouraient ainsi,
mais une légion de hideux démons. Les malheureux Européens se
serrent la main, se disent adieu, et font feu de leurs rifles sur leur
horrible entourage. Un Indien est blessé : aussi les sauvages se précipitent sur l'Italien d'abord et le tuent de leurs lances. Le Français a le
bras saisi par un lasso, et roule sur la terre sèche. On le relève aussitôt,
et, placé sur un cheval indompté, il est conduit à travers une trombe de
poussière au campement des Indiens.

Ce sont les Poyuches qui ont fait prisonnier monsieur Guinnard. Il
devient l'esclave de la tribu la plus féroce des Patagons. Gardé de près,
il était impossible à notre compatriote de songer à fuir. Insulté, ou-
tragé, accablé de mauvais traitements, épuisé de fatigues, mangeant à
peine, il accepta son sort dans l'espoir de voir bientôt finir sa vie. Il se
sentait dépérir de plus en plus, lorsqu'un jour qu'il priait le ciel de
terminer ses maux, il voit subitement se présenter à lui l'occasion d'é-
chapper à son horrible servitude. Les Poyuches ont reçu ou pillé des
barils d'eau-de-vie : ils ont bu l'eau de feu sans réserve ; ils sont tous
ivres. Aussitôt le captif se glisse en rampant vers le lieu où il sait que
se trouvent les meilleurs chevaux de la tribu : il saute sur le plus vigoureux, en fait marcher deux devant lui, et s'éloigne. Il galope sans
relâche pendant toute la nuit, prêtant l'oreille au moindre bruit, et
croyant avoir toujours les sauvages à ses trousses. Il lui semblait entendre sur le sol du désert sonner le dur sabot des chevaux de ses ennemis, et alors il repartait avec une nouvelle furie. Disons-le de suite :
cette course désordonnée dura quatre jours, après lesquels sa monture

s'arrêta, souffla bruyamment, puis s'abattit. Le cheval était mort ; le second succomba bientôt à son tour. Alors monsieur Guinnard enfourcha le troisième, et repartit avec une rapidité moindre, car il voulait ménager son dernier coursier. Mais ce fut le cheval qui, de lui-même, remarquant qu'il foulait un terrain plus frais et presque marécageux, guidé par son instinct, alla droit à une lagune voisine des côtes, et produite par les écoulements des contreforts des Andes, dans le nord des pampas. Cheval et fugitif y étanchèrent leur soif, après quoi, le treizième jour de la fuite, l'homme et la bête arrivèrent à Rio-Quinto ; le premier à bout de forces, mourant de faim, sans mouvement et sans voix, la seconde inanimée, et l'œil éteint par le mal.

Monsieur Guinnard avait été esclave des Poyuches pendant cinq ans.

De Rio-Quinto, notre compatriote gagna Mendoza et Valparaiso, où il s'embarqua pour la France.

A cette heure nous attendons la relation de ses voyages et de sa captivité, qui certainement vont compléter les renseignements déjà fournis par MM. d'Orbigny, de Boris et d'autres voyageurs.

ORIGINE DES ÉTATS-UNIS.

« A la fin du xvie siècle, dit l'auteur du dernier *Voyage pittoresque dans les deux Amériques,* cent ans seulement après la découverte du Nouveau Monde, on avait vu les Espagnols découvrir les Antilles, le Mexique, la Floride, le Pérou, la Colombie, le Chili, la Plata, remonter ou descendre les trois plus grands fleuves de ces contrées, l'Amazone, le Rio de la Plata, l'Orénoque.

» Une partie du Brésil était déjà peuplée par les Portugais, qui avaient pénétré au loin dans l'intérieur.

» Les Français, momentanément établis à la Floride et à Rio de Janeiro, avaient été forcés d'abandonner ces possessions ; mais ils étaient encore maîtres du Canada.

» Les Anglais avaient aussi parcouru le littoral de l'Amérique, surtout celui du Labrador et de la Virginie.

» Depuis longtemps déjà les Hollandais rôdaient sur les côtes, pillant les colonies espagnoles et portugaises.

» On peut donc en conclure que l'Amérique méridionale était alors presque entièrement connue dans son intérieur, tandis que l'on n'avait encore visité que les côtes de l'Amérique septentrionale. »

En effet, à cette époque, on savait à peine que les territoires de l'intérieur de l'Amérique septentrionale étaient complètement occupés par des tribus innombrables de sauvages.

Mais voici qu'en 1578 la reine d'Angleterre, Elisabeth, accorde une charte à sir Humphrey-Gilbert à l'effet d'y établir une colonie. Toutefois, cette concession n'a aucune suite.

C'est en 1584 que, de nouveau, le spirituel et infortuné Walter Raleigh fait une tentative pour s'établir en Virginie. Là encore des mesures mal prises, et les colons qu'on laisse périr sous le tomahawk des sauvages, font manquer l'émigration.

Cependant, sous les règnes de Jacques Ier, de Charles Ier, et durant la république et le protectorat d'Angleterre, une foule d'émigrants passent en Amérique et fondent le Massachussets, puis le New-Hampshire, le Connecticut et le Rhode-Island.

Ensuite, sous Jacques II, les puritains, tourmentés par la secte dominante en Angleterre, se transportent au-delà de l'Atlantique, afin de jouir de la liberté de conscience qu'on leur refusait dans leur patrie, et le fameux Guillaume Penn devient le fondateur de la Pensylvanie.

Enfin, en 1735, ces colonies ou Etats séparés et distincts se trouvent au nombre de treize, en y comprenant la Géorgie, la plus récemment formée.

C'est ainsi que les Anglais, établis dans l'Amérique du nord, jettent les premiers fondements de la grande nation qui va devenir la plus célèbre république du monde, sous le titre de *Etats-Unis*.

Vers la fin du xviie siècle et durant les deux premiers du xviiie, les guerres que soutint la France contre l'Angleterre pour la conservation des colonies françaises dans l'Amérique, fut entièrement favorable aux armes de la Grande-Bretagne. La France perdit peu à peu ce qu'elle possédait dans le nord de l'Amérique, et, en 1763, elle fut entièrement évincée par la cession du Canada.

Pendant cette période, les colonies anglo-américaines avaient énergiquement embrassé le parti de l'Angleterre dans ses démêlés avec la France, et fait de grands sacrifices en hommes et en argent. Elles avaient acquis des connaissances dans l'art de la guerre et pris confiance dans leurs propres forces. Aussi des idées d'indépendance commençaient à germer dans leur sein, et elles n'obéissaient qu'avec répugnance aux ordres de la mère-patrie.

Il résulta de là que, des villes étant fondées dans tous les nouveaux Etats, Boston, Philadelphie, Washington, Baltimore et cent autres cités puissantes se soulevèrent un jour, et, secouant le joug de l'Angleterre, se déclarèrent indépendantes et libres.

La guerre s'alluma et se fit avec une violence sans égale. Les succès furent longtemps balancés. Mais enfin la France reconnut l'indépendance des Américains du nord ; elle leur envoya des troupes, des armes, des munitions, et, battue, l'Angleterre dut à son tour reconnaître l'indépendance que les Etats-Unis avaient si glorieusement conquise.

Ce fut en 1787 qu'un plan de Confédération générale fut arrêté à Philadelphie et accepté par les Treize-Etats-Unis, ou *Union*.

En 1789, Washington fut chargé du pouvoir exécutif de cette Union, sous le titre de Président.

Tel est l'aperçu de la révolution qui a fait un Etat important des colonies de l'Amérique septentrionale.

Depuis cette époque, le territoire de l'Union s'est immensément accru par la cession de la Louisiane et de la Floride, et au lieu de treize provinces, la Confédération compta bientôt vingt-quatre Etats ; puis en dernier lieu trente-sept.

La population prit peu à peu des accroissements énormes. Vinrent des planteurs, des pionniers, des colons nouveaux, qui, dédaignant le séjour des villes, allèrent toujours vers les parties habitées par les sauvages. De cet empiètement incessant résultèrent des luttes déplorables dans lesquelles les blancs furent maintes et maintes fois scalpés, décimés, affreusement torturés par les Indiens, les Pawnis-Loups, les Sioux-Osages, les Hurons, les Mohicans, les Lennapes ou Algonquins, les Miamis, les Peaux-Rouges, les Pieds-Noirs, les Comanches, etc., féroces tribus qui se sentant refoulées vers l'ouest et menacées dans leur existence, ne cédaient le terrain que pied à pied, et non sans exercer de cruelles représailles. On peut regarder comme trop réels et trop vrais les tableaux et les récits de ces guerres sanglantes et de ces mêlées corps à corps des Européens avec les sauvages, si parfaitement peints et si merveilleusement racontés par les fameux écrivains Fenimore Cooper, Mein-Reed, Ferrey, Gustave Aimard et autres. Mais ces familles indiennes ainsi traquées, ces infortunés sauvages ainsi dépossédés, ces mille tribus repoussées dans leurs forêts par la civilisation, décroissent en nombre d'une manière rapide, et l'on peut calculer dès à présent à quelle époque la plupart d'entre elles seront totalement éteintes.

Les Européens tendent au contraire à s'accroître si promptement, qu'en peu d'années, si la proportion ne change pas, les Etats-Unis auront doublé de population.

Mais non, je me trompe ! A l'heure où nous écrivons ces lignes, **le** doigt de Dieu se fait sentir et pèse sur l'Union. Après deux années d'**une** lutte immense et acharnée, le nord a vaincu. Mais comment **usera-t-il** de sa victoire ?

CIMETIÈRES AÉRIENS ET MOMIES DU PÉROU.

Il y a quelques années, je poussais une reconnaissance jusque dans le désert d'Atacama, dans le Pérou, alors que la brume du soir était tombée déjà et faisait confondre les objets. Tout-à-coup je me vois en face d'un nombre d'hommes, de femmes et d'enfants que je ne pouvais compter, mais qui étaient tous assis et rangés en demi-cercle, et comme absorbés dans une vague contemplation.

Je m'arrêtai court et j'attendis, abrité par des broussailles.

La région transandéenne du Pérou est couverte de vastes forêts hantées par un petit nombre de tribus indiennes qui redoutent le contact de l'homme civilisé et accueillent par une volée de flèches empoisonnées les intrus qui envahissent leurs repaires. Les aborigènes des Andes orientales sont les sauvages les plus cruels, les plus misérables et les plus indomptables de l'Amérique du sud. Ils parcourent tout nus ces bois épais dont ils connaissent seuls les sentiers, et ils ont pour armes des arcs et des flèches. Ils se nourrissent de singes, d'oiseaux, de poissons et de bananes. On n'en sait pas long sur ces peuplades, connues sous le nom de Chunchos. On suppose qu'elles sont répandues sur une vaste surface à l'intérieur de l'empire du Brésil, et on les accuse de cannibalisme. Mais nonobstant leur amour de la chair humaine, on prête aux Chunchos une singularité dont il n'y a pas d'exemples dans les autres tribus, car on assure qu'ils ne mangent point de femmes, non point par humanité ou par quelque délicatesse galante, mais uniquement à cause de leur ferme conviction que la femme est un être impur, créé pour le tourment de l'homme, et dont il faut s'abstenir parce que sa chair est venimeuse.

Je savais tout cela, et à la vue de ces sauvages, assis et rangés en cercle, et comme absorbés dans une vague contemplation, autant que la brume du soir me permettait d'en juger, j'hésitais à m'avancer plus loin et je craignais de tomber dans un gros des terribles Chunchos. Pourtant je fis quelques pas, d'ici, de là, pour m'approcher insensiblement et mieux voir ce dont il s'agissait.

Quelle ne fut pas ma surprise... lorsque, arrivé tout près du demi-cercle formé par ces sauvages, je reconnus que je me trouvais dans un cimetière péruvien, remontant à la plus haute antiquité.

Tous ces... six cents hommes, femmes et enfants, n'étaient autre chose que des momies, des corps desséchés, c'est vrai, mais dans un parfait état de conservation. Leurs yeux mêmes occupaient encore les

orbites, les dents leurs alvéoles, et les cheveux le cuir chevelu. Le type
péruvien était admirablement empreint sur le *facies;* l'attitude du corps
rappelait la pose facile de gens accroupis. On eût dit que, d'un moment
à l'autre, tous ces gens allaient se lever et revivre...

Mais point. Ils étaient là depuis des siècles déjà.....

Chacun d'eux avait près de soi une jarre de maïs et un vase à cuire
Voici l'explication de ce phénomène :

Quand il règne dans une atmosphère surchargée de particules salines
une sécheresse extrême, il se produit un résultat curieux qu'on a observé sur quelques-uns des plateaux les plus élevés du Pérou. Les vents
vifs et secs embaument les corps que l'on expose à leur souffle. Donc,
mes vénérables Péruviens et Péruviennes, connaissant cette propriété
siccative de l'air de leurs montagnes, s'endormaient jadis du dernier
sommeil dans leur cimetière aérien et parmi les cadavres des leurs,
qui les y attendaient livrés au repos de la mort.

Dans l'Inde, pendant des milliers d'années, les veuves inconsolables
se firent brûler sur le bûcher de leurs époux, et cela par interprétation
de leurs livres sacrés, qui commandent ce dévouement posthume. Une
coutume analogue prévalait au Pérou, du temps des Incas, et au décès
du roi ou même de quelque seigneur, nombre de Péruviens fidèles
se faisaient enterrer vivants et accompagnaient ainsi leur maître jusqu'à
la tombe inclusivement. Vers la fin de la domination des Incas, un monticule de terre situé sur le bord de la mer, auprès d'Arica, avait été
choisi pour ces sépultures.

Lorsqu'on fouille ces tombes, on trouve tous les cadavres dans la
même position, accroupis, les bras rapprochés du corps et dans un état
remarquable de conservation, de momification naturelle. Ce que les
indigènes admiraient le plus dans ces momies, c'étaient leurs yeux soli-
difiés, brillants, doués d'une certaine transparence, et dont le volume
paraissait proportionné à l'âge différent des individus inhumés. Pour
expliquer cette admiration, rappelons, avec l'historien Garcilasso de la
Véga, qu'aux temps les plus anciens, les yeux brillants de certains
oiseaux étaient, au Pérou, l'objet d'un culte particulier : le chat-huant,
par exemple, était adoré pour la beauté de ses yeux.

Un de nos habiles marins, monsieur Thébuchet, capitaine au long
cours, a rapporté un certain nombre de ces yeux de momies déterrées
du morne d'Arica, et il les a livrés à l'examen anatomique de monsieur
Jobert de Lamballe, qui, n'y reconnaissant pas les éléments de l'orga-
nisation de l'œil humain, les a repassés à monsieur Payen pour être
analysés chimiquement.

Examinés au microscope et passés au creuset du chimiste, ces yeux
de momies se sont trouvés, en effet, être un produit artificiel ; il était
constitué par des capsules polies, en corne blonde et rougeâtre, qui

étaient exactement emboîtées les unes dans les autres, et maintenues par une couche gélatineuse interposée. L'ensemble était recouvert d'une lamelle très mince, tenace, adhérente aux bords de toutes les capsules concentriques.

Dans les antiquités américaines conservées au musée du Louvre, on ne trouve rien de semblable aux yeux de ces momies péruviennes. Quant aux momies d'Egypte, on voit sur leur enveloppe extérieure une figure avec des yeux peints ou encastrés. Dans ce dernier cas, les paupières sont représentées par un encadrement elliptique en bronze, le globe oculaire par des émaux ou par un morceau ovoïde de marbre blanc au milieu duquel est une pierre brune arrondie, ou un fragment globuleux de cristal de roche. On retrouve pareillement l'encadrement de bronze, le marbre blanc et le cristal de roche, avec une cavité interne simulant la pupille, dans les plus anciennes statues égyptiennes. Dans une de ces statues, vieille de près de quatre mille ans, et qui est en terre cuite brun-rougeâtre, les paupières en bronze, les yeux en marbre blanc et cristal diaphane, ajoutent par l'opposition des couleurs à l'expression des traits, à la physionomie de cette image quarante fois séculaire.

M. Payen se demande d'où vient cette coutume péruvienne d'adapter aux yeux des morts des yeux artificiels. Etait-elle usitée dans les âges antérieurs à la conquête du Pérou par les Espagnols ? Etait-ce une imitation de la pratique égyptienne, léguée par la tradition ? La solution de ce problème ethnologique est assez difficile. Peut-être adviendra-t-il quelque éclaircissement nouveau, car un chemin de fer est en voie d'exécution et il éventrera le morne d'Arica, de manière à livrer tant de curiosités que la science y gagnera quelque chose.

Quoi qu'il en soit, monsieur l'amiral Dupetit-Thouars a donné, à cette occasion, quelques détails authentiques sur le morne d'Arica, détails recueillis sur place dans une visite qu'il fit lui-même à cette vallée des tombeaux. Il avait demandé préalablement aux autorités de l'endroit la permission d'exécuter des fouilles. Le gouverneur lui répondit avec beaucoup de politesse que tous ces morts-là n'ayant pas été baptisés, il pouvait en faire ce qu'il voudrait.

En conséquence, les fouilles furent pratiquées à environ cent cinquante mètres du rivage et à une élévation de trente mètres environ au-dessus du niveau de la mer. On découvrit un grand nombre de tombeaux, espèces de caissons construits en pierre plate non maçonnée. Au milieu était le squelette accroupi, la tête et les mains reposant sur les genoux. Ces morts étaient inhumés en ligne parallèle au rivage et très près les uns des autres. Tous regardaient l'ouest. A côté du squelette étaient deux vases, dont l'un, de moyenne grandeur, avait dû contenir de l'eau ; l'autre, beaucoup plus petit, était rempli de sel blanc et de feuilles de coca très bien conservées. Le coca est la feuille d'un arbuste que les Péruviens mâchent, comme les Indiens le bétel, et qui peut tenir lieu d'aliment pendant plusieurs jours. Ces provisions étaient-elles déposées là dans l'idée d'une vie future, en vue d'un voyage à effectuer par le défunt?... Aucun n'était pourvu d'yeux artificiels comme les momies scientifiquement dépouillées par le capitaine Trébuchet. Mais cela tient sans doute à ce que cette partie du cimetière était réservée à de pauvres Péruviens, enterrés modestement, morts de troisième classe, qui n'avaient pas eu le moyen, durant leur existence terrestre, de s'acheter des yeux pour se conduire dans le grand voyage d'outre-tombe.

O vanité de la vie! vanité de la tombe! Que reste-t-il d'une antique et opulente nation et de ses chefs vénérés, de ses puissants Incas? Un ossuaire, grand sujet de discussion pour les ethnologues, dont les débris poudreux sont jetés au vent par un ingénieur de chemin de fer; des momies avec des yeux d'empreut, où le chimiste ne retrouve que de la gélatine et de la matière cornée; des tombeaux visités par de savants voyageurs, qui en rapportent des vases de terre avec des images d'hommes et d'animaux qui s'en vont figurer dans le musée céramique de Sèvres!.....

LES GUERRIERS DU MEXIQUE AVANT CORTEZ.

L'art stratégique des Mexicains était fort avancé, avant la conquête des Espagnols, mais avancé relativement à leurs moyens d'agression ou de défense, et pas un Espagnol n'aurait pu s'échapper si les Tlascastèques, petite république très belliqueuse, n'eussent fait contrepoids, en s'alliant aux quelques aventuriers qui firent le Nouveau Monde se soumettre à ses envahisseurs.

L'armée mexicaine était toujours commandée par un général fils ou parent du roi, quand ce n'était pas l'Inca lui-même.

Un porte-étendard réunissait autour de lui les soldats de la province ralliés par le signe hiéroglyphique qui représentait les armes de la capitale de la province.

Chaque village avait aussi son guidon et son chef, qui commandait treize compagnies, commandées elles-mêmes par treize chefs de corps.

Excepté les armes défensives et offensives, qui toutes se ressemblaient, le soldat s'habillait comme il lui plaisait. Mais le plus beau costume, à son avis, était celui qui était le plus affreux et qui devait épouvanter le plus son ennemi. Il se déguisait en tigre, en caïman, en squelette, en aigle. Il y avait des casques de formes chimériques et des cuirasses en plumes ou rembourrées de coton.

Le général portait un casque dont le cimier en plumes immenses, droites et de toutes couleurs, offrait un rayonnement magnifique et devait être vu de fort loin. Son buste était protégé par un tissu de petites écailles de cuivre doré, et il entourait ses reins d'un pagne des mêmes plumes qui ornaient si agréablement sa coiffure. Il avait au bras un large écu de métal, et à la main une hampe surmontée d'une figure de montagne (tépèque), sur le sommet de laquelle on voyait une sauterelle (chapuline), ce qui composait le mot *Chapultépèque*.

Un chef de cent hommes avait la tête couverte d'un casque en bois, recouvert de la peau de tête d'un juguar. La peau du corps l'enveloppait comme d'un hoqueton qui lui tenait lieu de cuirasse, car ce vêtement était rembourré à l'intérieur par une épaisseur de coton tressé, tellement compacte qu'elle pouvait résister à la pointe aiguë d'une pique ou d'une épée. Le chef tenait à la main droite un fort bâton de bois dur dans lequel étaient incrustées longitudinalement des lames d'obsidienne, sorte de marbre, *iztli* en mexicain. Cette arme elle-même, qui formait ainsi plusieurs marteaux, se nommait *tepuzmacquauitl*. Le même chef avait au bras gauche un écu oblong, avec des touffes de plumes qui pendaient à la partie inférieure du bouclier. Je dois dire que sa tête de jaguar était surmontée d'une énorme aigrette de crins teints d'une couleur vive.

Le porte-étendard était coiffé d'un casque représentant une tête d'oiseau : son visage apparaissait dans le bec ouvert du volatile, dont le bec lui servait de visière et de mentonnière. Il était revêtu d'une cuirasse, sorte de blouse, confectionnée avec les tuyaux et les plumes du canard. Elle ne pouvait être entamée par le sabre le plus tranchant, et s'appelait *tipuzuipilli*. Son étendard consistait en une hampe surmontée d'une tête d'aigle, et se nommait *quachpautli*.

Les armes étaient la *macquanitl*, espèce de sabre avec des lames d'obsidienne, ce marbre dont nous avons parlé, enchâssées dans un bâton ou lame de bois dur ; l'arc et la flèche ; la pique, qui avait trois ou quatre mètres de longueur, et qui se terminait par une pointe de silex ; la fronde, arme terrible dans une main bien exercée. Venait ensuite la corde à lancer pour entraver l'ennemi, lasso ou *macamecatl*, dont on se servait comme les vaqueros des estancias, c'est-à-dire les bouviers des fermes du Brésil, etc., s'en servent encore aujourd'hui pour prendre les chevaux, les bœufs ou les mules. La massue ne paraît pas avoir été une arme bien en usage, quoique on en trouve des dessins sur des terres cuites et sur certains manuscrits. Un voyageur fameux, monsieur. W...., visitant le Mexique à une époque où personne encore n'était occupé de recueillir des antiquités, et surtout les costumes anciens travaillés en plumes mêlées au tissu de coton, les armes et beaucoup de débris curieux, se procura le tout à vil prix, à l'exception de ce qui était en or et en argent. Il s'en servit alors, à l'aide du grand manuscrit de Tlascala, et, en habillant un Indien, à recomposer les costumes civils et guerriers d'il y a trois cent cinquante ans, comme s'il avait assisté lui-même à la conquête du Mexique.

LES PREMIERS HABITANTS DE L'AMÉRIQUE.

Lorsque Christophe Colomb découvrit l'Amérique et que, après lui, les autres explorateurs envahirent cette merveilleuse contrée, ils trouvèrent les naturels des îles et les indigènes de l'extrême nord et du sud livrés encore à l'état sauvage, mais ils virent aussi des nations dont la civilisation était fort avancée.

Tels étaient les deux empires du Mexique et du Pérou.

Malheureusement l'idolâtrie régnait chez les Mexicains et chez les Péruviens, et leur folle religion du sabéisme, qui divinisait et honorait les astres et le feu, arrêtait l'essor de la civilisation.

On aurait cru pénétrer chez le peuple le plus policé, le plus élégant et le plus raffiné de l'Europe, n'eussent été les sacrifices humains, dans lesquels on immolait des milliers de victimes sur les téocallis ou autels aériens de leurs immondes idoles.

Les palais, les temples, les œuvres architecturales les plus remarquables, les objets d'art du meilleur goût, des routes splendides, des chaussées admirables, des villas charmantes, des bains magnifiques, des armées parfaitement équipées, des armes redoutables, de riches et somptueux costumes, les mille ustensiles propres à un peuple en quête du comfort, rien ne manquait aux Mexicains et aux Péruviens, pour être une nation avancée dans les voies de la civilisation. Seule, leur religion les mettait au rang des barbares.

Quelques pages empruntées à un écrivain déjà cité, monsieur Alfred Driou, qui a retracé les splendeurs de ces deux empires du Mexique et du Pérou, de manière à mettre en relief les détails pittoresques de ces peuples, au point de vue civil et religieux, initieront nos lecteurs aux curiosités dont ils doivent être avides, maintenant surtout que nos braves soldats français sont devenus les conquérants de l'une de ces régions.

TÉHOCHTITLAN OU MEXICO.

L'auteur suppose que le spectateur se trouve en face de l'antique Mexico, avant l'heure où les Européens allaient envahir l'Amérique, nouvellement découverte.

« Le jour commençait à éclairer une nature sauvage et magnifique tout à la fois. On apercevait d'énormes montagnes qui fermaient l'horizon, tout en nageant dans de douces lueurs teintes d'azur et de pourpre. Les dentelures de ces monts gigantesques, frissonnant ainsi dans de chaudes vapeurs, offraient un spectacle qui ravissait, tant était inexprimable la poésie du paysage. A gauche, sur les rampes des montagnes, et descendant jusque dans de vastes plaines, se montraient de longues lignes noires. C'étaient d'immenses forêts vierges, d'une végétation si luxuriante, d'un feuillage bronzé si tranchant, que pour le touriste qui s'en serait approché, c'eût été à demeurer en extase. Mais ce qui charmait surtout le regard, c'était un vaste lac, dont les rives étaient tellement brillantes, que l'on eût juré que le sol qui les formait était d'or ou d'argent. De légers esquifs sillonnaient ce lac, et sur ces gracieuses gondoles, on voyait des jeunes hommes et des jeunes femmes, si parfaits de formes qu'il était difficile de ne pas croire à une illusion. Un vêtement de plumes de couleurs vives ceignait leur taille svelte et s'arrêtait à leurs genoux. Ils avaient au front des cercles d'or, aux bras des bracelets de même métal, à la cheville des pieds, cachés dans de soyeux mocassins, d'énormes anneaux de corail et d'argent, et au cou des colliers des pierres précieuses les plus rares, recueillies sur le sol même et dans les montagnes de leur patrie. Ils animaient le lac de leurs jeux et de leurs courses nautiques, tandis que les plus charmants oiseaux de la création donnaient le mouvement et la vie aux bois qui entouraient une partie de ce lac admirable.

» De ce lac sortait une large rivière aux flots bleus, aux murmures harmonieux, et, chose singulière! de distance en distance, le long du fleuve, s'élevaient des pyramides, beaucoup moins énormes que celles de l'Egypte, mais qui en rappelaient le souvenir. Et, comme le jour naissait à peine, sur la plate-forme de ces pyramides brillaient encore les flammes de feux qui allaient s'éteignant, mais qui évidemment avaient dû servir à éclairer la navigation pendant la nuit.

» A droite, dans une brume d'or transparente, c'était une autre vision, mais plus magique encore.

» On apercevait une ville, mais une ville qui ne ressemblait en rien aux cités de notre Europe. De superbes palmiers en formaient l'immense enceinte, partagée par une infinité de canaux, dont l'onde à fleur de sol reflétait le luxe de leurs rivages. En effet, d'autres palmiers bordaient ces cours d'eau, et à une distance de quelques mètres s'élevaient de riches et somptueux palais. Toutefois ces palais, d'une architecture à part, magnifiques d'altitude, de lignes, de détails, de grandeur, n'étaient que de pauvres maisonnettes à côté d'un nombre considérable de temples qui s'élevaient de tous les points, mais dont la forme originale, excentrique, était encore effacée par un temple si vaste, si extraordinaire, occupant le centre de la ville, qu'il était impossible de rassasier son regard du plaisir de le contempler.

» Représentez-vous une immense pyramide, composée de cinq ou six terrasses en retraite les unes sur les autres, et au sommet de laquelle il y aurait des édifices sveltes, élégants, en forme de tours élancées. Au sommet de ces tours, se dressaient des figures humaines, mais gigantesques, colossales, qui demeuraient immobiles ; c'étaient des idoles. Tel était le temple principal de la cité, temple aérien, merveilleux, unique au monde.

» Cependant le jour s'était fait radieux et pur, rayonnant sur cette scène sublime d'une splendide nature et d'une opulente cité. Aussi le mouvement et la vie se répandirent dans toutes les artères de la ville, et débordèrent par tous les carrefours aboutissants à l'enceinte de palmiers. Alors tout un peuple, vêtu de ces costumes légers de plumes de toutes les couleurs, se rendit à l'entour de la base formidable du grand temple placé au milieu de la ville. Ce fut un imposant spectacle que cette mosaïque vivante d'Indiens et d'Indiennes, aux pagnes pittoresques, agenouillés dans le vaste pourtour de cette pyramide semblant porter ses temples jusqu'à la voûte du ciel. Mais un bien autre spectacle vint alors frapper les yeux.

» De l'un des palais placés en bordure sur les rives des canaux de l'enceinte sortit une interminable procession de prêtres vêtus de robes blanches, rouges, bleues, vertes, selon le titre hiérarchique dont ils étaient revêtus. Un brillant soleil d'or brodé sur leur poitrine rutilait à contraindre les yeux à se fermer. Ils étaient tous coiffés de couronnes d'or, ayant la taille serrée par une ceinture d'or, et marchant gravement vers le temple, précédés d'une musique de tambourins, de flûtes d'ivoire et de trompes faites de superbes cornes de je ne sais quel animal. Des étendards et de nombreux oriflammes flottaient au-dessus de leurs têtes, ainsi que des bannières de drap d'or sur lesquelles étaient peints des serpents, des figures chimériques, des symboles mystérieux. Ces prêtres avaient tous en main des coupes d'or, des vases d'or, des urnes d'or, des couteaux d'or ; et, arrivés au pied de la pyramide, ils gravirent, par de larges escaliers, jusque sur la large plate-forme

que couronnait le temple et d'où s'élançaient les tours et les idoles monstrueuses.

» A la suite de ce long défilé de prêtres, venaient d'autres hiérophan-
tes ayant des robes toutes d'or, et qui portaient étendu, développé dans
l'éther bleu, à l'aide de longues hampes d'or, un large filet tressé avec
de l'or et de la pourpre. Et à la vue de ce filet sacré toute la foule s'in-
clinait et courbait la tête jusque dans la poussière. Il semblait que ce filet
d'or et pourpre fût le palladium de l'empire.

» Alors s'avançait un grand char de l'or le plus pur, indescriptible
de richesse, traîné par des Indiens chamarrés d'or. Il portait un dais
magnifique, d'un or de choix et d'un travail merveilleux, sous lequel se
prélassait un prince vêtu d'un costume d'or. Ce devait être le roi, le souverain de cette nation.

» Pardonnez-moi, lecteur, de prodiguer ainsi l'or dans mon récit;
mais je ne dis cependant que la vérité, et mon rôle d'historien m'oblige
à ne rien omettre. D'ailleurs n'oubliez pas qu'il n'y a rien d'étonnant à
voir autant d'or à Mexico, ou plutôt à Tchochtitlan, puisque c'est la
patrie de ce riche métal, et qu'aucun peuple n'avait encore diminué la
source de l'or en y puisant largement, comme le firent plus tard les Espagnols, par exemple.

» Donc, pendant que ce cortége sortait des divers palais pour se rendre au temple, du côté des montagnes qui formaient la toile du fond de
la scène, par une route admirable, sorte de chaussée creusée fort au loin
dans des masses de roches superposées, arrivait une armée, une véritable armée, dont le chiffre peut s'élever à quarante mille hommes. Ces
guerriers avaient sur la poitrine des cuirasses représentant le soleil, et
une sorte de casque fait, soit pour les chefs, d'horribles têtes d'animaux,
soit pour les soldats, de bonnets de métal qui resplendissaient sous la
vive lumière du ciel. Ils portaient tous à la main des frondes, des
lances, des armes fort bizarres que je n'essaie même pas de décrire,
mais qui me semblaient pouvoir remplir l'office de massues ou de casse-
têtes.

» Mais voici qu'au milieu de ce luxe de décors et de cette splendeur
de mise en scène, apparut une troupe nombreuse, peut-être bien vingt à
vingt-cinq mille hommes, s'avançant à l'arrière de la brillante armée.
Mais cette troupe faisait contraste avec les riches bataillons, car elle
n'était composée que de captifs, misérables victimes chargées de chaînes,
nues, flétries par la souffrance, brûlées par le soleil, épuisées par une
fatigue dont il était difficile de se rendre compte.

» Nous aurons bientôt le mot de l'énigme de ce long rébus offert par
tous ces peuples qui, certes, présente ici tous les signes d'une civilisation
fort avancée.

» Mais avant d'aller plus loin, disons de suite au lecteur :

» Vous avez devant vous, dans cette peinture de ma plume, un des beaux paysages de l'Amérique, et la cité qui se montre à vous n'est autre que Tehochtitlan ou Mexico.

» Le peuple qui s'agite devant vous est le peuple des Aztèques ;

» Sur ce peuple règne le roi Montézuma.

» Ce pays de Mexico produit l'or, comme notre Europe donne la pierre.

» Le sabéisme est la religion des Aztèques : c'est-à-dire qu'ils adorent le soleil et le feu.

» Quetzacoak fut le législateur et le prêtre du Mexique, dont les tribus indigènes étaient les Aztèques, les Moquis, les Mayas, les Chapanèques, les Ilzacz, les Zapetèques, les Tarasques, tous confondus sous le nom de Aztèques ou Mexicains. Ce Quetzacoak venait de l'Orient, d'un pays inconnu. Il était moins barbu et moins basané que les naturels. Non-seulement il civilisa ce peuple par les arts, les métiers et l'agriculture, mais il leur fit adorer les astres et le feu, dont il se disait le fils.

» Toutefois, si la religion du soleil est dominante, les dieux d'un autre ordre ne sont pas exclus.

» Ils ont le grand dieu Théocalli, l'Etre irrévélé ;

» Ils ont Ichconixa qui, avec ses quatre sœurs, Trucapara, Teigon, Tlaco et Choncosti, président aux affections.

» Ilamateuchtli est la déesse de la vieillesse. Sur son autel, chaque année, on immole une femme que l'on force à danser en présence de l'idole.

» La déesse des moissons, Tsinthéoll, se contente, pour offrande, de fruits, de légumes, de grains et de fleurs.

» Mais les dieux sanguinaires, Gonatouzaka, Tezkatlibochtli et Quetsalocalt veulent des victimes humaines. Mais ce n'est pas, comme chez les Grecs, par hécatombes qu'on sacrifie les hommes et les femmes à ces idoles terribles, qui se dressent sur le sommet des tours et s'estompent en noir sur le bleu firmament, c'est par milliers. Ainsi, les vingt ou vingt-cinq mille captifs qui se montrent à nous, à la suite de l'armée, ne sont-ils autre chose que les victimes que l'on égorgera tout-à-l'heure à la gloire de ces épouvantables divinités.

» Sachez qu'au jour où l'on inaugura le temple, on ne sacrifia pas moins de soixante mille prisonniers.

» D'ailleurs regardez maintenant ce qui se passe : voici le grand-sacrificateur qui se fait amener les victimes, l'une après l'autre, pour les immoler. A peine sont-elle tombées sous le glaive d'or qui les frappe au cou et les décapite, qu'on leur arrache le cœur palpitant, et que les membres divisés sont offerts aux assistants.

» Et puis, vous rappelez-vous ces nacelles qui, tout-à-l'heure, semblaient se jouer sur le lac aux rives d'argent et d'émeraudes? Eh bien! c'était la plus jeune et la plus belle des esclaves que l'on était allé préparer par des ablutions à subir l'honneur d'être égorgée à la majesté des dieux mexicains. Voici qu'on la ramène, parée du plus riche costume de Quetzacoak, et on se prosterne devant elle, parce qu'elle représente ainsi le grand législateur. Mais en même temps on lui fait boire un breuvage pour soutenir son courage, car, hélas! il faut qu'elle gravisse les escaliers du temple aérien, appelé *téocalli;* il faut qu'elle monte sur la terrible plate-forme et qu'elle salue les infâmes idoles...

» Oh! c'est horrible! sa belle tête vient de rouler enveloppée dans ses longs cheveux : mais, voyez, on lui ouvre la poitrine pour lui arracher le cœur, et ce cœur on l'offre à la Lune, pendant que l'on précipite son corps inanimé du haut du temple, au milieu des cris sauvages et des hurlements des prêtres et de la foule.

» Remarquez l'idole Tezkatlibochtli, le dispensateur de tous les fléaux et le vengeur des crimes. Cette idole est en granit noir, parée de plumes et de rubans, couverte de chaînes et d'anneaux d'or : elle tient dans ses mains quatre flèches et un miroir. Portée sur un palanquin, elle s'avance entourée de jeunes vestales, qui lui présentent des bassins remplis de sang humain.

» Car, hélas! l'immense égorgement des vingt-cinq mille captifs commence, et le sang coule de toutes parts... On en doit bien les prémices à cette monstrueuse divinité... Mais pourquoi faut-il que ce sang lui soit offert par des jeunes filles, le type de la douceur, de la bonté, du bonheur? Oh! que l'homme est aveugle, quand la véritable religion ne l'éclaire pas de son flambeau! Qui ne reconnaît là le culte de Satan, de celui que l'Ecriture appelle le Grand Homicide!

» Que fera-t-on de tous ces cadavres? Disons tout : ils vont servir à un hideux festin auquel le roi, les prêtres et le peuple prendront part...

» Puis, les crânes de tous ces infortunés seront jetés dans les souterrains du temple, et leurs ossements seront brûlés et dispersés.

» Sous un si beau ciel, d'aussi abominables forfaits!...

» Voilà bien la barbarie assise à côté de la civilisation... Mais pour que cette civilisation reçoive son véritable cachet, combien il est urgent que l'Evangile montre sa lumière à tous ces pauvres Aztèques, assis à l'ombre de la mort.

. . . .

» Mais quelle est cette autre idole, placée sur un trône soutenu par un globe d'azur? Des deux côtés de ce globe sortent quatre bâtons, dont le bout est taillé en tête de serpent. Le dieu a un casque de plumes de diverses couleurs. Son visage est affreux, et deux raies bleues le traversent. Et ces vastes ailes de chauve-souris, ces pieds de chèvre, et au milieu du ventre cette tête de lion, tout cela n'est-il pas horrible de laideur? Cependant c'est Vitslibochtli, un dieu qui déclara par ses prêtres qu'on devait le porter au lieu où l'on trouverait un figuier planté sur un roc. On exécuta les ordres du dieu, et Tehochtitlan ou Mexico fut fondée où on trouva le figuier.

» Pourquoi ne le dirais-je pas? Ces pyramides, le temple, les idoles, et même quelques hiéroglyphes qui se rencontrent ici et là, font soupçonner que les Aztèques ou Mexicains ne sont autres que des navigateurs d'Egypte ou de Phénicie, qui furent jetés par la tempête sur ces plages inconnues qu'ils ont peuplées. Ajoutons que, parmi les divinités aztèques, on retrouve plusieurs des types de la Grèce, de l'Asie, de l'Afrique. Ainsi, ce fétiche difforme qui, au premier abord, paraît n'offrir aucune signification, n'est autre que notre Eve, la première femme dont la faute a pesé sur toute sa descendance, et qui est éternellement en proie à l'affliction depuis qu'elle a failli.

» Voici une Cérès, déesse de l'abondance, et qui est épouvantablement laide, c'est une justice à lui rendre.

» Cette femme, qui porte deux enfants dans ses bras, fait penser à Latone errante, avec Diane et Apollon.

» Et cette autre divinité, qui presse son enfant sur son sein, n'est-ce pas la Vierge Marie, celle qui a conçu sans perdre sa virginité? Notez que les bons Aztèques la nomment Tchaltchihuitztli, c'est-à-dire la Pierre précieuse du Ciel!

» Enfin les Aztèques ont aussi leur Bacchus; voyez-le : cette statue couchée sur le dos, les traits appesantis par l'ivresse, qui soulève péniblement la tête et veut approcher de ses lèvres un vase qu'elle tient à deux mains, ne représente-t-elle pas parfaitement le digne compagnon de Silène? »

CUZCO, CAPITALE DES INCAS.

« C'est Cuzco, la capitale des Incas du Pérou, la cité que fonda Manco-Capac, prétendu fils du soleil, quand il vint, avec Mama-Oello, réunir sur les bords de ce lac les peuplades sauvages du Pérou, éparses jusque-là, leur faire connaître un dieu, instituer le culte du soleil et bâtir la ville, vers l'an 1025 après J.-C. La civilisation commencée par ce prince alla se perfectionnant pendant cinq cents ans, sous les successeurs de Manco-Capac qui, au nombre de dix-sept, avec le titre d'Incas, gouvernèrent le peuple.

» Les lumières se répandirent bientôt chez les Péruviens ; ainsi les prêtres de Cuzco devinrent habiles en astronomie ; ils dressèrent un méridien, ils calculèrent le moment des solstices, et par des intercalations sagement étudiées, ils convertirent l'année lunaire en année solaire. Ils créèrent aussi une langue, celle dite des Incas, qu'ils nommèrent *quil schuan,* langue sonore et flexible, poétique et belle.

» Ce Manco-Capac était un homme d'un type oriental, barbu, et moins basané que les indigènes. Par ses soins la ville de Cuzco devint tout d'abord splendide et riche. De magnifiques palais sortirent rapidement du sein des eaux ; un temple plus merveilleux encore que tous les autres édifices domina toutes les demeures. Alors, dans cette ville, comme dans toutes les autres cités qu'il fonda tout à l'entour du lac, il apprit aux hommes le labour, aux femmes le tissage ; puis il traça des routes, des chaussées à travers les Andes, jeta des ponts hardis sur les torrents et les fleuves, et enfin donna une vie nouvelle à son peuple.

» Voulez-vous un rapide croquis des magnificences du temple, de la citadelle, des monuments que construisit Manco-Capac, et des richesses dont il les décora, grâce à l'or et à l'argent que lui donnait le sol fortuné des Andes, où ces métaux se trouvaient, alors surtout, en très grande abondance?

» Les murailles du temple du soleil, le dieu des Péruviens, hautes, hardies, étaient complètement recouvertes de plaques d'or. Sur le grand autel, tourné vers l'orient, on voyait une immense image du soleil, entièrement d'or, d'une seule pièce, le visage rond, entouré de flammes. Cette figure du soleil s'étendait de la muraille droite à la muraille gauche, et occupait tout le fond du temple. Les portes de l'édifice étaient également couvertes de lames d'or. Autour de l'enceinte, en guise de frise, régnait une plaque d'or de plus d'une aune, en forme de guirlande.

» Autour du temple sont disposés cinq pavillons, qui en forment comme le cloître. Gilla, la femme du soleil, la lune en un mot, occupe le pavillon du centre. On y voit son autel, et sur l'autel un immense et radieux visage de femme, tout en argent, représente l'astre des nuits. Autel, murailles du temple, portes et lambris sont couverts de larges plaques d'argent.

» Après ce temple, ce qui semble le plus curieux est la citadelle de la ville. On ne saurait expliquer le transport des pierres énormes qui entrent dans sa construction, à des distances de plusieurs lieues et sans le secours de machines. Quelques-unes ont quarante pieds de longueur, vingt de largeur et deux d'épaisseur. Cette forteresse est entourée d'une triple enceinte de murailles. Dans la troisième s'élèvent trois tours, dont une de forme ronde pour recevoir l'Inca qui règne. Elle est enrichie intérieurement de plaques d'or et d'argent, sur lesquelles sont sculptés des animaux et des plantes. Des souterrains, disposés avec art et formant une manière de labyrinthe, unissent les trois tours.

» Aux portes mêmes de Cuzco commencent deux immenses chaussées de cinq cents lieues de long, allant à Quito, l'autre cité des Incas, magnifique résidence des Incas, la première en longeant les rivages de la mer, la seconde en traversant les montagnes. Sur le point culminant de cette route grandiose règne une terrasse, avec des escaliers en pierre des deux côtés, pour reposer ceux qui portent l'Inca, et lui permettre de porter sa vue sur le vaste horizon de ses Etats. De distance en distance on trouve des arsenaux, des hospices, des temples. »

LE HORICAN, OU LAC GEORGES.

Nous n'aurions pas assez d'un volume pour peindre les splendeurs, les bords pittoresques du fleuve Saint-Laurent, les magnifiques aspects du Canada, les rivages des grands lacs, les forêts vierges et solitaires, la chute impétueuse des rapides et des cataractes. Néanmoins nous ne pouvons passer sous silence les beautés les plus grandioses de certains aspects, et après avoir traité des magnificences de la nature américaine en général, nous mettrons sous les yeux de nos lecteurs ses plus merveilleux tableaux.

M. Théodore Pavie nous peint, ainsi que vous allez voir, le voisinage de l'Hudson.

« Quand on remonte le fleuve, New-York semble se retirer à gauche ; l'entrée de la rade se resserre, et la vue plonge sur les rivages de Sandy-Hook et les flots de la pleine mer, qui sont éloignés de plus de vingt milles.

» Puis, à quelques lieues plus haut, la scène change.

» Alors commencent des rochers à pic, que la nature a placés là comme une barrière inexpugnable, et auxquels on a donné le nom de Palissades. Tantôt ce sont des rocs d'un granit rougeâtre, nus et arides, sillonnés de crevasses, et couronnés à leur sommet de quelques sapins tout penchés au-dessus de l'abîme, tantôt leurs pieds se dérobent sous des buissons touffus. Les plantes rampantes grimpent le long de ces fentes humides, les herbes sèches tapissent la voûte de ces grottes solitaires ; çà et là un arbre antique, s'élevant entre deux masses de pierres, semble un vieux saint gothique, debout dans sa niche dentelée.

» La hauteur de ces rochers s'élève jusqu'à cinq cents pieds. Quelquefois on entend la hache retentir sur le tronc des sapins, et l'arbre que tant d'orages avaient respecté roule avec fracas au milieu des pierres aiguës ; les hommes, qui apparaissent de loin comme des pygmées, le lancent à travers une route tortueuse frayée dans la colline, et il roule mutilé jusqu'au rivage, pour aller de là se consumer dans les cheminées de la ville.

» Le fleuve s'élargit ensuite de chaque côté ; ses eaux limpides sont couvertes d'une multitude de voiles qui se croisent en tout sens. Ce n'est plus une rivière, c'est une mer. Les rocs escarpés se réfléchissent avec une pureté magique dans les flots dorés et tranquilles ; et quand la roue du stamboat, que l'on entend retentir jusqu'au sommet des Palissades, fait trembler sur leurs vagues ces images renversées, on croirait voir la tempête agiter les pins séculaires, et leurs branches se choquer en frémissant.

» De toutes parts l'Hudson se montre entouré de montagnes sombres et sauvages ; quelques îles formées de rocs grisâtres percent çà et là, hérissées de pins à moitié morts. Le soleil reluit sur ces masses unies comme sur une armure, tandis que le revers de la colline est plongé dans l'ombre. Celui qui peut, du sommet aigu d'un de ces pics rocailleux, promener ses regards sur les eaux du fleuve, aperçoit les arbres immenses se balancer en groupes de verdure, comme une touffe d'herbes ; les mâts des sloops semblent la tige d'un volcan. Les vautours planent d'un roc à l'autre, et traversent l'espace des deux rives sans s'inquiéter des bateaux qui passent au-dessous d'eux. Un de ces animaux vint fondre comme une flèche, du haut des airs, sur une tortue endormie, et alla dévorer sa proie sur une pierre déserte, si près de nous que l'on pouvait voir son cou chauve se replier sous son aile, et les gouttes d'eau ruisseler sur la collerette qui recouvre son large dos.

» Quand on aperçoit le rivage du côté du Canada, ce sont des baies profondes, des anses retirées, entourées de forêts ou d'un sable qui forme çà et là des grèves, retraites ordinaires des aigles pêcheurs. On y trouve quelquefois des caps avancés qui se referment comme un second lac ; et du milieu des eaux l'œil découvre une pirogue longue et étroite, voguant le long du rivage. Sont-ce des habitants européens retirés sur ces plages désertes ? Sont-ce des Indiens voyageant vers les lacs de l'ouest ? C'est ce qu'il est impossible de savoir, et cette incertitude ouvre un vaste champ à l'imagination. Il y a aussi des îles avec leurs phares, où brillent des feux tournants. Quand on passe vis-à-vis de ces îles, on les voit se dresser à l'horizon, se croiser entre elles, et ne former souvent qu'une masse de pins comme un bloc de granit. Nous en remarquâmes une qui n'est qu'une seule pierre fendue, recouverte de mousse, et du milieu de laquelle s'élève un cèdre immense que l'on prendrait de loin pour une balise. Un cormoran, immobile à la pointe de l'arbre, en est seul le tranquille possesseur, et les débris de poissons dont il se nourrit jonchent le roc isolé qui forme ses états.

» Celui qui, dans les années de sa jeunesse, où l'imagination ardente saisit avec avidité les récits des pays lointains, avec leurs mœurs nouvelles, leurs habitudes sauvages, s'est plu à rêver à la lecture des romans de Cooper, et a tracé dans son esprit les images enchantées de ces régions inconnues, celui-là, quelle que soit la forme exagérée peut-être dont il a revêtu les objets de ses pensées, quel que soit l'aspect sublime sous lequel il s'est représenté les lieux témoins des exploits d'OEil-de-Faucon, celui-là pourra hardiment contempler les magiques effets de la nature américaine aux bords du lac Georges. Jamais ses songes ne l'auront élevé au-dessus de la puissante vérité des rives de l'Horican, car c'est l'Horican qu'une barbare civilisation a privé de ce nom sauvage en faveur de la royale dénomination du lac Georges.

» Il est impossible, sous les tropiques où les flots sont si tempérés, que le matelot, penché sur le bord, voit les requins glisser sous la quille de son embarcation, ou dans les baies dormantes des îles du Vent, il est impossible de promener ses regards sur une eau plus transparente que celle de l'Horican. Aussi toutes les montagnes à pic se réfléchissent-elles dans ce vaste miroir. Les oiseaux volant d'une île à l'autre, les papillons aux ailes diaprées, les serpents qui rampent aux flancs des rochers, tout se peint avec une clarté magique dans le fond sablonneux du lac, où nagent paisiblement les monstrueux habitants de ses ondes. Quand on jette une ligne on la voit descendre et s'allonger toujours à une immense profondeur, jusqu'à ce qu'elle brise enfin dans sa chute les coquilles auxquelles on croirait pouvoir atteindre avec la main.

» Les montagnes, comme une palissade perpendiculaire, s'élèvent à plus de deux mille pieds au-dessus de la rive, tantôt unies, et aussi étincelantes d'azur et de pourpre, quand le soleil dore leurs flancs de marbre, que les écailles d'une tortue; tantôt leurs sommets éloignés semblent bleus comme les flots de la Méditerranée. De profonds ravins les sillonnent et rident ces fronts sourcilleux; les forêts se succèdent en touffes serrées, et un immense manteau de feuillage étend ses plis soyeux sur ces crêtes arrondies. Quel est le cours du lac, où sont les îles et le rivage? Quels sont ces monts entassés les uns sur les autres par la main des géants? A peine s'occupe-t-on de le savoir et de suivre une route tracée, quand autour de soi murmure, flotte, s'agite, étincelle un monde de poésie.

» Voici comment m'apparut, un soir, le lac Horican ou lac Georges : les eaux de sa surface apaisées se soulevaient à peine en soupirant, quand le soleil se coucha derrière les sables de l'ouest. La dernière teinte de feu adoucie par le crépuscule se nuançait comme l'arc-en-

ciel, le long des lames transparentes, et il n'y avait pas jusqu'à l'aile
blanche de la mouette qui ne se colorât d'un reflet rose, qui la rendait
semblable au flammant du Meschacébé. Puis, peu à peu, les ténèbres de
l'orient montèrent à l'horizon, comme si ces légères vapeurs eussent
suivi le vol des oiseaux de nuit, dont la voix aigre et sonore se perdait
au-dessus de nous, dans l'immensité, et qui traçaient sous la voûte des
cieux leurs cercles fantastiques. »

CATARACTE DU NIAGARA.

Ce nom, qui rappelle une tribu indienne effacée du sol de l'Amérique
par la civilisation, est celui du canal par lequel les eaux du lac Erié
vont se perdre dans celles du lac Ontario.

C'est une rivière comme il y en a beaucoup dans les régions septentrionales du Nouveau Monde et peu dans les nôtres. En naissant, elle a
toute sa croissance, et son volume n'est pas plus considérable à son
embouchure qu'à sa source. Simple courant, qu'on eût à peine regardé
s'il se fût trouvé dans les circonstances ordinaires, il est chaque jour
témoin de l'admiration muette de l'homme, parce que Dieu l'a choisi
pour faire l'une de ces merveilles qui vous pénètrent de plus en plus de
son existence, lorsque la faiblesse de la raison peut la faire méconnaître.

D'abord paisible et large, le Niagara se rétrécit vers le milieu de son
cours, et bientôt il arrive sur un point où le lit manquant à sa marche,
il s'épanche bientôt en une nappe qui forme la plus belle cataracte du
globe, si elle n'est pas la plus haute.

Il est difficile de rendre compte de l'impression que fait naître l'approche de cette chute admirable et dont on entend le bruit sourd à
plusieurs lieues, des sensations que l'on éprouve à sa vue, et de la vive
émotion qui est le résultat d'un spectacle aussi grandiose.

Que l'on se figure une nappe d'eau de deux mille pieds de largeur,
entraînant une masse d'eau évaluée par chaque minute à sept cent mille
tonnes, tombant d'une hauteur de plus de cent cinquante pieds dans un
gouffre dont on ne connaît pas la profondeur. L'imagination la plus riche tenterait en vain de se la représenter.

Lorsque le vent est favorable, le mugissement de cette chute d'eau
est entendu à dix-huit et vingt lieues. Le frémissement du sol sous les
pieds, le brouillard épais qui s'élève au-dessus des eaux bouillonnantes
et que l'on aperçoit d'une lieue en avant, en annoncent l'approche.

Le chemin pour y arriver, d'abord pénible et même dangereux, frayé au milieu de rochers éboulés, devient ensuite plus facile. Pour descendre l'escarpement qui en domine la base, on suit un sentier tracé au milieu des broussailles, dans une forêt de pins qui en dérobe la vue, et c'est subitement que l'on se trouve vis-à-vis de ce magnifique spectacle. La première fois que s'ouvre devant vous une scène si imposante, l'attention se perd au milieu d'une multitude d'objets, et ce n'est que peu à peu que les points les plus remarquables de ce merveilleux panorama se classent et vous permettent d'en apprécier l'ensemble. D'un seul coup d'œil vous voyez les rives escarpées et les forêts immenses qui environnent cette scène majestueuse, la force irrésistible de ces flots, de ces tourbillons, de ces nuages d'écume, et la rapidité de leurs mouvements, l'éclat et la variété magique des couleurs, le volume, la vélocité de ces vagues en furie, les masses de vapeur qui s'élèvent à perte de vue et se condensent dans les airs : tel est l'ensemble de ce vaste tableau. Mais le bruit, le mugissement de ces montagnes d'eau qui se brisent, tout vous agite, vous trouble, vous frappe de terreur, avant que l'âme puisse s'élever à la hauteur des idées que vous inspire ce grand, ce sublime ouvrage du Créateur.

La cataracte est divisée en deux et même en trois parties par une île dite Goat's Island, et une autre très petite; mais l'une de ces parties, celle qui s'étend entre les deux îles, a si peu de largeur que l'on y fait à peine attention. Les deux autres sont loin d'être égales. La plus grande, celle qui est du côté du Canada, et qui est appelée la grande cataracte, décrit une courbe assez rapprochée de celle d'un croissant et d'une étendue de six cents pieds. La seconde est droite et en a trois cents. Celle-ci est plus haute que l'autre d'une quinzaine de pieds, parce que le lit du fleuve au-dessus du précipice est plus bas d'un côté que de l'autre, ce qui imprime d'ailleurs aux eaux de la grande chute une vitesse plus grande. Des deux côtés de ces chutes, l'eau, en tombant, se partage en mille fragments, mais la partie moyenne, au contraire, tombe d'une manière solennelle, sans se briser, jusqu'aux deux tiers de sa course. Alors elle se précipite dans l'horrible abîme qu'elle s'est creusé, avec un bruit semblable à celui du tonnerre. L'onde écume et tourbillonne ; elle rejaillit en un brouillard formant un nuage immense, qui se condense bientôt pour retomber en une pluie épaisse. Mille arcs-en-ciel, sans cesse renouvelés, décorent les airs de leurs brillantes couleurs. L'eau, en pénétrant dans le gouffre, y entraîne, comme dans tous les cas semblables, une prodigieuse quantité d'air, mais elle offre un phénomène fort curieux et observé pour la première fois par le capitaine Basill Hall. « On voit s'élancer, dit-il, de la surface du bassin, une quantité de cônes d'eau, très pointus, qui rejaillissent jusqu'à une hauteur de cent vingt pieds. Leur forme ressemble assez à celle des comètes dessinées dans les traités d'astronomie. Leur pointe, qui est toujours tournée en l'air, est extrêmement aiguë, et ne semble pas plus grosse que les doigts et le pouce d'un homme, réunis en pointe aussi serrée que possible. Les pyramides coniques de ces météores aqueux varient en longueur depuis une à deux toises jusqu'à dix ou douze, et s'étendent de tout côté de la manière la plus curieuse. »

Goat's Island où l'île de la Chèvre paraît être l'endroit le plus commode pour jouir de la vue de la cataracte du Niagara, et de la beauté des sites environnants. Elle communique au continent par un pont de bois très solide, élevé par monsieur Polter, ingénieur des États-Unis. C'est une merveille, quant à la difficulté vaincue, car il se trouve seulement à cinquante pieds de la chute ; et la rapidité des eaux, les dangers imminents qu'offre le courant, le fond de la rivière même, semblaient ici autant d'obstacles insurmontables. L'île est couverte de beaux arbres ; une route propre aux voitures en fait le tour, et il s'y trouve aujourd'hui une maison d'habitation.

On pense généralement que les chutes étaient placées dans l'origine à une distance assez grande, plus au nord de leur emplacement actuel, c'est-à-dire à Lewistown. Toujours est-il qu'elles se modifient chaque jour. Ainsi, en 1828, une grande portion du rocher, du côté du Canada, à l'extrémité de la grande cataracte, se détacha et fut entraînée dans le gouffre. L'aspect des chutes fut entièrement changé. Du reste, par suite de leur action sur la base du rocher, par leur projection, qui décrit une courbe de plus de cent cinquante pieds, il s'ensuit qu'elles forment une arche toujours assez vaste pour permettre de se placer derrière, ce qui n'est pas d'ailleurs sans danger. Mais alors un guide vous accompagne. Les rayons qui pénètrent à travers l'épaisse lame d'eau donnent assez de jour, d'un reflet verdâtre toutefois. On souffre moins de la violente agitation de l'air que du déluge d'eau qui rejaillit incessamment, et qui vous laisse à peine respirer, car l'air n'est pas plus condensé qu'au-dehors.

Les environs de la cataracte du Niagara offrent des sites fort agréables et une foule de maisons de campagne, où les habitants de New-York viennent jouir des charmes de la belle saison.

En outre de la cataracte du Niagara, on trouve celles de Montmorency, de Treuton, de Long-Saut, et nombre de rapides. Mais nous n'avons pas besoin d'en parler : leur description pâlirait à côté de celle si prestigieuse de la chute du Niagara.

Monsieur de Châteaubriand courut un grand danger lorsqu'il visita ce formidable caprice de la nature. Voici ce qu'il nous raconte à cette occasion :

« A la cataracte de Niagara, l'échelle indienne qui s'y trouvait jadis s'étant rompue, je voulus, en dépit des représentations de mon guide, me rendre au bas de la chute par un rocher à pic d'environ deux cents pieds de hauteur. Je m'aventurai dans la descente, malgré les rugissements de la cataracte et l'abîme effrayant qui bouillonnait au-dessous de moi. Je conservai ma tête, et parvins à une quarantaine de pieds du fond. Mais ici le rocher, lisse et vertical, n'offrait plus ni racines ni fentes où pouvoir reposer les pieds. Je demeurai suspendu par la main à toute ma longueur, ne pouvant ni remonter ni descendre, sentant mes doigts s'ouvrir peu à peu de lassitude sous le poids de mon corps, et voyant la mort inévitable. Il y a peu d'hommes qui aient passé dans leur vie deux moments comme je les comptai alors, suspendu sur le gouffre de Niagara. Enfin mes mains s'ouvrirent et je tombai. Par le bonheur le plus inouï, je me trouvai sur le roc vif, où j'aurais dû me briser cent fois, et cependant je ne me sentis pas grand mal. J'étais à un demi-pouce de l'abîme et je n'y avais pas roulé. Mais, lorsque le froid de l'eau commença à me pénétrer, je m'aperçus que je n'en étais pas quitte à aussi bon marché que je l'avais cru d'abord. Je sentis une douleur insupportable au bras gauche : je l'avais cassé au-dessus du coude. Mon guide, qui me regardait d'en-haut, et auquel je fis un signe, courut chercher quelques sauvages qui, avec beaucoup de peine, me remontèrent avec des cordes de bouleau et me transportèrent chez eux. »

SORT RÉSERVÉ AUX SAUVAGES.

Nous aurions beaucoup de choses à dire sur les sauvages de l'Amérique du nord, que la civilisation repousse sans relâche vers l'ouest, en les exterminant sans pitié. Mais le plan de notre ouvrage ne nous le permet pas. Cependant il serait bon d'appeler l'attention des philanthropes sur le sort de ces Indiens, race condamnée, dont on devrait au moins, s'ils doivent périr, ne pas empoisonner l'agonie.

Il n'y a pas longtemps encore, le commissaire du département indien de Washington déclarait que, dans la querelle des blancs avec les Indiens, le tort venait toujours des blancs.

Voici un nouvel exemple du sans-façon avec lequel certains officiers américains outragent à l'égard de ces malheureux les droits les plus sacrés de la justice et de l'humanité.

On a appris tout récemment que les Indiens du Colorado étaient en armes, que les feux de guerre s'allumaient chaque nuit, aux quatre coins de l'horizon, et que, sur toute l'étendue du territoire, une rage implacable poussait les sauvages au meurtre et à la dévastation. Mais ce que l'on n'a pas dit encore, c'est la cause de cette levée de boucliers ; c'est l'iniquité monstrueuse qui, non-seulement l'explique, mais encore, il faut le dire, la justifie. Par exemple, on a fait savoir depuis peu que le colonel Chivington, à la tête d'un régiment, avait remporté une victoire signalée sur les sauvages, réunis au nombre de mille environ sous le commandement du chef Black-Kastle. Or, voici ce que c'est que cette victoire.

On croirait lire une légende des temps et des lieux barbares.

Les Indiens avaient visité Denver City au commencement de décembre, pour conférer avec le gouverneur et le colonel commandant. Puis ils étaient repartis pour les terres de leur tribu, emportant la promesse qu'ils seraient protégés pendant leur voyage.

C'est dans ce trajet qu'ils campèrent à Big Sand, où ils obtinrent, de la part du commandant du fort Lyon, une nouvelle assurance de sécurité.

Cependant, à peine étaient-ils installés que, dans la nuit, le colonel Chivington, avec un régiment tiré de la garnison, enveloppa le campement, et, au point du jour, tomba sur les Indiens sans défense et en fit une horrible boucherie. Deux cent soixante de ces malheureux, la plupart femmes et enfants, furent impitoyablement massacrés sans raison, sans besoin, sans motifs, sans même le moindre prétexte. Le chef lui-même, Black-Kastle, fut fusillé à bout portant, les bras croisés sur la poitrine, en déclarant que non-seulement il n'avait jamais levé la main sur un blanc, mais qu'il ne le ferait pas, même pour se défendre.

Le reste de la bande s'est dispersé et a couru dans toutes les directions jeter le cri de guerre parmi les tribus.

Faut-il s'étonner que cette guerre des blancs et des Indiens soit acharnée, impitoyable, farouche?

Et l'homme, l'officier qui a commis cet acte de férocité, n'a-t-il pas mérité, avec un châtiment exemplaire, l'exécration de l'humanité ?

Espérons qu'une enquête éclaircira peut-être cette affaire ; mais il n'y a guère à y compter. Il faut les ténèbres à cette œuvre d'extermination qui s'accomplit fatalement, pas à pas, sans merci comme sans gloire.

LE GROENLAND, ILES DU SPITZBERG.

On ne lira pas sans intérêt ce que dit Malte-Brun des îles du Spitzberg, cette chaîne de terres glaciales dépendantes du Groënland, et par conséquent de l'Amérique septentrionale.

« Les montagnes de la grande île du Spitzberg proprement dite, couronnées de neiges perpétuelles et flanquées de glaciers, jettent un éclat semblable à celui de la pleine lune. Elles se composent probablement de granit rouge dont les blocs, étant à nus en grande partie, resplendissent comme des masses de feu au milieu des cristaux et des saphirs que forme la glace. Leur énorme élévation les fait apercevoir à une grande distance ; et comme elles s'élancent immédiatement du sein de la mer, les baies, les vaisseaux, les baleines, tout paraît dans leur voisinage d'une extrême petitesse. Le silence solennel qui règne dans cette terre déserte accroît la mystérieuse horreur qu'éprouve le navigateur en y abordant.

» Cependant la mort de la nature n'est même ici que périodique. Un jour de cinq mois tient lieu d'été, au Spitzberg. Le lever et le coucher du soleil marquent les bornes de la saison vivante ; mais ce n'est que vers le milieu de cette saison, ou, si on aime mieux, vers le midi de ce jour, que la chaleur, longtemps accumulée, pénètre un peu avant dans la terre glacée. Le goudron des vaisseaux fond aux rayons du soleil, et cependant on ne voit éclore qu'un petit nombre de plantes : ce sont des cochléaires, des renoncules, des joubarbes. Marteus put même couronner son chapeau de fleurs de pavot, cueillies sur ces tristes rivages. Les golfes et les baies se remplissent de fucus et d'algues d'une dimension gigantesque, à peu près deux cents pieds de long. C'est dans ces forêts marines que les phoques et les cétacés aiment à rouler leurs corps énormes, ces vastes masses de graisse que les pêcheurs européens poursuivent jusqu'au milieu des glaces éternelles. C'est là que ces animaux vont chercher les mollusques et les petits poissons, leur nourriture habituelle. C'est là que ces êtres en apparence si lourds, si pesants, se livrent à leurs penchants sociaux, à leurs jeux. Réunis sur un champ de glace, les chiens marins sèchent leur poil brunâtre ; le morse, en grimpant aux rochers, montre ses énormes défenses, dont l'ivoire éclatant est caché sous une couche de limon de mer ; la baleine lance des jets d'eau par ses vastes évents, et ressemble à un banc flottant sur lequel divers crustacés et mollusques fixent leur demeure. Mais elle est souvent blessée à mort par le narwal, à qui la perte habituelle d'une de ses défenses horizontales a fait donner le nom d'unicorne de mer. La baleine est souvent la victime d'une espèce de dauphin nommé l'épée de mer, qui lui arrache des morceaux de chair, et qui cherche surtout à dévorer sa langue.

» Au milieu de tous ces colosses vivants de la mer Glaciale, s'avance un quadrupède redoutable, vorace et sanguinaire : c'est l'ours du pôle. Tantôt porté sur un îlot de glace, et tantôt nageant au sein des flots, il poursuit tout ce qui respire, dévore tout ce qu'il rencontre, et s'assoit en rugissant de joie sur un trophée d'ossements et de cadavres.

» Un autre quadrupède, le timide et aimable renne, broute la mousse qui couvre les rochers.

» Des troupes de renards et d'innombrables essaims d'oiseaux de mer viennent encore, pendant quelques moments, peupler ces îles solitaires; mais dès que finit le jour polaire, ces animaux se retirent à travers des terres inconnues, soit en Amérique, soit en Asie.

» De quelque côté qu'on jette la vue, on n'aperçoit que des terres incapables de recevoir aucune sorte de culture, que des rocs escarpés qui s'élèvent jusqu'aux nues, qu'entrecoupent des ravins profonds et des vallées stériles, et que rendent inabordables des glaces et des amas de neige qui semblent ne fondre jamais. La température y est sujette aux plus capricieuses variations ; la pluie vient vous surprendre au moment où vous admirez l'éclat d'un soleil pur, et cet astre vous consolera souvent au milieu des ondées par une réapparition soudaine. Vous le verrez encore se lever ou se coucher, précédé ou suivi d'un cône de lumière jaunâtre. L'aurore boréale verse sur ce climat des clartés qui, tantôt douces et pures, tantôt éblouissantes et agitées, égalent celles de la pleine lune, et dans l'un et l'autre cas contrastent par un reflet bleuâtre avec la couleur de feu qui scintille dans les étoiles. »

Avant de quitter le nord de l'Amérique pour pénétrer dans le sud, que le lecteur nous permette de lui apprendre, comme un détail qui ne manque pas d'intérêt, que le capitaine Shevard Osborn, dont un voyage au pôle nord est fort célèbre, vient d'adresser à la Société géographique de Londres un projet d'exploration des régions polaires.

Il y a en effet autour du pôle une superficie de sept millions de mètres carrés, qui est laissée absolument en blanc sur nos cartes : il est d'un immense intérêt de savoir si la totalité de cette surface n'est qu'une solitude glacée et silencieuse, ou si, comme des savants l'ont assuré, on doit y trouver un ensemble de terres et de mers accessible à l'homme.

Maury, un savant naturaliste américain, a émis une proposition semblable à propos du pôle sud. Il serait à désirer que l'on donnât suite à l'un ou à l'autre de ces projets.

ASPECT DES ANTILLES.

L'aspect général des Antilles est montueux. Tantôt les cimes des montagnes sont aiguës et dépouillées d'ombrages, tantôt arrondies et boisées. Les îles volcaniques présentent des montagnes isolées et coniques, dont les sommets se perdent dans les nues : leur surface est hérissée de rochers coupés à pic, de ravins profonds; on y trouve des ports nombreux et commodes, des mouillages sûrs, les côtes étant escarpées. Les autres îles offrent des plateaux ondulés, divisés en larges terrasses, et atteignant à peine, dans leur plus grande élévation, la hauteur moyenne des monts volcaniques ; leurs côtes sont bordées de récifs et de brisants, ce qui rend leurs ports sans abri et d'un abord difficile.

La situation des Antilles indique assez que leur climat doit être chaud Cependant la température y est moins ardente que l'on pourrait se l'imaginer, car la chaleur est adoucie par les brises de terre et de mer. On ne connaît que deux saisons bien marquées : la sèche et l'humide, la saison des chaleurs et celle des pluies. La première commence vers la fin d'octobre et dure jusqu'en avril ; la seconde dure les six autres mois de l'année. Mais les pluies des deux premiers mois sont peu abondantes : celles de juillet, d'août et de septembre, sont au contraire diluviennes et occasionnent souvent de grandes dégradations, surtout dans les terres situées sur le penchant des mornes. La saison des pluies n'est pas exempte de chaleurs extrêmes, qui sont également nuisibles aux hommes, aux animaux et aux plantes. Elle est accompagnée de maladies mortelles, de la fièvre jaune, du désordre des éléments qu'elle bouleverse d'une manière effrayante. C'est alors que le tonnerre gronde d'un bout à l'autre, que les tremblements de terre et que les ouragans viennent épouvanter les hommes et ravager la terre. Malgré la beauté du ciel des Antilles, l'humidité de l'atmosphère y est pernicieuse, surtout la nuit ; nul ne s'expose un moment à coucher dehors ou à se mettre au travail un peu trop avant le lever du soleil, ou à y rester après son coucher.

Les gros animaux sont rares dans les Antilles. Le climat n'est pas favorable à ceux de l'Europe, qui y dégénèrent bientôt ; mais les insectes et les reptiles de toutes les espèces y fourmillent. Les abeilles sont moitié plus petites que celles de France et n'ont pas d'aiguillon ; elles produisent un miel aromatique meilleur que le nôtre.

Considéré en général, le sol de l'archipel est dix-huit fois plus productif que celui de l'Europe ; mais il ne peut supporter les plantes de cette partie du monde, tandis que celles des autres pays acquièrent le développement le plus parfait. Les productions consistent en gingembre, manioc, patates, ignames, bananes, maïs, arbres à pain, girofliers, muscadiers, canneliers, poivriers, etc. Joignez-y le tamarin, le coco, la calebasse, l'orange, la grenadille, le chou-palmiste, avec les ananas et encore d'autres plantes. Toutes ces îles abondent en plantes potagères et méridionales. On distingue parmi celles-ci la casse, le copahu, le ricin, la spigèle, l'ipécacuanha. Les forêts fournissent le gayac, le sandal, le campêche, l'acajou, l'acacia, le bois de fer, le mancenillier, qui se plaît sur les bords de la mer, et qui est le plus dangereux des arbres vénéneux.

Toutes les îles de l'archipel appartiennent à diverses puissances européennes. Leurs anciens habitants, massacrés par les Espagnols, furent remplacés par des Européens et des Africains, dont les descendants forment la population actuelle, laquelle se compose de race pure, de nègres la plupart esclaves, et de gens de couleur qui ne sont ni noirs ni blancs purs, mais qui proviennent du mélange de l'un et de l'autre sang, et composent des créoles bien faits et très agiles.

LA GUYANE FRANÇAISE.

En pays étranger, on est heureux de retrouver quelque chose qui nous rappelle la patrie absente. Arrêtons-nous donc un instant dans l'Amérique du sud, où la Guyane française nous offre l'hospitalité, et étudions-en les aspects, avant de parcourir la seconde et magnifique Amérique.

Le navigateur qui approche de la Guyane risque de ne pas savoir positivement où il est, s'il n'a pas une connaissance exacte du pays. Pendant un espace de plusieurs centaines de milles, l'œil n'aperçoit qu'une côte basse qui lui offre un aspect uniforme. Les marins à qui cette plage n'est pas familière sont dans l'habitude de côtoyer la terre jusqu'à ce qu'ils aperçoivent une maison à laquelle ils envoient un canot pour demander où ils se trouvent. La mer y a la couleur de l'eau de mare. On n'aperçoit que la cime des arbres, qui s'élève au-dessus de l'eau. Les embouchures des fleuves se reconnaissent à la couleur de l'eau fraîche qui entre dans la mer sans se mélanger, jusqu'à plusieurs milles.

Quelques parties de la Guyane offrent une physionomie montagneuse et nue ; et cependant le sol y est en général très fertile. Toute l'année, la terre est couverte de verdure. Les arbres portent en même temps des fleurs et des fruits ; tout y offre l'image ravissante de l'alliance du printemps et de l'été. Cette fertilité est due à la réunion de la chaleur et de l'humidité ; et de plus, dans les terres basses, à leur position, qui empêche l'intensité de cette chaleur de détruire toute végétation. Les parties incultes sont couvertes d'immenses forêts, de rochers et de montagnes. Quelques-unes de ces dernières contiennent une grande variété de substances minérales. Tout ce pays est entrecoupé de marais très profonds et de prairies sans arbres.

Malte-Brun nous fait de la Guyane, quand est venue l'époque des pluies, la description suivante :

« Grossies par des pluies continuelles, toutes les rivières se débordent. Alors les forêts, avec leurs immenses troncs, leurs labyrinthes d'arbustes, leurs guirlandes de lianes, flottent dans l'eau. La mer joint ses vagues salées aux eaux courantes , elle y apporte un limon jaunâtre. Les poissons de mer, les oiseaux aquatiques et les caïmans se répandent partout. Les quadrupèdes sont obligés de se réfugier sur le haut des arbres ; et, à côté des singes qui gambadent et se suspendent aux branches, on voit courir les énormes lézards, les agoutis, les pécaris, qui ont quitté leurs tanières inondées. A côté d'eux encore, les oiseaux palmipèdes, qui, par leur conformation, semblent condamnés à rester sur la terre ou dans l'eau, s'élancent ici sur les arbres pour éviter les caïmans et les serpents à sonnettes, qui partout se jouent dans l'eau ou se vautrent dans la fange. Les poissons abandonnent leur nourriture ordinaire, offerte par l'humide élément, et mangent les fruits et les baies des arbustes parmi lesquels ils nagent. Le crabe s'attache aux arbres, l'huître croît dans les forêts. L'Indien , qui, dans son bateau, parcourt ce nouveau cahos, ce mélange de terre et de mer, ne trouve pas un coin de terre pour se reposer. Il suspend son hamac aux branches les plus élevées de deux arbres, et dort tranquillement dans ce lit aérien que les vents balancent au-dessus des flots. »

La Harpe, dans son *Histoire des Voyages*, nous dit à son tour :

« Dans les forêts de la Guyane, entre plusieurs sortes d'oiseaux, les perroquets y sont d'une beauté singulière. Ils apprennent facilement à parler, et les Américains ont l'art de leur faire croître des plumes de diverses couleurs en les frottant du sang de certains reptiles. Les bois sont peuplés de flammants, de petites périques, de colibris, de hoccos et de toucans. On nomme hocco un oiseau de la grosseur d'un poulet d'Inde, qui a le plumage noir sur le dos et blanc sur l'estomac, le bec court et jaune, la démarche fière, et la tête ornée de petites plumes relevées en panache. Le toucan est noir, rouge et jaune ; sa grosseur est celle d'un pigeon. On admire particulièrement son bec, qui est presque aussi gros que son corps, et rayé de bandes noires et blanches que l'on prendrait pour de l'ébène et de l'ivoire. Sa langue est une simple plume fort étroite. Les flammants ne sont pas plus gros que nos poules. Ils volent par bandes, comme les canards, et leur plumage est d'un si beau rouge, que les Américains en font des couronnes... »

Enfin, dans le portefeuille de jeune amateur, monsieur Mazure achève ce tableau de la Guyane, en nous disant :

« Mais en présence de ces trésors de la nature animale, il existe de terribles animaux : c'est le crocodile ou caïman, le tigre et le boa, ce dernier surtout, horrible reptile, fléau des Indiens dans les forêts,

dont la longueur est quelquefois de quarante pieds et la circonférence
de quatre, et que l'on prendrait de loin pour le tronc d'un grand arbre
abattu.

» Un jour, monsieur Malouet, qui était intendant de la Guyane française en 1777, et qui a laissé d'intéressants mémoires sur les colonies,
rencontra un rassemblement de serpents, au nombre de plus de mille,
roulés en spirales, les uns sur les autres, et formant un énorme amon-
cellement autour duquel se montraient béantes leurs têtes armées de
dards et les yeux étincelants. Il pense que ces reptiles s'étaient ainsi
réunis pour se défendre contre un boa qui, sans doute, se trouvait dans
les environs... »

PAYSAGES DU BRÉSIL.

Découvert par le Portugais Cabral, en 1500, le Brésil ne fut d'abord
pour le Portugal qu'un lieu de déportation. La colonisation ne commença
qu'en 1531, et il est à cette heure un lieu de richesse incomparable.

Placé entre les Guyanes et la république de Venezuela, et les provinces
de Rio de la Plata, de l'Uruguay, du Paraguay, de la Bolivie, du Pérou, etc., cette immense contrée de l'Amérique du sud offre un aspect
des plus pittoresques. On y trouve des chaînes de montagnes qui ne sont
que des ramifications des Andes. La végétation, dans le Brésil, est magnifique et originale; d'énormes forêts vierges couvrent encore une
grande partie du pays, et fournissent le fameux bois de Brésil. Un nombre infini de fleuves s'y déroulent avec majesté : le plus fameux est
le célèbre Amazone. Le sol est éminemment fertile, les richesses minérales sont inépuisables. On y trouve des diamants en quantité, de l'or,
de l'argent, etc. Beaucoup de chevaux errent dans ses vastes solitudes; on
y trouve des bêtes à cornes, des singes de toutes les espèces, des perroquets de toutes les couleurs, des aras, des colibris, des oiseaux en nombre inimaginable; les insectes y fourmillent. Le climat varie suivant les
latitudes, les hauteurs et les voisinages de l'Océan. Dans les plaines,
brûlantes chaleurs et pluies abondantes; sur le sommet des montagnes,
froid glacial, neiges éternelles.

Disons de suite que rien n'est plus riche que le coup d'œil des paysages qui s'offrent de toutes parts aux environs de Rio-Janeiro, la capitale
du Brésil. Cette ville magnifique est en outre l'entrepôt et le débouché
principal des richesses de la contrée. Il est difficile de se faire une idée
de l'importance du commerce de cette ville. Le port, les bâtiments de
la Bourse, les marchés, les rues qui confinent à la mer, sont littérale-

ment encombrés de marchandises, de trafiquants, de matelots, de nègres.
C'est une véritable tour de Babel, tant les langues y sont diverses, les
costumes variés, les cris et les glapissements de la foule, le bruit des
voitures, le son des cloches, et la grande voix des canons de navires qui
saluent la ville, et des forts qui saluent les vaisseaux.

Entre Rio-Janeiro et Bahia se trouve une petite cité du nom de Sagoaréma ; comme spécimen des sites brésiliens, voici la prosopographie de
cette ville ; c'est le prince Maximilien de Neuwied qui parle :

« Parvenus sur une hauteur qui domine la petite ville de Sagoaréma,
au moment du coucher du soleil, nous jouîmes complètement de la
beauté de perspective que l'on découvre. Devant nous l'immensité de
l'Océan, dont les flots venaient se briser à nos pieds; à droite, s'élançaient
dans le lointain les montagnes de Rio-Janeiro ; plus près de nous, nous
contemplions la côte découpée par des baies sans nombre, et à une
moindre distance encore la lagune de Porta-Negra ; derrière nous
étaient de grandes montagnes boisées, au pied desquelles s'étend une
plaine basse, également couverte d'arbres ; çà et là des lagunes. Ce tableau magnifique réveilla dans notre esprit le souvenir de notre patrie
absente, et nous inspira des souvenirs mélancoliques. »

Voici, maintenant, le portrait d'un désert brésilien :

« La serra de Inua offre dans ces vastes solitudes des sites dont l'imagination ne pourrait se figurer la majesté ravissante.

» Au-delà d'un terrain bas et rocailleux, entremêlé de flaques d'eau,
s'élevait une forêt dont les palmiers et les arbres étaient si enlacés de
lianes que l'on ne pouvait percer l'épaisseur de ce mur de verdure.
Partout croissent des plantes ornées de fleurs d'une beauté admirable.
Sous ces ombrages épais, l'on éprouve une fraîcheur subite, bien agréable
aux hommes qui viennent des régions septentrionales. Les oiseaux y
sont couverts d'un plumage magnifique; les rochers mêmes sont couverts
de plantes grasses et de cryptogames dont les formes varient à l'infini.
On admire entre autres de superbes fougères qui ressemblent à des guirlandes de plumes suspendues en festons de la manière la plus pittoresque aux branches des arbres, dont la dimension est si prodigieuse, dans
ces forêts vierges, que souvent la portée de fusil n'atteignait pas les oiseaux perchés sur leurs cimes... »

Un autre auteur, monsieur Denis, ajoute ce qui suit, sur le même
sujet :

« A moins d'avoir parcouru les grands bois de l'intérieur ou de la
côte orientale, il est impossible d'imaginer l'aspect sauvage et grandiose que donnent certaines lianes aux paysages. Variées à l'infini
dans leur port, dans leur feuillage, dans la manière dont elles vont jeter
capricieusement leurs bras gigantesques au milieu des arbres séculaires que leur étreinte fait quelquefois mourir ; interrompues souvent

dans leur croissance par des rochers qu'elles recouvrent de fleurs, pour aller se joindre au sommet des plus grands arbres avant de redescendre en longs filaments, partout elles offrent l'aspect le plus bizarre et presque toujours une végétation pleine d'élégance. Ici, c'est une multitude de cordages pendants, entremêlés, semblables aux manœuvres embarrassées d'un vaisseau ; là, ce sont des jets verdoyants, balançant leurs guirlandes fleuries et servant de retraite aux oiseaux, qui souvent se plaisent à y placer leur nid, abandonné presque toujours alors aux brises de la forêt ; plus loin vous voyez comme un reptile à la peau bronzée, qui grimpe en tournoyant le long d'un sicupira immense ou d'un vinhatico, pour se cacher dans la sombre voûte que forment les branches en se courbant ; partout c'est un luxe de rameaux entremêlés de fleurs détachées en guirlandes, qui atteste la force de la végétation et qui fait la magnificence des forêts...

» Quelquefois, quand ces filaments gigantesques croissent aux bords d'un petit fleuve, et qu'un vinhatico robuste leur sert de soutien, l'industrie du colon tresse ses grands rameaux flexibles ; elle leur fait décrire une courbe immense au-dessus du fleuve, et bientôt le chasseur y trouve un pont sur lequel il se balance d'un pied assuré. Un pont de lianes, dans ces contrées désertes, est un bienfait inattendu, qu'on doit quelquefois à une famille isolée ou à une tribu sauvage, et que bénit toujours le voyageur... »

DÉCOUVERTE DU PLUS GROS DIAMANT DE L'UNIVERS.

« Trois Brésiliens avaient été condamnés, on ignore pour quel délit, dans la portion la plus reculée du Sertao de Minas.

» Antonio de Souza, José-Félix Gomez et Thomas de Souza, car la tradition nous a conservé leurs noms, errèrent longtemps dans l'intérieur, sur les confins de Goyaz, cherchant sans cesse au fond des vallées ou dans le lit des torrents quelque trésor ignoré qui les mît à même de demander leur grâce... Après avoir erré durant six ans sans rien découvrir, nos exilés arrivèrent dans le nord-ouest, sur les bords d'une petite rivière qu'on nomme l'Abaëté, et qui est située à quatre-vingt-dix lieues du Serro do Frio. La tradition raconte qu'ils ne cherchaient que de l'or dans le lit desséché de ce ruisseau, lorsqu'ils trouvèrent un diamant qui pesait près d'une once.

» Malgré l'incertitude qu'ils conservaient sur la valeur réelle de cette pierre, précisément à cause de sa grosseur, ils éprouvèrent une joie facile à comprendre. Ils se confièrent d'abord à un curé, qui les accompagna sur-le-champ à Villa-Rica, et qui remit le diamant de l'Abaëté au gouverneur des mines. Là, tous les doutes que l'on avait manifestés d'abord se renouvelèrent; mais ils furent promptement dissipés. Par les ordres du gouverneur, une commission spéciale s'assembla, et, après un examen sérieux, il fut décidé que cette pierre était le plus riche présent que le Brésil eût fait à la couronne du Portugal.

» Les trois malfaiteurs reçurent alors des lettres de grâce provisoires, et le curé partit immédiatement pour Lisbonne, avec le riche dépôt qu'il avait reçu aux frontières de Goyaz.

» A Lisbonne, le fameux diamant de l'Abaëté excita une admiration plus vive encore que celle qu'on avait ressentie à Minas ; les points de comparaison existaient pour les joailliers. C'était bien décidément le plus gros diamant qui existât dans aucun trésor royal.

» Quant à Félix Gomez et à ses compagnons, l'histoire ne dit pas qu'on leur ait accordé la moindre récompense. On sait seulement que les lettres de grâce du gouverneur de Villa-Rica furent ratifiées.

» On envoya sur-le-champ un poste sur les bords de l'Abaëté, et cette rivière fut mise immédiatement en exploitation. Mais, jusqu'à présent, on n'en a obtenu que des pierres d'une grosseur ordinaire ou d'une eau qui n'a rien de remarquable.

» Quelque magnifique que puisse être un diamant tel que celui de l'Abaëté, on sent combien il est difficile de l'utiliser d'une manière convenable, même dans un costume d'apparat. Jean VI, qui avait la passion des pierres précieuses, l'avait fait percer, et le portait suspendu à son cou dans les jours de cérémonie... »

LES TRIBUS SAUVAGES DU SUD.

Dans le Brésil on trouve encore un nombre de tribus sauvages et de tribus anthropophages, car la chair humaine a pour eux le plus grand attrait. Afin de s'en repaître, ils engraissent leurs prisonniers pour en rendre la chair de meilleur goût. On rend à ces malheureux toutes sortes de services jusqu'au moment où ils doivent être massacrés et mangés. Dans l'intervalle, le captif passe son temps à la chasse et à la pêche. Le jour de sa mort n'est jamais déterminé ; il dépend de son embonpoint. Lorsque ce jour est venu, tous les naturels de l'aldée ou village sont invités à la fête. Ils passent d'abord quelques heures à boire et à danser. Non-seulement le prisonnier est au nombre des convives, mais, quoiqu'il n'ignore pas que sa mort approche, il affecte de se distinguer par sa gaieté. Après la danse, deux hommes robustes se saisissent de lui, sans qu'il fasse de résistance ou qu'il laisse voir la moindre frayeur. Ils le lient d'une grosse corde au milieu du corps, lui laissent les mains libres, et, dans cet état, ils le conduisent comme en triomphe dans les aldées voisines. Loin de paraître abattu, il regarde avec fierté ceux qui se présentent sur son passage ; il leur raconte hardiment ses exploits, surtout la manière dont il a souvent lié les ennemis de sa nation, et dont il les a rôtis et mangés, et leur prédit qu'un jour ils seront mangés comme lui. Lorsqu'il a servi quelque temps de spectacle, les deux gardes s'éloignent, l'un à droite, l'autre à gauche : on apporte alors à ses pieds un tas de pierres, et les gardes, se couvrant de leurs boucliers, lui déclarent qu'avant sa mort, on lui laisse le pouvoir de la venger. Aussitôt, entrant en fureur, il prend des pierres et les jette contre ceux qui l'environnent, dont il blesse le plus grand nombre possible.

Alors, quand il a lancé toutes ces pierres, celui dont il doit recevoir la mort, et qui ne s'est pas montré pendant toute cette scène, s'avance le tacapé à la main et paré de ses plus belles plumes. Il tient quelques discours au captif, et ce court entretien renferme l'accusation et la sentence. Il lui demande s'il n'est pas vrai qu'il a tué et mangé plusieurs de ses compagnons. L'autre se fait gloire d'un prompt aveu, et défie même son bourreau par une formule énergique dans la langue du pays :

— Rends-moi la liberté, lui dit-il, et je te mangerai toi et les tiens...

— Eh bien ! réplique le bourreau, nous te préviendrons ; je vais t'assommer, et tu seras mangé aujourd'hui même.

Le coup suit aussitôt la menace. La femme que l'on avait donnée pour compagne à ce mort se hâte d'accourir et se jette sur son corps pour y pleurer un moment. C'est une grimace qui ne l'empêche pas de manger sa part du malheureux qu'elle a pris soin d'engraisser.

Des femmes apportent ensuite de l'eau, dont on lave le cadavre. Puis la chair de la victime est découpée par morceaux avec une excessive rapidité ; on frotte de son sang tous les enfants, afin de les habituer à la cruauté. Bref, on mange l'affreux mets en société.

Quant à leurs propres morts, les mêmes sauvages les enterrent debout dans une fosse ronde, les bras et les jambes pliés dans leurs jointures naturelles et liés avec le corps. Si c'est un chef de famille, on enterre avec lui ses plumes, ses colliers, ses armes. Lorsque les habitations changent de lieu, chaque famille place sur les fosses de ses morts les plus respectés quelques pierres couvertes d'une grande herbe qui se conserve longtemps sèche. Les sauvages n'abordent jamais ces monceaux sans pousser d'horribles clameurs, qui expriment leur chagrin.

Afin de démontrer la rude nature de ces peuplades sauvages, nous dirons que le prince de Neuwied, l'un de leurs plus récents visiteurs, acheta à un Poury son jeune fils, pour une chemise, deux couteaux, un mouchoir, des verroteries et un petit miroir. L'indifférence avec laquelle le jeune sauvage apprit le marché dont il était l'objet frappa le prince. Le petit Poury ne changea nullement de visage, ne dit adieu à personne, et monta gaiement en croupe sur le cheval de son nouveau maître. Ainsi, une insensibilité farouche est le trait distinctif du caractère de ces malheureux. C'est un résultat de leur manière de vivre, semblable à celle qui rend les lions et les tigres sanguinaires. L'esprit de vengeance, un certain degré de jalousie, un penchant irrésistible pour la liberté et une vie errante et indépendante, sont les traits caractéristiques de tous ces peuples de l'Amérique du sud. Le grand objet de leur sollicitude est de satisfaire les besoins de leur estomac, qui sont toujours pressants ; aussi mangent-ils avec une promptitude extrême, d'un air vorace et les yeux constamment fixés sur leur repas. En revanche, ils peuvent supporter la faim très longtemps. Du reste, nous dirons plus loin par quel moyen étrange ils peuvent apaiser la faim : l'article *géophages* l'expliquera. En général, les hommes ne maltraitent pas leurs femmes, quoiqu'ils les regardent comme leur propriété. Elles doivent être soumises à leurs moindres volontés. Quand on est en marche, elles sont chargées comme des bêtes de somme, tandis que l'homme ne porte que ses armes.

Il paraît assuré que l'anthropophagie diminue chez beaucoup de ces peuples : cela devait être le résultat de leur contact avec les Européens. Néanmoins, ce sont toujours les mêmes hommes aux appétits pervers, toujours ces races cuivrées, tatouées sur tout le corps, ayant la tête rasée, à l'exception d'une couronne ronde au sommet, et affreusement défigurés par l'écuelle de bois suspendue à leur lèvre inférieure, ce qui est pour eux le suprême degré d'élégance.

Tels sont les Gauchos, tels sont les Patagons, tels étaient les Guaranis et les Guarayos, avant que le christianisme ne fût implanté par les jésuites dans le Paraguay.

VÊTEMENT DES INDIENS.

Les Indiens de toutes les contrées du sud de l'Amérique sont le plus souvent nus ; mais généralement, surtout en voyage, ils adoptent une chemise longue, sans manches, faite de l'écorce de figuier *bibosi*. « Ces arbres, dit monsieur Alcide d'Orbigny, que nous avons déjà cité, abondaient dans les contrées que je traversais, et, un jour, mes Indiens me prièrent instamment de leur permettre de s'arrêter pour en enlever, ce que je leur accordai avec d'autant plus de plaisir que je les voyais, à chaque instant, se récrier, en apercevant des arbres propres à leur donner ce tissu naturel.

» Je m'arrêtai donc dans un endroit couvert de ces figuiers, et tous mes gens se dispersèrent, afin d'en faire leur récolte. En un instant la forêt retentit de toutes parts des coups redoublés de la hache et du bruit des arbres tombant sous les coups. Ils choisissent les jeunes arbres sans nœuds ; ils coupent d'abord un morceau d'écorce pour en reconnaître la qualité, tous ne l'ayant pas aussi bonne. L'arbre adopté est abattu ; ils enlèvent les branches et marquent sur le tronc la longueur nécessaire à chaque chemise, l'écorce devant être repliée sur elle-même, à l'effet d'épargner une couture. Ils font alors une incision circulaire à la longueur voulue, pratiquent une fente longitudinale, introduisent sous l'écorce un morceau de bois coupé en biseau, et la détachent de la partie ligneuse, sans la rompre. Une fois détachée, ils en ploient l'extrémité en travers, de manière à séparer la partie extérieure, dure, de l'intérieure, blanche, épaisse, et la seule qui leur soit utile. Ils la roulent ensuite et en enlèvent d'autres. En deux heures, nos soixante-dix Indiens avaient recueilli la matière première de trois cents chemises au moins. Le soir, à la halte, ils s'occupèrent du travail peu difficile de leur préparation. Chacun alla dans le bois couper un tronçon d'arbre pour fabriquer sa chemise. Munis d'un maillet carré, marqué de profondes stries transversales, ils en donnaient successivement des coups tantôt d'une main, tantôt de l'autre, afin d'écarter les fibres de l'écorce. Ils pratiquèrent cette opération des deux côtés, l'étirèrent et la lavèrent dans l'eau. Ils la frappent encore une fois pendant un temps plus court, et l'étendent comme une pièce de linge, n'ayant plus, pour avoir une chemise entièrement confectionnée, qu'à la doubler sur elle-même, après y avoir pratiqué une ouverture pour passer la tête et l'avoir cousue sur les côtés.

» Les femmes, dit ailleurs le même auteur, assez peu gracieuses, sans être laides, portent le *tipoï* et ont les cheveux épars. Les jeunes gens des deux sexes ont les cheveux très courts. »

Le tipoï dont on parle ici n'est autre qu'une longue chemise de toile qui, serrée au cou, descend assez bas, et dont toute la coquetterie se trouve dans la ceinture, sous laquelle les femmes disposent des plis avec plus ou moins d'art.

PATAGONIE ET PATAGONS.

La Patagonie est une vaste contrée de l'Amérique méridionale, dont elle forme la fin du triangle sud. Cette région, encore peu connue, est séparée du Chili par la chaîne des Andes. Plusieurs rivières l'arrosent. Elle fut découverte par Magellan, en 1519.

Les habitants de cette partie de l'Amérique ont été le sujet de tant de contes merveilleux, et ils sont encore aujourd'hui si peu connus, que nous ferons certainement plaisir à nos lecteurs en leur citant le passage suivant du récit d'un voyageur anglais qui les visita, il n'y a pas longtemps encore :

« Le 12 janvier 1833, nous étions dans le détroit de Magellan, et nous promenions nos regards sur ces tristes rivages, sans pouvoir y découvrir aucune trace de population, lorsque nous entendîmes crier d'en-haut qu'on apercevait sur la côte de Patagonie un homme qui s'avançait à cheval en faisant des signaux. Curieux de voir par mes yeux ce que c'était qu'un Patagon, je priai le capitaine de me permettre d'aller à terre. Je débarquai avec deux ou trois de nos matelots, et le sauvage vint à notre rencontre, mais sans descendre de cheval. Sa mine n'était pas du tout engageante, et je jugeai à propos de me tenir sur mes gardes en l'approchant. Il me parut très grand : sa peau était couleur de bouc, et de longs cheveux tombaient en désordre sur ses épaules. Au premier abord, je crus qu'il portait des lunettes ; mais quand je fus près de lui, je reconnus que le tour de ses yeux était peint en noir, ainsi que la partie du nez qui les sépare. Son costume se composait d'une grande peau de vigogne qui lui enveloppait tout le corps jusqu'à la hauteur des genoux. Ses jambes étaient entourées de bandelettes ou lanières de cuir destinées à les garantir du frottement de la selle, faite de bois, avec des étriers en os. Sa peau de vigogne était retenue à la hauteur des reins par une ceinture d'où pendaient un grand couteau et un affiloir en acier comme ceux de nos bouchers. Quand nous nous joignîmes, mon homme avança la main en signe d'amitié. Je tirai un coup de pistolet en l'air pour voir l'effet que cela produirait sur lui ; mais il n'en fut pas effrayé, ce qui me prouva qu'il avait déjà vu faire usage des armes à feu. Je lui mis mon second pistolet dans la main ; mais je jugeai tout de suite qu'il ne savait pas s'en servir. Je lui enseignai à pousser la détente, et il se hasarda à tirer : un rire effroyable annonça combien il était satisfait de sa prouesse. De ma vie je n'avais vu d'être aussi sale, et j'oserais affirmer que de la sienne il ne s'était lavé. J'essayai de lier conversation avec lui en espagnol ; mais tout ce qu'il savait de cette langue, c'étaient les mots *rhum* et *tabac*, qu'il ne cessait de répéter d'un ton qui annonçait une extrême avidité. Je lui donnai une poignée de cigares, qu'il reçut avec des démonstrations de joie. Il me fit entendre par signes que, du côté de la baie de Saint-Grégoire, je trouverais un grand nombre de naturels. Ma curiosité se trouvant pour le moment satisfaite, je le quittai et retournai à bord du bâtiment.

» J'oubliais de dire que, de loin, le cheval de mon Patagon semblait avoir quatre oreilles, ce qui eût été une anomalie singulière ; mais je vis bientôt qu'il n'en avait que deux ; seulement on les avait fendues depuis la pointe jusqu'au cornet, et je sus plus tard que c'était un usage général.

» Il y a déjà longtemps que les fables qu'on avait répandues touchant la stature gigantesque des Patagons ont été démenties. »

Les Patagons sont nomades et changent fréquemment de résidence. Le sol qu'ils foulent est cependant fertile ; mais ils s'adonnent exclusivement à la chasse. Le climat est délicieux durant l'été. Les traits des Patagons ont beaucoup de ressemblance avec ceux des Chinois, particulièrement les yeux et le nez, ce qui peut faire supposer que l'Amérique a commencé à être peuplée par des hommes venus de l'Asie.

LES GÉOPHAGES.

Certes, pour un Parisien, pour un Français quelconque, il y a à ouvrir de grands yeux en voyant la nature des aliments qui font les délices de certains peuples, ou dont autrefois on faisait grand cas, et que l'on dédaigne aujourd'hui.

Par exemple, dans cette région des sauvages de l'Amérique du nord, sachez-le, il n'y a pas que des anthropophages ; on y trouve aussi des *géophages,* c'est-à-dire des *mangeurs de terre.*

Les géophages sont plus communs qu'on ne se l'imagine. Il y en a dans toutes les nations de l'Amérique, chez presque toutes les peuplades d'Indiens, et chez la plupart des sauvages de l'Asie, de l'Afrique, du Japon, à Java, etc. En Europe même, ils ne manquent pas, et on en compte beaucoup en Laponie.

Au Mexique, l'habitude de manger de la terre s'est même communiquée à nos compatriotes, et j'ai vu maintes fois des créoles de Mexico manger à pleines mains de la terre à potier, sans craindre de nuire à leur santé et dans le seul but de devenir plus blanches et plus pâles.

Cette habitude de manger de la terre, qui souvent se transforme en passion, comme l'ivrognerie, gagne même les animaux, qu'on est obligé de surveiller à ce sujet, dans la crainte qu'ils ne se rendent malades. J'ai été fréquemment surpris et témoin du goût prononcé de mes propres chevaux et de mes mules pour la terre, et de voir que chaque fois que le sol manquait de végétation alimentaire et qu'on était obligé de leur cueillir des branches d'arbres, et principalement de mesquita, sorte de mimosa très commun au Mexique et dans l'Amérique centrale, ils ne les mangeaient pas sans les avoir roulées sur la poussière, ordinairement très abondante, des chemins de plaines, et de telle manière qu'on peut dire qu'ils avalaient autant de terre que de feuilles ; c'était leur assaisonnement.

Dans l'île de Sardaigne, en certains cantons, quand les habitants ne mangent pas la terre pure, ils la mélangent dans certaines proportions avec le pain dont on m'a fait goûter, et que j'ai trouvé encore assez supportable. C'est une habitude très ancienne, car le village d'Oliena, situé près du Nuoro et au pied du pic le plus élevé du nord-est de l'île, était appelé par les Romains le grenier d'abondance de la Sardaigne, parce que les Sardes y trouvaient une terre qu'ils mélangeaient alors avec des glands, pour s'en faire un aliment. C'est la farine de montagne des Lapons et autres pays.

Dans le Haut-Orénoque, le Cassiquaire, la Méta et le Rio-Négro, les naturels recherchent avidement une argile mêlée d'oxyde de fer et d'un jaune rougeâtre ; on la pétrit en boulettes et en galettes que l'on met sécher, et que l'on fait cuire quand on veut les manger : c'est un lest pour l'estomac, sinon une nourriture. Bien qu'elle ne contienne pas d'aliments nutritifs, cette argile a une action telle sur le principal organe de la digestion, que l'on voit des Indiens vivre des mois entiers sans autre ressource. Ils la font frire quelquefois dans l'huile de *séje*, et alors cette sorte de friture offre quelques parties réellement substantielles.

L'aliment en question, quelque singulier qu'il paraisse, n'affecte pas d'une manière fâcheuse la santé de ceux qui en contractent l'habitude.

Le goût des sauvages pour cette glaise devient même si prononcé qu'on les voit détacher, des habitations en argile ferrugineuse, des morceaux qu'ils portent avidement à leur bouche. Ils se montrent connaisseurs et gourmets en terre, car toutes les espèces n'ont pas le même agrément pour leur palais : ils la dégustent et la distinguent en qualités très diverses.

Les naturels de la Nouvelle-Hollande témoignent le même goût pour la terre glaise. Ces indigènes, du reste, comme ceux de l'Amérique, ont été amenés à manger de cette terre faute d'aliments plus substantiels.

Mais que penser quand on voit les Chinois croquer des vers de terre, et surtout lorsqu'on retrouve ce goût chez les Romains de l'antiquité ?

Un naturaliste de beaucoup de valeur, monsieur Mulsaut, de Lyon, a
consacré un long travail à rechercher quelle espèce de ver pouvaient
priser si fort les descendants dégénérés du vieux Brutus et les contemporains du gourmand Lucullus.

Je fus moi-même témoin d'un fait nouveau pour moi, et qui me surprit beaucoup. C'était dans l'Amérique du sud, aux environs de la mission de Santa-Ana. De toutes les parties de la maison que j'occupais et
des cours sortit une multitude extraordinaire de fourmis ailées,
mâles et femelles. Dès que les Indiens s'en aperçurent, j'entendis répéter
partout :

— Ce sont des *Océpis !*...

Aussitôt les hommes, les femmes et les enfants arrivèrent en nombre
inimaginable, et se prirent à se disputer les femelles de ces fourmis,
dont le ventre, rond, de la grosseur d'un petit pois, était rempli de germes d'œufs, matière grasse, blanche comme de la pâte. Ce fut pour moi
une surprise de voir ces pauvres Indiens et Indiennes s'emparer de ces
insectes, leur arracher le ventre et les croquer avec autant de plaisir que
s'ils eussent savouré le fruit le plus succulent. D'autres de mes gourmands, plus délicats, réunissaient les fourmis dans un vase, afin de
les manger frits. Je l'avoue, lecteurs, ne m'en faites pas honte, surmontant la répugnance que devait naturellement me faire éprouver l'aspect
d'un mets aussi étrange, j'en voulus goûter, et... je le trouvai passablement agréable. Je vous prie de croire cependant que je n'en fis pas un
repas...

Pendant une quinzaine de jours, les Indiens donnèrent ainsi partout
la chasse aux fourmis, et en firent une ample provision.

Tant il est vrai que chaque contrée du monde a ses lois, ses usages et
ses mœurs !

L'ISTHME DE PANAMA.

« L'isthme de Panama, qui joint l'Amérique septentrionale à l'Amérique méridionale, joint aussi le Mexique au Pérou.

» Cet isthme n'est autre chose qu'une longue crête de rochers, dont
l'élévation est d'à peu près cent quatre-vingt-douze mètres, et qui, dans
sa moindre largeur, compte à peine vingt lieues. Il sert de digue
aux flots de l'Atlantique qui, sans lui, feraient irruption dans l'océan
Pacifique, dont les eaux sont moins élevées d'environ six mètres.

» A partir des côtes baignées par l'Atlantique, le sol de l'Amérique méridionale s'élève graduellement en s'avançant vers l'ouest. Près des bords de l'Orénoque, et au milieu des vastes solitudes auxquelles on a donné le nom de *llanos*, l'élévation devient brusque, rapide, et ne s'arrête qu'au sommet de ces montagnes colossales, dont le versant occidental semble descendre à pic dans les flots de l'océan Pacifique. Ces montagnes appelées *Andes*, du mot péruvien *antis*, cuivre, ou *Cordilières*, du mot espagnol *cordel*, corde, s'étendent dans toute la longueur de l'Amérique méridionale. La vallée de Quito apparaît située à deux mille deux cent soixante dix-huit mètres au-dessus du niveau de la mer, au milieu des rochers qui hérissent la pente occidentale des Andes. On devine que Quito doit être souvent bouleversée par d'affreux tremblements de terre, car il est facile de reconnaître que le sol de cette contrée est crevassé partout par les irruptions des feux intérieurs qui le dévorent.

» En s'avançant dans ces régions nouvelles, au sommet d'un vaste plateau, apparaît aussi un lac de vaste étendue, dont le niveau se trouve être celui du Pic de Ténériffe. Son bassin se montre entouré des plus hautes montagnes, et au centre du lac, dans une île, on aperçoit une ville plus curieuse peut-être, et tout au moins aussi étonnante que celle de Mexico.

LES RIVES DU MISSISSIPI.

C'est M. de Châteaubriand qui parle :

« Quatre grands fleuves, ayant leurs sources dans les mêmes montagnes, divisaient ces régions immenses de l'Amérique septentrionale : le fleuve Saint-Laurent, qui se perd, à l'est, dans le golfe de son nom ; la rivière de l'Ouest qui porte ses eaux à des mers inconnues ; le fleuve Bourbon, qui se précipite du midi au nord dans la baie d'Hudson ; et le Meschacébé ou Mississipi, qui tombe du nord au midi dans le golfe du Mexique.

» Ce dernier fleuve, dans un cours de plus de mille lieues, arrose une délicieuse contrée que les habitants des Etats-Unis appellent le nouvel Eden, et à laquelle les Français ont laissé le doux nom de *Louisiane*. Mille autres fleuves, tributaires du Meschacébé, l'engraissent de leur limon et la fertilisent de leurs eaux. Quand tous ces fleuves se sont gonflés des déluges de l'hiver, quand les tempêtes ont abattu des pans entiers de forêts, les arbres déracinés s'assemblent sur les sources. Bientôt la vase les cimente, les lianes les enchaînent, et les plantes, y prenant racine de toutes parts, achèvent de consolider ces débris. Charriés par les vagues écumantes, ils descendent au Meschacébé ; le fleuve s'en em-

pare, les pousse au golfe mexicain, les échoue sur des bancs de sable,
et accroît ainsi le nombre de ses embouchures. Par intervalles, il élève
sa voix en passant sur les monts, et répand ses eaux débordées autour
des colonnades des forêts et des pyramides des tombeaux indiens ; c'est
le Nil des déserts. Mais la grâce est toujours unie à la magnificence dans
les scènes de la nature ; tandis que le courant du milieu entraîne vers
la mer les cadavres des pins et des chênes, on voit sur les deux courants latéraux remonter, le long des rivages, des îles flottantes de pisties
et de nénuphars, dont les roses jaunes s'élèvent comme de petits papillons. Des serpents verts, des hérons bleus, des flammants roses, de jeunes
crocodiles, s'embarquent passagers sur ces vaisseaux de fleurs ; et la colonie, déployant au vent ses voiles d'or, va aborder endormie dans
quelque anse retirée du fleuve.

» Les deux rives du Meschacébé présentent le tableau le plus extraordinaire. Sur le bord occidental, des savanes se déroulent à perte de
vue ; leurs flots de verdure, en s'éloignant, semblent monter dans l'azur
du ciel, où ils s'évanouissent. On voit dans ces prairies sans bornes
errer à l'aventure des troupeaux de trois à quatre cents buffles
sauvages. Quelquefois un bison chargé d'années, fendant les flots à la
nage, se vient coucher, parmi les hautes herbes, dans une île du Meschacébé. A son front orné de deux croissants, à sa barbe antique et
limoneuse, vous le prendriez pour le dieu du fleuve, qui jette un œil
satisfait sur la grandeur de ses ondes et la sauvage abondance de
ses rives.

» Telle est la scène sur le bord occidental ; mais elle change sur
le bord opposé, et forme avec la première un admirable contraste ;
suspendus sur le cours des eaux, groupés sur les rochers et sur les montagnes, dispersés dans les vallées, des arbres de toutes les couleurs, de
tous les parfums, se mêlent, se croisent ensemble, montent dans les
airs à des hauteurs qui fatiguent le regard. Les vignes sauvages, les
bignonias, les coloquintes, s'entrelacent au pied de ces arbres, escaladent
leurs rameaux, grimpent à l'extrémité des branches, s'élancent de l'é-
rable au tulipier, du tulipier à l'alcée, en formant mille grottes, mille
voûtes, mille portiques. Souvent, égarées d'arbre en arbre, ces lianes
traversent des bras de rivières, sur lesquelles elles jettent des ponts de
fleurs. Du sein de ces massifs, le magnolia élève son cône immobile ; surmonté de ses larges roses blanches, il domine toute la forêt, et n'a
d'autre rival que le palmier, qui balance légèrement auprès de lui ses
éventails de verdure.

» Une multitude d'animaux placés dans ces retraites par la main
du Créateur, y répandent l'enchantement et la vie. De l'extrémité des
avenues on aperçoit des ours enivrés de raisin, qui chancellent sur les
branches des ormeaux ; des cariboux se baignent dans un lac ; des

écureuils noirs se jouent dans l'épaisseur des feuillages ; des oiseaux moqueurs, des colombes de Virginie, de la grosseur d'un passereau, descendent sur les gazons rougis par les fraises ; des perroquets verts à tête jaune, des piverts empourprés, des cardinaux de feu, grimpent en circulant en haut des cyprès ; des colibris étincellent sur le jasmin des Florides, et des serpents oiseleurs sifflent suspendus aux dômes du bois, en s'y balançant comme des lianes.

» Si tout est silence et repos dans les savanes de l'autre côté du fleuve, tout ici, au contraire, est mouvement et murmure : des coups de bec contre le tronc des chênes ; des froissements d'animaux qui marchent, broutent ou broient entre leurs dents les noyaux des fruits ; des bruissements d'ondes, de faibles gémissements, de sourds meuglements, de doux roucoulements, remplissent ces déserts d'une tendre et sauvage harmonie. Mais quand une brise vient à animer ces solitudes, à balancer ces corps flottants, à confondre ces masses de blanc, d'azur, de vert, de rose ; à mêler toutes les couleurs, à réunir tous les murmures, alors il sort de tels bruits du fond des forêts, il se passe de telles choses aux yeux, que j'essaierais en vain de les décrire à ceux qui n'ont point parcouru ces champs primitifs de la nature. »

MŒURS ET COUTUMES DES INDIENS, ETC.

UN PAYS DE SAUVAGES, LES NATCHEZ

Le pays des Natchez appartient à la Louisiane, qui fut jadis un domaine de la France. Voici la description que nous en fait le père Charlevoix :

« Ce canton, le plus beau, le plus fertile et le plus peuplé de toute la Louisiane, est éloigné de quarante lieues des Tazouz. On débarque en face d'une butte assez haute et fort escarpée, au pied de laquelle coule un petit ruisseau qui ne peut recevoir que des chaloupes et des pirogues. De cette première butte on monte à une seconde, ou plutôt sur une colline dont la pente est assez douce, et au sommet de laquelle on a bâti une espèce de redoute fermée par une simple palissade. On a donné à ce retranchement le nom de fort.

» Plusieurs monticules s'élèvent au-dessus de cette colline, et quand on les a passés, on aperçoit de toutes parts de grandes prairies séparées par de petits bouquets de bois qui font un très bel effet. M. d'Iberville, qui le premier entra dans le Mississipi par son embouchure, trouva ce pays si charmant et si avantageusement situé, qu'il ne pouvait mieux choisir pour y fixer une colonie de la France. »

En effet, la France obtint une concession de terrains sur le territoire des Natchez, ce qui devint la Louisiane, et les Natchez, ainsi que les Sioux, devinrent nos alliés. Un village français, du nom de Rosalie, fut tout d'abord bâti dans le voisinage du grand village des Natchez.....

« La première nuit que je passai dans cette résidence, il y eut vers les neuf heures du soir une grande alarme. J'en demandai le sujet, et on me répondit qu'il y avait dans le voisinage une bête d'une espèce inconnue, d'une grandeur extraordinaire, et dont le cri ne ressemblait à celui d'aucun animal que nous connaissions. Personne n'assurait pourtant l'avoir vue, et on ne jugeait de sa taille que par sa force : elle avait déjà enlevé des moutons et des veaux, et même étranglé quelques vaches. Je dis à ceux qui me faisaient ce récit qu'un loup enragé pouvait faire tout cela, et quant au cri, qu'on s'y trompait tous les jours. Je ne persuadai personne ; on voulait que ce fût une bête monstrueuse ; on venait de l'entendre, on y courut armé de tout ce qu'on trouva sous la main ; mais ce fut inutilement.

» Le grand village des Natchez est aujourd'hui réduit à fort peu de cabanes ; la raison qu'on m'en a apportée est que les sauvages, à qui leur grand chef a le droit d'enlever tout ce qu'ils ont, s'éloignent de lui le plus qu'ils peuvent ; et par là plusieurs bourgades de cette nation se sont formées à quelque distance de celle-ci. Les Sioux, leurs alliés et les nôtres, en ont aussi établi une dans leur voisinage.

» Les cabanes du grand village des Natchez, le seul que j'aie vu, sont en forme de pavillon carré, fort basses, et sans fenêtres ; le faîte est arrondi à peu près comme un four. La plupart sont couvertes de feuilles et de paille de maïs ; quelques-unes sont construites d'une espèce de torchis qui me parut bon, et qui est revêtu en-dehors et en-dedans de nattes fort minces. Celle du grand chef est fort proprement crépie en-dedans ; elle est aussi plus grande et plus haute que les autres, placée sur un terrain un peu élevé, et isolée de toutes parts. Elle donne sur une grande place qui est peu régulière, et a son aspect au nord. J'y trouvai pour tout meuble une couche de planches fort étroite, élevée de terre de deux à trois pieds : apparemment que quand le grand chef veut se coucher, il y étend une natte ou quelques peaux.

» Il n'y avait pas une âme dans le village quand je m'y présentai ; tout le monde était allé dans une bourgade voisine où il y avait une fête, et toutes les portes étaient ouvertes ; mais il n'y avait rien à craindre des voleurs, car il ne restait partout que les quatre murailles. Ces cabanes n'ont aucune issue pour la fumée ; néanmoins, toutes celles où j'entrai étaient assez blanches. Le temple est à côté de celle du grand chef, tourné vers l'orient, et à l'extrémité de la place. Il est composé des mêmes matériaux que les cabanes, mais sa figure est différente ; c'est un carré long d'environ quarante pieds sur vingt de large, avec un toit tout simple, de la figure des nôtres. Il y a aux deux extrémités comme deux girouettes de bois, qui représentent fort grossièrement deux aigles.

» La porte est au milieu de la longueur du bâtiment, qui n'a point d'autres ouvertures ; des deux côtés il y a des bancs de pierre. Les dedans répondent parfaitement à ces dehors rustiques. Trois pièces de bois, qui se joignent par les bouts et qui sont placées en triangle, occupent presque tout le milieu du tèmple, et brûlent lentement. Un sauvage, que l'on appelle le gardien du temple, est obligé de les attiser et d'empêcher qu'elles ne s'éteignent. S'il fait froid, il peut avoir son feu à part ; mais il ne lui est pas permis de se chauffer à celui qui brûle en l'honneur du soleil. Ce gardien était aussi à la fête ; du moins je ne le vis point, car les tisons jetaient une fumée qui nous aveuglait.

» D'ornements, je n'en vis aucun, ni rien absolument qui dût me faire connaître que j'étais dans un temple. J'y aperçus seulement trois ou quatre caisses rangées sans ordre, où il y avait quelques ossements secs, et par terre quelques têtes de bois un peu moins mal travaillées que les deux aigles du toit. Enfin, si je n'y eusse pas trouvé du feu, j'eusse cru que ce temple était abandonné depuis longtemps, ou qu'il avait été pillé. Ces cônes enveloppés de peaux, dont parlent quelques relations ; ces cadavres des chefs rangés en cercle dans un temple tout rond ; cet autel, etc., je n'ai rien vu de tout cela.....

» Pour ce qui regarde la nation des Natchez en général, voici ce que j'en puis apprendre. On ne voit rien dans leur extérieur qui les distingue des autres sauvages du Canada et de la Louisiane. Ils font rarement la guerre, et ne mettent point leur gloire à détruire les hommes. Ce qui les distingue plus particulièrement, c'est la forme de leur gouvernement, tout-à-fait despotique. Une grande dépendance, qui va même jusqu'à une espèce d'esclavage dans les sujets ; plus de fierté et de grandeur dans les chefs ; et leur esprit pacifique, qui cependant s'est un peu démenti depuis plusieurs années.

» Les Hurons croient, aussi bien que les Natchez, leurs chefs héréditaires issus du soleil ; mais il n'y en a pas un qui voulût être son valet, ni le suivre dans l'autre monde pour y avoir l'honneur de le servir, comme il arrive souvent chez les Natchez. Le grand chef des Natchez porte le nom de *Soleil*, et c'est toujours, comme parmi les Hurons, le fils de sa plus proche parente qui lui succède. On donne à cette femme la qualité de Femme-Chef ; et quoique pour l'ordinaire elle ne se mêle pas du gouvernement, on lui rend de grands honneurs. Elle a même, aussi bien que le soleil, droit de vie et de mort : dès que quelqu'un a eu le malheur de déplaire à l'un ou à l'autre, ils ordonnent à leurs gardes, qu'on nomme *allouez*, de le tuer. Va me défaire de ce chien... disent-ils. Et ils sont obéis sur-le-champ. Leurs sujets et les chefs mêmes des villages ne les abordent jamais qu'il ne les saluent trois fois, en jetant un cri qui est une espèce de hurlement ; ils font la même chose en se retirant à reculons. Lorsqu'on les rencontre il faut s'arrêter, se ranger sur le chemin, et jeter ces mêmes cris dont j'ai parlé. On est aussi obligé de leur porter ce qu'il y a de meilleur dans les récoltes, dans le produit de la chasse et dans celui de la pêche. Enfin, personne, pas même leurs plus proches parents, lorsqu'ils ont l'honneur de manger avec eux, n'a le droit de boire dans le même vase, ni de mettre la main au plat.

» Tous les matins, dès que le soleil paraît, le grand chef se met à la porte de sa cabane, se tourne vers l'orient, et hurle trois fois en se prosternant jusqu'à terre. On lui apporte ensuite un calumet qui ne sert qu'en cette occasion : il fume et pousse la fumée de son tabac vers l'astre du jour ; puis il fait la même chose vers les trois autres parties du monde. Il ne reconnaît sur la terre de maître que le soleil, dont il prétend tirer son origine.

» Lorsque le chef ou la femme-chef meurent, tous leurs allouez sont obligés de les suivre en l'autre monde ; mais ils ne sont pas les seuls qui ont cet honneur, car c'en est un, et qui est fort recherché. Il y a tel chef dont la mort coûte la vie à plus de cent personnes ; et on m'a assuré qu'il meurt peu de Natchez considérables à qui quelques-uns de leurs amis ou de leurs serviteurs ne fassent pas cortége dans le pays des âmes.

» Voici la cérémonie des obsèques d'une femme-chef, que je tiens d'un voyageur qui en fut témoin, et sur la sincérité duquel j'ai tout lieu de compter :

» Le mari de cette femme n'étant pas noble, c'est-à-dire de la famille du soleil, son fils aîné l'étrangla, selon la coutume. On vida ensuite la cabane de tout ce qui y était et on y construisit une espèce de char de triomphe, où le corps de la défunte et celui de son époux furent placés. Un moment après, on rangea autour de ces cadavres douze petits enfants que leurs parents avaient aussi étranglés par ordre de l'aînée des filles de la femme-chef, et qui succédait à la dignité de sa mère. Cela fait, on dressa dans la place publique quatorze échafauds ornés de branches d'arbres et de toiles, sur lesquels on avait peint différentes figures. Ces échafauds étaient destinés pour autant de personnes qui devaient accompagner la femme-chef dans l'autre monde. Leurs parents étaient tous autour d'elles, et regardaient comme un grand honneur pour leurs familles la permission qu'elles avaient eue de se sacrifier ainsi. On s'y prend quelquefois dix ans auparavant pour obtenir cette grâce, et il faut que ceux ou celles qui l'ont obtenue filent eux-mêmes la corde avec laquelle ils doivent être étranglés.

» Ils paraissent sur leurs échafauds revêtus de leurs plus riches habits, portant à la main droite une grande coquille. Leur plus proche parent est à leur droite, ayant sous son bras gauche la corde qui doit servir à l'exécution, et à la main droite un casse-tête. De temps en temps, il fait le cri de mort, et à ce cri les quatorze victimes descendent de leurs échafauds, et vont danser tous ensemble au milieu de la place devant le temple et devant la cabane de la femme-chef. On leur rend ce jour-là et les suivants de grands respects; ils ont chacun cinq domestiques, et leur visage est peint en rouge. Quelques-uns ajoutent que pendant les huit jours qui précèdent leur mort, ils portent à la jambe un ruban rouge, et que, pendant tout ce temps-là, c'est à qui les régalera. Quoi qu'il en soit, dans l'occasion dont je parle, les pères et mères qui avaient étranglé leurs enfants les prirent entre leurs mains, et se rangèrent des deux côtés de la cabane; les quatorze personnes qui étaient aussi destinées à mourir s'y placèrent de la même manière, et ils étaient suivis des parents et des amis de la défunte, tous en deuil, c'est-à-dire les cheveux coupés. Tous faisaient retentir les airs de cris si affreux, qu'on eût dit que tous les diables étaient sortis des enfers pour venir hurler en cet endroit. Cela fut suivi de danses de la part de ceux qui devaient mourir, et de chants de la part des parents de la femme-chef.

» Enfin on se mit en marche : les pères et les mères qui portaient leurs enfants morts paraissaient les premiers, marchant deux à deux; ils précédaient immédiatement le brancard où était le corps de la femme-chef, que quatre hommes portaient sur leurs épaules. Tous les autres venaient après, dans le même ordre que les premiers. De dix pas en dix pas, ils laissaient tomber leurs enfants par terre; ceux qui portaient le brancard marchaient dessus, puis tournaient tout autour d'eux; en sorte que quand le convoi arriva au temple, ces petits corps étaient en pièces.

» Tandis qu'on enterrait dans le temple le corps de la femme-chef, on déshabilla les quatorze personnes qui devaient mourir; on les fit asseoir par terre devant la porte, chacune ayant deux sauvages, dont l'un était assis sur les genoux, et l'autre lui tenait les bras par derrière. On leur passa une corde au cou, on leur couvrit la tête d'une peau de chevreuil, on leur fit avaler trois pilules de tabac et boire un verre d'eau, et les parents de la femme-chef tirèrent des deux côtés les cordes en chantant, jusqu'à ce qu'elles fussent étranglées. Après quoi on jeta tous les cadavres dans une même fosse, qu'on couvrit de terre.

» Quand le grand chef meurt, s'il a encore sa nourrice, il faut qu'elle meure aussi. Mais il arrive plusieurs fois que les Français, ne pouvant empêcher cette barbarie, ont obtenu la permission de baptiser les petits enfants qui devaient être étranglés, et qui par conséquent n'accompagnaient.pas ceux en l'honneur desquels on les immolait dans leur prétendu paradis.

» Les Natchez ont deux chefs de guerre, deux maîtres des cérémonies pour le temple, et deux officiers pour régler ce qui se doit pratiquer dans les traités de paix ou de guerre : un qui a l'inspection sur les ouvrages, et quatre autres qui sont chargés d'ordonner tout dans les festins publics. C'est le grand chef qui donne ces emplois, et ceux qui en sont revêtus sont respectés et obéis comme il le serait lui-même.

» Les récoltes se font en commun ; le chef en marque le jour et convoque le village. Vers la fin de juillet, il indique un autre jour pour le commencement d'une fête qui en dure trois, et qui se passe en jeux et en festins. Chaque Indien y contribue de sa chasse, de sa pêche et de ses autres provisions, qui consistent en maïs, fèves et melons. Le chef et la femme-chef y président, dans une loge élevée et couverte de feuillages : on les y porte dans un brancard, et le premier tient en sa main une manière de sceptre orné de plumages de diverses couleurs. Tous les nobles sont autour d'eux dans une posture respectueuse. Le dernier jour, le chef harangue l'assemblée : il exhorte tout le monde à remplir exactement ses devoirs, surtout à avoir une grande vénération pour les esprits qui résident dans le temple, et à bien instruire les enfants. Si quelqu'un s'est signalé par quelque action de zèle, il fait son éloge. Il y a vingt ans que le feu du ciel ayant réduit le temple en cendres, sept ou huit femmes jetèrent leurs enfants au milieu des flammes pour apaiser les génies ; le chef fit aussitôt venir ces héroïnes, leur donna publiquement de grandes louanges, et finit son discours en exhortant les autres femmes à imiter dans l'occasion un si bel exemple.

» Lorsqu'un chef de guerre veut lever un parti, il plante, dans un endroit marqué pour cela, deux arbres ornés de plumes, de flèches et de casse-têtes, le tout peint en rouge, aussi bien que les arbres, qui sont encore piqués du côté où l'on veut porter la guerre. Ceux qui veulent s'enrôler se présentent au chef, bien parés, le visage barbouillé de différentes couleurs, et lui déclarent le désir qu'ils ont de pouvoir apprendre sous ses ordres le métier des armes ; qu'ils sont disposés à endurer toutes les fatigues de la guerre, et prêts à mourir, s'il le faut, pour la patrie. Quand ce chef a le nombre de soldats que demande l'expédition qu'il médite, il fait préparer chez lui un breuvage qui se nomme *la médecine de la guerre*. C'est un vomitif fait avec une racine bouillie dans l'eau : on en donne à chacun deux pots, qu'il faut avaler tout de suite, et que l'on rend presque aussitôt avec les plus violents efforts. On travaille ensuite aux préparatifs, et, jusqu'au jour fixé pour le départ, les guerriers se rendent soir et matin dans une place où, après

avoir bien dansé et raconté leurs beaux faits d'armes, chacun chante
sa chanson de mort. Ce peuple n'est pas moins superstitieux sur les
songes que les sauvages du Canada : il n'en faut qu'un de mauvais au-
gure pour faire rebrousser chemin quand on est en marche.

» Les guerriers marchent avec beaucoup d'ordre, et prennent de
grandes précautions pour camper et pour se rallier. On envoie souvent
à la découverte, mais on ne pose point de sentinelles pendant la nuit.
On éteint tous les feux, on se recommande aux esprits, et on s'endort
avec sécurité, après que le chef a averti tout le monde de ne point ron-
fler trop fort, et d'avoir toujours près de soi ses armes en bon état. Les
idoles sont exposées sur une perche penchée du côté des ennemis : et
tous les guerriers, avant que de s'aller coucher, passent les uns après les
autres, le casse-tête à la main, devant ces prétendues divinités. Ils se
tournent ensuite vers le pays ennemi, et font de grandes menaces que le
vent emporte souvent d'un autre côté.

» Il ne paraît pas que les Natchez exercent sur leurs prisonniers, durant la marche, les cruautés qui sont en usage dans le Canada. Lorsque
ces malheureux sont arrivés au grand village, on les fait chanter et
danser plusieurs jours de suite devant le temple, après quoi ils sont
livrés aux parents de ceux qui ont été tués durant la campagne. Ceux-
ci, en les recevant, fondent en pleurs ; puis, après avoir essuyé leurs
larmes avec les chevelures des guerriers que les leurs ont rapportées,
ils se cotisent pour récompenser ceux qui leur ont fait présent de leurs
esclaves, dont le sort est toujours d'être brûlés.

» Les jongleurs des Natchez ressemblent à ceux du Canada, et trai-
tent les malades à peu près de la même façon. Ils sont bien payés quand
le malade guérit; mais, s'il meurt, il leur en coûte souvent la vie à eux-
mêmes. Il y a, dans cette nation, une autre espèce de jongleurs qui ne
courent pas moins de risques que ces médecins : ce sont certains vieillards fainéants qui, pour faire subsister leurs familles, sans être obligés
de travailler, entreprennent de procurer la pluie ou le beau temps, selon
les besoins. Vers le printemps on se cotise pour acheter de ces préten-
dus magiciens un temps favorable aux biens de la terre. Si c'est de la
pluie qu'on demande, ils se remplissent la bouche d'eau, et avec un
chalumeau, dont l'extrémité est percée de plusieurs trous comme un
entonnoir, ils soufflent en l'air du côté où ils aperçoivent quelques
nuages, tandis que, le chichikoué d'une main et leur manitou de l'autre,
ils jouent de l'un et lèvent l'autre en l'air, invitant par des cris affreux
les nuages à arroser les campagnes de ceux qui les ont mis en œuvre.

» S'il est question d'avoir du beau temps, ils montent sur le toit de
leurs cabanes, font signe aux nuages de passer outre; et si les nuages
passent et se dissipent, ils dansent et chantent autour de leurs idoles,
puis avalent de la fumée de tabac et présentent au ciel leur calumet.

Tout le temps que durent ces opérations, ils observent un jeûne rigoureux, et ne font que danser et chanter ; si on obtient ce qu'ils ont
promis, ils sont bien récompensés ; s'ils ne réussissent pas, ils sont mis à
mort sans miséricorde. Mais ce ne sont pas les mêmes qui se mêlent
de procurer la pluie et le beau temps : leurs génies, disent-ils, ne peuvent donner que l'un ou l'autre.

» Le deuil, parmi ces sauvages, consiste à se couper les cheveux, à ne
se point peindre le visage et à ne point se trouver aux assemblées ; mais
j'ignore combien il dure.

» Les traités de paix et d'alliance se font avec beaucoup d'appareil, et
le grand chef y soutient toujours sa dignité en véritable souverain. Dès
qu'il est averti du jour de l'arrivée des ambassadeurs, il donne ses
ordres aux maîtres des cérémonies pour les préparatifs de leur réception, et nomme ceux qui doivent nourrir tour à tour ces envoyés ; car
c'est aux dépens de ses sujets qu'il fait tous les frais de l'ambassade. Le
jour de l'entrée des ambassadeurs, chacun a sa place marquée selon le
rang ; et quand ces ministres sont à cinq cents pas du grand chef, ils
s'arrêtent et chantent la paix. Ordinairement l'ambassade se compose
de trente hommes et de six femmes. Six des meilleures voix marchent à
la tête du cortége et entonnent ; les autres suivent, et le chichikoué
sert à régler la mesure. Quand le grand chef fait signe aux ambassadeurs
d'approcher, ils se remettent en marche ; ceux qui portent le calumet
dansent en chantant, se tournent de tous côtés, se donnent de grands
mouvements, et font quantité de grimaces et de contorsions. Ils recommencent le même manége autour du grand chef, quand ils sont arrivés
auprès de lui ; ils le frottent ensuite avec leur calumet depuis les pieds
jusqu'à la tête, puis ils vont rejoindre leur troupe.

» Alors ils remplissent un calumet de tabac, et, tenant le feu d'une
main, ils avancent tous ensemble vers le grand chef, et lui présentent le
calumet allumé. Ils fument avec lui, poussent vers le ciel la première
vapeur de leur tabac, la seconde vers la terre, et la troisième autour de
l'horizon. Cela fait, ils présentent leurs calumets aux parents du grand
chef et aux chefs subalternes. Ils vont ensuite frotter de leurs mains l'estomac du grand chef, puis ils se frottent eux-mêmes tout le corps ; enfin
ils posent leurs calumets sur des fourches, vis-à-vis le grand chef, et
l'orateur de l'ambassade commence sa harangue, qui dure une
heure. Quand il a fini on fait signe aux ambassadeurs, qui jusque-là
étaient demeurés debout, de s'asseoir sur des bancs placés pour eux près
du grand chef, lequel répond à leurs discours, et parle aussi une heure entière. Ensuite un maître des cérémonies allume un grand calumet de paix,
et y fait fumer les ambassadeurs, qui avalent la première gorgée. Alors
le grand chef leur demande des nouvelles de leur santé. Tous ceux qui
assistent à l'audience leur font le même compliment ; puis on les conduit

dans la cabane qui leur est destinée, et on leur donne un grand repas. Le soir du même jour, le grand chef leur rend visite : mais quand ils le savent prêt à sortir de chez lui, pour leur faire cet honneur, ils vont le chercher, le portent sur leurs épaules dans leur logis, et le font asseoir sur une grande peau. L'un d'eux se place derrière lui, appuie ses deux mains sur ses épaules, et le secoue assez longtemps, tandis que les autres, assis en rond par terre, chantent leurs belles actions de guerre. Ces visites recommencent tous les matins et tous les soirs ; à la dernière le cérémonial change. Les ambassadeurs plantent un poteau au milieu de leur cabane, et s'asseyent tout autour : les guerriers qui accompagnent le grand chef, parés de leurs plus belles robes, dansent, et tour à tour frappent le poteau et racontent leurs plus beaux faits d'armes : après quoi ils font des présents aux ambassadeurs. Le lendemain, ceux-ci ont, pour la première fois, la permission de se promener dans les villages. Et tous les soirs on leur donne des fêtes qui ne consistent que dans des danses. Quand ils sont sur leur départ, les maîtres des cérémonies les fournissent de provisions pour leur voyage... »

ESQUISSE D'UNE VILLE DE L'AMÉRIQUE DU NORD.

Voir une des villes de l'Amérique septentrionale, c'est les étudier toutes, car elles ont été taillées sur un même patron. On choisit un emplacement large et propice sur les bords de la mer, bien posé sur un fleuve ; on dispose les rues en un immense damier ; en guise de jalons, on élève ici et là des temples pour toutes les nombreuses divisions, subdivisions et catégories de croyances religieuses ; on ouvre des bazars et des boutiques pour les marchands, des palais pour les riches ; on trace en quelques jours des chemins de fer d'une solidité problématique; mais qu'importe que cinq cents personnes se tuent, pourvu que préalablement elles paient? Et on a une ville américaine.

Voici la peinture que de l'une de ces cités (Philadelphie) nous fait un jeune écrivain que nous avons déjà nommé, M. Pavie :

« Une foule de barques glissaient silencieusement autour de nous. Le soleil se couchait, et les eaux transparentes de la Delaware, légèrement soulevées par le reflux de l'Océan, se teignaient tour à tour des derniers rayons du jour et de l'azur des cieux. Il régnait sur les deux rives du fleuve un silence profond. Aux villages se succédaient des forêts de saules et des prairies coupées de marécages, sur lesquels planait en passant quelque aigle noir regagnant les montagnes. Des colonnes de fumée montaient à l'horizon, dérobant çà et là des pointes

de clochers. A travers les arbres de l'île, surgissaient les mâts des
bâtiments et leurs voiles à demi tendues. Par intervalles, on distinguait
le bruit confus qui se dégage des grandes villes et monte dans l'espace,
comme les vapeurs du soir. Puis, peu à peu, l'obscurité voila de ses
ombres les masses lointaines des maisons ; et quand nous débarquâmes
au pied de High-Street, une file de réverbères formait un cordon de
lumière à travers les ténèbres. A droite et à gauche, s'ouvraient d'autres allées non moins silencieuses ; seulement quelques groupes d'étrangers, respirant la fraîcheur sous les tentes qui abritent l'entrée des hôtels, animaient par hasard la *Ville des Frères.*

» La Delaware baigne les quais de Philadelphie. L'autre rive a conservé sa nature champêtre ; les maisons n'ont pu franchir sa largeur et
emprisonner ses eaux dans leurs murs. Point de pont qui enchaîne son
cours. Une île seule sépare les flots, blanchâtres de la Delaware. Les
touffes de saules qui ombragent ses prairies s'ouvrent agréablement aux
regards fatigués de celui qui descend de High-Street. Cette rue est large
de cent pieds, et un marché long de plus d'un demi-quart de mille en
occupe le milieu. C'est sans contredit le plus bel édifice qui existe en ce
genre aux Etats-Unis. Le toit et les piliers des magasins fuient à perte
de vue entre les deux rangées de maisons élevées, et vont se perdre
jusqu'à la douzième rue. Pendant le jour on dirait une ruche, à entendre bourdonner, à voir circuler les passants à travers les boutiques.
La nuit, c'est un immense tombeau tendu dans toute la largeur de la
ville.

» A l'extrémité du marché, commence une série d'innombrables
chariots descendus des montagnes de la Pensylvanie, avec les productions de l'intérieur. Les conducteurs établissent leur demeure passagère
sous la toile du wagon ; puis on les voit, attelés de quatre et six chevaux vigoureux, que fouette un nègre en sifflant, s'enfoncer dans les
routes escarpées, parmi les précipices des Alléghanys, chargés d'émigrants que l'Angleterre et la Suisse vomissent par milliers. A un mille
de la rivière finit cette espèce de marché. Mais la rue continue
encore, les maisons deviennent de plus en plus rares, et enfin on arrive, au milieu d'un tourbillon de poussière, au pont de bois jeté sur la
Schuylkill.

» High-Street partage la ville par la moitié. Les rues transversales
prennent le nom de première, seconde et ainsi de suite, jusqu'à la
vingtième environ. Les deux quartiers principaux se distinguent alors
par nord et sud. Les rues parallèles à celles du marché, reçoivent leur
dénomination d'après les arbres qui y sont plantés. Il suffit donc de
tracer environ seize lignes droites, de la Delaware à la Schuylkill, et de
les couper par vingt autres lignes perpendiculaires, pour avoir le plan
de cette immense ville.

» Les promenades manquent à Philadelphie. Washington-Square est, à bien dire, la seule, et encore elle est peu fréquentée. Il est cependant difficile de trouver un plus gracieux jardin, de plus riantes verdures que celles de ses sassafras, des brises plus parfumées que celles de ses lauriers et de ses tulipiers aux larges fleurs. Toutes les fois que j'allais rêver sur cette promenade, je m'y trouvais seul, ou par hasard je rencontrais au pied d'un lilas un étranger comme moi; car pour les Américains, ils ne se promènent pas. D'ailleurs, dans tous les pays, ce sont surtout les voyageurs qui savent apprécier les lieux publics, où chacun est libre de respirer à son loisir cet air que la nature lui accorde gratis en quelque lieu qu'il aille.

» A une lieue de la ville, sur la Schuylkill, on a établi d'immenses machines hydrauliques destinées à porter aux fontaines les eaux les plus douces de cette rivière. Resserrée par une digue de pierres qui la traverse en entier, elle retombe en nappe pesante sur les roues d'une pompe qui la refoule d'elle-même à la hauteur voulue. Les galeries autour de l'édifice sont pavées avec luxe; des jardins plantés de catalpas, des belvédères, des bassins, forment une charmante promenade rafraîchie par la vapeur de la cascade. La machine, elle-même, est du travail le plus précieux. Ses escaliers en bronze permettent de circuler entre des roues gigantesques qui mettent les cylindres en mouvement. Lorsqu'on descend du côté de la rivière, entre les deux courants d'eau qui s'échappent en mugissant, les collines ombragées de la Schuylkill se déroulent sur la droite; en face s'étendent le canal et les embarcations traînées par des chevaux; les chemins s'enfoncent dans les forêts d'érables : les ponts en bois, fermés comme une galerie souterraine percée de croisées, se succèdent autour des mines de charbon, si abondantes sur ces rives; des canots élégants voguent sur les eaux de la rivière, transparente comme toutes celles qui descendent des montagnes. Le voyageur fatigué s'assied au sommet du labyrinthe, à l'ombre de la pagode, embrassant d'un seul coup d'œil la rivière et les accidents de ses bords, les machines hydrauliques, étincelantes comme un palais; vers le sud, les clochers de la ville, et, parmi les champs, les défrichements, les restes des forêts abattues, et quelques barrières qui tracent déjà les rues projetées.

» Sur les bords de la Schuylkill, sont des bosquets d'érables, des collines à perte de vue, seuls endroits où l'on puisse respirer pendant les mouvantes chaleurs de la canicule. Les eaux de la Delaware, à peine agitées par le reflux de la mer, réfléchissent, sans les absorber, les rayons brûlants du soleil; les rues sont trop larges pour répandre l'ombre si courte du midi. C'est alors que la ville paraît déserte; les toiles qui s'étendent devant les magasins répandent une fraîcheur qui fait envie au passant exténué de fatigue; çà et là, sous l'ombre d'un

peuplier encore debout, au coin d'une place, dort un nègre insouciant ;
autour des pompes s'assemblent les conducteurs de wagons, les enfants
errants, les chiens sans maîtres. Assez souvent de gros nuages noirs, qui
semblent peser sur l'atmosphère, éclatent en orages, et les éclairs sillonnent leurs flancs ténébreux avec une furie inconnue en France. Les
maisons tremblent des éclats de la foudre, l'eau tombe en larges gouttes
et disperse avec sa vapeur la poussière des places publiques, jusqu'à ce
que, bouillonnant le long des trottoirs, elle répande sa fraîcheur si
ardemment désirée. Alors on voit les habitants sortir de leurs maisons
et remplir les rues, comme les insectes qui éclosent du sein de la terre
pendant les nuits humides du printemps.

» Les monuments de Philadelphie sont entièrement dans le
caractère de la ville et de ses habitants, la plupart quakers, et par
conséquent ennemis de tout ce qui tient à ce qu'ils appellent la vanité
humaine.

» Le *Statehouse* est un bâtiment de briques d'un aspect fort
sévère, et qui ne mériterait aucune attention, si ce n'était que dans
le salon faisant face à la rue, fut signée la déclaration de l'indépendance.

» Le *Museum* de tableaux n'offre, pour ainsi dire, rien qui mérite
l'attention. Les États-Unis n'ont point de véritables artistes, ou du
moins ceux qui se distinguent de cette foule de peintres vulgaires traversent l'Océan, et vont chercher en Europe les inspirations des grands
maîtres.

FIN

TABLE.

PREMIÈRE PARTIE.

DEUXIÈME PARTIE.

LES DEUX AMÉRIQUES.

—

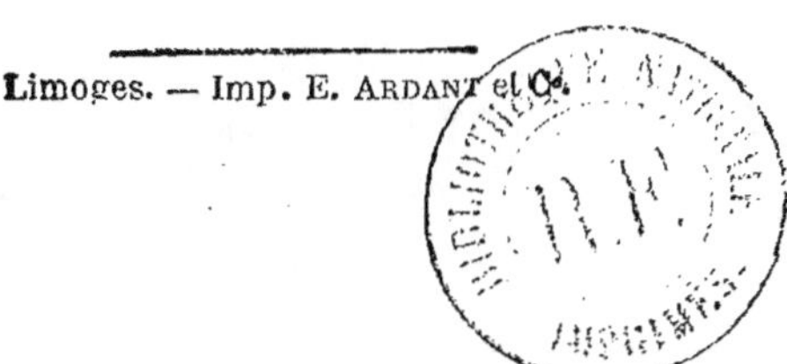